教育部高等学校电子商务类专业教学指导委员会指导
新一代高等学校电子商务实践与创新系列规划教材

阿里巴巴商学院 组织编写

互联网产品用户体验

章剑林 主 编
沈千里 副主编

清华大学出版社
北京

内 容 提 要

本书系统地介绍当前互联网经济中的用户体验相关理论和互联网产品设计、开发和商务运营基本知识，深入探讨了互联网环境下用户体验的设计要素、设计规划和体验度量等专业理论，并根据互联网产品的特点，重点对 Web 产品、ICT 系统的用户体验设计和商业应用等进行案例分析，以培养学生在互联网产品用户体验方面分析问题和解决问题的能力。

本书适用于高等院校开展面向互联网产品用户体验设计与应用的教学，可以作为电子商务、市场营销和商业设计等相关领域的专业学习书籍，也可作为企事业单位和政府部门相应人员在互联网产品方面学习的培训用书。

图书在版编目（CIP）数据

互联网产品用户体验 / 章剑林主编. —北京：清华大学出版社，2013(2022.6重印)
新一代高等学校电子商务实践与创新系列规划教材
ISBN 978-7-302-31943-6

Ⅰ. ①互⋯ Ⅱ. ①章⋯ Ⅲ. ①电子商务－用户－体验－高等学校－教材 Ⅳ. ①F713.36

中国版本图书馆 CIP 数据核字(2013)第 078178 号

责任编辑：袁勤勇
封面设计：常雪影
责任校对：白 蕾
责任印制：宋 林

出版发行：清华大学出版社
   网   址：http://www.tup.com.cn，http://www.wqbook.com
   地   址：北京清华大学学研大厦 A 座   邮 编：100084
   社 总 机：010-83470000   邮 购：010-62786544
   投稿与读者服务：010-62776969，c-service@tup.tsinghua.edu.cn
   质 量 反 馈：010-62772015，zhiliang@tup.tsinghua.edu.cn
   课 件 下 载：http://www.tup.com.cn，010-83470236

印 装 者：三河市铭诚印务有限公司
经 销：全国新华书店
开 本：185mm×260mm   印 张：21   字 数：486 千字
版 次：2013 年 6 月第 1 版   印 次：2022 年 6 月第 10 次印刷
定 价：59.00 元

产品编号：046885-04

前言

在当今互联网经济和信息技术快速发展的时代，人们的生活经历着各种梦幻般的变化。随着互联网长大的一代正在成为社会的主流，并以他们特有的视角和思考问题的方式影响着社会的发展，形成了所谓的"e-文化"，在体验经济发展中展示出独特的一面。

互联网体验经济概念中，企业不再生产传统意义上的"商品"，而成为体验服务的"提供者"，消费者通过企业提供的体验服务平台开始自己向往的、唯一的和值得感受的表演，劳动不再是简单的体力支出，而是一种自我表演和创造体验的机会。体验本身代表了一种已经存在但先前并没有被清楚表述的经济产出类型，它可能成为开启未来经济增长的钥匙，当今经济社会中以信息服务为特征的现代服务业兴起，正是这样一个很好的案例。

近十年来，互联网产品发生了巨大的变革，Web成为遍及全球的、最具代表性的互联网信息资源组成系统，这些系统包含了大量文本、图像、表格、音频与视频文件等信息资源。全球许多知名组织和个人都十分重视网站的设计和开发质量，从网站作用、品牌形象、操作便利性、网速流畅性以及细节设计等多方面考虑，研究用户访问和使用网站的主观体验，以达到最佳的效果。而2005年以来的Web 2.0变革，不仅使得互联网产品用户体验得到了快速发展，还将其先进的理念迅速渗透到ICT等相邻领域中。智能手机、平板电脑以及各种应用场景下的智能终端设备如雨后春笋般涌现出来，传统功能简单、交互呆板的ICT产品面临着产业化的升级，纷纷支持多点触控、摄像头、卫星定位装置、重力感应和近场通信等新的人机交互技术，大大改善了ICT设备和应用系统的用户体验，成为互联网产品家庭中的新成员。

本书的编写初衷正是为了满足互联网产品快速发展和不断变化对用户体验设计人才培养方面的需求。

本书的编写工作得到了政产学各界领导、专家、学者的关心、支持和帮助。特别要感谢的是阿里巴巴集团盛振中研究员，正是由于他的推荐，促成了与剑虹、渡劫和无酬三位阿里巴巴集团专家的合作；同时还要感谢提供材料的各企业、院校的各位专家、学者和各相关网站。

本书由章剑林担任主编;第1章由章剑林编写,第2章和第3章由沈千里编写,第4章和第8章由张树人编写,第5章由渡劫编写,第6章由剑虹编写,第7章由沈千里、无酬编写。

由于编者水平所限,书中难免有不当之处,敬请读者指正。

编 者

2013 年 2 月

目 录

第 1 章　互联网经济与用户体验

开篇案例

谷歌的内功心法

谷歌(Google)的成功举世瞩目，它的产品已经得到了普遍认可。除了 Google 搜索引擎，Gmail、Google Reader、Google Earth 等也已经拥有了庞大的粉丝群体。这些产品在展示强大功能的同时，还具有良好的用户体验，这两点是让粉丝如此着迷的主要原因。

Google 联合创始人赛吉·布林(Sergey Brin)坦言，谷歌成功秘诀在于关注终端用户的体验。通过关注终端用户体验的核心价值，启用一种崭新的思考沟通方式，不断改善大家的上网生活，由此来创建一个稳固的业务模式，使得用户和公司双方都能受益。同时，通过加大对用户需求和用户体验需求的研究，来逐步改变普通用户，让他们成为 Google 的忠实粉丝。

根据用户体验的需求，Google 开发的 Android 系统拥有性能良好的浏览器和开放模式，克服了 PC 浏览器性能不强、应用复杂度不够高的不足，较好地解决了手机输送信息瓶颈问题，满足了用户使用手机开展互联网内容搜索平台的需要，及时为用户提供搜索结果和相关新闻，因此为广大厂商和消费者接受。

在搜索引擎网站使用方面，Google 为了给用户有很好的用户体验，放弃了百度一直在坚持的竞价排名广告这项业务，由此每年减少数亿美元的收入。同时，为了给用户提供一个更加快捷输入域名的通道，Google 还专门启用了 G.cn 的超短域名。

正是由于 Google 一直以来坚持的以用户为中心的商业信仰，通过其强大的用户体验工作团队的努力，为互联网业界带来了互联网用户所钟爱的产品。

进入 21 世纪后，随着信息和网络技术的迅速发展，人们在日常生活中无时无刻不感受到互联网对人类生活的影响。互联网络正迅速地改变着传统经济的内容、方式和组织机制，逐渐形成了一种新的经济形式——互联网经济。而在互联网经济中，人们对产品的个性化、人性化要求越来越高，用户参与意识也越来越强，用户对产品和服务的体验效果越来越凸显其价值，因此也越来越受到企业的重视。百度创始人李彦宏在谈到用户体验时曾表示："用户体验比商业利益更重要，用户找什么你就给他什么。"

1.1　互联网经济与体验经济

经济活动是满足人类衣食住行和更高层次需求的活动之一，不同的经济发展阶段为我们提供的不同的衣食住行和需求层次，在已经过去的农业经济阶段、即将逐步离去的工业经济阶段和正在显现迹象的新经济阶段，表现出实质性的差别。男耕女织、农舍和马车是农业经济时代最明显的特征；火柴盒式的住房和四个轮子的汽车是工业经济为我们的生活提供的典型解决方案；而体验经济提供给我们的则是高度个性化的"超现实主义住宅"和"表现主义服饰"。

1.1.1　经济学与体验

农业经济的基本单位是家庭，它既是生产者又是消费者，具有从土地（投入劳动）提取各种用于消费的作物（产出）的特征。典型的农业经济是自给自足的，其理性选择过程可以由广义的芝加哥学派的"生产者-消费者"模型刻画。

工业经济的基本单元包括了家庭和企业两种，前者是单纯的消费单元，后者则成为基本的生产单元。生产职能已经从消费单元中分离出去，劳动、资本和土地这些要素被特定制度下安排给每个人，并在要素市场上获得竞争性价格。因此，刻画这一阶段的消费者理性行为最广义模型可以由贝克尔的全收入消费者模型来描述。

随着分工、交换、专业化进入更高的发展阶段，即所谓的"服务经济"阶段，其消费与生产的行为又将发生新的变化。贝克尔的家庭经济学理论告诉我们按照分工和专业化的逻辑，要求消费者不断把消费活动中的生产行为转移到生产部门中去，成为纯粹的消费者。在工资不断增长的同时，家务劳动也不断被机器和具有规模效应的专业化公司提供的家庭服务所替代，如习惯自己买菜、烧饭和打扫卫生的消费者，随着这些生产行为成本不断上升和家庭服务公司的规模效益不断提高，会逐步习惯于到餐厅吃饭和请钟点工打扫卫生。在服务经济内部蕴涵了体验经济的萌芽，即客户要求提高服务质量而导致高档次服务业的发展，一旦互联网经济发展过程中将量身定制的费用降低到允许大规模经营的程度，就有可能进入到大规模个性化定制的体验经济时代。

体验经济理论认为，消费是一个过程，消费者是这一过程的产品，因为当过程结束以后，记忆将继续保存对过程的体验。消费者之所以愿意为这类过程付费，是因为它具有美好、难得、非我莫属、不可复制、不可转让、转瞬即逝的特性，它的每一个瞬间都是唯一的。马斯洛的需求层次理论告诉我们，随着社会经济发展的提高，人的需求层次也将不断提升。当经济社会发展到一定阶段，人们已经能够进入普遍地、大规模地满足马斯洛需求理论中的最高需求层级——自我实现阶段，这便是体验经济的发展阶段。

在体验经济中，企业不再生产商品，而成为体验舞台的提供者，消费者在这个舞台上开始自己向往的、唯一的和值得感受的表演，劳动不再是简单的体力支出，而是一种自我表演和创造体验的机会。如在商务网站制作过程中，网页设计师需要发挥极大的想象力和艺术探险精神，深入了解人类阅读的文字、视觉、听觉和心理活动等多方面情况，进一步洞悉社会文化风土人情，以及大量的网页设计制作知识，将网页设计工作转变为自我表演和创造体验的一个机会。

因此，可以这样说，在体验经济中，消费与生产不再是截然两分的，体验是消费，同时又是生产的过程，其消费理性行为可从贝克尔的全收入消费者选择模型恢复到更高层次的芝加哥学派的广义生产者-消费者选择模型，传统的家庭福利函数转变为带有他人效用的、外部效果的个人效用函数，劳动投入也不再是单纯的"负效用"，当有足够丰富的劳动场景和个性化时，便将成为一种新的体验。

体验本身代表了一种已经存在但先前并没有被清楚表述的经济产出类型。服务解释了商业企业创造了什么，而从服务中分离提取体验的做法则开辟了非同寻常的经济拓展的可能性，成为开启未来经济增长的钥匙，当今经济社会中以信息服务为特征的现代服务业兴起，正式基于这样的一个事例。

在当今信息技术及互联网经济高速发展的时代，经历着各种梦幻般的变化，随着互联网长大的一代正在成为社会的主流，并以他们特有的视角和思考问题的方式影响着社会的发展，形成了所谓的 e-文化，在体验经济发展中展示出独特的一面。

1.1.2　体验与经济价值的递增

与经济学中的产品、商品和服务一样，体验也是一种新的价值源泉。体验是从服务中分离出来，就像服务从商品中分离出来一样，由于体验出现的时间并不长，体验能产生价值的提法并没有为公众普遍接受，以至于有很多人依然将它归并到服务业中，但这并不影响它在经济发展中的作用。当人们购买服务时，购买的是一组按照自己要求实施的非物质形态的活动；而当人们购买体验时，他是在花费时间享受某一企业所提供的一系列值得记忆的实践，这个实践让他身临其境，如同在影视表演中一样。

体验一直是消遣娱乐的中心所在，在很多商业活动中，会加入很多消遣娱乐活动以丰富人们的商业体验。如沃尔特·迪斯尼通过不断把新层次的体验效应附加到卡通片，大胆改革、尝试同期录音、彩色片和三维立体背景、立体声音响、模拟音响效果等多种体验，由此名声大振，诞生了充满体验、令人留连忘返的全球著名的迪斯尼乐园。当然，体验并不只有消遣娱乐一种方法，企业通过吸引消费者，与他们建立起一种个性化、值得记忆的联系，也都是在展示一种体验。如许多餐饮体验，可能会与喜剧、艺术、建筑、历史和自然等主题相伴随。

体验与产品、商品和服务在经济发展中呈现出不同的经济价值。

产品是从自然界中开发出来的可互换的材料。现实世界中的产品在被开采、收割和宰杀以后，企业进行加工或提炼以达到某种产品特性的要求，以便运到市场中销售或大量储藏。产品以简单的供求关系或分级标准进行交换。

商品是公司标准化生产销售的有形产品。将产品作为原材料，企业生产并存储大量的商品，并将这些商品从商店、商场或者以订货方式出售到广大的消费者手中。在这生产过程中，那些初级产品的确发生了本质的变化，基于生产成本和商品特性不同，也就有了定价的区别。同样作为汽车的商品，由于制作设计技术、工艺和材料的不同，其销售定价可能会有很大的差别。

服务是根据已知顾客的需求进行定制的无形活动。服务人员以商品为依托，为特定顾客服务，或者为顾客指定的财产或物品服务。服务人员帮助顾客从事他们想做却又不可能做或不想做的事情，而商品只是提供了媒介。IBM公司提出"IBM就意味着服务"，从早期对购买其硬件的商家提供大量免费的服务，到目前成为公司主要经营业务的有偿服务，是服务经济发展的一个缩影。

体验是让人们以个性化方式参与其中的事件。当企业有意识地以服务为舞台、以商品为道具来使消费者融入其中时，体验就产生了。作为体验购买者的顾客，重视企业向他提供的身临其境的体验，正如人们已经在产品上减少开支，而愿意把更多的钱花在享受服务上一样，现在人们在重新审视他们在服务上所花费的时间和金钱，以便让出一部分来用于难忘的也是更加有价值的体验。同时，作为体验策划者的企业，不仅仅提供商品或服务，而是提供最终的体验，充满了感性的力量，给顾客留下难忘的愉悦记忆。

产品是可开发的、商品是实体的、服务是无形的、体验是难忘的，这四种不同的经济发展阶段，其经济价值也是依次增进的。

我们中的大多数人都会步入婚姻的殿堂，婚宴是每一对新人必办的仪式，可以很简单，也可以很隆重。中国20世纪70年代举行的婚宴，很多新人基本上是在亲戚和朋友帮助下采办的，物资匮乏，婚宴相对简陋，有什么吃什么，就地取材；20世纪80年代举办的婚宴，随着改革开放，商品已经相对丰富，新人举办的婚宴也比较隆重，大量高级食品和各种高档用品已经进入普通百姓的婚宴上；20世纪90年代举办的婚宴，开始转移到饭店里举办，宴会中食材档次、烹饪制作和服务质量都已经达到相当水平；21世纪以来的婚宴，很多新人已经交由专业的婚庆公司来帮助操办，专业的司仪、摄影师、化妆师和婚庆道具等各种人员和设施设备一应俱全，其喜庆、风趣和娴熟的主持风格，美丽的新人化妆，记录了美好婚宴的高超摄影摄像，在偌大的婚宴大厅里排满的各种美食，播放的优美音乐，前来贺喜的宾客，这一切令人印象深刻。

如图1-1所示，不同时期新人举办婚宴的价格差异很大。图1-2则分析了举办婚宴活动的经济价值递增规律。每一阶段的销售方式——纯粹的原材料（产品）、半成品（商品）、饭店宴请（服务）和举行由婚庆公司操办的婚庆仪式（体验），都大大提升了商品的价值。通过这种活动形式的不断改进，消费者越来越感觉到某种经济更接近于满足他们希望营造的那种喜庆氛围而又能不需要太费力的消费欲望。

由于各婚庆公司能策划和实施多种形形色色的不同婚庆方案，它们更容易强调自己的独创性，因而这类公司在一定程度上可以绕开通常市场竞争所形成的市场价格定价，而根据他们自己做提供的独特价值来收取更高的费用。从上面分析可知，如果仅仅是出售产品而不提供生活体验，那些操办简单婚宴的新人们，仅仅需要支付在市场中采办酒席所需要的原材料费用或是到饭店用餐的费用就可以了。

当然，在体验经济中一样遵循着需求法则。对与那些不能持续提供体验产品，给出相对于消费者不能承受的体验实施过高定价，或是盲目扩大自己所不熟悉或实施不成熟项目的公司，一定会在市场中碰到困难，甚至感到无法生存。只有具有丰富想象力的公司才能做好这项任务，从而进一步推动体验经济和服务经济的发展。经济学家约瑟夫·熊彼特所提出的包含经济创新要素的"创造性毁灭的飓风"的力量，正是体验经济成长的道路。

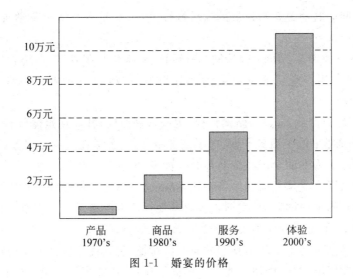

图 1-1　婚宴的价格

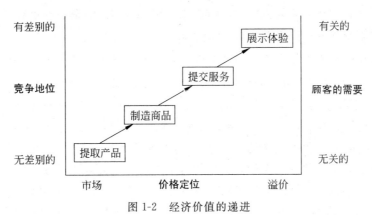

图 1-2　经济价值的递进

体验经济与创造性在一起。

1.1.3　互联网经济的经济学特征

　　互联网经济是近两个十年左右时间内,逐渐浮现的与过去传统的经济很不同的新经济形态。造成这种新经济形态的原因是全球化,越来越深入细化的分工,以及信息网络技术的高速发展和使用。这种新经济系统是一个复杂系统,呈现着复杂系统的典型特性:要素自组织、生态性、发展的非线性和更显著的路径依赖等。互联网经济依托互联网整合社会上各方面知识的优势,这个整合超越了市场、地域、人群、语言文化、政权等传统边界。

　　互联网以高速、高效、富信息的传递、日益增长的用户参与和注意力附着等综合优势,改变了传统的受限于地域的社会分工。促使市场、资本、技术、知识、人才等生产要素,以及消费群体、消费资料等消费要素,在互联网上实现超越时空的重新优化配置,令经济分布式多点集聚发展。在互联网经济时代,信息网络技术改造业务模式,人们的工作,生活和思想也不断地变化,新时代正在产生。但必须注意到的是这个时代中除了高速、大范围的优化配置和经济发展外,发展的不确定性也增大了。

根据产业间的联动关系与发展的先后接续关系，互联网经济研究学者一般把互联网经济分为 4 个层次：

- 互联网支撑产业：IDC、因特网基础通信、交换机与服务器、系统软件等支撑产业。
- 互联网应用产业：按应用主体划分为市民应用、企业应用和科教文卫等政府应用。
- 互联网媒介产业：门户、新闻传媒、视频互动传媒、社会化媒体等新传媒产业。
- 互联网商业：电子商务产业、电子商务服务业、各类在线商业服务。

互联网业已成为推动全球经济与社会全面发展与革新的驱动力，并孕育出一种新的信用文明。互联网商业是互联网经济快速发展的引擎，是引领互联网技术革新、技术升级和应用模式创新的第一推动力，发展也远比其他互联网经济迅猛。在电子商务领域，技术和创新更加活跃，衍生服务业涌现的种类更多，更新更频繁。

互联网经济已经逐步呈现出鲜明的新经济特征，包括优化社会分工、重构社会资源的服务经济和体验经济特征，促使专业分工不断细化、专业知识要素成为核心的知识经济特征，以互联网平台为核心载体，展示高渗透、强通用、易聚合、快辐射的信息经济特征，以及绿色低碳、要素重组成本降低的生态经济特征。

1. 互联网经济是优化社会分工、重构社会资源的服务经济和体验经济

高速发展的互联网，不仅深刻改变了网民个人的生活形态，也持续推动着当前我国社会中各种社会群体结构、性质与特征的演变，并最终对整个社会结构产生深远的影响。一方面，互联网的个性化、多元化特征使得网民的个性需求得以彰显，从而在面目模糊的庞大社会大众总体中，分化出越来越多清晰的、有个性特征的小族群，加剧了社会的碎片化；另一方面，互联网又打破了现实社会交往的时空阻隔和社会障碍，促进了各种趣缘群体和亚文化族群的繁荣，以一种新的逻辑发挥着社会聚合功能。此外，互联网还重构了当代社会的互动模式和组织模式，并改变了原有的社会信息资源配置结构，从多个维度推动着社会形态的进化进程，为大规模个性化服务打下良好基础。

博客、网络论坛成为网民发表言论的重要平台，扮演着社会舆论放大器的角色；网络购物、网络金融有效提升了经济活动的效率，并不断冲击着人们传统的消费习惯；搜索引擎、即时通信工具、社交网站在让网民享受到越来越多便利的同时，也加剧了人们对网络的依赖，不断消解着虚拟世界与现实生活的界限。在拥有数十亿网民的网络世界，互联网不仅深刻改变着人们获取、利用信息的方式，也推动了民众生活形态的不断演进，现代服务业的兴起已经成为社会发展的必然，为服务经济和体验经济的发展提供了巨大的空间。

2. 互联网经济是专业分工不断细化、专业知识要素成为核心的知识经济

互联网促进了社会分工的细化，互联网服务业让传统精细分工的专门化成为可能。以淘宝平台上一个产品为例：直通车，就产生了专门擅长做直通车的策划师、优化师、咨询师、培训师，而淘宝平台上类似的新产品数量繁多，类似其他互联网平台上的各类应用也产生很多细分的专家，如百度优化、百度贴吧的优化、腾讯微博优化、新浪微博营销、腾讯表情设计、个人空间模板设计等。在这种分化过程中，掌握专业技能的专业人才的重要性日益提高，专业知识成为商业活动中的核心要素，互联网经济天然就是一种知识经济。

互联网作为新的信息和知识的交流、管理平台,在信息的生产、汇集、传播和利用的过程中具有其他渠道不可比拟的优势。就信息生产而言,以前的信息来源主要是专家、机构或团体,在 Web 2.0 时代,人人都是信息和知识的消费者与生产者,并产生了用户创造内容(UGC)的新特征。WiKi 协同信息生产是互联网新时代的特点。在信息汇集过程中,互联网搜索引擎和群体挖掘、百科问答,使得信息和知识的获取更加便捷化,使用、复制、再生产、混合创造更加方便。在信息传播环节,互联网创造了以受众为中心的、双向的交互式的传播方式,受众与传播者不再分离,而且,从传统一对多到多对多传播方式的转变,使得信息的传播更准确、更有效。在信息利用环节,互联网使得信息的获取更方便、使用更快捷、反馈更容易、效果更容易评估。同时,从数据到信息,再到知识、智能,信息在不断转化的过程中产生了巨大的价值。

3. 互联网经济是高渗透、强通用、易聚合、快辐射的信息经济

互联网产业具有极强的渗透性,在短时间内迅速在经济、社会、文化、科技、政治、军事等人类活动中展开应用,目前已经广泛渗透到工业、农业、军事、金融和人们生活等诸多领域。互联网产业极具创新性,且该领域技术及业务的创新与其他领域有着强烈的互补性。如社区网络,不仅可以用于交友,也可用于地方治理、社区管理、团购、本地信息服务、知识交流与科技协作等活动。互联网产业具有提供多样化服务能力,从新闻浏览、电子邮件、即时通信到信息搜索、视频图片分享、商业活动等,可以满足人们多样化的需求,且不断创新出崭新的业务和应用,培育用户网络新应用习惯,聚集大规模互联网用户群,形成新的产业形态。如网上购物在 2003 年前,还只是极少数人的时髦,而在 2011 年,网上购物的网民就已经达 2.8 亿。

互联网经济是高渗透性、强通用性的平台型经济形态,传统产业的发展不断消耗和占用着有限的城市地理空间和自然资源,随着互联网的出现和电子商务的发展,传统产业在组织机构、运营和管理等方面发生了根本性变革,互联网深入地渗透到生产、流通、消费等各个领域,正在突破国家和地区局限,影响着世界范围内的产业结构调整和资源配置,加速经济全球化进程,同时为城市经济持续快速发展提供了契机,突破有限的地理空间限制,能够在更大范围内配置和利用相关资源,达到扩大城市空间的效果。

4. 互联网经济呈现绿色低碳、要素重组、成本降低的生态经济特征

基于互联网的生产经营等经济活动可以进一步降低物质资源和能源的消耗,减少环境污染。互联网产业作为战略新兴产业,具备资源消耗少的特点。

有企业测算,大城市中互联网产业单位占地面积对 GDP 增长的贡献远高于传统制造业。更重要的是,互联网技术应用到其他行业,可以大大减少能源消耗。《SMART2020:实现信息时代的低碳经济》表明,ICT(Information Communication Technology)计划着重提高其自身产品和服务的能源效率,但是 ICT 最大作用是将其应用到其他行业实现能效的提高,该报告预测了采用 ICT 与否与全球碳足迹的情况,可以看出,2002 年全球二氧化碳排放量为 400 亿吨,其中 ICT 产业碳排放量为 5 亿吨。报告分析,通过采用信息与通信技术可以大幅提高生产力,估计在新兴国家中,对基本电信设施和 ICT 技术每 10% 的投资增长可将 GDP 提高 1.4 个百分点。同时,ICT 对于实现由重工业向知识与服务型经

济的转变非常重要，也是中国低碳经济战略的核心。此外，报告还预计，2007 年~2020年，ICT 部门可实现碳强度降低 63％。《SMART2020》报告强调，通过采用 ICT 智能解决方案，可以最大限度地提高能效，减少的二氧化碳排放量相当于 ICT 行业排放量的 5倍。也就是说，到 2020 年全球排放将能够减少 15％，节省的能效可以转变为近 6000 亿欧元（约 9465 亿美元）的成本节约。该报告指出，智能建筑、智能交通、智能电机、智能电网以及一些非物质化装置等领域可通过 ICT 应用实现减排。

总之，互联网推进了经济社会发展。在经济领域，互联网加速向传统产业渗透，产业边界日益交融，新型商务模式和服务经济加速兴起，衍生了新的业态。互联网在促进经济结构调整、转变经济发展方式等方面发挥着越来越重要的作用。互联网也日益成为人们生活、工作、学习不可或缺的工具，正对社会生活的方方面面产生着深刻影响。在过去 16年，中国信息产业增加值年均增速超过 26.6％，占国内生产总值的比重由不足 1％增加到10％左右。互联网与实体经济不断融合，利用互联网改造和提升传统产业，带动了传统产业结构调整和经济发展方式的转变。中国的工业设计研发信息化、生产装备数字化、生产过程智能化和经营管理网络化水平迅速提高。互联网发展与运用还催生了一批新兴产业，工业咨询、软件服务、外包服务等工业服务业蓬勃兴起。信息技术在加快自主创新和节能降耗，推动减排治污等方面的作用日益凸显，互联网已经成为中国发展低碳经济的新型战略性产业。据统计，2008 年中国互联网产业规模达到 6500 亿元人民币，其中互联网制造业销售规模接近 5000 亿元人民币，相当于国内生产总值的 1/60，占全球互联网制造业销售总额的 1/10；软件运营服务市场规模达 198.4 亿元人民币，比 2007 年增长了 26％。

互联网的创新与应用不仅是新兴产业培育的重要内容，而且对推进信息化与工业化深度融合、促进经济循环发展，推动我国产业结构调整和转型升级具有重要的战略意义。大力推动互联网技术在传统产业中的应用，是改造提升传统产业，提高农业、工业和服务业信息化水平、促进发展方式转变的重要手段。对于传统企业，可将互联网技术应用集成至自身的产品中，以实现产品升级，提升附加值与竞争力，产生更多市场与互联网产业相关的延伸产业。

1.2　用户体验及其设计范畴

用户体验在互联网经济发展过程中得到前所未有的重视，对于所有的产品和服务来说，用户体验都是至关重要的。用户体验设计的范围很广，而且在不断扩张，本书中，主要讨论数字化环境下的用户体验设计。

1.2.1　用户体验概念

关于用户体验概念的定义有多重描述，不同领域的人有不同的阐述。国际标准化组织的 ISO 9241-210-2011 标准将用户体验定义为"人们对于针对使用或期望使用的产品、系统或者服务的认知印象和回应"，其注重实际应用。同时，ISO 标准对用户体验还作了补充说明：用户体验，即用户在使用一个产品、系统或服务之前、使用期间和使用之后的全部感受,包括情感、信仰、喜好、认知印象、生理和心理反应、行为和成就等各个方面,系统、用户和使用环境成为影响用户体验的三个主要因素。另外,ISO标准的第三条说明也暗示了可用性可以作为用户体验的一个方面,如"可用性标准可以用来评估用户体验一些方面",用户体验和系统可用性二者概念之间存在有相互重叠的部分。

用户体验这一领域的建立,正是为了全面地分析和透视一个人在使用某个产品、系统或服务时候的感受。其研究重点在于产品、系统或服务所带来的愉悦度和价值感,而不是其性能和功能表现,同时,用户体验研究和设计过程中关于产品、系统和服务往往会带有重叠的地方,其三者有时候很难(其实也没有必要)区分。一般地,本书所阐述的互联网产品用户体验也包括了这三方面内容和领域。

用户体验是主观的、分层次的和多领域的,本书将其分为以下6种基础体验,如图1-3所示。

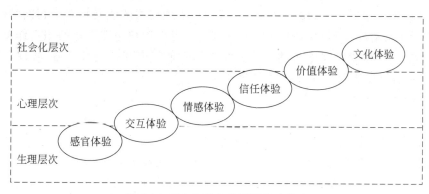

图 1-3　用户体验中的不同基础体验

第一种是感官体验。这是用户生理上的体验,强调用户使用产品、系统或服务的舒适性。关于感官体验的问题,涉及网页的浏览便捷度、网页设计的常见规格、网页布局的规律、网页色彩的设计等方面。这主要是最基本的视听体验,是直观的。

第二种是交互体验。这是用户操作上的体验,强调易用性和可用性。主要包括最为重要的人机交互和人人交互两方面内容。针对互联网的特点,将涉及用户使用和注册过程中的复杂度与使用习惯的易用问题、有关数据表单的可用性设计安排问题,还包括如何吸引用户的表单数据提交以及反馈意见的交互流程设计等问题。

第三种是情感体验。这是用户心理方面的体验,强调产品、系统或服务的友好度。首先产品、系统或服务应该给予用户一种可亲近的心理感觉,在不断交流过程中逐步形成一种多次互动的良好的友善意识,最终希望用户与企业产品、系统或服务之间固化为一种能延续一段时间的友好体验。

第四种是信任体验。这是一种涉及从生理、心理到社会的综合体验,强调其可信任性。由于互联网世界的虚拟性特点,安全需求是首先被考虑的内容之一,由此信任理所当然被提升到一个十分重要的地位。用户信任体验,首先需要建立心理上的信任,在此基础上借助于产品、系统或服务的可信技术,以及网络社会的信用机制逐步建立起来。信任是用户在网上实施各种行为的基础。

第五种是价值体验。这是一种用户经济活动的体验,强调商业价值。在经济社会中,人们的商业活动以交换为目的,最终实现其使用价值,人们在产品使用的不同阶段中通过感官、心理和情感等不同方面和层次影响,以及在企业和产品品牌、影响力等社会认知因素的共同作用下,最终得到与商业价值相关的主观感受,这是用户在商业社会活动中最重要的体验之一。

第六种是文化体验。这是一种涉及社会文化层次的体验,强调产品的时尚元素和文化性。绚丽多彩的外观设计、诱人的价格、超强的产品功能和完善的售后服务固然是用户所需要的,但依然可能缺少那种令人振奋、耳目一新或"惊世骇俗"的消费体验,如果将时尚元素、文化元素或某个文化节点进行发掘、加工和提炼,并与产品进行有机结合,就容易给人一种完美、享受的文化体验。

这6种不同基础体验基于用户的主观感受,都涉及用户心理层次的需求。需要说明的是,正是由于体验来自人们的主观感受(特别是心理层次的感受),对于相同的产品,不同的用户可能会有完全不同的用户体验。因此,不考虑用户心理需求的用户体验一定是不完全的,在用户体验研究中尤其需要关注人的心理需求和社会性问题,心理学家莫瑞(Murray)专门研究了人的21种社会心理需要。

- 亲和感:与他人建立友谊和联系。
- 进攻:战胜敌对势力。
- 自我防护:护卫自己不受责难与贬损。
- 避免危害:避免痛苦,肉体伤害,疾病和死亡,逃避危险处境。
- 保护面子:避免羞辱,避开尴尬处境。回避可能导致贬损、轻蔑、嘲讽或冷落的安置。由于害怕失败而按兵不动。
- 控制欲:影响与控制他人。
- 表现欲:给他人留下印象。
- 抵制:冷落、不理睬甚至排斥他人。
- 知觉:寻求并欣赏感官印象。
- 独立:甩开束缚,打破限制,自由自在。
- 避免责任:抛弃、遏制一切不合时俗、不合传统的想法和冲动,避免批评责难和惩罚。
- 逆反行为:傲慢地拒绝承认失败,而重新尝试,继续奋斗。
- 谦卑:被动地屈从于外部势力。
- 成就:完成一些艰难的任务。
- 敬慕:羡慕与维护一个比自己优越的人。
- 养育:滋养、帮助和保护无依无靠的人。
- 秩序:整理东西。
- 玩耍:放松、愉悦自己,参加娱乐活动换换口味。
- 性:建立并加强与他人的性爱关系。
- 依赖:寻求他人的援助,保护和同情。
- 理解:分析经验,进行抽象思维,区分不同概念,界定关系,综合归纳思想。

1.2.2　用户体验设计及范畴

用户体验设计是以改善企业的理念和行为在用户心目中的感受为目的,以用户为中心,创造影响用户体验的元素,并将之和企业目标同步。这些元素可以来自于生理的、心理的和社会各个层面,包括听到、看到、感受到和互动过程中体会到的各种过程或接触点。

用户体验设计的范围很广,而且在不断扩张,本书主要讨论数字化环境下的用户体验设计(如图1-4所示),尤其是网站和软件产品应用类的交互性媒介。本书所讨论的互联网用户体验中产品,在某种意义上包括了原材料产品、商品和服务等多层含义。在产品具体开发过程中,要想成功,这些产品的用户体验设计必须考虑项目的商业目标、产品使用者的需求以及任何可能影响产品生存力的各种因素。

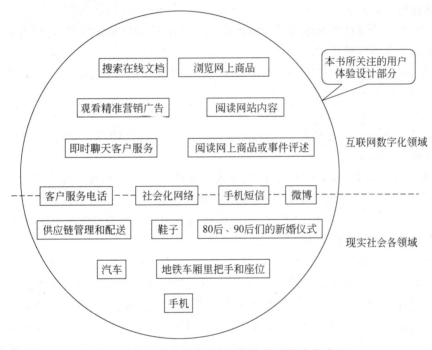

图 1-4　互联网数字化领域用户体验设计范畴

用户体验设计工作需要从产品概念设计时就加入。在数字化环境下,用户体验必须考虑来自用户和人机界面的交互过程,但其核心还是应该围绕产品的功能来设计。在早期的软件设计过程中,人机界面仅被看作是一层位于功能核心之外的"包装",而没有得到足够的重视,人机界面的开发独立于功能核心的开发,甚至是在整个产品开发过程的尾声才加入进来。这种方式极大地限制了对人机交互的设计,其结果带有很大的风险性,最后往往会以牺牲人机交互设计为代价。这种带有猜测性和赌博性的开发几乎是难以获得令人满意的用户体验。至于客户服务,从广义上说也是用户体验的一部分,因为它是同产品自身的设计分不开的。客户服务更多的是对人员素质的要求,而难以改变已经完成并投入市场的产品了。但是一个好的设计可以减少用户对客户服务的需要,从而减少公司在客户服务方面的投入,也降低由于客户服务质量引发用户流失的机率。

当前,用户体验设计业界提出以用户为中心的设计理念。这种理念从开发的最早期就开始进入整个流程,并贯穿始终。其目的就是保证:

(1) 对用户体验有正确的预估;

(2) 认识用户的真实期望和目的;

(3) 在功能核心还能够以低廉成本加以修改的时候对设计进行修正;

(4) 保证功能核心同人机界面之间的协调工作,减少 BUG;

(5) 满足用户的各层次基础体验需要。

在用户研究和用户体验设计具体的实施上,可包括早期的用户访谈、实地拜访、问卷调查、焦点小组、卡片分类和开发过程中的多次可用性实验,以及后期的用户测试等多种用户研究方法。在设计-测试-修改这个反复循环的开发流程中,可用性实验往往提供了大量可量化的指标。

了解用户体验设计领域的有关专业术语,如 GUI、UI、ID 和 UE 等,可以有助于我们进一步加深对该领域的认识。

UI(User Interface,用户界面)包含用户在整个产品使用过程中相关界面的软硬件设计,囊括了 GUI、UE 以及 ID,是一种相对广义的概念。

GUI(Graphic User Interface,图形用户界面)就是界面美工,主要完成产品软硬件的视觉界面部分,比 UI 范畴要窄。目前国内大部分的 UI 设计师其实做的是 GUI,大多出自美术院校相关专业。

ID(Interaction Design,交互设计)简单地讲是指人和计算机等智能设备之间的互动过程的流畅性设计,一般是由软件工程师来实施。

UE(User Experience,用户体验)更多关注的是用户的行为习惯和心理感受,即研究人怎样使用产品才觉得顺心就手。

用户体验设计师(User Experience Designer,简称 UED,国外也有叫 UXD 的)的工作岗位在国外企业产品设计开发中十分重视,这与国际上比较注重人们的生活质量密切相关;目前国内相关行业特别是互联网企业在产品开发过程中,越来越多地认识到这一点,很多著名的互联网企业都已经拥有了自己的 UED 团队。由于用户体验设计师这个工作岗位出现时间不久,专业知识涉及面很广,培养过程比较复杂,专业人才需求量大,以至于国内外用户体验设计师相对较为稀缺,很多人都是相关专业改行过来从事该项工作的。

我们可以对一则国外的 UED 设计师招聘广告进行分析,来了解一名合格的 UED 设计师应该具备的各方面能力和素质。

公司正在寻找一名高级用户体验设计师加入我们的产品设计团队。要求其负责包括产品创新、界面视觉引导以及原型设计,并与开发团队一起推动设计实现。同时,要求此人不仅可以独立工作,还能与团队其他成员一起合作,交流各种想法,画出原型,参与产品设计到开发整个的周期。

日常的工作包括:

* 基于人机交互、图形化设计、界面设计和其他相关理论,进行设计。

* 画出不同层次的原型:纸上的、框架的、可交互的网页,Flash 的。

* 到不同的部门演示概念和想法，组织反馈意见。
* 生成视觉元素，如 icon、边框、用户控件、窗口规范、图形化的布局。
* 同产品设计团队合作去发展一些重要附加值的概念，还有修订产品。
* 同商业方面的专家、市场部沟通，确认设计并得到认可。
* 同开发人员沟通，提供明确的定义和执行的方向。
* 同质量控制部门沟通设计方案，提供在测试阶段需要的清晰理解说明。
* 同首席设计师和产品设计团队一起工作，完善内部设计流程和标准。
* 需要 1/10 的时间出差。

资格条件：

* 在应用程序的交互设计方面（界面设计，产品设计）有 4～5 年的工作经验。在 Web 应用（不是 Web 网站）和桌面应用方面有扎实的经验。
* 产品设计、人机交互、可用性专业毕业，或者对产品设计、人机交互理论的理解和实践方面有较强能力者。
* 理解室内产品设计的生命周期。
* 良好的交流技巧：书写和口头。
* 了解基于浏览器和客户端的技术（HTML、Java、Flash、.NET）。
* 原型系统开发技术，包括 DHTML、DreamWeaver、Flash 等方面。
* 具有开发和运行可用性测试的经验。
* 具有行业研究经验（Cooper 的目标导向设计方法优先）。
* 具有个人独立以及与他人合作，完成包括问题定义和解决方案的整个产品设计过程描述能力。
* 具备设计制作 icon、小饰件、窗口、边框和数据布局等图形元素的能力。

1.3   国内外知名企业的用户体验

用户体验设计作为设计领域一个蓬勃兴起的分支，得到社会各界特别是互联网经济领域的重视。其发展历史并不长，从早期设计中以产品为中心的设计理念到后来的以人为中心、以用户为中心（User Centered Design，UCD）的设计思想的转变，都是人类思想和哲学层面的设计方法论演化，它的表现产生出惊人的影响，并迅速辐射到人类社会众多领域中，国内外许多知名企业也均对用户体验给予了足够的重视。

1.3.1   用户体验设计历史与现状

用户体验设计中以人为本的设计思想最早出现在 20 世纪工业设计飞速发展时期，其目的是取得产品与人之间的最佳匹配。这种匹配不仅要满足人的使用需求，还要与人的生理、心理等各方面需求取得恰到好处的匹配。以人为本是指在设计中将人的利益和需求作为考虑一切问题的最基本的出发点，并以此作为衡量活动结果的尺度。以人为本源于西方哲学思想，尤其是自笛卡儿的主客二分法提出以来，把自然放在了人的对立面，认为自然界中一切都要为人的利益服务，人是宇宙自然一切的中心。古希腊先哲普罗塔格拉斯认为"人,是万物的尺度。是一切事物存在的尺度;是一切不存在的事物不存在的尺度"。培根也认为"人应当是世界的中心,整个世界万物都在协调一致地为人效劳"。工业设计的核心是满足人的需求,而非产品设计。其中传统工业设计中也积极发展了人机工程学,从最初的考虑人因参数等的生理性硬性人机,到考虑心理方面的软性人机,实现了从产品向用户(人)的转变,提出了需求的重要性。

以用户为中心作为一种思想,就是在进行产品设计、开发、维护时从用户的需求和用户的感受出发,围绕用户为中心进行产品设计、开发及维护,而不是让用户去适应产品。其广义的设计核心思想是关注用户。当然 UCD 的外延一直在扩张,但是其出发点在于用户的研究,高度关注用户的特点、产品使用方式以及使用习惯等。从产品周期上来看:在产品生命周期的最初阶段,产品的策略应当以满足用户的需求为基本动机和最终目的;在其后的产品设计和开发过程中,对用户的研究和理解应当被作为各种决策的依据;同时,产品在各个阶段的评估信息也应该来源于用户的反馈。

用户体验从表象上理解,是将 UCD 的思想具化到用户的主观感受上,这种感受即体验的形成需要两个基本体,即主观与客体;一个核心,即交互。用户体验作为用户在使用产品(广义)的过程中产生的主观感受,可能涉及用户在产品使用前、中、后各个阶段相关的感官刺激、交互刺激和价值刺激等。

1.3.2　谷歌用户体验

谷歌(Google)用户体验小组致力于创建集实用、快速、简单、引人注目、创新、通用、盈利、美观、可靠和个性于一身的设计应用。如何在这十项原则间实现协调与均衡是一项永无止境的挑战。只有实现这种均衡的产品,才可以称为 Google 式产品,并为全世界的用户带来满意而愉快的使用体验。Google 设计的 logo 如图 1-5 所示。

Google 用户体验的十大准则如下。

1. 聚焦于用户的生活、工作和梦想

Google 用户体验小组努力发现用户的真正需求,包括那些用户自己都无法阐明的需求,以创建解决现实问题的产品并激发所有人的创造力。Google 用户体验小组的工作目标不仅仅是按部就班的工作,而是改善人们的生活。一个精心设计的 Google 产品在日常生活中是非常有用的,它并不仅仅是靠花哨的视觉效果和技术打动用户的,还依赖于一些更深层次的东西。因此,Google 用户体验倡导的是不强迫用户去使用他们不想要的特性,而是通过引导有兴趣的用户自发地使用它们,尽可能不会入侵别人的生活,向那些想要探索世界信息、工作更加迅捷以及分享想法的用户敞开大门。

2. 注重用户每一毫秒的价值

没有什么比用户的时间更加宝贵。Google 页面的快速加载得力于精简的代码和精心挑选的图片。为了让用户更加容易地找到想要的内容,Google 将最重要的功能和文本放在最显眼的位置。一些不必要的点击、输入、步骤和其他操作都被删除了。Google 的产品只会请求一次信息并且包含了智能的默认选项。所有任务都是高效的。速度为用户带来便利。如果没有充足的理由,Google 绝对不会牺牲速度。

图 1-5　Google 设计的 logo 集合

3. 相信"简单就是力量"

简单造就了良好设计中的许多元素,包括易用性、速度、视觉效果和可访问性。一个产品从设计之初就应该保持简单。Google 不打算创建功能繁复的产品,最好的设计应该只包含那些用户完成目标过程中所必需的功能。即使产品需要大量的特性和复杂的视觉设计,也要看起来简单而强大。在以牺牲简单为代价去追求一个不太重要的功能之前,Google 会三思而后行。Google 希望将产品推向新的发展方向,而不仅仅是增加更多功能。

4. 引导新手和吸引老手

为多数人设计并不意味着降低标准设计。最好的 Google 设计表面上看起来很简单,但是却包含了强大的功能,可以让需要的用户很容易地访问到。Google 的目标是为新用户提供美妙的初始体验,同时也吸引那些经验丰富的用户,他们会让其他人也来使用这个产品。一个精心设计的 Google 产品会让新用户很快熟悉,在必要的时候提供帮助,并且保证用户可以通过符合直觉的简单操作使用产品的大多数有价值的功能。逐步披露高级功能会鼓励用户去扩展他们对产品的使用。在适当情况下,Google 会适时地提供一些智能功能来吸引那些资深网络用户——那些在多个设备和电脑之间共享数据的人、在线上和线下工作的人以及需要存储空间的人。

5. 敢于创新

设计上的一致性是 Google 产品获得信任的基石,它令用户舒适并提高他们的工作效率。但是要想把设计从沉闷乏味变得令人愉快就要依靠想象力。Google 鼓励那些创新、冒险的设计,只要它们符合用户需求,用户体验小组就会去开发它们。不是为了去适应现有的产品功能,Google 更着眼于改变整个游戏规则。

6. 为全世界设计

万维网已经向世界各地的人们开放了互联网上的所有资源。用户通过移动设备和计算机来使用 Google 的产品,设计的产品应该在用户随意选择的任何一种媒介上都可以适时调整和使用。在可能的情况下,尽可能支持较慢的连接速度和旧版的浏览器,允许用户选择如何浏览信息(屏幕大小,字体大小)和如何输入信息(智能查询分析)。Google 用户体验团队通过研究世界上用户体验的根本差异,为每一个用户、每一个设备和每一种文化设计出合适的产品。简单的翻译,或者功能上的"优雅降级",都不足以满足人们的需要。Google 还致力于改善产品的可访问性,怀着开发简单和具有包容性产品的渴望以及Google 让全世界的信息普遍可访问的使命,向包括有身体和认知缺陷在内的所有用户提供愉悦的体验。

7. 规划当前和未来的业务

Google 那些盈利的产品竭力做到以有助于用户的方式赚钱。为了实现这一崇高目标,设计师将和产品团队一起确保商业计划能够和用户的目标无缝集成。用户体验小组将努力确保 Google 的广告具备应有的相关性、实用性和明确性。同时,注意保障广告客户和其他通过 Google 产品来创收的用户的利益。如果某个产品可能会导致用户流失,Google 就不会计划通过此产品来创收。如果某项设计无法让用户满意,即便它有利可图也必须从头再来。在 Google 中,并不要求每款产品都带来经济效益,但是绝不允许有任何一款产品损害 Google 公司的业务。

8. 既赏心又悦目

对于用户体验小组,最开心的事情莫过于听到用户在看到 Google 产品时所发出的由衷赞叹:"哇,真漂亮!"良好的第一印象可以给用户带来愉快的使用体验,让他们确信产品是可靠而专业的,从而促使他们购买产品。简约美学对于大部分的 Google 产品都是适用的,因为一个干净、清爽、加载迅速,而且不会分散用户的注意力的设计一定符合用户需求的。吸引人的图像、颜色和字体需要与速度、可扫描文本和简易导航取得平衡。尽管如此,考虑到用户和文化背景的因素,简单优雅并不是对所有产品来说都是最合适的。Google 产品的视觉设计会让用户感到满意并且有助于使用。

9. 值得信任

好的设计对赢得 Google 用户的信任大有帮助。Google 可靠性的建立是从基础做起的,例如,确保界面的高效和专业性、让用户可以轻松地撤销操作、明确标识广告、确保术语的一致性,并且确保用户不会遇到令人不快的错误。另外,Google 产品也面向全世界开放,不仅添加了指向竞争对手的链接,同时还鼓励用户的参与,如社区地图或 iGoogle小工具。一个更大的挑战是确保 Google 对用户控制自己数据的权利表示尊重。在如何使用信息和信息如何共享给他人(如果有的话)方面,Google 是透明的,所以用户可以做出知情的选择。Google 产品在有危险的时候会警告用户,比如不安全的链接、让用户易受垃圾邮件骚扰的行为或者将数据分享在 Google 之外的其他地方而被存储的可能性。随着 Google 规模的不断扩大,遵循"不作恶"的座右铭就显得愈加重要。

10.有人情味

Google 拥有一大批很有个性的员工,从而使得 Google 的设计也极具个性。文本和设计元素的基调都是友好、机灵并且智能的,而不是枯燥、古板或傲慢的。Google 的文本直接和用户对话,并提供实际、非正式的协助,就像和街坊邻居对话一样。此外,Google不会因为有趣或个性化而牺牲其他设计元素,尤其是当人们被生活或找到重要信息的能力严重困扰的时候。

Google 并不是什么都懂,而且所有设计都是完美的。Google 会根据需要采取一些行动收集反馈信息。当践行这些设计准则的时候,Google 用户体验团队会在每个产品的可用时间里寻找最佳的平衡,不断迭代、创新和改善。

1.3.3　百度用户体验

百度用户体验设计部门拥有一支实力超强的用户体验设计师队伍,其对用户体验的深刻理解和精湛的专业技术,保证了百度产品的用户体验是一流的,在业界拥有比较大的影响。它的用户体验设计师队伍也具有较大的规模,百度用户体验设计队伍中比较有影响的网站包括百度泛用户体验网站(http://www.baiduux.com)、百度用户体验部官方网站(http://hi.baidu.com/uerh/home)和百度无线用户体验组网站(http://mux.baidu.com)等。

1.百度泛用户体验平台

百度泛用户体验平台,如图 1-6 所示,是以"用户体验"为核心的跨专业分享平台,英文缩写为 UFO。其中,U 是 User Experience,代表用户体验;F 为 Front End Research and Development,意为前端技术;O 指 one,代表着我们每一个人,寓意为想象、未来、领先、科技、神奇与分享。

图 1-6　百度泛用户体验平台网站

百度泛用户体验通过从 360 度全方位的"泛"视角来讨论和分享用户体验的一点一滴。无论是视觉设计、交互体验,还是前端开发、用户研究,大家一起交流、分享、研究、分析、体验,不管你是设计师、工程师,还是用户、网友等不同身份。秉承"减法设计、从简出发"的理念,完成百度 Web 产品的视觉、交互设计、前端开发,用户研究、内容优化等工作,通过提供基于研究、设计与前端技术的一体化解决方案,使产品更加友好、易用,以进一步提升产品影响力和品牌满意度。同时,希望通过 UFO 泛用户体验平台更好地与同行交流,一同探讨,从而推动行业发展。

2. 百度用户体验部

百度用户体验部(简称 UE)是百度公司专业的用户体验界面视觉、交互设计及用户体验研究团队。以提升百度产品用户体验为核心战略目标。以用户为中心,完成界面设计、可用性调研、交互原型互动设计等工作,全面提升产品及品牌满意度、影响力,使产品更加友好、易用、好用。同时,也参与新产品方向的研究、公司品牌形象的树立与拓展工作等,对公司发展产生深远影响。用户体验部一贯倡导创新、可落地研究,是一个富有激情、值得信赖的团队。

图 1-7 所示的百度用户体验部官方网站,较多展示了百度用户体验部门开发百度产品时的内部工作状态,以及有关外部用户对百度产品测试工作的调查等信息。

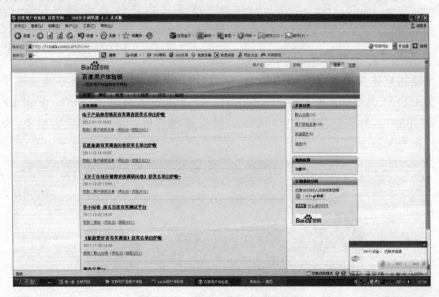

图 1-7　百度用户体验部官方网站

3. 百度无线用户体验组

百度无线用户体验组网站如图 1-8 所示,其主题是针对移动互联网——无限可能与梦想栖居的所在——中的移动设备碎片化和硬件限制等情况,来建立以用户为中心的设计理念,致力于提高产品用户体验。该网站强调设备碎片化阻碍不了设计师们无限的创造力,要在限制设计的针尖上舞蹈,不求诞生于完美,期待迭代得精彩。漫步于五花八门的手机操作系统中,在思索中移动无线,在移动中无限思索,通过关注行业动态,总结学习心得,与大家一起分享设计中的点点滴滴!

图 1-8　百度无线用户体验组网站

1.3.4　淘宝用户体验

淘宝用户体验设计部(UED 部门)成立于 2006 年,其前身为淘宝用户界面(UI)。作为淘宝非常重要的一个部门,淘宝 UED 团队致力于做地球上最牛的 UED 部门,为用户带来更好的电子商务用户体验。其早期的定位为业务支持部门,目前正逐渐往合伙人模式转变,为业务发展提供更多的影响力和推动力。淘宝用户体验设计部官方网站为 http://ued.taobao.com,如图 1-9 所示。

图 1-9　淘宝用户体验设计部网站

2003 年 5 月,淘宝网成立,当时只有一位 UI 设计师。经过一年发展,逐渐形成淘宝的 UI 设计部门,部门内有若干 UI 设计师。

2006 年,淘宝 UI 部门设置了交互设计师、视觉设计师和前端开发工程师三种职位,并改名为淘宝 UED 部门。

2008 年,淘宝 UED 部门内建立了用户研究团队,形成了职能完备的 UED 部门。

2011 年,由于阿里巴巴集团的组织结构调整,天猫 UED、聚划算 UED 和一淘 UED,从淘宝 UED 分割出来,分别进入天猫、聚划算和一淘网。淘宝 UED 则专门服务淘宝网。

目前,淘宝 UED 部门大约有员工 200 名,负责淘宝网的所有页面的设计和前端开发工作,并且负责代表淘宝品牌的淘公仔的设计运作。部门现有 4 类职位:交互设计师、视觉设计师、用户研究员、前端开发工程师。

淘宝网的每一个页面都凝聚了 UED 团队的心血。但淘宝 UED 部门的工作不仅是为了呈现在用户眼前的页面,它更关心用户的操作和用户的感受,为了让用户有更好的购物体验,每月达成更多的交易,因为淘宝网站的口号是:"没有淘不到的宝贝,没有卖不出的宝贝"。

淘宝 UED,一直致力于提升专业度和品质感,加强与业务和技术部门的合作融合,在部门内外都一直坚持开放和分享,孵化了碳酸饮料会和懒懒交流会两个知识分享品牌。其中,碳酸饮料会的内容覆盖交互设计、视觉设计和用户研究领域,是内部员工交流和分享的平台。连续多年发布了年度分享合集《碳酸志》,并组织 UCAN 论坛,邀请全球业界同行进行交流。懒懒交流会是前端开发工程师的分享交流平台,并组织多届 D2 论坛,是目前国内最有影响力的前端开发技术论坛。

1.3.5 腾讯用户体验

腾讯用户体验设计部(简称 CDC)成立于 2006 年 5 月 18 日,官方网站是 cdc.tencent.com(如图 1-10 所示),全称是 Customer Research & User Experience Design Center(即用户研究与体验设计中心),是腾讯的核心部门之一。CDC 自成立以来,团队

图 1-10　腾讯用户体验设计部网站

就一直向着"做世界一流的互联网设计团队,为用户创造优质在线生活体验"这一愿景努力(如图 1-11 所示),致力于不断提升腾讯全线产品的用户体验,为公司设计了大量高水平的互联网产品。

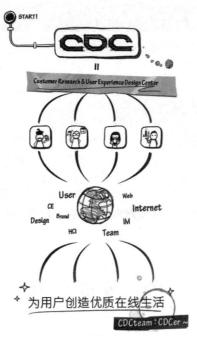

图 1-11　腾讯用户体验设计团队

1.3.6　网易用户体验

网易用户体验设计中心(User Experience Design Center),简称"设计中心(UEDC)",成立于 2008 年底,图 1-12 所示为其官方网站 www.ued163.com。崭新的团队赋予新的使命,团队以"不断提升网易产品用户体验,带给用户良好的上网感受"为目标,不断努力,力争打造一流的互联网设计团队。目前设计中心服务的产品包括网易门户、邮箱、博客、无线、交友、基础产品等,汇聚了 100 多名来自五湖四海的优秀设计师。

科学的设计流程是良好设计品质的保障,网易用户体验设计中心从一开始就在努力尝试和优化现有的设计流程,现在,设计中心有着较为明确的分工和流程。中心内部用户研究团队、交互设计团队、视觉设计团队各自专注自身领域,又时而融合一起,对设计质量的提升有积极的推动作用。

同样,设计品质的追求更体现在细节上面,中心本着精雕细刻、精益求精的态度琢磨每个细节,以用户至上的设计为出发点,兼顾战略目标完成每项设计。现在,中心门户、邮箱、博客等产品用户数达至数亿,每个页面凝结了中心每一位员工的心血,作为设计师深感自豪的同时面对了更强大的挑战,从用户的满足中找到自己的价值。不断关注用户浏览、用户操作、用户感受,为了用户有更好的上网体验而努力。

图 1-12　网易用户体验设计部网站

1.4　拓展阅读

用户体验设计师

用户体验设计师是服务经济或体验经济中一个十分重要的职位,目前已逐渐被大家所认识。作为一个用户体验设计师,必须要有足够的好奇心、热情和同理心,必须具备平衡这三者关系的能力,特别是逻辑与情感之间的平衡。一个优秀的用户体验设计师不仅需要知道如何创造符号逻辑和可行的体验结构,还需要知道什么是与产品建立情感联系的关键元素。具体的平衡可能会根据产品的不同而有所变化。如何取得平衡,关键在于如何取得高度的同理心,让自己融入潜在产品用户的世界,理解用户的需求和动机,并创造产品人物角色。

经过多年的孕育,当今的用户体验设计界已经萌发出勃勃生机,有关用户体验设计的各种信息已经开始进入人们的视野。除了邮件信息、在线资源和一大批聪明能干的人外,许多企业、社群团体开始组织赞助各种用户体验设计方面活动或会议,为用户体验设计师及爱好者提供良好的交流和学习机会,有助于开阔大家的视野、强化职业专注性。目前,这类比较有影响力的活动包括用户界面工程师的网页应用峰会和用户界面大会、Adaptive Path 的用户体验设计研讨会以及 Nielsen Norman Group 的可用性周,另外还有一些专家组织发起的各种临时性集会。

表 1-1 所列的是国内外一些比较有知名度的用户体验设计组织及它们的网站和举办的活动。中国很多知名的企业,也纷纷组建用户体验设计相关部门,成立了可用性专家协会中国分会。

表 1-1 部分用户体验设计组织

组 织	网 站	代表性会议
国际交互设计协会(IXDA)	www.ixda.org	交互设计年会(二月)
信息架构研究院(IAI)	www.iainstitute.org	IDEA 大会(九月、十月)
美国信息科学与科技学会(ASIS&T)	www.asis.org	IA 峰会(三月)
ACM 人机交互特别兴趣组(SIGCHI)	www.sigchi.org	CHI(四月初)
可用性专家协会(UPA)	www.usabilityprofessionals.org	UPA(六月)
中国 UCD 大社区	www.ucdchina.com	每月多个城市

本 章 小 结

经济活动是满足人类衣食住行和更高层次需求的活动之一,不同的经济发展阶段为我们提供不同的衣食住行和需求层次。男耕女织、农舍和马车是农业经济时代最明显的特征;火柴盒式的住房和四个轮子的汽车是工业经济为我们的生活提供的典型解决方案;而体验经济提供给我们的则是高度个性化的超现实主义住宅和表现主义服饰。

在体验经济中,消费与生产不再是截然两分的,体验是消费,同时又是生产的过程,其消费理性行为可从贝克尔的全收入消费者选择模型恢复到更高层次的芝加哥学派的广义生产者-消费者选择模型。体验本身代表了一种已经存在但先前并没有被清楚表述的经济产出类型,从服务中分离提取体验的做法则开辟了非同寻常的经济拓展的可能性,成为开启未来经济增长的钥匙,当今经济社会中以信息服务为特征的现代服务业兴起,正是基于这样的一个事例。随着互联网长大的一代正在成为社会的主流,并以他们特有的视角和思考问题的方式影响着社会的发展,形成了所谓的 e-文化,在体验经济发展中展示出独特的一面。

产品是可开发的、商品是实体的、服务是无形的、体验是难忘的,这四种不同的经济发展阶段,其经济价值也是依次增进的。

互联网经济现在已经呈现出鲜明的新经济特征,包括优化社会分工、重构社会资源的服务经济和体验经济特征,促使专业分工不断细化,专业知识要素成为核心的知识经济特征,以互联网平台为核心载体,展示高渗透、强通用、易聚合、快辐射的信息经济特征,以及绿色低碳、降低要素重组成本的生态经济特征。

国际标准化组织的 ISO 9241-210-2011 标准将用户体验定义为"人们对于针对使用或期望使用的产品、系统或者服务的认知印象和回应",且其注重实际应用。同时,ISO标准对用户体验还作了补充说明:用户体验,即用户在使用一个产品、系统或服务之前、使用期间和使用之后的全部感受,包括情感、信仰、喜好、认知印象、生理和心理反应、行为和成就等各个方面,系统、用户和使用环境成为影响用户体验的三个主要因素。另外,ISO 标准的第三条说明也暗示了可用性可以作为用户体验的一个方面,如"可用性标准可以用来评估用户体验一些方面",用户体验和系统可用性二者概念之间存在有相互重叠的部分。

用户体验设计是以改善企业的理念和行为在用户心目中的感受为目的,以用户为中心,创造影响用户体验的元素,并将之和企业目标同步。这些元素可以来自于生理的、心理的和社会各个层面,包括听到、看到、感受到和互动过程中体会到的各种过程或接触点。

用户体验设计的范围很广,而且在不断扩张。数字化环境下的用户体验设计,主要讨论网站和软件产品应用类的交互性媒介,在某种意义上包括了原材料产品、商品和服务等多层含义。在产品具体开发过程中,要想成功,这些产品的用户体验设计必须考虑到项目的商业目标、产品使用者的需求以及任何可能影响产品生存力的各种因素。

实 践 任 务

阅读拓展阅读部分的内容,结合本章知识,进一步收集资料,熟悉苹果公司系列产品或国内外著名互联网企业及其产品的用户体验方面规划及应用情况,分析用户研究和用户体验设计在其公司运营或产品经营中的作用,完成撰写报告并组织讨论。

思 考 题

1. 互联网经济的新经济学特征是什么?
2. 互联网产品与体验经济有怎样的联系?
3. 用户体验中的基础体验有哪些?
4. 用户体验设计在互联网产品中有怎样的作用?

参 考 文 献

[1] B. Joseph Pine II(美), James H. Gilmore(美)著,夏业良,鲁炜等译. 体验经济. 北京:机械工业出版社,2010 年 10 月.

[2] Russ Unger(美), Carolyn Chandler(美)著,孙亮译. UX——以用户体验为中心的 Web 设计. 北京:人民邮电出版社,2010 年 4 月.

[3] 杨艾祥著. 下一站用户体验. 北京:中国发展出版社,2010 年 4 月.

第 **2** 章　用户体验设计经典理论

 **学习目标**

1. 了解与用户体验设计相关的用户接受理论;
2. 了解与用户体验设计相关的用户心理学理论;
3. 了解与用户体验设计相关的工业设计理论;
4. 了解与用户体验设计相关的统计分析理论与方法。

开篇案例

用户行为的惯性

用户:"你们的排序按钮为什么没有了?"

客服:"亲,我们把它放在右边了,这样更加明显哦。"

用户:"你们很闲吗? 没事弄这个按钮做什么!"

有一个故事,说的是将奶酪放在了迷宫的第三个格子,然后放一只老鼠进入迷宫,第一次的时候,老鼠先找第一个,再找第二个,最后在第三个格子中找到了,很高兴。第二次的时候,先找第一个,再找第二个,又在第三次的格子中找到了,很高兴。第三次的时候,老鼠直接去了第三个格子,找到奶酪。第四次,第五次,奶酪没有动。第六次的时候,奶酪被移入了第一个格子,老鼠看不到奶酪,于是生气,郁闷,焦躁,原地打转,却放弃了继续寻找。

人和老鼠一样,甚至比老鼠更加具有惯性,更加善于总结规律,更加容易感觉生气和不爽。一旦他学会了用一个按钮,第二次一定会去原地按照原来的方法使用。如果位置或者方法和以前不一样,他会很不习惯,并且认为这是一个非常不爽的改变。因此,产品设计要改变原有的规律一定要三思而行,即使你知道你是在让原来的过程更加美观,更加方便,更加绚丽,也请考虑原有老用户的习惯。在吸引新用户的同时如何让老用户少去学习是产品经理需要综合考虑的问题。

用户体验设计并不是一件简单的事情,它涉及许多相关领域。在设计过程中,设计师需要综合考虑诸如用户接受理论、设计心理学、设计美学以及数据统计分析等多方面的因素。

2.1　用户接受理论

用户接受理论是当前信息科学中备受关注的前沿课题之一,对于互联网络产品的用户体验设计有相当重要的指导意义。该理论始于 20 世纪 80 年代末期,当时有学者提出了"用户对信息技术接受"这一概念,该研究逐渐开始受到理论界和产业界的关注。用户接受理论主要用来解释用户对一项新技术的接受程度,它从社会心理学、行为科学等角度来分析用户接受和应用信息技术或者信息系统的行为要素,从而为提高系统实施的成功提供必要的理论依据。用户接受研究的最终目的是希望能够找到评价产品的实用方法,预测用户对产品的反应,或是通过改变产品特性和实施方法在促进用户对产品的接受和使用。

2.1.1　理性行为理论

理性行为理论(Theory of Reasoned Action,TRA)是由美国学者菲什拜因(Fishbein)和阿耶兹(Ajzen)于 1975 年提出的,主要用于分析态度如何有意识地影响个体行为,关注基于认知信息的态度形成过程,其基本假设是认为人是理性的,在做出某一行为前会综合各种信息来考虑自身行为的意义和后果。

该理论认为个体的行为在某种程度上可以由行为意向合理地推断,而个体的行为意向又是由对行为的态度和主观规范决定的。人的行为意向是人们打算从事某一特定行为的量度,而态度是人们对从事某一目标行为所持有的正面或负面的情感,它是由对行为结果的主要信念以及对这种结果重要程度的估计所决定的。主观规范指的是人们认为对其有重要影响的人希望自己使用新系统的感知程度,是由个体对他人认为应该如何做的信任程度以及自己对与他人意见保持一致的动机水平所决定的。这些因素结合起来,便产生了行为意向(倾向),最终导致了行为改变,如图 2-1 所示。

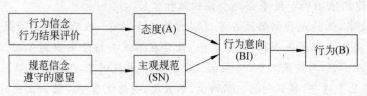

图 2-1　理性行为理论(TRA)

理性行为理论是一个通用模型,它提出任何因素只能通过态度和主观规范来间接地影响使用行为,这使得人们对行为的合理产生有了一个清晰的认识。该理论有一个重要的隐含假设:人有完全控制自己行为的能力。但是,在组织环境下,个体的行为要受到管理干预以及外部环境的制约。因此,需要引入一些外在变量,如情境变量和自我控制变量等,以适应研究的需要。

从图 2-1 中我们可以看到,个体的行为(Actual Behavior,B)是由行为意向(Behavioral Intention,BI)直接决定的,而行为意向又由个体对采取该行为的态度(Attitude toward Behavior,A)和主观规范(Subjective Norms,SN)共同决定,即个体依靠理性的对特定失误的态度来做内部的判断,依据社会的准则来权衡,在进行判断和权衡后才会形成接下来的行为。图中行为意向是人们打算实施某一特定行为的量度。而态度是个人对行为的认知反映,也就是人们对采取某一特定行为时的积极或者消极的感受,它是由对行为结果的信念和对这种结果的评价所决定的,信念是指对执行某项行为将会产生的结果的主观意识,评价是指对行为结果的一种可估计的反应。主观规范则反映人们行为所受到的社会影响,也就是对他而言比较重要的、大部分人是否希望他实施所讨论的行为,这是一种对社会规范的主观感受,是由规范信念和遵守的愿望决定。

个人的行为意向由行为态度和主观规范两个要素共同决定,具体取决于二者在影响行为意向上的相对权重,可由公式 2-1 表示:

$$BI = W_1 A + W_2 SN \qquad (2\text{-}1)$$

其中,相对权重取决于所研究的行为意向的性质,对于不同的研究,相对权重可以通过回归进行估计。相对权重这一参数大大提高了行为态度和主观规范对于行为意向的解释能力。因此,可以通过测量个人对某一行为的态度、主观规范以及二者的相对权重,得知其行为意向,并对其行为进行预测。

虽然态度和主观规范都取决于信念(Beliefs),但二者的信念类型是有区别的。一般来说,个体如果认为某种行为会带来好的结果,他就会对这种行为持积极态度;如果他认为某种行为会带来坏的结果,他对这种行为就会持消极态度。这种态度背后的对行为结果的信念称为行为信念(Behavioral Beliefs),而行为结果评价(Evaluations of Behavioral Outcomes)为个体对行为所产生结果的评价。个体各种行为信念的强度(b_i)及其对行为结果的评价(e_i)共同决定了个体对行为的态度,即

$$A = \sum b_i e_i \qquad (2\text{-}2)$$

主观规范同样取决于信念,但与态度所取决的信念所不同的是,这里的信念来自社会压力方面的信念,即对个体而言比较重要的人是希望还是不希望个体执行某项行为。这些主观规范后面的信念称为规范信念(Normative Beliefs),而遵守的愿望(Motivation to Comply)指个体服从于这种期望的动机。个体的规范信念 nb_j 及其遵守的愿望 mc_j 共同决定主观规范,即

$$SN = \sum nb_j mc_j \qquad (2\text{-}3)$$

理性行为理论是一个通用的模型,它没有明确表明用什么信念来解释某一特定行为。也就是说,该理论模型中的信念是一个笼统的概念。因此,在使用该理论模型时,研究人员应该首先确定研究对象的主要信念,可首先采用访谈的方式,对研究群体的代表进行访问,从中得出 5~10 个重要的信念。该理论普遍用于解释各种人类行为,也同样适用于用户对信息技术使用行为的解释。该理论可应用于用户体验设计,它提出任何影响行为的因素只能通过影响态度和主观规范来间接影响行为,这就使得人们对行为的合理产生有一个清晰的认识。

虽然理性行为理论在用户体验设计中得到了广泛应用,在信息技术的采纳和接受行为的解释方面取得了一定的成功,但是理性行为理论隐含了一个重要假设:人有完全控制自己行为的能力。而用户行为会受到各种因素的影响,无法满足这一重要假设,所以有必要对该理论进行进一步修正和扩展,以增加模型的适用领域和预测能力。

2.1.2 计划行为理论

计划行为理论(Theory of Planned Behavior,TPB)是 1985 年由美国马萨诸塞大学教授 Icek Ajzen 提出的,该理论由 Ajzen 和 Fishbein 共同提出的理性行为理论(Theory of

Reasoned Action，TRA)演变而来。Ajzen 研究发现，人的行为并不是百分百地出于自愿，而是处在控制之下，因此，他将 TRA 予以扩充，增加了一项对自我感知行为控制(Perceived Behavior Control)的新概念，从而发展成为新的行为理论研究模式——计划行为理论(如图 2-2 所示)。

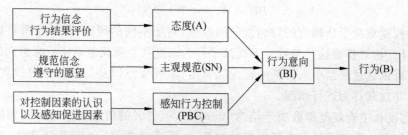

图 2-2　计划行为理论(TPB)

Ajzen 认为所有可能影响行为的因素都是经由行为意向来间接影响行为的表现。而行为意向受到三项相关因素的影响，其一是源自于个人本身的态度，即对于采取某项特定行为所抱持的态度(Attitude)；其二是源自于外在的主观规范，即会影响个人采取某项特定行为的主观规范(Subjective Norm，SN)；最后是源自于感知行为控制(Perceived Behavioral Control，PBC)。

感知行为控制是指个体感受到完成某一行为的容易或者困难程度，它反映个人对某一行为过去的经验和预期的阻碍。当个人认为自己拥有的资源与机会越多，预期的阻碍就越小，对行为的控制就越强。感知行为控制是由控制信念和感知便利共同决定的。控制信念指个人对于自己所拥有的采取行为所需能力、资源和机会的感知，而感知便利是指个人认为这些能力、资源和机会对采取行为的重要性的估计。所以，感知行为控制是由个人采取行为所需的资源与机会(cb_k)，以及资源与机会对采取行为的重要程度(pf_k)所决定。可用公式表示为：

$$PBC = \sum cb_k pf_k \tag{2-4}$$

当感知行为控制越高，则行为意向越高。反之，当感知行为控制越低，则行为意向越低。整个模型的数学形式如下所示：

$$BI = w_1 A + w_2 SN + w_3 PBC \tag{2-5}$$

$$B = w_4 BI + w_5 PBC \tag{2-6}$$

其中，w_1、w_2、w_3、w_4、w_5 为相对的权重系数。

一般而言，个人对于某项行为的态度愈正向时，则个人的行为意向愈强；对于某项行为的主观规范愈正向时，同样个人的行为意向也会愈强；而当态度与主观规范愈正向且知觉行为控制愈强的话，则个人的行为意向也会愈强。反观理性行动理论的基本假设，Ajzen 主张将个人对行为的意志控制力视为一个连续体，一端是完全在意志控制之下的行为，另一端则是完全不在意志控制之下的行为。而人类大部分的行为落于此两个极端之间的某一点。因此，要预测不完全在意志控制之下的行为，有必要增加行为知觉控制这个变项。不过当个人对行为的控制愈接近最强的程度，或是控制问题并非个人所考量的因素时，则计划行为理论的预测效果是与理性行为理论是相近的。

TRA 和 TPB 理论都假定人们是理性的,在决策过程中会充分使用可获得的信息。如果行为处于不完全控制之下,人们将依赖于必需的资源和机会来完成行为,行为受到个体坚信他拥有完成行为能力强度的影响。TPB 模型比 TRA 模型在解释个体行为方面拥有更多的解释力。不过当个体对行为的控制接近最强的程度,或者是控制问题并非个人所考虑的因素时,则计划行为理论的预测效果与理性行为理论越是相近。理性行为理论模型和计划行为理论模型都已经被证实,这两个理论被广泛地用来解释和预测信念、态度、意向和行为之间的认知和影响因素。

计划行为理论 TPB 的几个主要观点归纳如下。

(1) 非个人意志完全控制的行为不仅受行为意向的影响,还受执行行为的个人能力、机会以及资源等实际控制条件的制约,在实际控制条件充分的情况下,行为意向直接决定行为。

(2) 准确的知觉行为控制反映了实际控制条件的状况,因此它可作为实际控制条件的替代测量指标,直接预测行为发生的可能性,预测的准确性依赖于知觉行为控制的真实程度。

(3) 行为态度、主观规范和感知行为控制是决定行为意向的三个主要变量,态度越积极、重要他人支持越大、知觉行为控制越强,行为意向就越大,反之就越小。

(4) 个体拥有大量有关行为的信念,但在特定的时间和环境下只有相当少量的行为信念能被获取,这些可获取的信念也叫突显信念,它们是行为态度、主观规范和感知行为控制的认知与情绪基础。

(5) 个人以及社会文化等因素(如人格、智力、经验、年龄、性别、文化背景等)通过影响行为信念间接影响行为态度、主观规范和感知行为控制,并最终影响行为意向和行为。

(6) 行为态度、主观规范和感知行为控制从概念上可完全区分开来,但有时它们可能拥有共同的信念基础,因此它们既彼此独立,又两两相关。

2.1.3 创新扩散理论

"创新扩散理论"(Diffusion of Innovation,DOI)是美国学者埃弗雷特·罗杰斯(E. M. Rogers)提出的。罗杰斯认为创新是"一种被个人或其他采纳单位视为新颖的观念、事件或事物"。并将创新扩散定义为"一项创新,随着时间的经过,通过特定渠道,在社会系统群体间沟通的过程"。

创新扩散理论尝试解释为什么一个新服务,即使知道有很多显著的优点,但要尝试去接受它可能是非常困难的事。当人们试着要去接受一项新事物时,需要一段时间来说服自己去接受新产品或新服务。因此,创新、接受以及扩散三者之间是息息相关的。罗杰斯在 1962 年提出了创新采用理论,后于 1971 年提出更完整的创新决策过程理论,之后他更对此模型进行修正,在 1983 年提出创新扩散理论。创新扩散理论常被用来预测和解释采用以及扩散行为,如图 2-3 所示。

罗杰斯认为个人或是其他决策单位决定某项创新并不只是一时的行为,而是经过一系列活动与决策的模式,影响对采用创新态度的因素。影响这一系列的活动与决策模式,主要即是 5 个"创新特性",而这 5 个创新特性可以用于解释及推论影响使用者接受行为的主要关键。

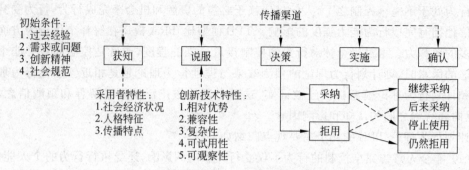

图 2-3　罗杰斯的创新扩散模型

（1）相对优势（Relative Advantage）：认为某项创新优越于它所取代的旧概念的程度。它一般表现为经济收益，增加有效性或其他收益。真正重要的并不是创新具有的真正优势，而是个体感受到的采用创新后能带来的相对优势，其中社会地位的提高，方便和满意都是其体现。感知的相对优势越大，采用创新的速度越快。

（2）兼容性（Compatibility）：创新被认为与个人价值观、过去经验及现有需求相符的程度。采用不兼容的创新通常需要用户首先采用新的价值体系，而它往往是一个相对缓慢的过程，所以与现存的价值观、社会系统标准不兼容的创新被采用的速度较慢。

（3）复杂性（Complexity）：创新被认为难以了解或使用的程度。人们倾向于采用容易理解的创新，复杂的创新由于需要个体拥有更多的技巧和努力，所以会阻碍个体的采用。

（4）可试用性（Triability）：创新被认为可试用的程度。通过小范围、小批量使用时，会减少个体采用创新的不确定性感觉。

（5）可观察性（Observability）：创新本身或创新被采用后的结果，可以被观察、讨论的程度，即创新能通过口头、图像或视听方式传播的程度。由于创新结果容易被观察和传播，可以刺激同事、朋友、邻居讨论创新，产生用户需要的评价信息，有助于创新的采用和扩散，所以创新结果的可观察性对用户采用决策有显著影响。

整个创新扩散过程包括 5 个阶段：获知、说服、决策、实施和确认，影响该过程的因素包括创新技术特性、采用者特性和传播渠道等，如图 2-3 所示。

人们在是否采用新产品的态度上有明显的差别。在同一个社会体系中，某些个体比其他成员相对早地采用新产品，而有些人很晚才采用新产品。采用过程随着时间的变化而呈现正态分布曲线。创新扩散初期采用的人数很少，随着时间的推移，采用的人数逐渐增加，直到到达顶峰，然后逐渐减少。罗杰斯指出，创新事物在一个社会系统中要能继续扩散下去，首先必须有一定数量的人采纳这种创新物。创新者是第一批接受创新构思的人，约占使用人数的 2.5%，早期采用者是随后采用创新构思的人，通常，这个数量是人口的 10%～20%。创新扩散比例一旦达到临界数量，扩散过程就起飞，进入快速扩散阶段。饱和点（saturated point）的概念是指创新在社会系统中一般不总能百分之百扩散。事实上，很多创新在社会系统中最终只能扩散到某个百分比。当系统中的创新采纳者再也没有增加时,系统中的创新采纳者数量(绝对数量表示)或创新采纳者比例(相对数量表示),就是该创新扩散的饱和点。

罗杰斯认为,创新扩散总是借助一定的社会网络进行的,在创新向社会推广和扩散的过程中,信息技术能够有效地提供相关的知识和信息,但在说服人们接受和使用创新方面,人际交流则显得更为直接、有效。因此,创新推广的最佳途径是将信息技术和人际传播结合起来加以应用。

2.1.4 技术接受模型

技术接受模型(Technology Acceptance Model,TAM)是戴维斯(Davis)于 1989 年运用理性行为理论研究用户对信息系统接受时所提出的一个模型,提出技术接受模型最初的目的是对计算机广泛接受的决定性因素做一个解释说明,帮助我们了解外部变量对信息技术使用者的内部信念、态度与行为意向的影响,进而影响技术使用行为的情况,如图 2-4 所示。

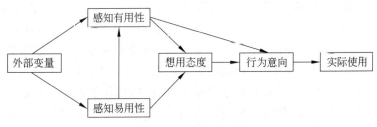

图 2-4　技术接受模型

该模型在理性行为理论的基础上,根据研究对象的不同将原来的变量间的关系加以适当的调整,使其简洁地描述和解释信息技术的接受程度。理性行为理论强调态度和主观规范共同影响个人意向,个人意向进而影响个体行为。而戴维斯认为,当行为是指对技术的接受行为时,态度比主观规范有更强的影响力,因而,他在技术接受模型中提出了两个主要的决定因素:①感知的有用性(Perceived Usefulness,PU),反映一个人认为使用一个具体的系统对他工作业绩提高的程度;②感知的易用性(Perceived Ease of Use,PEOU),反映一个人认为容易使用一个具体的系统的程度。

技术接受模型认为系统使用是由行为意向决定的,而行为意向由想用的态度和感知的有用性共同决定,想用的态度由感知的有用性和易用性共同决定,感知的有用性由感知的易用性和外部变量共同决定,感知的易用性是由外部变量决定的。外部变量包括系统设计特征、用户特征(包括感知形式和其他个性特征)、任务特征、开发或执行过程的本质、政策影响、组织结构等,为技术接受模型中存在的内部信念、态度、意向和不同的个人之间的差异、环境约束、可控制的干扰因素之间建立起一种联系。

想用的态度是指个体用户在使用系统时主观上积极的或消极的感受。使用的行为意愿是个体意愿去完成特定行为的可测量程度。该模型认为目标系统的使用主要是由个体用户的使用行为意愿所决定的,使用行为意愿则是由使用态度和感知有用性决定的,即

$$BI = A + PU \tag{2-7}$$

使用的态度是由感知有用性和感知易用性决定的,即

$$A = PU + PEOU \tag{2-8}$$

感知有用性则是由外部变量和感知易用性决定的,即

$$PU = PEOU + \text{External Variables} \tag{2-9}$$

感知易用性则是由外部变量决定的,即

$$PEOU = \text{External Variables} \tag{2-10}$$

外部变量是一些可测的因素,如系统培训时间、系统用户手册等以及系统本身的设计特征。

戴维斯等人在此基础上又提出了改进型的技术接受模型。改进的模型分为事前模型和事后模型两个阶段,并且省略了态度变量。用户初次采用技术时,行为意向由感知有用性和感知易用性共同影响。再次使用时,行为意向只受感知有用性影响,感知易用性通过影响感知有用性而间接影响行为意向,即感知易用性对初次使用的人们影响很大,再次使用时影响较小。

技术接受模型是一个简洁而严谨的、实用性很强的预测用户是否采用新的信息技术的工具。与理性行为理论一样,技术接受模型也不考虑控制因素(Control Factors),它的适用范围限于用户完全自主决定采纳与否,而不会受到个人能力和外部资源是否支持的限制。

戴维斯等人在 1992 年又提出,影响用户采用系统的原因,可以区分为外部动机和内部动机。外部动机是指用户感知到的采用系统,可以达到除了采用本身以外更有价值的结果。内部动机是指除了采用本身好玩以外,没有其他外部明显的加强利益。感知有用性被视为是一种外部动机,而娱乐性被视为是一种内部动机。

技术接受模型描述了外部变量影响信息技术接受的途径,体现了影响接受行为的各因素之间的逻辑结构,提供了一种能够有效解释信息技术用户接受行为的方法。在此后的技术接受模型实证研究中,技术接受模型无论在解释能力或理论简洁程度上都获得了肯定,它能预测系统约 40% 的实用行为。经过学术界和企业界的不断完善,目前,技术接受模型引入了更多的内部和外部变量,内容不断得以丰富,形成了更加系统的模型体系。

2.1.5 技术采纳与使用整合理论

2003 年,Venkatesh&Davis 将社会认知理论 SCT(Social Cognitive Theory)、创新扩散理论 IDT、技术任务匹配模型 TTF(Technology Task Fited)、理性行为理论 TRA、规划行为理论 TPB、动机模型 MM(Motivation Model)、PC 利用模型 MPCU(Model of PC Utilization)等进行了综合,提出了技术采纳与使用整合理论(Unified Theory of Acceptance and Use of Technology,UTAUT)模型,如图 2-5 所示。该模型包含 4 个核心元素(绩效期望、努力期望、社会影响和促成因素);4 个调节变量(性别、年龄、使用经验和使用自愿性)。

其中,绩效期望是个人希望通过使用信息技术提高工作效率、获得工作绩效的程度。其衡量来源主要包括:①感知有用性,即使用者对使用系统给自身能够带来的益处的感知;②外在动机,即使用者感知到使用系统后所能带给自己的额外收益,例如职位升迁、薪水增加等;③工作适配性,即系统所提供的功能适应自己工作的程度;④比较优势,与

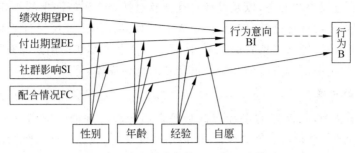

图 2-5　技术采纳与使用整合理论模型

现有的系统相比,新系统所能带来的优势;⑤期望成果,包括获取实际绩效改善的成果和对个人价值实现的期望。

付出期望是个人所感知到需要使用新系统所必须付出的努力程度。其衡量来源包括:①易用性认知,即用户对于系统的人机友好及简单易用的认知;②复杂性的认知,即用户感知到系统使用的复杂程度;③简单易用性,即用户使用系统的简便和易用程度。

社群影响是个人感知到使用新系统后外在社会环境对自己的认同度。其衡量来源包括:①主观规范,即与自己关系紧密的人对自己行为的赞同度;②社会因子,即在自身生活的社会环境条件下,自我行为内化为群体行动的程度;③外在映像,即使用新的系统能够获得社会信誉和地位的提升程度。

配合情况是个人认为外在组织和现有技术条件对使用新系统的支持度。其衡量来源包括:①行为控制感知,即个体在使用新系统情况下所感受到的内、外部条件对自身行为的约束;②促成条件,即外界环境所提供的有助于轻松使用新系统的客观条件;③兼容性,新系统所能包容原有的系统的程度。

经验是指个人对某一个信息系统的熟悉和了解程度,自愿是个人对信息系统的自觉行为表现。

实证结果显示,UTAUT对使用行为的解释度高达70%,比技术接受模型 TAM 更加有效。

2.2　用户心理学

心理学历史悠久,起源于古希腊的哲学,到 19 世纪才形成单独的学科。心理学是研究人类实际心灵、行为的学科。心理学对人类的影响不断渗透到日常生活的每一个角落。在用户体验设计过程中,无论是产品经理、前后端开发人员、架构师还是数据分析师,都是为用户服务的。而用户需求是时刻在变动的,只有从用户的角度去思考问题,充分了解用户的心理,才能真正地设计出具有良好用户体验的产品。

2.2.1　设计心理学

设计心理学是 20 世纪 90 年代形成的一门独立学科,它建立在心理学基础上,是把人们心理状态,尤其是人们对于需求的心理,通过意识作用于设计的一门学问。它同时研究人们在设计创造过程中的心态,以及设计对社会及对社会个体所产生的心理反应,反过来作用于设计,起到使设计更能够反映和满足人们心理的作用。开展设计心理学的研究是试图沟通生产者、设计师与消费者的关系,使每一个消费者都能使用到满意的产品。要达到这一目的,必须了解消费者心理和研究消费者的行为规律。

1. 好设计的标准

设计心理学认为,一个好的设计应该是符合消费者心理的。德国学者 Schönwandt 提出了好的设计的一些标准:创造性设计、适用性设计、美观性设计、理解性设计、以人为本的设计、永恒性设计、精细化设计和简洁化设计等。

(1)创造性设计与消费者心理

创造性设计是最重要的前提,因为人类文明史证明人类的进步、社会的发展都是创造的结果。没有创新,就不会有进步。一个产品没有新意,那就没有了设计的依据。设计心理学通过运用消费者满意度调查问卷,采集消费心理数据,反映消费者的需求动机,为创造性的设计提供依据。

(2)适用性设计与消费者心理

适用性是衡量产品设计的另一条重要标准,这是产品存在的依据。设计师与工程师的区别就在于设计师不光设计一个物,在设计之前看到的不仅是材料和技术,而且看到了人,考虑到人的使用要求和将来的发展。设计心理学提供的消费者满意度,将是适用性设计的依据。

(3)美观性设计与消费者心理

美观是任何设计师都希望为自己的设计赋予的特征,但美观是不能用一把尺子去衡量的。美观的确是人们在生活中的感受,是存在的,却又与人的主观条件,如想象力、修养、爱好分不开,所以又是可以改变的。它离不开生活,离不开对象,却又因人、时代、地域、环境而异,是不断发展变化着的。设计心理学提供的消费者心理的微观分析知识,将使设计者了解消费者审美价值观的差异。

(4)理解性设计与消费者心理

理解性设计标准是设计必须被人理解。设计一个产品必须让人理解产品所荷载的信息,使用者一目了然这是什么产品、作用如何等。设计心理学提供的消费者认知活动规律,将使设计师掌握造型识别、图形识别、广告识别等心理学基础,力求满足消费者一目了然的求便心理。

(5)以人为本的设计与消费者心理

突出人而不是突出物是好的设计的第 5 个标准。好的设计作品应该是含蓄的,突出的应该是人,以满足人的要求。设计心理学讨论对象和背景的关系,其中人是第一位的,其余全是背景,这不仅是观念上的标准,也是现代设计管理的核心。

(6)永恒性设计与消费者心理

永恒性设计是指不应该片面追求流行款式,不应该片面渲染、夸张其商业性或者噱头。好的设计是经得住时间考验的。设计心理学讨论支持消费者永恒性偏爱的价值观问题。

(7)精细化设计与消费者心理

精细化设计是指必须精心处理每一个细部。从构思到设计的完成,要使人感到耐人寻味而又不烦琐,从整体到细节都充满哲理和和谐。设计师要使设计体现出人的力量,给产品赋予灵魂,成为人的对象。设计心理学通过消费者满意度调查为精细化设计提供人性化参数。

(8) 简洁化设计与消费者心理

简洁是好的设计的重要标准。烦琐是设计所避讳的,它反映了设计师的思维混乱,丝毫不是价值的体现。设计心理学帮助设计师依据消费者的认识规律,达到设计简洁化的效果。

在互联网产品和互联网站的设计过程中,同样需要考虑消费者的心理。如果你花时间去分析一下访客的需要,怎么样才能满足他们的需要,这将为产品或网站的目标受众注入源源不断的心理动力。通过访客心理分析,你得到的结果是访客更开心乐意做你所希望他们做的事情,比如保持与你联系,买你的产品,或者推荐给他的朋友们。设计者希望访客更容易跟着设计的意愿走,这就是设计中要运用心理学的主要原因。在设计中考虑心理学的因素,将会带给你一个具有积极意义的最终结果。

2. 设计心理学的设计原则

美国学者唐纳德·诺曼提出了设计心理学的如下 7 条设计原则。

(1) 应用储存于外部世界和头脑中的知识

如果完成任务所需要的知识可以在外部世界中找到,用户就会学得更快,操作起来也更加轻松自如,例如图 2-6 中所示的摇奖机。

图 2-6　网页中模拟现实生活中的摇奖机

这是在现实生活中经常用到的摇奖机,放在网页中帮助访客实现抽奖功能。这样的设置其实就是利用了人们储存在外部世界和头脑中对于赌场和游戏厅里幸运转盘的心理模型,幸运转盘对于人们来说是一种集刺激和运气于一体的产品,那种等待出奖的感受对于使用者来说是一种难以抗拒的诱惑。而摇奖机的设置也正是利用了这样的特点,访客熟悉并知道它的规则;同时也乐于尝试。

（2）简化任务的结构

设计人员应当简化产品的操作方法，通过新技术对复杂操作加以重组。

例如，作为现阶段最火的社会化应用工具——微博，我们几乎在所有的互动活动中都会利用到这个产品，最简单的参与方式就是微博分享。一方面我们可以将微博分享加入到活动机制中，刺激网友参与；另一方面也可以通过微博的传播扩大活动影响力。而这看似简单的一键分享中（如图 2-7 所示），却有很多被我们所简化的流程。

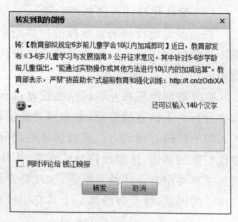

图 2-7　微博中的一键分享

复杂的流程：单击"微博分享"→进入微博页面→登录微博→单击"转发"按钮→填写个人转发信息→确认发送。

被简化的流程：单击"微博分享"→cookie自动记录网友登录状态→弹出转发提示框→确认转发。

（3）注重可视性，消除执行阶段和评估阶段的鸿沟

设计人员应该注重可视性，这样在执行阶段，用户便可明白哪些是可行的操作以及如何进行操作。而在评估阶段，应该注意操作行为与操作意图之间的匹配，使用户很容易看出并理解系统在操作过程中的状态，也就是说要把操作结果显示出来。

例如，如图 2-8 所示，在经常用到的网络评价、投票等应用中，设计师一般都会很清楚地标识出投票或者提交按钮，用户很容易就可以领悟到如何填写评价或投票信息并提交。而在提交信息之后，一般都会有一个反馈页面，告知用户提交结果，以免因为没有任何反馈而让用户产生疑惑。

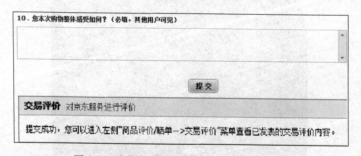

图 2-8　清楚的"提交"按钮和提交后的反馈

（4）建立正确的匹配关系

设计人员应该利用自然匹配，确保用户能够看出下列关系：

① 操作意图与可能的操作行为之间的关系；

② 操作行为与操作结果之间的关系；

③ 系统实际状态与用户通过视觉、听觉和触觉所感知到的系统状态之间的关系；

④ 所感知到的系统状态与用户的需求意图和期望之间的关系。

例如,目前的互联网产品功能越来越多,互动环节也越来越丰富,例如上传功能、转发分享功能、投票功能、答题功能和抽奖功能等,如何能让甚至不了解互联网产品的最普通用户轻松使用,交互弹出框是必不可少的设计需求,而这样的功能实现了功能与用户操作间建立正确的匹配关系的原则。

以图2-9为例,网友上传动作结束,需要给出一个上传成功提示语,而"上传成功会获得积分和抽奖机会,如何使用积分和抽奖机会,可以前往个人中心"简单的提示,便符合了操作与操作结果、意图与期望之间的匹配关系,让用户清楚地明白设计者的意图。

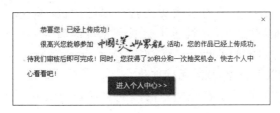

图 2-9　交互式弹出框简单的提示

(5) 利用自然和人为的限制性因素

要利用各种限制因素,使用户只能看到一种可能的操作方法,即正确的操作方法。

例如,图2-10是淘宝网卖家为发布的商品选择分类的网页界面,从左至右分别是所发布商品在淘宝商品目录中从大至小的分类级别,用户必须首先选择正确的商品分类,而后才能开始发布商品。在这个界面上,淘宝用户基本不会选错商品类目,因为最开始在网页上显示的仅仅是最左边的顶级目录,用户只有选择了该目录中某一大类后,才会在右边显示该类目下面的次级目录。在这样的设计下,用户别无选择,只能根据提示,逐级选择自己商品的分类,从而排除了产生错误的可能性。通过这样的设置,既简单又不会让用户产生困惑,也不会产生误操作。

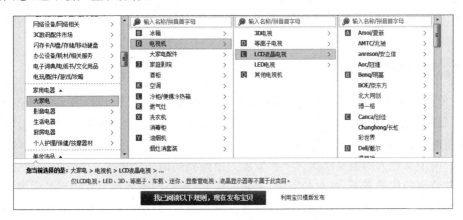

图 2-10　淘宝商品发布分类选择页面

(6) 考虑可能出现的人为差错

设计人员应当考虑用户可能出现的所有操作错误,并应针对各种差错,采取相应的预防或处理措施。

互联网作为蓬勃发展的行业,每天都有新的产品和应用诞生,每天也有新的用户学习和尝试使用互联网,不可避免地会有很多错误操作,有些操作很可能会给系统带来不可逆转的灾难,也有可能会给用户带来不快的体验,而我们要做的就是要避免用户产生这样的结果,警告提示可以起到很好的效果,征询网友是否确认这样的操作,如图 2-11 所示。当然,这样的提示并不适用于所有的应用,不可逆转的并有不好结果的才会使用。同时,我们也可以预防这样的结果产生,比如 Windows 系统文件的隐藏功能就是很好的例子,普通网友如果不是刻意寻找永远也不会看到系统隐藏文件,也就没有误删除这样的可能了。

图 2-11　通过弹出消息框预防误删

(7) 若无法做到以上各点,就采用标准化

若在设计某类产品时,无法避免随意的匹配关系和操作中的困难,那就只有一个选择,即"标准化"。例如在图 2-12 中。

> @盖茨基金会 **V**:基金会全球中文官方博客"乐天行动派"正式上线,@billgates 比尔·盖茨夫妇、基金会成员及我们的合作伙伴会通过博客,展示如何与疾病和贫困作战。今天,盖茨分享

图 2-12　微博中的@符号

微博中的@功能说来奇怪,我们只能用不清楚、不明白、很神奇来形容,为什么@就能够实现呼叫和转发功能?而就是这样一个不符合可视性、不符合匹配关系的符号大家却用起来很方便,也很快捷,也很少听到有人抱怨这个功能的可用性。而这个功能的诞生,只是因为 Twitter 的创始人个人喜欢这个符号而已。种种迹象都无法解释,只是因为它被第一个赋予了这样的功能,所有的复制产品也拷贝了这个功能,这就是标准化。就好像26 个字母的键盘组合,又或是在中国开车要靠右一样,这些道理不用人教,自然就学会了。

2.2.2　需求层次理论

亚伯拉罕·哈罗德·马斯洛（Abraham Harold Maslow）于 1943 年初次提出了"需要层次"理论,他把人类纷繁复杂的需要分为生理的需要、安全的需要、友爱和归属的需要、尊重的需要和自我实现的需要 5 个层次,如图 2-13 所示。1954 年,马斯洛在《激励与个性》一书中又把人的需要层次进一步发展为由低到高的 7 个层次:生理的需要、安全的需要、友爱与归属的需要、尊重的需要、求知的需要、求美的需要和自我实现的需要。

马斯洛认为,只有低层次的需要得到部分满足以后,高层次的需要才有可能成为行为的重要决定因素。5 种需要是按次序逐级上升的。当下一级需要获得基本满足以后,追求上一级的需要就成了驱动行为的动力。但这种需要层次逐渐上升并不是遵照全或无的规律,即一种需要完全满足后;另一种需要才会出现。事实上,社会中的大多数人在正常的情况下,他们的每种基本需要都是部分地得到满足。

马斯洛把 5 种基本需要分为高、中、低三级,其中生理需求、安全需求属于低级需求,

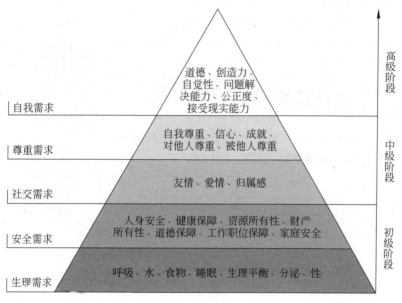

图 2-13　马斯洛的需求层次理论

社交需求和尊重需求属于中级需求,这些需求通过外部条件使人得到满足,如借助于工资收入满足生理需求,借助于法律制度满足安全需求等。自我实现的需求是高级需求,它们是从内部使人得到满足的,而且一个人对自我实现的需求,是永远不会感到完全满足的。高层次的需求比低层次需求更有价值,人的需求结构是动态的、发展变化的。因此,通过满足用户的高级需求来调动其生产积极性,具有更稳定、更持久的力量。

　　随着互联网的发展,互联网站从最初的简单信息传递发展到交互式的互动平台,一直到现在的以用户体验为核心的发展模式。可以说这一切改变都是以用户需求为核心在转变的,有需求才有改变,就像马斯诺的需求层次论所描述的那样。任何一个东西,发展到一定程度就会有一个质的飞跃,量变引起质变。当然,这个世界发生变化的不仅仅是眼睛所能看到的,在看不到时,发展和变化是绝对存在的。例如,对于搜索引擎优化来说,不仅仅是关键词的部署和堆积,也不是外链的多与少的问题,在这些最简单的基础之上,良好的用户体验都是每个网站设计师津津乐道的事情。

　　在马斯洛关于人的 5 个需求层次基础上,人的用户体验也可以分为 5 个需求层次。我们先来看一个故事:Anny 是一个初涉职场而又自立的女孩子,由于收入低,穿着土气,没有自信,开始的时候 Anny 感到有些委屈,就算自己多么努力工作也无法得到赞赏。经过一位老前辈的指点,她决定重新塑造自己;后来工作越来越顺,找到了自信,职位得到了一定的升迁。图 2-14 是 Anny 改变自己的一段体验经历。

　　可以看出,"漂亮→合身→高兴→尊重→自信"是 Anny 一段时间内的体验层次。与产品的用户体验对应起来,我们可以用图 2-15 表示。

　　因此,用户体验的需求层次从低到高分别是感觉需求、交互需求、情感需求、社会需求和自我需求,如图 2-16 所示。

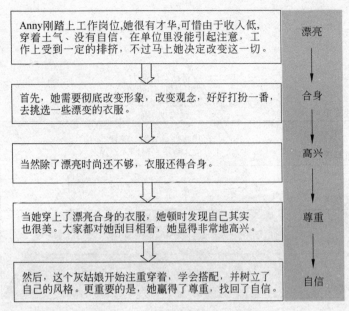

图 2-14　Anny 一段时间内的体验层次

图 2-15　用户体验的 5 个需求层次

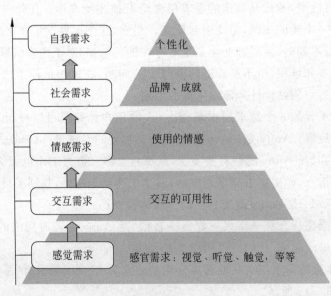

图 2-16　用户体验的需求层次

（1）感觉需求

感觉需求是用户最直观、最基本的感官需求，包括视觉、听觉和触觉等。感觉是产品用户体验设计的第一步。当用户对一件产品没有任何使用经验时，其外观体验就可能会成为决定产品是否吸引用户的重要因素。为使产品更具有体验价值，最直接的办法就是增加某些感官要素，增强用户与产品互相交流的感觉。因此，设计者必须从视觉、听觉、嗅觉、触觉等方面进行细致的分析，突出产品的感官特征，使其容易被感知，创造良好的情感体验。

（2）交互需求

在满足基本的感官需求后，用户与产品之间交互的可能性即交互需求。交互需求是人与产品或者系统交互过程中的需求，包括完成任务的时间、效率，是否顺利，是否出错，是否有帮助等。可用性研究关注的是用户的交互需求，包括一件产品在操作时的学习性、效率、记忆性、容错率和满意度等。交互需求关注的是交互过程是否顺畅，用户是否可以简单地完成他们的任务。

（3）情感需求

情感需求是人在操作产品或系统过程中所产生的情感，如从产品本身和使用过程中感受到关爱、互动和乐趣。情感强调产品的设计感、故事感、娱乐感和意义感。一件产品要有吸引力、动人以及有趣。

（4）社会需求

在基本的感觉需求、交互需求和情感需求得到满足后，用户要追求更高层次的需求，往往钟情于某些品牌产品，希望得到社会对自己的认可。例如，黑莓手机曾经一直是商务人士的钟爱，苹果的笔记本电脑则颇受设计人士的青睐，这些品牌都是一种身份的象征。

（5）自我需求

自我需求是产品如何满足自我个性的需要，包括追求新奇、个性和张扬的自我实现等。对于产品设计而言，需要进行个性化定制设计或者自适应设计，以满足用户的多样化和个性化需求。

在产品设计过程中，基于用户体验的需求层次，我们才能有的放矢，打造良好的用户体验，但这不像程序代码那样有固定的模式，我们需要去了解、观察、洞悉用户消费者的习惯和心理，而这仅仅只是基础。用户体验不是嘴上说出来的，在一个项目或网站建立之初，就应该做一个全方位的问卷调查，看看需求的程度，是否这是值得做的事情，也就是所谓的可行性分析报告，除此之外，还需要细分用户群体，最后将方案转化为行之有效的执行力。当然，在实际应用中还有具体的用户体验挖掘及应用。

2.2.3 用户行为与激励机制

用户行为是指用户在使用产品时的行为，针对互联网站而言，就是访客在进入网站后所有的操作。互联网站用户行为分析，就是指在获得网站访问量基本数据的情况下，对有关数据进行统计、分析，从中发现用户访问网站的规律，并将这些规律与产品目标及策略相结合，从中发现目前产品存在的问题，为进一步改善产品，满足用户需求，提高用户体验提供依据。

常见的用户行为分析内容包含：用户在网站的停留时间、跳出率、回访者、新访问者、回访次数、回访相隔天数；注册用户和非注册用户，分析二者之间的浏览习惯；用户所使用的搜索引擎、关键词、关联关键词和站内关键字；用户选择什么样的入口形式（广告或者网站入口链接）更为有效；用户访问网站流程，用来分析页面结构设计是否合理；用户在页面上的网页热点图分布数据和网页覆盖图数据；用户在不同时段的访问量情况等；用户对于网站的字体颜色的喜好程度等。

激励机制是通过一套理性化的制度来反映网站与用户相互作用的方式，激励机制的内涵就是构成这套制度的几个方面的要素。良好的网站激励机制，可以提升网站用户的活跃度，提高用户体验和网站竞争力。例如，许多人直到今天还在为农场（偷菜）网站着迷。在这类网站风头最盛的时候，甚至有玩家半夜设置闹钟来偷菜。这就是合理的激励机制带来的效果。

根据激励的定义，激励机制包含以下 4 个方面的内容。

1. 诱导因素集合

诱导因素就是用于调动用户积极性的各种奖酬资源。对诱导因素的提取，必须建立在用户个人需要进行调查、分析和预测的基础上，然后根据组织所拥有的奖酬资源的实际情况设计各种奖酬形式，包括各种外在性奖酬和内在性奖酬（通过工作设计来达到）。需要理论可用于指导对诱导因素的提取。

2. 行为导向制度

行为导向制度是组织对其成员所期望的努力方向、行为方式和应遵循的价值观的规定。行为导向一般强调全局观念、长远观念和集体观念，这些观念都是为实现网站的各种目标服务的。

3. 行为时空制度

行为时空制度是指奖酬制度在时间和空间方面的规定。这方面的规定包括特定的外在性奖酬和特定的绩效相关联的时间限制，会员与一定的会员贡献相结合的时间限制，以及有效行为的空间范围。这样的规定可以防止会员的短期行为和地理无限性，从而使所期望的行为具有一定的持续性，并在一定的时期和空间范围内发生。

4. 行为归化制度

行为归化是指对网站会员进行组织同化和对违反行为规范或达不到要求的处罚和教育。组织同化（Organizational Socialization）是指把新会员带入网站用户组织的一个系统的过程。关于各种网站处罚制度，要在事前向会员交代清楚，即对他们进行负强化。所以，会员的组织同化实质上是组织成员不断学习的过程，对组织具有十分重要的意义。

我们可以将这几种理论上的激励模式用于网站激励机制设计上。

例如，等级激励机制，这是各个网站和社区通常都在使用的。这种模式实际上是一种无形报酬诱导，在等级提升过程中会对会员的权限进行提升，就是有更多的权责来获取资源。在实际过程中，大部分电子商务网站没有用等级激励，相反都是一些社区网站对这个等级制度应用把握比较好。其实，普通网站完全可以通过等级激励机制来提高会员用户的价值，具体表现在时间、价格、资源数量上。

再如积分激励机制。很多网站都采用了积分激励机制，但在应用上还相当不成熟。这是当前网站普遍存在的问题，归结到底是积分的流通性不高，大部分会员用户的积分在实际过程中得不到有效的使用，包括积分在当前网站的可兑换性和相关网站的兑换性。

还有在线时长（浏览量）激励机制。这种机制还是有一些网站在采纳，虽然社区和论坛程序中涉及在线时长，不过其功能没有落到实处，也不能真实统计用户浏览网站页面的数量和在线时间。很多人认为这只是等级激励机制的一种叠加。

2.3　工　业　设　计

工业设计是以工学、美学、经济学为基础对工业产品进行的设计，它是20世纪初工业化社会的产物。而随着工业设计理念的发展，在设计过程中以用户体验为设计决策的中心，强调用户优先的设计模式成为了工业设计的重要发展方向。

2.3.1　工业设计与用户体验

国际工业设计协会 ICSID（International Council of Societies of Industrial Design）将工业设计定义为一种创造性的活动，其目的是为物品、过程、服务以及它们在整个生命周期中构成的系统建立起多方面的品质。美国工业设计协会 IDSA（Industrial Designers Society of America）认为工业设计是一项专门的服务性工作，为使用者和生产者双方的利益而对产品和产品系列的外形、功能和使用价值进行优选。国际工业设计协会理事会则给工业设计作了如下定义：就批量生产的工业产品而言，凭借训练、技术知识、经验、视觉及心理感受，而赋予产品材料、结构、构造、形态、色彩、表面加工、装饰以新的品质和规格。

工业设计真正为人们所认识和发挥作用是在工业革命爆发之后，以工业化大批量生产为条件发展起来的。当时大量工业产品粗制滥造，已严重影响了人们的日常生活，工业设计作为改变当时状况的必然手段登上了历史的舞台。工业设计者的设计构思包括产品的整体外形线条、各种细节特征的相关位置、颜色、材质、音效，还要考虑产品使用时的人机工程学。更进一步的工业设计构想，会考虑到产品的生产流程、材料的选择，以及在产品销售中展现产品的特色。工业设计者必须引导产品开发的过程，通过改善产品的可用性，来使产品更有价值、生产成本更低、产品魅力更高。

随着时代的发展，工业设计的设计理念已经从产生之初的形式随机能逐渐发展到现今的在符合各方面需求的基础上兼具特色。随着以机械化为特征的工业社会向以信息化为特色的知识社会迈进，工业设计也正由专业设计师的工作向更广泛的用户参与演变。

用户体验成为了工业设计的灵魂，用户参与、以用户为中心成为设计的关键词。以用户为中心就是以人为本，它是为人的需要而设计，它所提倡的是面向人的设计思想。而将其放回到设计发展的历史来看,无论是在自然经济环境下的手工艺设计,还是在工业化社会大生产背景中的工艺美术设计、工业设计或是信息时代的现代设计,它们设计的最终目的都是人,而不是物。工业设计的目的是取得产品与人之间的最佳匹配。这种匹配,不仅要满足人的使用需求,还要与人的生理、心理等各方面需求取得恰到好处的匹配,这恰恰体现了"以人为本"的设计思想。"以人为本"的设计理念协调的是人与人、人与物、人与社会、人与自然之间的相互关系。图 2-17 中的无叶风扇设计就是一个很好的例子。

图 2-17　追求良好用户体验的工业设计产品

进入 21 世纪,以用户为中心的产品设计 UCD(User Centered Design)逐渐被广泛接受,许多公司甚至专门成立了 UCD 部门。以用户为中心的产品设计作为工业设计的一大趋势,其本质上就是在设计过程中以用户体验为设计决策的中心,强调用户优先的设计模式。这里的设计不仅仅指软件,也包括硬件设计和生产。简单地说,就是在进行产品设计(包括用户需求分析阶段)、开发、维护(包含后期跟踪)时从用户的需求和用户的感受出发,围绕用户为中心进行产品设计、开发及维护,而不是让用户去适应产品。无论产品的使用流程、产品的信息架构、人机交互方式等,都要以用户为中心。而我们很多研发团队,都是以功能为中心,一切应用都是为功能服务。实际上这是 20 世纪的设计思路,而跨过2000 年以后,随着软件的发展,越来越重视人的感受,越来越重视用户的感受,功能是一个工具,要让用户使用好这些功能,就是我们要考虑的。以 UCD 为核心的设计都时刻高度关注并考虑用户的使用习惯、预期的交互方式、视觉感受等方面。

衡量一个好的以用户为中心的产品设计,可以有以下几个维度:产品在特定使用环境下为特定用户用于特定用途时所具有的有效性(effectiveness)、效率(efficiency)和用户主观满意度(satisfaction)。

(1) 有效性:指的是产品作用的大小,实际给用户带来的好处有多少。

(2) 效率:指的是速度、时间和成本,在使用产品带来好处时所花费的多少。

(3) 用户主观满意度:指的是情感上的东西,延伸开来还包括对特定用户而言,产品的易学程度、对用户的吸引程度、用户在体验产品前后时的整体心理感受等,决定了用户对产品情感上的满意程度。

其中,有效性和效率代表了传统意义上的产品可用性内容,用户主观满意度代表了现在广泛提及的用户体验内容。

UCD 之所以被广泛采纳的原因在于以下两点。

（1）一个产品的来源可能有很多种情况，用户需求、企业利益、市场需求，或可能是技术发展所驱动。从本质来说，这些不同的来源并不矛盾。一个好的产品，首先是用户需求和企业利益（或市场需求）的结合，其次则是低开发成本，而这二者都可能引发对技术发展的需求。一方面，越是在产品的早期设计阶段，能充分了解目标用户群的需求，结合市场需求，就能更大程度地降低产品的后期维护甚至回炉返工的成本。"如果在产品中给用户传达'我们很关注他们'这样的感受，用户对产品的接受程度就会上升"，同时能更大程度地容忍产品的缺陷，这种感受决不仅仅局限于产品的某个外包装或者某些界面载体，而是贯穿产品的整体设计理念，这需要我们从早期的设计中就要以用户为中心。另一方面，基于用户需求的设计，往往能对设计"未来产品"很有帮助，"好的体验应该来自用户需求，同时超越用户需求"。这同时也有利于我们对于系列产品的整体规划。

（2）随着用户有着越来越多的同类产品可以选择，用户会更注重他们使用这些产品的过程中所需要的时间成本、学习成本和情绪感受。

时间成本，简而言之就是用户操作某个产品时需要花费的时间，没有一个用户会愿意将他们的时间花费在 一个对自己而言仅为实现功能的产品上，如果我们的产品无法传达任何积极的情绪感受，让用户快速地完成他们所需要的功能，这是最基本的用户价值。

学习成本，主要针对新手用户而言，这点对于网络产品来说尤其关键。同类产品很多，同时容易获得，那么对于新手用户而言，他们还不了解不同产品之间的细节价值，影响他们选择某个产品的一个关键点就在于哪个产品能让他们简单地上手。有数据表明，如果新手用户第一次使用所花费在学习和摸索的时间和精力上很多，甚至第一次使用没有成功，他们放弃这个产品的几率是很高的，即使有时这意味着他们同时需要放弃这个产品背后的物质利益，用户也毫不在乎。

情绪感受，一般来说，这点是建立在前面两点的基础上，但在现实中也存在这样一种情况：一个产品给用户带来极为美妙的情绪感受，从而让他们愿意花费时间去学习这个产品，甚至在某些特殊的产品中，用户对情绪感受的关注高于一切。例如在某些产品中，用户对产品的安全性感受要求很高，此时这个产品可能需要增加用户操作的步骤和时间，来给用户带来"该产品很安全很谨慎"的感受，这时减少用户的操作时间，让用户快速地完成操作，反而会让用户感觉不可靠。

一个典型的 UCD 设计过程一般包含 7 个步骤：要求分析、原型设计、原型测试、制作开展、视觉管理、可用性测试、跟踪调查，如表 2-1 所示。

表 2-1 UCD 设计过程

步骤	目　　的	方　　式	结论报告	合作人员
需求分析	根据产品需求和设计要求提供用户使用分析	访谈、焦点小组、提炼目标用户建立角色模型、竞争对手分析、提炼定性和定量的相关数据	根据分析目标用户的使用特征、情感、习惯、心理、需求等，提出用户研究报告和可用性设计建议	市场人员、产品需求客户、项目负责人

步　骤	目　　的	方　　式	结　论　报　告	合作人员
原型设计	概念方案设计。制定产品的业务功能和界面规范	与开发队伍合作设计各种交互原型。同商业方面的专家、市场部沟通,确认设计并得到认可。进行角色模型设计和情景设计,通过情景的再现演示来总结和逐步细化用户使用中的各种交互需求,提出设计解决方案,并完成设计方案的演示、讨论、完善和最终定稿	制作交互设计原型。为用户界面和交互设计实施提供设计标准规格	项目负责人、开发团队、市场人员
原型测试	产品概念测试,检测产品的业务逻辑	启发式评估、焦点小组作角色模型设计和情景设计,通过任务来测试用户完成度,以及效率	测试报告。针对问题所在,提出改进的建议	开发团队、测试自愿者
制作开展	保证最终实施效果	与产品质量控制队伍合作,跟踪用户界面和交互设计开发的过程。同开发人员沟通,提供明确的定义和执行的方向。同质量控制部门沟通,提供在测试阶段需要的清晰理解	保证项目顺利进行	开发团队、项目经理、视觉设计师
视觉管理	使界面设计更符合产品定位,用户使用习惯及规范	主持用户研究进行界面视觉引导。设计窗口规范,图形化的布局	界面测试报告	视觉设计师
可用性测试	通过观察,来发现过程中出现了什么问题、用户喜欢或不喜欢哪些功能和操作方式,原因是什么	一对一用户测试	用户背景资料文档、用户协议、测试脚本、测试前问卷、测试后问卷、任务卡片、过程记录文档、测试报告	测试自愿者、市场相关人员
跟踪调查	产品使用结果的反馈	用户访谈,用户反馈	根据反馈意见及实际调查并根据预期目的撰写产品反馈结果报告。包括值得肯定的设计及对修改的建议	产品用户、市场相关人员

2.3.2　交互设计

　　交互设计,又称互动设计(Interaction Design,IaD),是人工制品、环境和系统的行为,以及传达这种行为的外形元素的设计与定义。交互设计的概念最早由比尔·莫格里奇(Bill Moggridge)在 20 世纪 80 年代后期提出。交互设计在于定义人工制品(软件、移动设备、人造环境、服务、可佩带装置以及系统的组织结构等)在特定场景下反应方式相关的界面。通过对界面和行为进行交互设计,从而可以让使用者使用人造物来完成目标,这就是交互设计的目的。

　　从用户体验的角度来说,交互设计是一种如何让产品易用、有效而让人愉悦的技术,它致力于了解目标用户及其期望,了解用户在同产品交互时彼此的行为,了解人本身的心理和行为特点,同时,还包括了解各种有效的交互方式,并对它们进行增强和扩充。交互设计还涉及多个学科,以及和多领域多背景人员的沟通。

可用性(usability)是交互设计的基本而且重要的指标,它是对可用程度的总体评价。也是从用户角度衡量产品是否有效、易学、安全、高效、好记、少错的质量指标。我们用有效性、高效性、满意度三个指标来衡量产品的可用性。

(1)有效性:有效性是指用户完成特定任务和达到特定目标时所具有的正确度和完整度。如果用户不能完成他们的目的,那么无论体验是长是短,容易还是复杂,这个产品可能都没有意义。

(2)高效性:高效性是指用户在完成特定任务和达到特定目标的容易程度和时间长短。这可能会牵涉许多因素。例如,我们的软件启动速度太慢,处理速度太慢,这会影响软件的效率。

(3)满意度:满意度是指用户在使用产品过程中所感受到的主观满意度和接受程度。在用户能够有效、高效地使用软件的基础上,给予用户一些更多的体验,考虑哪些因素有更多内涵。这也是交互设计真正的水平所在。

交互设计在任何的人工物的设计和制作过程里面都是不可以避免的,区别只在于显意识和无意识。然而,随着产品和用户体验日趋复杂、功能增多,新的人工物不断涌现,给用户造成的认知摩擦日益加剧的情况下,人们对交互设计的需求变得愈来愈显性。

进入信息时代,多媒体让交互设计的研究显得更加多元化,多学科各角度的剖析让交互设计理论更加丰富。现在基于交互设计的产品已经越来越多地投入市场,而很多新的产品也大量吸收了交互设计的理论。图 2-18 是各种操作系统的交互界面。

图 2-18　各种操作系统的不同交互界面

2.3.3　设计美学

设计美学是在现代设计理论和应用的基础上,结合美学与艺术研究的传统理论而发展起来的一门新兴学科。设计是一门以技术和艺术为基础并在应用中使二者相结合的边缘性学科,它的研究对象、研究范围和具体应用等都有别于传统的艺术学科。设计美学作为设计学科的一个理论分支,其理论与传统的美学艺术研究不尽相同,在现实应用中有自己独特的要求。设计美学的产生及发展和现代设计的发展是同步的。一方面,以技术为核心的工业文明直接导致了现代设计的诞生,现代设计则直接影响了设计美学的产生,促成了它的基本理论的形成。另一方面,设计美学的研究立足于审美和艺术理论,针对现代设计在审美和艺术上如何与技术结合的问题,提出合理的方式和途径。设计美学不但是现代工业社会人们对设计普遍需要的产物,也是美学和艺术理论发展到当代社会,突出现实应用化特征的必然。

1. 设计美的特点

(1) 多元性

从构成来说,设计美是多元的。这种多元性不是指它的要素多元,而是指它是多种美的形态综合的产物。设计美严格来说不能与艺术美、自然美、社会美、科学美、技术美并列,因为它一身包含多种美。设计美是多种美的整合体。设计美具有多元性的根本原因在于:审美对象的丰富性和审美主体需求的复杂性。任何一种美都有较明确的审美对象。在近代大工业生产的初期,艺术设计主要集中在工业产品的设计上。随着人类需求的丰富,艺术设计的边界也不断扩展到人、自然和社会的各个方面。审美主体的需求具有多层次性。既有较低的生存本能需求,又有更高的精神需求。可以说审美主体是物质主体,又是精神主体。

(2) 社会性

就设计美的范围而言,设计美是大众、公共的产物,这是设计美的第二个性质。设计美的社会性最突出的表现就是设计美感具有普遍性。美感的普遍性存在于任何一种美的门类中。但是,在艺术设计中,设计美感的普遍性不仅特别突出,而且设计师的目的之一就是有意识地去创造出普遍美感。设计美的社会性还表现在设计美感具有规律性和一定的可预测性。既然艺术设计是针对一定范围内的目标消费而为的,那么设计前的调查研究、分析,其主要目的就是要归纳出这个群体的内在一致性和变化的规律。如果从美学上分析设计美的社会性,那么归根结底来源于审美主体的分离和转换。这意味着设计美中的主体不是一个单一的整体,而是被分离成两个或两个以上的多元主体,并且这些主体之间存在着转换关系,这使审美主体之间的关系变得更为复杂。艺术设计中存在两个审美主体,一个是设计主体,一个是消费主体,并且二者的关系是:设计主体为消费主体服务。

(3) 功利性

设计美的功利性是与设计美的主体技术美紧密联系在一起的。技术的本质在于功利,它直接反映了人对客体的实用态度。艺术设计是一种经济行为,它的产生就是为了尽可能高质量地满足尽可能多的人的物质需求,这一点是现代意义上的"设计"与一切以往的人类工艺制作的重要区别。从这个意义上说,艺术设计的本质决定了设计美具有功利性。设计美的功利性在艺术设计中有两点突出的表现：①涉及设计美感的构成中快感的地位问题。一般而言，美感都包含一定程度的快感因素，但快感通常是作为基础层面而被超越的。②设计美的功利性还表现在设计美具有理性的特征。设计美的功利性使人的需求带有很大的实用目的，同时也使人的需求受客观世界的规律性约束，即人的需求是在同自然规律发生关系中逐步显现和逐渐实现的。

（4）文化性

设计艺术是一种文化创造。这其中包含了两层含义：一是艺术设计是社会历史文化积淀到一定程度后的产物；二是优秀的艺术设计是对人类文化的新贡献，并构成文化的一部分。相应地，设计美的文化性也体现在这两个方面，即设计美的审美主体与审美客体既是社会文化积淀的产物，同时又是促进人类文化不断生成、发展的动因。

2. 设计美的三大规律

设计美的三大规律，使得设计师有别于纯粹的艺术家和纯粹的工程师。

（1）设计美的第一要义就是"新"

设计要求新、求异、求变，否则设计将不能称为设计。而这个"新"有着不同的层次，它可以是改良性的，也可以是创造性的。但无论如何，只有新颖的设计才会在大浪淘沙中闪烁出与众不同的光芒，迈出走向成功的第一步。

（2）设计美的第二要义是"合理"

一个设计之所以被称为设计，是因为它解决了问题。设计不可能独立于社会和市场而存在，符合价值规律是设计存在的直接原因。如果设计师不能为企业带来更多的剩余价值，相信世界上便不会有设计这个行业了。

（3）设计美的第三要义是"人性"

归根结底，设计是为人而设计的，服务于人们的生活需要是设计的最终目的。自然，设计之美也遵循人类基本的审美意趣。对称、韵律、均衡、节奏、形体、色彩、材质、工艺……凡是人们能够想到的审美法则，似乎都能够在设计中找到相应的应用。

3. 设计美学的中心问题

设计美学的中心问题是要处理好四对关系。

（1）人与产品。传统美学非常重视审美活动中人的主体地位，在产品设计中强调"以人为本"的设计原则。而现代设计不能把这种主体性绝对化，设计美学所追求的最高境界是人与物、人与环境、人与自然和谐、完美的结合和统一。

（2）技术与艺术。设计直接受制于现代科学技术的发展水平，材料、技术、信息等与技术发展有关的因素，都会影响设计的艺术表现效果。所以，设计要善于发挥现代技术的优势和特点及现代材料的审美特征。设计的艺术表现虽然是形而上、超技术的，但必须要关注现实审美观念的变化，主动接受因技术变化导致的社会时尚、审美趣味等的影响。

（3）功能与形式。功能是指与产品相关的基本功用、技术、理念等物质性因素。不同于纯艺术，设计首先注重的是现实功利性，这样，功能也是设计美的构成因素。同时，设计也要重视造型、色彩、装饰等审美性因素，这是人们对现代产品以及与产品有关需求的精神性要求。现实功利性和审美形式同样重要，忽视了功能，设计的物质内涵会受到极大影响。同样,忽视了形式,等于无视人们对设计的精神需求。

(4)主观与客观。纯艺术的创作是自由的,属于主观性活动,是艺术家个体的情感表现行为。设计虽然也需要创作自由,需要主观表现,但这种自由和表现是有限度的,必须要符合客观要求。设计必须把广大消费者和社会大众的接受看作是首要的,设计更多的是一种设计师和社会大众相结合的客观活动。

4. 设计美学的形式法则

(1)抽象与单纯

人们认识事物一般经历三种反映过程:光学反映、生理反应和心理反应。对那些未经提炼加工的自然形态原型,人们称之为具象形态;对那些经过视觉真实提炼加工的人工形态,称为抽象形态。在设计美的创造过程中,有的设计师将自己的审美直觉加以描述;有的设计师将直觉上的形态转化为意念的形态,产生出新的视觉效果。

(2)量感与张力

产品设计美具有高度、宽度和深度三维空间的立体形态,在空间中占有实际位置。人们对立体形态进行量的描述以及形态内力运动变化产生的审美感受中,形成了不同的体量感和视觉张力。量感的立体表现可大体分为以下方面:简块状、凹凸状、曲面状、虚实状。张力除了指产品外在形态的速度感和反抗力以外,还包括产品内在形态本身所具有的气势感和生命力。视觉张力一般表现为速度感、反抗力、气势感和生命力。

(3)和谐与有序

设计美的和谐与有序主要体现在以下 5 个方面。

① 多样统一:在艺术设计中多样统一是构成形式美极为重要的法则之一。现代产品的多功能、高效用以及产品内部复杂的结构等特点,要求设计师在造型上作出归纳并协调处理,以达到变化中的统一。

② 调和对比:两个以上的部分构成整体时,通常处于对比的关系比较多。对比的概念都是对应的,如冷与暖。对比的目的在于打破单调,造成重点和高潮,而当形体的各部分的对比变化需要统一时,则产生了调和。调和可以通过明确各部分之间的主与宾,主与次或等级序列来达到。

③ 均衡对称:在造型秩序中,最古老最普通的内容就是左右对称,这在自然形态和人工形态中有着数不清的例证。均衡并不是物理上的平衡,而是视觉上的一种"均匀与平稳",视觉的均衡与力学的平衡相似却又不同。均衡与对称又有不同,均衡较之对称更加追求视觉的变化。

④ 节奏韵律:节奏是一种机械的律动。在设计中,节奏主要意味着疏密、刚柔、曲直、虚实、浓淡和大小等对比关系的配置合拍。具体的节奏形式有重复、渐变和交替。

⑤ 比例与尺寸:比例是设计中谋求统一、均衡的数量秩序,如黄金分割、等比数列等。尺度是设计者对形体进行相应的"衡量",是形体及其局部的大小同他本身用途相适应的程度,以及其大小与周围环境特点相适应的程度。

(4)虚与实

虚与实的产生,是由人的视觉习惯、客观物理因素、主观心理因素等引起的。当实的部分多,虚的部分少时就会以虚的部分为参考对象来认识对象,反之则以实的部分为主,来认识对象。当虚与实占有同等重要的成分时,虚的物与实的物将会同时凸现,在感觉上将会产生时虚时实。

2.4　统　计　分　析

数据的统计分析是指运用统计方法及与分析对象有关的知识,从定量与定性的结合上进行的研究活动,运用统计方法、定量与定性的结合是统计分析的重要特征。随着统计方法的普及,不仅统计工作者可以搞统计分析,各行各业的工作者都可以运用统计方法进行统计分析。在用户体验设计过程中,数据的统计分析同样发挥着重要的作用。

2.4.1　数据与统计

用户体验从本质上来说是用户在使用产品过程中建立起来的主观感受。ISO 9241-210 标准中对用户体验的定义有如下补充说明:用户体验,即用户在使用一个产品或系统之前、使用期间和使用之后的全部感受,包括情感、信仰、喜好、认知印象、生理和心理反应、行为和成就等各个方面。该说明还列出三个影响用户体验的因素:系统、用户和使用环境。对于这些主观感受及其影响因素,我们在产品设计过程中,需要采用各种技术、方法与手段进行研究、定性或定量分析,以更好地改进产品或服务,提升用户体验。统计分析的内容主要包括:

(1) 用户需求分析:进行前期的用户研究,分析用户的使用习惯、情感和体验需求。

(2) 产品可用及易用性分析:通过开展用户测试,观察用户使用产品的情况,评估产品可用性。

(3) 用户使用反馈分析:记录、收集用户对产品的使用反馈并进行分析,为提升用户体验提供依据。

在用户体验设计的统计分析过程中,将那些具有某些共同的,可观测特征的一类事物的全体,称为总体(population),构成总体的每个基本单元称为个体。例如,研究产品的所有目标用户完成某个指定任务的时间。但是在实际的测量中,不可能测量所有的总体,所以只能从总体中抽取一些个体作为真正的研究对象。从总体中选择出的个体的集合,我们称为样本(sample)。而从总体抽样样本的过程中,我们经常采取随机取样(random sampling)的策略。总体中的每一个个体都有均等被抽到的机会,用随机取样法得到的样本叫做随机样本。随机取样是多种多样的,然而不论采用什么方法,在进行随机取样之前,对总体的特征要有一个全面的了解。例如,调查问卷的发送,必须了解目标用户的生活与习惯,而不能简单地仅仅通过互联网发送。

通过取样获得的数据主要包括两大类:定性数据与定量数据。

定性数据是一组表示事物性质、规定事物类别的文字表述型数据,不能将其量化,只能将其定性。通常我们会取一定的样本量,不会成千上万那么多,但又不是像一两个所谓的专家数据,一般会是几十个量级,从中获取对产品的想法的验证,从而帮助我们尽可能及早弄清楚产品的发展方向。获取定量数据的方法一般有用户访谈、焦点小组、可用性测试、需求分析和现场调查等。对定性数据的统计分析往往是从小规模的样本量中发现新事物。

定量数据是以数字、数量及百分比的形式表示的数据。这些数据非常具体,具有可测性。因此,定量数据易于理解,也容易转化成图标、明细表和曲线图,而且在分析设计中运用起来也比较容易。获取定量数据的方法一般有调查问卷、日志分析、A/B 测试等。对定量数据的统计分析往往是用大量的样本来测试和证明某些事情。

2.4.2 统计分析基本方法

统计的内容大致包括描述统计和推论统计两大类,描述统计(description statistics)是指用来整理、概化、简化数据,侧重于描述一组数据的全貌,描述一件事物的性质。描述统计主要涉及数据的集中趋势、离散程度和相关强度,最常用的指标有平均数、标准差、相关系数等。推论统计(inferential statistic)是指用概率形式来决断数据之间是否存在某种关系及用样本统计值来推测总体特征的一种重要的统计方法。推论统计的方法包括总体参数估计和假设检验等。下面列举一些统计分析的基本方法。

1. 参数估计

参数估计(parameter estimation)是根据从总体中抽取的样本估计总体分布中包含的未知参数的方法。参数估计有点估计(point estimation)和区间估计(interval estimation)两种。点估计是依据样本估计总体分布中所含的未知参数或未知参数的函数。通常它们是总体的某个特征值,如数学期望、方差和相关系数等。点估计问题就是要构造一个只依赖于样本的量,作为未知参数或未知参数的函数的估计值。

2. 假设检验

假设检验称"显著性检验"(test of statistical significance),是用来判断样本与样本,样本与总体的差异是由抽样误差引起还是本质差别造成的统计推断方法。其基本原理是先对总体的特征作出某种假设,然后通过抽样研究的统计推理,对此假设应该被拒绝还是接受作出推断。

生物现象的个体差异是客观存在,以致抽样误差不可避免,所以我们不能仅凭个别样本的值来下结论。当遇到两个或几个样本均数(或率)、样本均数(率)与已知总体均数(率)有大有小时,应当考虑到造成这种差别的原因有两种可能:一是这两个或几个样本均数(或率)来自同一总体,其差别仅仅由于抽样误差即偶然性所造成;二是这两个或几个样本均数(或率)来自不同的总体,即其差别不仅由抽样误差造成,而主要是由实验因素不同所引起的。假设检验的目的就在于排除抽样误差的影响,区分差别在统计上是否成立,并了解事件发生的概率。

3. 方差分析

方差分析(analysis of variance),又称"变异数分析"或"F 检验",是用于两个及两个以上样本均数差别的显著性检验。由于各种因素的影响,研究所得的数据呈现波动状。造成波动的原因可分成两类,一是不可控的随机因素;二是研究中施加的对结果形成影响的可控因素。

一个复杂的事物,其中往往有许多因素互相制约又互相依存。方差分析的目的是通过数据分析找出对该事物有显著影响的因素,各因素之间的交互作用,以及显著影响因素的最佳水平等。方差分析是在可比较的数组中,把数据间的总的"变差"按各指定的变差来源进行分解的一种技术。对变差的度量,采用离差平方和。方差分析方法就是从总离差平方和分解出可追溯到指定来源的部分离差平方和。

经过方差分析若拒绝了检验假设,只能说明多个样本总体均数不相等或不全相等。若要得到各组均数间更详细的信息,应在方差分析的基础上进行多个样本均数的两两比较。

4. 相关分析

相关分析就是对总体中确实具有联系的标志进行分析,其主体是对总体中具有因果关系标志的分析。它是描述客观事物相互间关系的密切程度并用适当的统计指标表示出来的过程。例如,在一段时期内出生率随经济水平上升而上升,这说明两指标间是正相关关系;而在另一时期,随着经济水平进一步发展,出现出生率下降的现象,两指标间就是负相关关系。

5. 回归分析

回归分析(regression analysis)是确定两种或两种以上变量间相互依赖的定量关系的一种统计分析方法。运用十分广泛,回归分析按照涉及的自变量的多少,可分为一元回归分析和多元回归分析。按照自变量和因变量之间的关系类型,可分为线性回归分析和非线性回归分析。如果在回归分析中,只包括一个自变量和一个因变量,且二者的关系可用一条直线近似表示,这种回归分析称为一元线性回归分析。如果回归分析中包括两个或两个以上的自变量,且因变量和自变量之间是线性关系,则称为多元线性回归分析。

6. 主成分分析

主成分分析(principal component analysis)是将多个变量通过线性变换以选出少数重要变量的一种多元统计分析方法,又称主分量分析。在用统计分析方法研究这个多变量的问题时,变量个数太多就会增加问题的复杂性。我们希望变量个数较少而得到的信息较多。在很多情形中,变量之间是有一定的相关关系的,当两个变量之间有一定相关关系时,可以解释为这两个变量反映此问题的信息有一定的重叠。主成分分析是对于原先提出的所有变量,建立尽可能少的新变量,使得这些新变量是两两不相关的,而且这些新变量在反映问题的信息方面尽可能保持原有的信息。

7. 因子分析

因子分析(factor analysis)是多元统计分析的一个重要分支,其主要目的是浓缩数据。通过对诸多变量的相关性研究,可以用假想的少数几个变量,来表示原来变量的主要信息。因子分析的主要作用一是找出几个较少的有实际意义的因子,反映出原来数据的基本结构。例如,调查一个餐馆的几十个指标,能够收缩到反映在饭菜质量、价格、服务质量、就餐环境等几个方面指标。二是可以用所找出的几个因子代替原来的变量做回归分析、聚类分析、判别分析等。

8. 聚类分析

聚类分析(cluster analysis)是依据研究对象的个体的特征,对其进行分类的方法,是将物理或抽象对象的集合分组成为由类似的对象组成的多个类的分析过程。它是一种重要的人类行为。聚类分析的目标就是在相似的基础上收集数据来分类。聚类源于很多领域,包括数学、计算机科学、统计学、生物学和经济学。在不同的应用领域,很多聚类技术都得到了发展,这些技术方法被用作描述数据,衡量不同数据源间的相似性,以及把数据源分类到不同的簇中。

9. 判别分析

判别分析又称"分辨法",是在分类确定的条件下,根据某一研究对象的各种特征值判别其类型归属问题的一种多变量统计分析方法。其基本原理是按照一定的判别准则,建立一个或多个判别函数,用研究对象的大量资料确定判别函数中的待定系数,并计算判别指标。据此即可确定某一样本属于何类。

2.4.3 统计分析在用户体验中的应用案例

统计分析在用户体验设计过程中有广泛的应用,以下是一些实际可能发生的情况。

某个网站有数百万注册用户,设计部门要征询他们对于网站改进的意见,需要给他们发送电子邮件问卷。很显然,但由于种种限制,不可能对每个用户都发,而且收到的实际有效问卷可能只有数千份。所以,只能从用户样本预估用户的整体情况。这时候,就需要明确,这数千份的有效问卷到底多大程度上可以代表整体数百万的用户。需要预估误差范围。如果征集到的有效问卷碰巧有 52% 的支持方案改进,也不能说有超过一半的人都支持,因为误差范围可能就有 2.5% 左右。当然误差的范围又和选定的置信度相关。

某个 B2B 的电子商务网站为了改善用户体验,需要在客户关系管理中对客户进行细分,需要考虑用哪些标准来划分用户比较好,如厂家的规模、产品所属的行业,还是他的商业模式(生产厂家、外贸公司、批发商、零售商)等。这时,就需要根据用户的行为和特征对用户进行细分。这里需要用到聚类的概念,通过相似性的计算,来将行为和特征相近的个体用户归为一类。比较常用的归类算法有 K-均值法。

某个网站需要定期做出改进,以提高用户的活跃度或者转化率,设计部门需要从相关的历史记录分析出哪些设计需要进行改进,这时,就需要对网站的设计与商业目标做相关性分析。在剔除了运营和推广活动造成的干扰后,通过相关分析,设计部门可以知道哪些设计的改进对于用户的活跃度或者转化率更大,还可以知道哪些设计元素的改进可以互相促进商业目标的完成,哪些则不起作用,或者起反作用。

某网站需要对整体用户体验进行度量,面对每天几十上百的网站数据的各种指标,相信有相当一部分人都看不懂。这些数据指标对于用户体验的衡量到底有多大意义,也许没有一个人可以完全说清楚。这时候,网站需要一个类似股票大盘指数的指标来衡量网站整体用户体验,及其变化趋势。这需要对数据进行长期的跟踪、统计、相关性比较才能完成。

再来看看亚马逊(Amazon.com)是如何利用数据统计分析来改善用户体验的。

在用户使用亚马逊网站的过程中,亚马逊会将用户的很多行为记录下来。根据这些数据,不断勾画出每个用户的特征轮廓和需求,并以此为依据来提供精准营销,改善用户体验。例如,每个亚马逊用户都会看到个性化的今日推荐栏目,如图 2-19 所示。用户的行为数据主要包括用户一般的购物流程，例如搜索了什么，看了哪些产品的详细介绍，最终购买了什么产品等。其他用户的历史购买行为在这里也有参考价值，成为有力的相关推荐。因为用户做购物决策的时候，往往也想知道其他人都看了什么，买了什么。除了搜集用户购买行为数据外，亚马逊还会搞一些活动来诱使用户说出喜好和需求。比较典型的活动就是投票。

图 2-19　每个用户都能看到不同的亚马逊今日推荐栏目

收集用户行为数据仅仅是第一步，要改善用户体验，亚马逊还需要整合用户行为数据和喜好，并挖掘用户的潜在需求。对有相同特征的用户作定向、精准的营销。如果某人气作家 A 的新书上市了，亚马逊如何做一期推广邮件营销呢？

首先，从用户购买行为数据中筛选出曾购买过该作者写的书的用户。仅仅只有这些用户是营销目标么？别忘亚马逊还收集了用户的一些非购买行为数据。对了，再加上在网站举行的关于"喜欢作家 A 还是作家 B"的投票中选择作家 A 的用户。这样就行了么？当然不是，亚马逊还要分析这类用户有什么共同特征，从而为他们定制适合的促销方式。如果他们的购买行为数据显示，他们选择最便宜送货方式的比例要比整体的用户群体高，这说明这群用户对于运费价格比较敏感。好了，这次推广的目标人群和主题可以确立了。连邮件标题我们都可以想象出来——"人气作家 A 新书火热上市免邮费"。

当然，这一切还没结束。目标用户收到邮件后，是否打开了邮件，是否点击了邮件中的链接到达了促销产品的着陆页（landing page），这些行为都会被记录下来。整个促销推广活动而言，这样可以统计活动的效果，为下次评估类似促销的活动提供历史依据。就个体用户数据收集而言，还可以用来统计这个用户对于特定主题和特定促销方式的接受程度。这样的数据可以用来决定有类似的主题或者促销方式是否还发邮件给这个用户。因为失败的营销也会给用户带来不好的用户体验，从而让网站蒙受损失，生气的用户可能下次直接把亚马逊的邮件放到垃圾箱里。

本 章 小 结

本章介绍了用户体验设计相关学科领域和经典理论，主要包括用户接受理论、用户心理学、工业设计以及统计分析。

理性行为理论主要用于分析态度如何有意识地影响个体行为,关注基于认知信息的态度形成过程,其基本假设是认为人是理性的,在做出某一行为前会综合各种信息来考虑自身行为的意义和后果。

计划行为理论是由理性行为理论演变而来。因为人的行为并不是百分百地出于自愿,而是处在控制之下,因此,将理性行为理论予以扩充,增加了对自我的"感知行为控制"因素。

创新扩散理论尝试解释为什么一个新服务,即使知道有很多显著的优点,但要尝试去接受它却可能是非常困难的事。

技术接受模型在理性行为理论的基础上,根据研究对象的不同将原来的变量间的关系加以适当的调整,使其简洁地来描述和解释用户对信息技术的接受程度。

技术采纳与整合使用理论是综合了社会认知理论、创新扩散理论、理性行为理论、计划行为理论等用户接受理论提出的模型,对用户使用行为的解释度高达70%。

设计心理学建立在心理学基础上,是把人们心理状态,尤其是人们对于需求的心理,通过意识作用于设计的一门学问。开展设计心理学的研究是为了沟通生产者、设计师与消费者的关系,使每一个消费者都能使用到满意的产品。

用户体验的需求层次从低到高分别是感觉需求、交互需求、情感需求、社会需求和自我需求。感觉需求是用户最直观、最基本的感官需求,包括视觉、听觉、触觉等;在满足基本的感官需求后,产生了用户与产品之间交互的可能性即交互需求;情感需求是用户在使用产品时希望带有的感情;社会需求包括品牌、成就等;自我需求是用户对产品个性化的需要。

互联网站用户行为分析是指在获得网站访问量基本数据的情况下,对有关数据进行统计、分析,从中发现用户访问网站的规律,并将这些规律与产品目标及策略相结合,从中发现目前产品存在的问题,为进一步改善产品,满足用户需求,提高用户体验提供依据。

工业设计是以工学、美学、经济学为基础对工业产品进行的设计,它是20世纪初工业化社会的产物。进入21世纪,以用户为中心的产品设计UCD被广泛接受,作为工业设计的一大趋势,其本质上就是在设计过程中以用户体验为设计决策的中心,强调用户优先的设计模式。

数据的统计分析是指运用统计方法及与分析对象有关的知识,从定量与定性的结合上进行的研究活动,运用统计方法、定量与定性的结合是统计分析的重要特征。在用户体验设计过程中,数据的统计分析同样发挥着重要的作用。

实 践 任 务

结合本章知识,借助互联网等途径,收集用户体验相关学科和理论的资料,了解这些学科领域最近的发展现状和最新的研究成果,并讨论其可能对用户体验设计产生的作用和影响。

思 考 题

1. 什么是用户接受理论？
2. 用户心理学对于用户体验设计有何意义？
3. 如何衡量一个好的以用户为中心的产品设计？
4. 统计分析在用户体验设计中如何发挥作用？

参 考 文 献

［1］ 李君君著. 电子商务用户接受——理论和实证研究. 北京：经济科学出版社，2010 年 8 月.

［2］ 李彬彬编著. 设计心理学. 北京：中国轻工业出版社，2012 年 1 月.

［3］ 罗仕鉴，朱上上著. 用户体验与产品创新设计. 北京：机械工业出版社，2010 年 4 月.

［4］ http://zh.wikipedia.org.

［5］ http://baike.baidu.com.

［6］ http://blog.sina.com.cn/s/blog_6100c57f0100lh0t.html.

第 3 章 用户体验要素

 **学习目标**

1. 了解用户体验的工作分类；
2. 了解用户体验的要素模型；
3. 了解用户体验要素的应用。

开篇案例

5个失败的用户体验故事

Human Factors International 是一家用户体验设计公司，为许多商业公司提供咨询和培训。最近，HFI 在官方网站上放了一段很有特色的视频。视频中，公司的 CEO Eric Schaffer 讲述了用户体验中的 5 个失败故事以及如何避免它们。

1. 设计——漂亮的界面是不够的，可用性是关键

某亚洲航空公司的设计师非常沮丧，公司花了 300 万美元为员工建造了一个现代的工作站，但是员工们不愿意使用，因为设计师设计的人机交互界面虽然非常现代，却不够直觉和高效。然而，这个糟糕的设计是整个系统导航的基础，从头改变已经很难。因此，设计师必须懂得根据用途来设计界面，经常使用的界面在操作上必须高效。

2. 研究——即使是成功的公司，也不能忽视用户研究

HFI 的某个客户是一家手机制造商。HFI 为他们做了大量的用户研究，该手机公司在主要市场发展也一直很好。后来，手机公司来了一个负责用户研究的新主管，他要求 HFI 做印度地区的研究，但是只需要三个人参与。印度是一个有 10 亿人口的国家，230 种语言，手机公司却认为只要 3 个印度人就够了。结果，由于缺乏用户研究，该公司市场份额下滑，并开始裁员。即使是成功的大公司，也不能忽视用户研究。

3. 本土化和跨文化设计——进军潜在市场，必须了解当地文化

一家大商业公司让 HFI 看一下他们的电子商务方案能否在中国成功。HFI 发现他们只是将本土应用翻译成中文，并不了解中国的环境，比如中国地区的消费者更愿意去便利店购物，而且银行方面手续烦琐。于是，HFI 要求他们不要继续。但是该商业公司认为，既然应用已经做好，做下去有什么问题呢？结果是，直到今天，他们也没有在中国获得任何发展。要进军潜在的市场，你必须了解本土的商业环境。

4. 用户界面标准——界面标准只是一方面，沟通和支持也很关键

HFI 做过大量的用户界面，他们有自己的标准而且很成功（比如前进/后退的指示词

使用 back/forward 而不是 previous/next)。但是在和某家纽约保险公司的合作中,他们遭遇了一次重大的失败。该保险公司需要一套标准来指导他们的销售支持系统,HFI 夜以继日地赶上了工期。三周后,HFI 的 CEO 去保险公司的时候发现,他们的方案被遗忘在客户的桌子下面。对于用户设计公司(设计师)来说,用户界面标准只是一方面,在整个设计过程中,如何进行沟通和支持也很关键。

5. 可用性的机构化——高水平的设计师很重要,但是整体解决方案更重要

一家手机公司从微软和苹果雇佣了大量的用户体验专家,然后将他们的办公室安排在 CEO 办公室的旁边。这些设计师很聪明,并开始大量招聘同类型的人。但是他们没有意识到的是,做事业不只是猎头招聘,而是要实现可持续性的发展。由于他们没有一个整体的方案,结果是公司业绩下滑,最终设计师也被迫离去。要保证公司成功,除了高水平的设计师,还需要领导和管理,需要方法、标准、工具及其他。简单地说,需要一个整体的解决方案。

越来越多的企业已经开始意识到,对所有类型的产品和服务来说,提供优质的用户体验,是一个重要的、可持续的竞争优势。用户体验形成了客户对企业的整体印象,界定了企业和竞争对手的差异,并且决定了客户是否还会再次光临。

3.1 用户体验的工作分类

在互联网产品,特别是网站的设计中,用户体验比任何一个其他产品都显得更为重要。不管用户访问的是什么类型的网站,它都是一个自助式的产品。没有事先可以阅读的说明书,没有任何操作培训,没有客户服务代表来帮助用户了解这个网站。用户所能依靠的只有自己的智慧和经验,来独自面对这个网站。

从用户的角度来看,如果网站在视觉上具有吸引力,他可能会花更多的精力来了解使用这个站点,同样,如果他觉得网站的设计很人性化,使用起来很方便,也会促使他更多地访问该站点。这些都是良好的用户体验。可以举出很多类似的例子,但是,很难一下子定义清楚,什么是良好的用户体验,因为从网站按钮的放置,到网页的配色方案,到引发的关联,到页面的布局结构,再到客户支持,用户体验可以覆盖人们与产品交互时的方方面面。试图一次描述清楚所有的用户体验是很困难的事情。就互联网产品而言,用户体验主要包含三类工作:

(1)信息架构:针对产品试图传达的信息而创建基本组织系统的过程。

(2)交互设计:向用户呈现组织系统结构的方式。

(3)形象设计:彰显产品的个性和吸引力。

3.1.1 信息架构

信息架构(Information Architecture,IA),最早是美国建筑师 Richard Saul Wurman(见图 3-1)于 1975 年提出的概念,后来由 Louis Rosenfeld 与 Peter Morville 两位学者

图 3-1 Richard Saul Wurman

将其进一步发展。在信息架构概念的历史发展过程中，其定义有多种表述。

IA 一词的创建者 Wurman 认为："IA 是建设信息结构让其他人理解。"他将 IA 定义为"指组织、标识、导航和检索系统的设计，目的是帮助用户查找和管理信息。"

信息架构研究会 AIFIA（Asilomar Institute for Information Architecture）的定义则认为，IA"是共享的信息环境结构的设计；是组织和标识网站、内联网、联机交流和软件以保证其可用性和可找到性的艺术和科学；是一个致力于对数字园的设计和建设的、正在出现的实践领域"。

美国情报科学技术学会于 2000 年在 IA 峰会上提出的定义是："信息架构是组织信息帮助人们有效地实现其信息需求的艺术和科学。"

国内也对信息架构开展了相关研究工作，有学者将 IA 定义为："是组织信息和设计信息环境、信息空间或信息体系结构，以满足需求者的信息需求的一门艺术和科学"。还有学者进一步指出，网络时代 IA 的含义有广义与狭义之分："网站 IA 是狭义 IA，主要指借助图形设计、可用性工程、用户经验、人机交互、图书馆学信息科学等理论方法，在用户需求分析的基础上，组织网站信息、设计导航系统、标签系统、索引和检索系统以及内容布局，帮助用户更加成功地查找和管理信息。广义 IA 则是面向组织机构整体的信息构建，广义 IA 的对象应该包括组织机构信息活动中涉及的各个要素：除信息本身之外还有人员、技术和部门等。"

综合国内外学者对信息架构的定义，可以认为，信息架构 IA 是信息架构师对信息设计结构、决定信息的组织方式以及归类，从而让使用者与用户容易寻找与管理的一项艺术与科学。简单地说，信息架构就是研究如何合理地组织信息的展现形式，以便在信息和用户认知之间搭建一座畅通的桥梁。

信息架构在互联网应用中是人们体验网站最抽象的层次。人们创建的所有信息都有某种形式的基本结构。在一定产品中，所有信息如何相互关联，总要有某种组织思想来定义。这种结构往往非常明确，例如电话簿、图书馆目录或者网站的分级目录。在这些情况下，如何安排信息基本没有问题。

但在有些情况下，人们不太容易看清楚创建者的整个想法，因为这种结构是隐性的。如果信息架构不明确，它会采用另一种组织结构的表现方式隐藏起来，用隐喻方式把一种信息和另一种信息对应起来。浏览者可以利用隐喻访问真正的信息架构。例如文件夹的图标（如图 3-2 所示），用来表示一个文件的分类群组，在计算机中其实并不存在这样的文件夹，但是设计师通过文件夹这种形象来引导用户将计算机硬盘中的文件群组理解为现实世界中的文件夹。通过这种视觉隐喻建立起来的认知模型是高效的，易于理解和使用的。

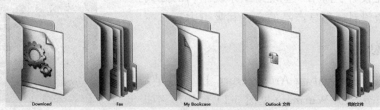

图 3-2　使用视觉隐喻的文件夹图标

事实上，现代的图形界面技术都是基于这种原理构建的。在微软和苹果的视窗系统中，都采用了可视桌面来隐喻文件及其操作，当使用者需要移动文件时，只需要把文件图标从一个文件夹移动到另一个文件夹，系统要求的信息量较少，操作简便，而在 DOS 系统中，同样的工作需要边敲键盘边理解整个文件系统布局才能进行。

无论是显性还是隐性，信息都需要某种结构，但是建立结构的人有时可能都没有意识到他们正在创建信息架构。他们的组织方式可能深埋在他们对某一主题的认识或者对某一任务的理解中，而对于这个主题或者任务，他们无法想象出其他的思考方式。例如，按照公司组织结构来架构企业信息网站，其信息架构对网站创建者看来是合理和明确的，但是从用户的角度来看，这种信息架构却对其毫无帮助。用户在此类网站中寻找支持信息，不会关心他所需要的技术支持人员具体是在哪个子公司的哪个部门，他对购买的产品有问题，从他的角度来看，所有其他信息都完全无关。

信息架构师的工作是让隐性的架构变成显性，以使其符合用户的需要，为人所理解。用户从而能够浏览信息并理解所看到的东西。如果基本模型不明显，人们会创造一个明显的模型。人类一直都在寻找数据中的模式，也就是那些能用来简化我们与世界的交互，能让我们更容易理解世界的东西。即使我们不知道怎样称呼，也无法人工创造，我们仍然会创造出图画、模型或者故事来理解我们所处的信息空间。人们总觉得他们发现了股票市场或者轮盘赌局中的模式，而实际上大多并不存在任何模式。因此，虽然并不是所有开发团队中都有特定的信息架构师，但总有人在构造信息模式。尽管可能自己也不知道，但总有人在扮演着信息架构师的角色。

信息架构师在一个项目中需要承担各种各样的职责。首先，为了研究项目的客户群，他们需要涉猎或指导可用性测试、卡片分类练习、焦点小组访谈、用户调研等。目的是获取足够多的影响项目的信息。信息架构师需要知道人们如何使用你的程序，人们如何处理程序提供的信息，以及当用户使用你的程序时他们的心智模型(mental model)是怎样的。所谓心智模型，是用于揭示个体为现实世界中某事所运作的内在认知历程，可以说明人们如何理解主题，对如何完成或者组织一定任务他们建立了什么画面，他们使用什么术语名称和关系等。

其次，信息架构师通过定期的探索获得的认识，来定义站点的基本情况是怎样的，以及网站如何来实现目标。在这点上，信息架构师能够和设计师、工程师以及其他对于项目产出物感兴趣的团队成员亲密合作是很有帮助的。通过分析数据，信息架构师可以创建一系列的用户角色。用户角色是真实用户群体的目标和行为的一个代表。在多数情况下，用户角色是通过分析用户访谈收集的数据而综合得到的。他们一般用 1～2 页纸来描述，包括行为模式、目标、技能、态度和生活环境，运营一些虚构的细节来使得用户角色更贴近于生活中的人物。对于每个产品，一般都会创建多于一个的用户角色，但其中一个经常会作为设计的主要焦点。

最后，信息架构师需要结构化站点。信息架构师会创建出诸如网站地图、网站流程图和线框图等产出物，从实际角度来看站点如何运作。实际上，优秀的信息架构师在创建这些产出物时会将所有的想法考虑进来：商业上的、技术上的和社会的。通过这些，信息架构师将帮助决定站点的总体方向。例如，信息架构师应该定期地测试站点，研究报告，并且评估开发流程中任何用户测试结果。

3.1.2 交互设计

交互设计，又称互动设计（Interaction Design，IaD），是人工制品、环境和系统的行为，以及传达这种行为的外形元素的设计与定义。交互设计的概念最早由比尔·莫格里奇（Bill Moggridge）（见图 3-3）在 20 世纪 80 年代后期提出。比尔·莫格里奇是世界上第一台笔记本电脑 GRiD Compass 的设计师，也是率先将交互设计发展为独立学科的人之一。当时，他将之称为 SoftFace，后来才改名为交互设计。

图 3-3　Bill Moggridge

交互设计在于定义人工制品的行为方式相关的界面。人工制品，包括软件、移动设备、人造环境、服务、可佩带装置以及系统的组织结构等。在传统机器和静态信息世界中，所有用来操作机器（包括真实的机器和软件模拟）的突起物、按钮以及显示都可以认为是用户界面。但动态信息世界中并没有单一界面。互联网上的每个页面都有不同界面。进入用户当前体验的一切东西都能被当做界面，例如用户看到的或者听到的。界面体验不仅和功能相关，还包含了交互的方方面面。

人们在使用网站、软件、消费产品和各种服务的时候，实际上就是在同它们交互。这种使用过程中的感觉就是一种交互体验。随着网络和新技术的发展，各种新产品和交互方式越来越多，人们也越来越重视对交互的体验。当大型计算机刚刚研制出来的时候，可能当初的使用者本身就是该行业的专家，没有人去关注使用者的感觉；相反，一切都围绕机器的需要来组织，程序员通过打孔卡片来输入机器语言，输出结果也是机器语言，那个时候同计算机交互的重心是机器本身。当计算机系统的用户越来越由普通大众组成的时候，对交互体验的关注也越来越迫切了。

从用户角度来说，交互设计本质上是一种如何让产品易用、有效且让人愉悦的技术，它致力于了解目标用户和他们的期望，了解用户在同产品交互时彼此的行为，了解"人"本身的心理和行为特点，同时，还包括了解各种有效的交互方式，并对它们进行增强和扩充。交互设计还涉及多个学科，以及和多领域多背景人员的沟通。交互设计的目的在于，通过对产品的界面和行为进行交互设计，让产品和它的使用者之间建立一种有机关系，从而可以有效达到使用者的目标。

交互设计师直接控制着用户体验。他们决定如何根据信息架构进行浏览，如何安排用户看到需要看到的内容，并保证用最清晰的方式及适当的重点来展现合适的数据。交互设计不同于信息架构，就像设计和放置路标不同于道路铺设过程一样。信息架构师决定地形的最佳路径，而交互设计师放置路标，并画出地图。

与信息架构师所需信息相比，交互设计师所需要的信息更为具体和有针对性。在确定了心智模型和目标市场后，工作重点就会转移到交互细节。根据开发过程所处的阶段，交互设计师需要获取信息，以判断其设计是否正确，人们实际能否按照设定的方式做事情。

交互设计师所需的信息一般包括以下4个方面。

(1) 任务流：指发生进行有意义的事情所必需的一连串动作。研究任务流包括了解人们按照什么顺序查看要素；对下一步有什么期望，他们需要什么反馈，结果是否符合他们的预期。

(2) 界面的可预见性和一致性：研究能确定人们需要多少可预见性才能顺畅执行任务流，以及不同任务流需要多一致才能让人们感到熟悉。

(3) 网站特性和特定界面要素重点之间的关系：例如，屏幕右侧的大幅图解是否会导致注意力从左侧核心功能发生转移，在界面不同位置重复出现某个特性是否会影响人们的使用频率。

(4) 不同受众：与熟练用户相比，初次使用的用户需要不同特性，使用方法也不同。青少年理解术语与40岁的人理解得不同。如果产品要服务于不同目标市场，应该要知道市场想要什么以及他们能用什么产品。

通常而言，交互设计师都遵循类似如下的步骤进行设计，为特定的设计问题提供某个解决方案。交互设计的一般步骤包括以下7个。

(1) 用户调研

通过用户调研的手段(介入观察、非介入观察、采访等)，交互设计师了解用户及其相关使用的场景，以便对其有深刻的认识(主要包括用户使用时候的心理模式和行为模式)，从而为后继设计提供良好的基础。

(2) 概念设计

通过综合考虑用户调研的结果、技术可行性以及商业机会，交互设计师为设计的目标创建概念(目标可能是新的软件、产品、服务或者系统)。整个过程可能来回迭代进行多次，每个过程可能包含头脑风暴、交谈、细化概念模型等活动。

(3) 创建用户模型

基于用户调用得到的用户行为模式，设计师创建场景或者用户故事来描绘设计中产品将来可能的形态。通常，设计师设计用户模型来作为创建场景的基础。

(4) 创建界面流程

交互设计师通常绘制界面流程图，用于描述系统的操作流程。

(5) 开发原型以及用户测试

交互设计师通过设计原型来测试设计方案。原型大致可分三类：功能测试的原型，感官测试原型以及实现测试原型。总之，这些原型用于测试用户和设计系统交互的质量。原型可以是实物的，也可以是计算机模拟的；可以是高度仿真的，也可以是大致相似的。

(6) 实现

交互式设计师需要参与方案的实现，以确保方案实现是严格忠于原来的设计的；同时，也要准备进行必要的方案修改，以确保修改不伤害原有设计的完整概念。

(7) 系统测试

系统实现完毕的测试阶段，可能通过用户测试发现设计的缺陷，设计师需要根据情况对方案进行合理的修改。

在交互设计中常用的方法包括：

（1）焦点小组

能确定人们优先级别事项的最简单工具。焦点小组可以准确知道目标市场认为服务最有价值的地方，且有助于确定人们对特定特性形成的交互关系，但是无法知道人们的实际行动，也无法知道系统是否可用。

（2）基于任务的可用性测试

是获取能立即用于交互设计信息的最有用工具。虽然不是发现用户需求和满足用户需求过程的最佳工具，但它是发现人们能否理解已创造的东西的最佳工具。可用性测试也是最灵活的方法之一。几乎在开发过程的每一点都可以进行可用性测试，并能自始至终提供宝贵意见。

（3）日志分析

能对人们去过的地方以及频率给出直接确凿的数据。如果分析包括点击轨迹，它还能说明人们如何到达那些地方。

3.1.3　形象设计

产品的形象设计是以产品设计为核心，围绕着用户对产品的需求，对产品设计、设计观念、技术、材料、造型、色彩、加工工艺、包装、运输、展示、营销手段、广告策略等进行统一策划和设计，形成统一的感官形象和社会形象，以起到提升、塑造和传播企业形象的作用。

产品的形象能够传达产品价值，形象设计独立但又贯穿在产品信息架构和产品交互设计过程的始终。产品形象的设计和评价系统复杂而变化多样，有许多不确定因素，特别是涉及人的感官因素等，包括人的生理和心理因素。就互联网站而言，产品形象代表着网站的风格和感觉，它代表着一些独特的、令人难忘的东西。在某些情况下，它甚至会超越产品功能的重要性。产品形象结合了网站的功能、外表、联想、编辑语气以及特定特性的重点。

网站形象受到许多因素影响，例如整个页面的颜色是否协调，如不协调，可能会给人刺眼的感觉；网页上的文字是否易于阅读，文字太细、颜色太浅、页面太长或超出屏幕宽度都会给人带来阅读的困难；图片能给网站增色，但图片太大、太多、太模糊都会惹来浏览者的反感；还有动态与静态是否配合得当，无节制地滥用 Flash、动态 GIF、滚动字幕等效果就会让人眼花缭乱，但死气沉沉、毫无生气的页面也会让人感到乏味。在整体风格上，一致的视觉主题也能为一个或一组网站创建识别要素，淘宝网在各种产品上大量采用鲜明的橙色色调，以致许多人会将橙色与淘宝关联起来。网站也可以关联现有的品牌，如图 3-4 所示，耐克公司的网站与已有形象及品牌明显相关，在线品牌关联和定义线下品牌的关联一样，包括标识、颜色、口号等。

形象设计师的工作是传达区别于竞争对手且同时和公司其他产品保持一致的形象。虽然形象设计师的工作与网站营销密切相关，但二者还是有一个关键的区别，即形象设计师的目标是让网站体验独特而愉快，人们不用的时候也能够记住网站，而不是说服他们尝

图 3-4　耐克公司的网站主页

试使用网站。形象设计师关心产品的直接体验,而不是市场对产品品牌的认知和接受程度。他们需要的信息和用户的直接情绪反应以及用户以后能否记住产品有关。如果已经定义了产品的目标受众,形象设计师需要知道诸如与其他同类产品相比,我们的竞争优势在哪里;用户在看到界面时关心哪些内容,忽视哪些内容以及他们认为重要的交互部分;产品的实际当前用户主要是哪些人,与我们的目标受众是否吻合等信息。

　　无论从当前看,还是从长期看,形象设计的目标都是要创造令人满意而难忘的用户体验。因此,形象设计工具类似于市场研究工具,其结果能和市场营销人员共享,有时也能从市场营销人员那里获得结果。常用的形象设计工具包括:

　　① 焦点小组(focus group):是发现产品哪些方面最具吸引力的最快捷方法。焦点小组提供的信息即与人们的关注点有关,也和人们的偏好有关。

　　② 调查(suvey):能确定现有受众的人口统计情况以及互联网使用构成。调查难以确定潜在受众,但善于找出谁在使用产品,以及他们是否正在使用任何竞争性或者互补性产品。访谈时可以用这些信息来确定用户为什么选择正在使用的产品。

　　③ 竞争性分析(competitive analysis):能用来创建竞争性产品的特性清单,清单能用于找出最有价值特性的研究。

　　在所有人员当中,用户体验研究员的工作范围是最为广泛的。用户体验的各个方面给创造优秀产品的人带来不同要求和限制。所有人都有不同需求、不同词汇和不同限制,而且常常根据不同日程表进行操作。但是他们对信息有相似又相互关联的需要,而常常自己并没有意识到。深入了解产品用户、用户观点及其能力,并把这些情况在合适的时间提供给合适的人,这就是用户体验研究员的工作。研究员地位独特,可以集中所有信息,并让信息具有意义,让整个开发过程更加合理化、效率更高。

3.2 用户体验的要素模型

用户体验是一种在用户使用一款产品或服务的过程中建立起来的主观心理感受。由于是主观感受，就带有一定的不确定因素。同时，个体差异也决定了每个用户的真实体验是无法通过其他途径来完全模拟或再现的。但是对于一个界定明确的用户群体来讲，其用户体验的共性是能够经由良好设计的实验来认识到，比如网站的用户体验。

网站用户体验的整个开发流程，都是为了确保用户在你的网站上的所有体验不会发生在你明确的、有意识的意图之外。这就是说，要考虑到用户有可能采取的每一个行动的每一种可能性，并且去理解在这个过程的每一个步骤中用户的期望值。这听上去像是一个很庞大的工作，而且在某种程度上来讲也的确是。但是，我们可以把设计用户体验的工作分解成几个组成要素，以帮助我们更好地了解整个问题。

3.2.1 5个层面

我们很多人都曾经在网上有过购物的经历，这种过程几乎是一样的：你访问购物网站，用站内的搜索引擎或者分类目录寻找你想要的商品，把你的付款方式和邮寄地址告诉网站，然后网站则保证将商品递送到你的手里。

这个清晰、有条不紊的体验，事实上由一系列完整的决策组成的：网站看起来是什么样？它如何运转？它能让你做什么？这些决策彼此依赖，告知并影响用户体验的各个方面。如果我们去掉这些体验的外壳，就可以清晰理解这些决策是如何做出来的了。

用户体验的5个层面是表现层、框架层、结构层、范围层和战略层，如图3-5所示。

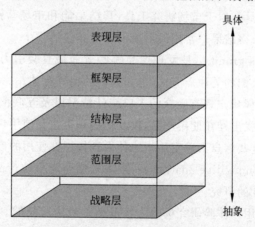

图3-5　用户体验的5个层面

1. 表现层

在表现层，我们看到的是一系列的网页，这些网页由图片、文字以及音乐等多媒体元素构成。一些图片可能是可以点击的，会执行某种功能，比如一个购物车的图标，会把用户带到购物车的页面。而有些图片可能仅仅是图片而已，比如网站的 Logo 或者商品的说明图片等。文字信息也是如此，有一些可能会是超链接。

2. 框架层

在表现层下面的是框架层,框架层利用按钮、控件、照片以及文本区域位置等元素来优化网站的设计布局,使这些元素的使用达到最大化的效果和效率,确定很详细的界面外观、导航和信息设计。

3. 结构层

在框架层下面的是结构层,框架是结构的具体表现方式。框架层设定网页上交互元素的位置,而结构层则用来设计用户如何到达某个页面,以及访问结束后能去哪里。框架层定义了导航栏上各要素的排列方式,允许用户可以浏览不同的分类,而结构层则确定哪些类别应该出现在哪里。

4. 范围层

结构层确定网站各种特性和功能最合适的组织方式,而所有这些特性和功能就构成了网站的范围层。比如,在线购物的网站提供了一个功能,是用户可以保存以前的收货地址,这样它们可以再次使用它。这个功能就属于"范围层"要解决的问题。

5. 战略层

成功的用户体验,其基础是 个被明确表达的战略。网站的范围基本上是由网站的战略决定的。这些战略不仅仅包括网站经营者想从网站得到什么,还包括用户想从网站得到什么。就我们在网上购物的例子而言,一些战略目标是显而易见的:用户想要买到商品,我们想要卖出商品。另一些目标可能并不是那么容易说清楚,比如促销信息,或者用户填写的内容在商务模型中扮演的角色等。

战略、范围、结构、框架和表现这 5 个层面中,每一层我们要处理的问题既有抽象的,也有具体的。在最下面的战略层,我们不需要考虑网站、产品或者服务最终的表现形式,我们只关心网站如何满足我们和用户的需求。在最上面的表现层,我们则只需关心产品所呈现的具体细节。随着层面的上升,我们要做的决策会逐渐从抽象变得具体。

每个层面都是建立在其下面的那个层面之上。表现层由框架层决定,框架层由结构层决定,结构层建立在范围层的基础上,范围层则是根据战略层来制定的。如果我们的决策没有和上下层面保持一致,项目往往会出现问题,即便产品最终完成,也往往不会获得用户的首肯。层次之间这样的依赖性,意味着在战略层上的决定将具有某种自下而上的连锁效应,也就是说,每一层中我们可用的选择,都受到其下层面中所做决定的约束。但是,事物都有两面性,在较高层面中的决定有时也会促成对较低层面中决策的一次重新评估,在每一个层面我们所做的决策,其可能产生的连锁效应是双向的。

因此,在产品或者项目的开发过程中,不要在较低层面的设计完全结束后才开始进行较高层面的设计。如果要求每个层面的工作在下一个层面可以开始之前完成,会导致设计者和用户都不满意的结果,更好地方法是让每个层面的工作在下一个层面可以结束之前完成即可。

3.2.2 要素模型

互联网站在出现之初,仅仅是一种互相沟通的方式。互联网之父,Tim Berners-

Lee1990 年 12 月 25 日在日内瓦的欧洲粒子物理实验室开发出世界上第一个网页浏览器,是想帮助实验室的研究人员更好地联系和分享。这完全是关于信息的。使用者可以创建文档,然后通过超链接,与其他文档链接起来,实现信息的共享。网页被人们视为一种全新的出版媒介。

随着技术的发展,许多新特性被加入网页浏览器和服务器中,网页开始拥有更多的新能力。在网页变得流行和普遍后,它具有更复杂和强大的功能,网站不仅能够传达信息,还能够收集和控制信息。网站开始变得更加互动,响应用户输入的方式也类似传统的桌面应用程序。在商业应用融入互联网后,这些功能被应用于更大的范围,购物网站、社区论坛、网上银行相继出现。网站从静态地收集和展示信息,逐渐过渡到动态地以数据库驱动网站。

信息和功能成为网站的两个方向,在网站的用户体验开始形成时,设计者可能会从功能的角度来看待网站,把每一个问题看成是应用软件的设计问题,然后从传统的桌面应用程序的角度来考虑解决方案。同时,设计者也可能会从信息的发布和检索角度来看待网站,然后从传统出版、媒体和信息技术的角度来考虑如何解决问题。这是两个不同的角度,究竟网站应该分类到应用程序,还是分类到信息资源,往往会让设计者产生困扰。

被称之为"Ajax 之父"的 Jesse James Garrett(见图 3-6),在他的著作 *The Elements of User Experience* 中提出了用户体验的五层要素模型,为了解决上述的双重性问题,模型中把这五个层面从中间分开,如图 3-7 所示。在左边,这些要素用于描述功能型的平台类产品。在右边,这些要素用于描述信息型的媒介类产品。

在功能型产品一边,主要关注的是任务,所有的操作都被纳入一个过程,设计者要考虑人们如何完成这个过程,网站被看成用户用于完成一个或者多个任务的一种工具。

图 3-6　Jesse James Garrett

在信息型产品一边,关注的是信息,网站应该提供哪些信息,对用户有何意义。设计者要创建一个信息丰富的用户体验,提供给用户能够理解,且有意义的信息组合。

战略层:无论是在功能型产品还是信息型产品,战略层所关注的内容都是一样的。来自企业外部的用户需求是网站的目标,尤其是那些将要使用网站的用户。在战略层要考虑用户希望从网站获取什么,他们想达到的目标将怎样满足他们所期待的其他目标。除了用户需求意外,还要考虑网站的产品目标,也就是设计者对网站的期望目标,可以是商业目标,也可以是其他类型的目标。

范围层:对功能型产品而言,范围层需要创建功能规格,也就是对产品的功能组合的详细描述。而对于信息型产品来说,范围层需要定义内容需求,也就是对各种内容元素的要求的详细描述。

结构层:在功能型产品一侧,结构层将从范围转变成交互设计,主要定义系统如何响应用户的请求。在信息型产品一侧,结构层则是信息架构,主要合理安排内容元素以促进人们理解信息。

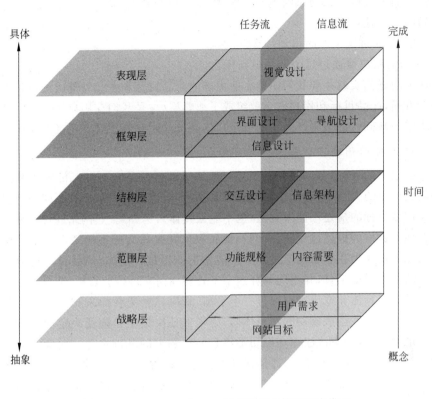

图 3-7　Jesse James Garrett 提出的用户体验要素模型

框架层：框架层被分成了信息涉及、界面设计和导航设计三个部分。信息设计是一种促进理解的信息表达方式，不管是功能型产品还是信息型产品，都必须要完成信息设计。界面设计是针对功能型产品而言的，指的是安排好能让用户与系统的功能产生互动的界面元素。导航设计就是信息型成品的界面设计，指的是屏幕上的一些元素的组合，允许用户在信息架构中穿行。

表现层：不管是功能型产品还是信息型产品，在表现层都要为最终产品创建感知体验，其中最主要的是视觉设计。

3.3　用户体验要素的应用

无论我们的产品有多复杂，用户体验的要素都是相同的，而将这些要素背后的想法付诸实施却不是一件容易的事情。

3.3.1　战略层

明确的战略是用户体验设计成功的基础。能够知道企业与用户双方对产品的期望和目标，有助于促进用户体验各方面战略的确立和制定。这似乎是很简单的任务，但事实上却并非如此。

导致产品失败最常见的原因不是技术，也不是用户体验，而是在产品设计之初，我们没有明确两个问题：

- 我们要通过这个产品得到什么？
- 我们的用户要通过这个产品得到什么？

这两个问题其实就是要我们明确企业内部的产品目标和企业外部的用户需求。结合内外两个方面，产品目标和用户需求就组成了战略层，这是我们在用户体验设计过程中做出任何决定的基础。但很多产品在进行用户体验设计时对此并没有明确的认识。

1. 产品目标的确定

产品或服务的目标一定要明确，如果产品目标以只可意会不可言传的状态存在于一小部分创建产品的人当中，对于该如何完成产品，不同的人就经常会有不同的想法。

对于产品目标的描述不能太宽泛，也不能太具体。例如，企业网站的目标是替公司赚钱或者省钱。这样的描述过于宽泛，网站到底应该做些什么并不清楚。但太过具体的目标也无法充分描述出在战略制定过程中可能发生的困难。例如，产品目标是为用户提供一个实时的文本通信工具，并不能解释这个工具要如何支持企业目标，或是它如何满足用户需求。要想在具体和宽泛之间取得一个平衡，就应该避免在尚未充分了解问题之前就试图得出结论。为了创造成功的用户体验，必须保证决策不是随便决定的，也就是说，每一个被作出的决定，都应该建立在确切了解它的影响力的基础之上。明确定义成功的条件，而不是定义通向成功的路径，才能保证不会在战略阶段进度太快。

描述产品目标的重要内容之一是品牌识别，品牌的概念不仅包括商标、色调、字体设计等视觉组成，而且远远超过了视觉表现。品牌识别可以是概念系统，也可以是情绪反应。在用户和产品交互的同时，企业的品牌形象就不可避免地在用户的脑海中形成了。品牌形象可能是无意中形成的，但更多的是经过产品设计者有意精心安排的结果。大多数企业选择对他们的品牌形象施加一些控制，这就是为什么传递品牌识别是非常普遍的一种产品目标的原因。品牌不仅仅影响商业企业，它还影响每一个有网站的组织，从非营利机构到政府部门，都是靠着用户体验来创造品牌形象。而将品牌形象具体且明确地写进目标，将会提高呈现出积极的品牌形象的机会。

要理解产品目标，有一个重要部分是成功标准，也就是一些可追踪的指标，在产品上线以后用来显示它是否满足了我们自己的目标和用户的需求。有时这些成功标准与网站本身和用户如何使用该站有一定的关系。用户在每一次访问网站时的平均停留时间是多少？如果想要鼓励用户随意轻松地发掘网站提供的服务，那么你一定希望看到单次访问的时间有所增加。相对地，如果想要提供快捷简便的信息服务，则你或许希望单次访问的时间减少。

对于依赖广告收入的网站，页面浏览量，网站上每一个页面的每天浏览量是至关重要的统计信息。但你必须小心地平衡企业目标和用户需求。在主页和用户想看的内容页面之间多增加几层导航，无疑会增加页面的浏览量，但这可能并不是用户所需要的。此外，并不是所有的成功标准都必须直接由网站获得。你也可以衡量网站的间接影响。如果你的网站为用户提供产品常见疑难解答，那么你的客户服务专线的电话数量应该相应减少。

对于驱动用户体验决策而言有意义的成功标准，一定是可以明确地与用户行为绑定的标准,而这些用户行为也一定是可以通过设计来影响的行为。

2. 用户需求的确认

用户需求的确认非常重要。设计者往往容易陷入一个误区,认为用户和自己有完全一样的喜好,但事实上,我们并不是为自己设计,而是为其他人设计,如果想要用户喜欢并使用我们创建的产品,就必须要了解他们是谁以及他们的需求是什么。只有投入精力去研究这些需求,我们才能抛弃自己立场的局限,真正从用户的角度来重新审视网站。

但用户需求的确认并不是一件容易的事情,因为用户群体之间存在很大差别。即使我们设计的是一个仅供企业内部使用的网站,也仍然需要大范围地考察用户的需求。如果我们创建的是一个服务于所有消费者的手机应用,那需要考虑的各种可能性就会成倍增长。

要明确用户的需求,首先要知道哪些人是我们的用户,这样才能有针对性地开展调研,对用户人群进行问题询问、行为观察。这些研究能够帮助我们了解当用户使用我们的产品时,他们想要什么,同时也能帮助我们确定这些需求的优先级别。

（1）用户细分

我们把大量的用户需求划分成几个可管理的部分,这将通过用户细分来完成。我们将用户分成更小的群组,每一群用户都是由具有某些共同关键特征的用户所组成。有多少用户类型几乎就有多少方式来细分用户群,通常最常见的方法是依据人口统计学的标准来划分用户：性别、年龄、教育水平、婚姻状况、收入等。但人口统计特征并不是了解用户的唯一方法。心理方面的数据也能描述用户对于整个世界或某个网站的观点和感知。心理通常与人口统计学息息相关,同样的年龄段、同一地点和同样收入的人群常常会有相似的观点。但是,记录用户的心理因素可以让你得到无法从人口统计特征中得出的新见解。

创建网站时,有另一组非常重要的属性也需要考虑：用户对技术和网页本身的观点。你的用户每周花费多少时间使用网络？他们总有最新和最好的硬件,还是他们每5年才买一台新计算机？由于对技术一窍不通的用户和高级用户在使用网站的方式上完全不同,因此,我们的设计必须能容纳不同类型的用户群。

在对用户群开展了一些研究之后,你也许需要调整细分用户群。创建细分用户群只是一种用于发现用户最终需求的手段。你真正需要得到的是和用户需求数目一样多的细分用户群。

创建细分用户群不仅仅是因为不同的用户群有不同的需求,还因为有时候这些需求是互相矛盾的。例如,最适合炒股新手的软件,可能是那种能自动将股票交易过程分解成简单步骤的软件。然而对炒股专家而言,这样的步骤可能会妨碍他们进行快速的操作。专家需要将全部的功能都集中在一个界面上,而且能快速地进入操作。很明显,我们无法提供一种方案可以同时满足这两种用户的需求。此时,我们要么选择针对单一用户群设计而排除其他用户,要么为执行相同任务的不同用户群提供不同的方式。不论我们选择哪一种,这个决策将会影响日后与用户体验相关的每一个选择。

（2）可用性和用户研究

要搞清楚用户需要什么,我们首先必须知道他们是谁。用户研究的领域致力于搜集必要的信息来达成共识。

一般来说,你在某个用户身上花费的时间越多,就能从对这个用户研究中得到越详细的信息。同时,在一个用户身上所花费的时间越多,也就意味着你不可能在用户调查中接触太多的用户。

像问卷调查和焦点小组这种市场调研方法是获取用户基本信息的宝贵来源。当你能明确地表达你试图从用户身上获得什么信息时,这些方法才最有效。越是清楚地描述出你想要得到的信息,就能越具体并有效地公式化你的问题,这样才能确保你获得正确的答案。

现场调查是指一套完整的、有效且全面的方法,用于了解在日常生活情境中的用户行为。它通常应用于一个较小的范围,它可以揭露一些无法通过其他方法获知的、细微的用户行为,但是它有时候会非常费时而且昂贵。

与现场调查密切相关的研究方法是任务分析。任务分析的概念是认为每一个用户与网站的交互行为都发生在执行某一项任务的环境中。有时任务非常具体(比如买电影票),而有时则比较广泛(比如学习国际商务章程)。任务分析是一种仔细了解用户完成任务的精确步骤的方法。这种了解可以通过用户访谈来做,让用户通过讲述故事来说出他们的经验,也可以通过现场调查来做。

用户测试是最常见的用户调研方法。用户测试并不是测试你的用户;相反地,它是请用户来帮忙测试你的产品。有时用户测试用于一个已完成的网站。也可以用于测试改版的效果,或者用于在网站发布之前发现可用性的问题。许多不同的定义和设计规则都希望总结出网站设计的可用性规范,这些规范表明什么才算是一个可用的网站。它们都具有同样的核心原则,即用户需要可用、易用的产品。这的确是所有用户最普遍的需求。

用户测试主要经历测试前的准备、进行测试、测试后总结三个阶段。

第一阶段为测试前的准备。该阶段的第一步工作是编写测试脚本。测试脚本主要指用户测试的一个提纲。测试脚本最基本的要求就是制定测试任务。任务的制定一般由简至难,或者根据场景来制定。

测试前准备阶段的第二步工作是用户招募和体验室的预定。用户是必不可少的,进行一场用户测试一般需要6～8人,根据具体情况可以酌情增减。要选择目标用户,也就是产品的最终使用者或者是潜在使用者,如年龄要符合产品的目标年龄层,男女比例要符合产品目标用户比例,并且将来会使用或者是很可能使用该产品。根据测试目的的不同,也要根据需要,选择新手用户、普通用户或者高级用户。在用户招募困难或者时间紧等情况下,如果只是简单地为了发现产品中存在哪些可用性问题,降低用户标准也是一种可行的方式,如公司内部员工充当用户等。

第二阶段为进行测试。一切准备就绪,就可以开始进行用户测试了。测试时需要一名主持人在测试期间主持测试,1～2名观察人员在观察间进行观察记录。测试过程需要录音、录屏,以备后期分析。测试时,尽量不对用户做太多的引导,以免影响测试效果。

用户测试主要经历以下过程:

① 向用户介绍测试目的、测试时间、测试流程及测试规则。

② 用户签署保密协议,填写用户基本信息表。

③ 让用户执行任务：给用户营造一种氛围，让用户假定在真实的环境下执行任务。并让用户在执行任务的过程中，尽可能地边做边说，说出自己操作时的想法和感受。

④ 用户反馈收集。基于用户执行过程中的疑惑进行用户访谈，收集原因。

⑤ 致谢。

第三阶段为测试后总结。测试后需要进行测试报告的撰写，并开会将测试结果与相关人员进行分享。

主持人与观察人员要进行及时的沟通，确定致命的可用性问题与一般的可用性问题，并汇总简要的测试报告，以抛出问题为主，不做过多的建议。报告确认后，召开会议，将测试结果与产品经理、交互设计、页面制作、开发、测试人员进行分享。确定在产品发布前需要进行优化的具体问题，并将对应的问题分类，确定解决问题的关键人。例如，如交互设计可能需要重新设计的具体问题、产品开发人员直接在原有基础上修改等。

用户测试是一种反复迭代的过程，在进行完新一轮的设计优化后，可能还会产生新的可用性问题。因此，将新一轮的设计进行迭代的用户测试，是未来的一种发展方向。

人物角色（personas）是帮助设计师集中焦点的工具。在用户研究中，人物角色是能够代表整个真实用户需求的虚构人物，通过赋予一张人物的面孔和名字，我们能够将用户调查及用户细分过程中得到的分散资料重新关联起来，人物角色可以帮助我们确保在整个设计过程期间把用户始终放在心里，角色的设计结果往往揭示了用户行为的趋势，指出产品的优点和不足。

类似图 3-8 所示的人物角色中的信息，很大程度上是我们编造的。我们希望人物角色可与我们从用户研究中了解的内容保持一致。但是为了使人物角色更加栩栩如生，他们的一些具体细节可以是虚构的。

图 3-8　用户细分

人物角色看起来像我们比较熟悉的用户市场细分，但用户细分通常基于人口统计特征（如性别、年龄、职业、收入）和用户心理来分析用户行为，而人物角色更加关注的是用户如何看待、使用产品,如何与产品互动,这是一个相对连续的过程,人口属性特征并不是影响用户行为的主要因素。而人物角色关注用户的目标、行为和观点,能够更好地解读用户需求,以及不同用户群体之间的差异。

最后,网站目标和用户需求都将被定义在一个正式的战略文档中。这些文档不仅列出目标清单,还提供不同目标之间的关系分析,并说明这些目标要如何融入更大的企业环境中区。用户需求有时被记录在一个独立的用户调研报告中。一个有效的战略文档不仅可以在用户体验开发团队中起到试金石的作用,它还可以成为企业其他部门的项目支持文档。

战略文档在项目进行期间将会被频繁使用,所以不要把它作为少数人的资源,而要让所有参与者,包括设计师、程序员、信息架构师、项目经理等都能够阅读到这份文档,以帮助他们在工作中做出正确的决定。

战略应该是设计用户体验流程的起点,但这并不意味着在项目开始之前你的战略需要完全确定下来。当战略被系统地修正与校正时,这些工作就能成为贯穿整个过程的、持续的灵感源泉。

3.3.2 范围层

带着对我们想要什么、我们的用户想要什么的明确认识,我们才能弄清楚如何去满足这些战略目标。当你把用户需求和产品目标转变成产品应该提供给用户什么样的内容和功能时,战略就变成了范围。

定义项目范围主要包括了两方面:一个具有价值的过程,同时它导致一个具有价值的产品。过程的价值在于,当整个事情还处在假设阶段的时候,它能迫使你去考虑潜在的冲突和产品中一些粗略的点。而产品的价值在于,它给了整个团队一个参考点,关于在这个项目中要完成的全部工作,它也提供了一门共同的语言,用于讨论这方面的事情。

我们要用文档来定义项目要求,这件事虽然比较麻烦,但还是必须要做。这是由以下两个主要原因决定的:

第一,只有这样你才知道正在做什么。如果详细记录下你正在建设的内容,每一个人就会知道这个项目的目标是什么,什么时候达到这个目标。最终产品不再是一个停留在产品经理头脑里的不定型的图像。

拥有一系列明确的要求,能让你把责任分配得更清晰,这可以大大提高协作效率。在了解一个详细策划的完整范围之后,你就可以看到各个相对独立、也不显著的要求之间的内在联系。

第二,这样你才知道不需要做什么。当有一个想法出现的时候,用一个文档来记录他们,可以为你提供一个评估这个想法的架构。把一些好的想法(它们可能对于项目当前来说还不能实现)收集起来,找到一种适宜的方式,让它们符合你的长期规划,这才是真正的价值所在。

在范围层,我们从战略层的抽象问题"为什么要开发这个产品",转而面对一个新的问题"我们要开发的是什么"。在这里,范围层被功能型产品和信息型产品分成两个部分。

1. 功能需求和功能规格

在功能方面，我们考虑的是功能需求或功能规格——哪些应该被当成软件产品的功能组合。功能需求用于描述系统应该做什么，规格说明用于描述系统真正完成了什么。

（1）功能需求：一些需求适用于整个网站。品牌需求是最常见的一种；某些技术需求，比如支持浏览器和操作系统，是另一种。另一些需求只适用于特殊的特性。大多数时候，人们说到某种需求的时候，他们想的是产品必须拥有的某种特性的简短描述。最用之不竭的需求源泉总是来自用户本身。不管你是从企业内部的管理者，还是直接从用户处收集这些需求，这个过程中得到的需求将被分成三个主要类别。

首先，最显而易见的是人们讲述的、他们想要的东西。这中间有一部分是非常清晰的好想法，会寻找各种途径进入最终产品。

其次，当人们在某个过程或某个产品中遭遇到一些困难时，想象有某种解决办法可以解决这一困难。通过与用户探讨这些解决办法，你有时候可以得出真正解决问题的、完全不同的需求。它们代表了一条通向下一个版本，即用户实际想要的东西的路径。

最后，在这个阶段能得到的第三种类型的需求是人们不知道他们是否需要的特性。让一个工程师、一个客服人员、一个营销人员一起谈论同一个网站，这会对大家都有启发意义。听取各方从自己熟悉的角度出发来考虑，可以鼓励人们从不同角度来思考开发中的网站遇到的问题以及解决办法。

（2）功能规格：但程序员往往痛恨功能规格，因为它们非常枯燥，并且会占用大量的编码时间去阅读它们。结果，那些"没有人读的功能规格"反过来又强化了"撰写它们是一件浪费时间的工作"的印象。事实上，当事情在实施过程中发生改变的时候，不应该宣称撰写功能规格是没有价值的，而是应该随时注意保持功能规格与开发的同步更新。有几条规则适用于撰写任何类型的需求。

乐观：描述这个系统将要做什么事情去防止不好的情况发生，而不是描述这个系统不应该做什么不好的事情。对比下面的例子：

这个系统不允许用户购买不带显示器的主机。

如果用户想单独购买主机，系统应该引导用户到显示器页面。

具体：尽可能详细地描述清楚情况，这是我们能决定一个需求是否被实现的最佳途径。对比下面的例子：

该网络游戏未成年人限制使用。

该网络游戏15周岁以下的未成年人需在家长陪护下使用。

避免主观的语气：这是另外一种使需求保持明确和避免歧义的途径——因而也避免了误解的可能性。对比下面的例子：

该网站的风格应该是时尚的、活泼的。

该网站的风格应该符合企业的品牌指南文档。

功能需求和功能规格，在有些企业中是用两种不同的文档来描述：项目初期阶段的需求，描述系统应该做什么，以及在项目末期的规格说明，描述系统真正完成了什么。在这种情况下，功能规格在需求确定之后才开始撰写，同时将加入更加具体的实施细节。但是在很多企业中，这两种文档没有很明确的界限，他们用功能需求规格文档覆盖了以上两者的内容。

2. 内容需求

在信息方面，我们考虑的是内容需求，这属于编辑和营销推广的传统领域。收集内容需求，然后决定哪些信息必须纳入设计范围之内。

很多时候我们说到的内容指的是文本。但是我们还应该记住图像、音频和视频也算是内容的类型。这些不同类型的内容可以一起协作去满足某一个需求。

不要混淆某段内容的格式和它的目的。例如大部分网站都会有一个栏目被称为常见问题 FAQs(Frequently Asked Questions)，这是大部分用户所需要的内容。但是，FAQs 这个词仅仅指的是内容的格式，也就是一系列简短的问题和回答，它对于用户而言，其真正的目的是随时为用户提供普遍需要的信息。而内容设计者往往忽略了 FAQs 的目的而过于关注它的格式，因此在这个栏目中设置的问题和答案，有时并不是常见的、用户普遍需求的内容，不能真正满足用户的需要。

内容特性每一个预期的规模，都将对你必须做的用户体验决策产生极大的影响。内容需求应该提供每一个特性规模的大致预估：文本的字数、图像的像素大小、下载的文件字节、类似 PDF 的独立内容元素或类似音频/视频一样的特性。事先知道我们必须考虑的内容元素的大小，能让我们在这个设计过程中做出最明智的决定。

尽可能早地确定某个人来负责每一个内容元素是非常重要的。一旦它被认为对我们的战略目标是有效的，任意一种内容特征听起来不可避免地会被当成一个好主意——只要是别人来负责建设和维护它。如果我们在没有确定谁将负责每一个内容特性需求的情况下，过多地投入到开发流程中去，那么我们最后得到的很可能就是一个千疮百孔的网站，因为那些在假想阶段人人喜欢的特性，将在实际执行的时候变得非常沉重。

3. 确定需求优先级

如果你的网站是为各种用户服务的，那么确定哪些用户会更想要哪种内容特征是非常有益的。尤其是这些用户各有不同需求的时候，知道哪些用户想要什么样的内容，有助于我们在思考如何呈现它们的时候做出更好的决定。例如，为孩子们准备的信息与为他们的父母准备的信息是两种完全不同的方式；而为所有人准备的信息则应该是第三种处理方式。

对于那些已有大量内容的项目而言(而不是那些从零开始建设的内容)，很多关于内容的信息都记录在一个内容清单(content inventory)中。整理一个在现有网站中所有内容的清单确实是一件枯燥无味的事情。但是得到这个清单(它通常采用一种简单的格式，即使是一个非常庞大的电子表格)是很重要的，原因和得到具体需求一样重要：这样团队中的每个人才能确切地知道他们设计用户体验需要做哪些工作。

收集潜在的需求或想法不是很困难。几乎每个经常接触产品的人都能说出一些关于这个产品应该增加哪些特性的想法。最困难的事情是排列出哪些功能应该包含到你现在的这个项目中去。

在战略目标和需求之间，你几乎看不到一对一的简单关联。有时一个需求可以满足多个战略目标。同样，一个战略目标也常常关系到多个不同的需求，如图 3-9 所示。

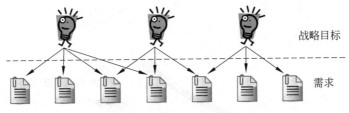

战略目标

需求

图 3-9　战略目标与需求之间的关系

因为这些范围是建立在战略层的基础上的,因此我们就需要去评估这些需求是否能满足我们的战略目标。此外,我们还要确定:实现这些需求的可行性有多大。有些需求由于技术的局限是无法实现的,例如有用户想闻到网页上产品的气味。而还有一些需求则是因为他们需要很多资源,如人力、财力或者时间,而这些超出了我们的能力范围,这些需求通过一些调整,或许还有实现的可能。

因此,确定需求优先级的重要性是显而易见的。常见的确定用户需求优先级的方法有以下几种。

(1) KANO 模型。该模型定义了三个层次的用户需求:基本型需求、期望型需求和兴奋型需求。这三种需求根据绩效指标分类就是基本因素、绩效因素和激励因素。

- 基本型需求:用户认为产品必须有的属性或功能。当其特性不充足(不满足用户需求)时,用户很不满意;当其特性充足(满足用户需求)时,无所谓满意不满意,用户充其量是满意。

- 期望型需求:要求提供的产品或服务比较优秀,但并不是必须的产品属性或服务行为。有些期望型需求连用户都不太清楚,但是他们希望得到的。在市场调查中,用户谈论的通常是期望型需求,期望型需求在产品中实现得越多,用户就越满意;当没有满足这些需求时,用户就不满意。

- 兴奋型需求:要求提供给用户一些完全出乎意料的产品属性或服务行为,使用户产生惊喜。当其特性不充足时,并且是无关紧要的特性,则用户无所谓,当产品提供了这类需求中的服务时,用户就会对产品非常满意,从而提高顾客的忠诚度。

一旦每个需求都得到了明确的分类,就能够在需求收集过程对需求进行优先次序排序,如图 3-10 所示。关于 Kano 模型更详细的内容请参见本书第 6 章。

(2) 层次分析法(Analytic Hierarchy Process,AHP)。在做需求收集时候,利用层次分析法可以从不同的方面(如重要性、风险、成本)等角度去比较每两个用户需求之间的优先顺序。

层次分析法是将与决策总是有关的元素分解成目标、准则、方案等层次,在此基础之上进行定性和定量分析的决策方法。这种方法的特点是在对复杂的决策问题的本质、影响因素及其内在关系等进行深入分析的基础上,利用较少的定量信息使决策的思维过程数学化,从而为多目标、多准则或无结构特性的复杂决策问题提供简便的决策方法,尤其适合于对决策结果难于直接准确计量的场合。

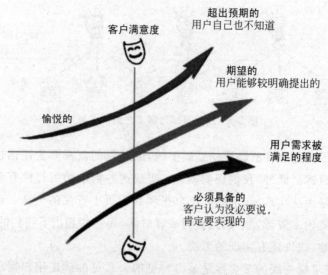

图 3-10　KANO 模型

3.3.3　结构层

在定义用户需求并排列优先级别之后，我们就清楚了最终产品将会包括什么特性。但是，这些需求并没有说明如何将这些分散的片段组成一个整体。因此，我们需要为网站创建一个概念结构，也就是在范围层上构建一个结构层。

在功能型产品一侧，结构层涉及为用户设计结构化体验，我们称之为交互设计。而在信息型产品一侧，这一层主要通过信息架构来构建用户体验。无论交互设计还是信息架构，都需要确定各个方面将要呈现给用户的选项的模式和顺序。交互设计关注于将影响用户执行和完成任务的选项。信息架构则关注如何将信息表达给用户选项。

交互设计和信息架构听起来很神秘，似乎属于高科技的范畴，但这些工作实际上并不完全是技术，它们关心的是理解用户、用户的工作方式和思考方式。将了解到的这些知识加入我们的产品结构中，通过这个方法来帮助我们确保那些必须使用此产品的用户的体验。

1. 交互设计

交互设计关注与描述"可能的用户行为"，同时定义"系统如何配合与响应"这些用户行为。但往往设计者最关心的是：我设计的系统"要做什么"以及"它要怎么做"。这样的结果就是，设计出来的产品是一个在技术上效率很高，但却忽略了什么才是对用户而言最好的系统。所以，与其针对机器的最佳工作方式来设计系统，还不如设计一个对用户而言最好的系统。

交互设计的一个工作是规划概念模型。所谓概念模型，指的是用户对于"交互组件将怎样工作"的观点。例如，"购物车"在电子商务网站概念模型中可以规划成一个"装东西的容器"，也可以是一个"分类订货单"，不同的概念模型会影响它的视觉设计和在界面上使用的语言。规划好概念模型能帮助你做出一致的设计决定。一个概念模型可以反映系统的一个组件或是整个系统。概念模型用于在交互设计的开发过程中保持使用方式的一致性。了解用户对网站模式的想法可以帮助我们挑选出最有效的概念模型。一般来说，使用用户熟悉的概念模型，会让他们很快适应一个不熟悉的网站。在理想情况下，我们不需要告诉用户网站使用的是什么样的概念模型：用户在使用网站的时候，基本上是凭直觉的，因为这个网站的交互行为与他们的期望值完全相符。

交互设计的项目都有很大的部分牵涉如何处理"用户错误"。当人们犯错误时系统要怎么反应，并且当错误第一次发生时，系统要如何防止人们继续犯错？

（1）第一个同时也是最好的防止错误的方法，是将系统设计成不可能犯错的那种。

（2）第二个避免错误的方法就是使错误难以发生。系统应该帮助用户找出错误并且改正它们。

有效的错误信息和设计完善的界面可以在错误发生之后帮助用户纠正。但是一些用户的行为在一开始无法被看成是错误，用户在完成这个动作以后才发现做错了，而此时系统已经无法进行实时纠错了。在这些情况下，系统应该为用户提供从错误中恢复的方式，大家最熟悉的例子就是几乎每个软件都有的"撤销"（Undo）功能。对于那些不可能恢复的错误，提供大量的警告就是系统唯一可给出的预防方法。

2. 信息架构

（1）结构化内容

在以内容为主的网站上，信息架构着重于设计组织分类和导航的结构，从而让用户可以高效、有效地浏览网站的内容。信息架构与信息检索的概念密切相关，即设计出让用户容易找到的信息的系统。与此同样，信息架构也要求创建分类体系，这个分类体系将会对应并符合我们的网站目标、希望满足的用户需求，以及将被合并在网站中的内容。我们可以使用以下两种方式来建立分类体系。

第一种是从上到下的信息架构方法，这种方法将从网站目标与用户需求的理解开始直接进行结构设计。先从最广泛的、满足决策目标的潜在内容与功能开始进行分类，然后再依据逻辑细分出次级分类。这样的主要分类与次级分类的层级结构就像一个个空槽，而内容和功能将按顺序一一填入。

第二种是从下到上的信息架构方法，这种方法也包括了主要分类与次级分类，但它是根据对"内容和功能需求的分析"而来的。先从已有的资料开始，我们把这些资料系统地放到最低级别的分类中，然后再将它们分别归属到高一级的类别，从而逐渐构建出能反映我们的网站目标和用户需求的结构。

这两种方法都有一定局限。从上到下的架构方法有时可能导致内容的重要细节被忽略。另一方面，从下到上的方法有时可能导致架构过于精确地反映了现有的内容，因此不能灵活地容纳未来内容的变动或增加。我们需要在这两种方法之间找到一个平衡点。

（2）结构方法

信息架构的基本单位是节点。节点可以对应任意的信息片段或组合。这些节点可以用许多不同的方式来安排。

层次结构有时也称为树状结构或中心辐射结构，如图 3-11 所示。节点与其他相关节点之间存在父级/子级的关系。子节点代表更狭义的概念，从属于代表着更广

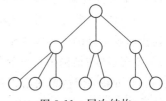

图 3-11　层次结构

义的类别的父节点。

矩阵结构允许用户在节点与节点之间沿着两个或更多"维度"移动。矩阵结构通常能帮助那些"带着不同需求而来的用户"在相同内容中寻找他们想要的东西,因为每一个用户的需求都可以和矩阵中的一个"轴"联系在一起。

自然结构不会遵循任何一致的模式。节点是逐一被连接起来的,同时这种结构没有太强的"分类"的概念。自然结构对于探索一系列关系不明确或一直在演变的主题很合适。但是自然结构没有给用户提供一个清晰的指示,从而让用户不能感觉它们在结构中的哪个部分。

线性结构来自于最熟悉的线下媒体。连贯的语言流程是最基本的信息结构类型,而且处理它的装置早已被深深地赶往我们的大脑中了。在互联网中线性结构经常被用于小规模的结构,比如单篇的文章或单个部分,大部分的线性结构则被用于限制那些所呈现的内容顺序对于符合用户需求非常关键的应用程序,如教学资料。

(3)组织原则

节点在信息架构中是依据组织原则来安置的。基本上,组织原则就是我们决定哪些节点要编成一组,而哪些节点要保持独立标准。不同的组织原则将被应用在不同的区域和网站不同的层面。

一般来说,在网站最高层级使用的组织原则应该紧密地与网站目标和用户需求相关。而在结构中较低的层级,内容与功能需求的考虑将对你所采用的组织原则产生很大影响。

任何一种信息收集都有一个固定的概念性结构。实际上,这种概念结构通常不止一个。我们所面临的不是创建一个结构,而是创建一个能与我们目标和用户需求相对应的、正确的结构。战略告诉我们用户的需求是什么,范围告诉我们什么样的信息将满足那些用户需求。在创建结构时,我们就要具体地识别出用户心目中至关重要的那些信息。成功的用户体验就是能事先知道用户的期望。

3.3.4 框架层

结构层界定了我们的网站将用什么方式来动作,框架层则用于确定用什么样的功能形式来实现。在框架层,我们要更进一步地提炼这些结构,确定很详细的界面外观、导航和信息设计,这能让晦涩的结构变得更实在。

对于功能型产品,我们通过界面设计来确定框架,也就是大家所熟知的按钮、文本框及其他界面控件的安排设计。而导航设计针对信息型产品,用于呈现信息的一种界面形式。信息设计则是功能和信息两方面都必须要做的,它用于呈现有效信息沟通。

(1)如果涉及提供给用户做某些事的能力,则属于界面设计。界面的意思是说,通过它,用户能真正接触到那些在结构层的交互设计中确定的具体功能。

(2)如果是提供用户去某个地方的能力,则是导航设计。信息架构把一个结构应用到我们设定好的内容需求清单之中,而导航设计则是一个能看到那个结构的镜头,通过它,用户可以"在结构中自由穿行"。

(3)如果是传达想法给用户的话,就是信息设计。信息设计跨越了以任务为导向的软件系统和以信息为导向的超文本系统的边界,因为无论是界面设计还是导航设计,都不可能在没有一个良好的信息设计的支持的前提下取得成功。

1. 界面设计

界面设计的工作就是为用户想完成的任务选择正确的界面元素,通过一种能迅速理解和易于使用的方式,把它们放置到页面上去。哪个功能应该在哪些页面上完成是结构层的交互设计的主要工作;这些功能在页面上如何被实现则是界面设计范围内的事情。

成功的界面设计是那些能让用户一眼就看到最重要的东西的界面设计。设计复杂系统的界面所面临的最大挑战之一,是弄清楚用户不需要知道哪些东西,并减少它们的可视性(或者是完全把它们排除出去)。一个良好的界面是要组织好用户最常采用的行为,同时让这引导界面元素用最容易的方式获取和使用。界面设计可以采用各式各样的技巧,让用户完成目标的过程变得容易。

任何时候系统都必须给用户一些信息,来帮助他们有效地使用这些界面,不管是因为他们操作错误还是因为他们第一次使用,这是信息设计的问题。

2. 导航设计

网站的导航设计似乎是一件很简单的工作,就是在每个界面上放置一些允许用户浏览整个网站的链接。但如果没有界面,导航设计的复杂性就显而易见了。任何一个网站的导航设计都必须同时完成以下三个目标。

首先,它必须提供给用户一种在网站间跳转的方法,导航元素必须选择那些能促进用户行为的,这些链接必须是真实有效的。

其次,导航设计必须传达出这些元素和它们所包含内容之间的关系。这些传达出来的信息对于用户理解"哪些选择对他们是有效的"是非常必要的。

最后,导航设计必须传达出它的内容和用户当前浏览页面之间的关系。这些传达出来的信息帮助用户去理解"哪个有效的选择会最好地支持他们的任务或他们想要达到的目标"。

在网站中,清晰地告诉用户"他们在哪儿"以及"他们能去哪儿"非常重要。大多数的网站实际上都会提供一个多重导航系统,第一个在各种情形中都要完成成功引导用户的任务。在实践过程中涌现出了几种常用的导航系统:

(1) 全局导航提供了覆盖整个网站的通路。全局导航提供的是用户最有可能需要从网站的最终页面到其他什么地方的一组关键点,不管你想去哪儿,你都能从全局导航中(最终)到达那儿。

(2) 局部导航提供给用户在这个架构中到附近地点的通路。在一个严格的层次结构中,局部导航可能只提供一个页面的父级、兄弟级和子级通路。

(3) 辅助导航提供了全局导航或局部导航不能快速达到的相关内容的快捷途径。它的好处是允许用户转移他们浏览时的方向,而不需要从头开始,同时仍然能让网站保持一个主要的层级结构。

(4) 上下文导航(也叫内联导航)是嵌入页面自身内容的一种导航,例如,一个在页面文字中的超级链接。所有这些方法都要回到战略层去看一看,对你的用户和他们的需求理解得越准确,你的上下文导航就能设计得越高效。

（5）友好导航提供给用户他们通常不会需要的链接，但它们是作为一种适当的途径来使用的。这种信息并不总是有用的，但是这种信息在他们确实需要的时候就能快速有效地帮助他们，如联系信息、反馈表单和法律声明等。

（6）网站地图就是一种常见的远程导航工具，它给用户一个简明的、单页的网站整体结构的快捷浏览方式。网站地图通常不会显示超过两个层级的导航。

（7）索引表是按字母顺序排列的、链接到相关页面的列表，它与一些书籍最后所给的索引表非常相像。

3. 信息设计

信息设计常常充当一种把各种设计元素聚合到一起的粘合剂的角色，它需要决定如何呈现信息，使人们能很容易作用或理解它们。最关键的是，用一种能反映用户的思路和支持他们的任务和目标的方式来分类和排列这些信息元素。这些元素之间的概念的关系是真正属于微观的信息架构的，当我们必须要在这个页面上传达结构的时候，信息设计就呈现它的作用了。

将信息设计和导航设计结合到一起，有一个重要的功能：支持指示标识，这是用来帮助用户理解他们在哪里以及他们能去哪里的系统。在网站中，指示标识通常会涉及导航设计和信息设计。一个网站的导航系统不仅仅是要提供到网站的不同区域的通路，还必须要成功地传达出这些选项。好的指示标识能使用户很快得到一个有关他们在哪儿和哪条路能使他们离自己的目标更近的心理图像。指示标识的信息设计所涉及的页面元素，并不总是以导航功能来执行的。图标、标签系统和排版是另外的信息设计系统，有时用于帮助用户加强在这里的感觉。

4. 线框图

线框图（wireframe）是框架设计中非常重要的一个工具，它将信息设计、界面设计和导航设计整合在一起。线框图通过安排和选择界面元素来整合界面设计；通过识别和定义核心导航系统来整合导航设计；通过放置和排列信息组成部分的优先级来整合信息设计。通过把这三者放到一个文档中，线框图可以确定一个建立在基本概念结构上的架构，同时指出视觉设计应该前进的方向。

绘制一个线框图是我们在制作一个网站前必须要经历的过程，图 3-12 中是一个手绘线框图草图。线框图能够帮助我们合理地组织并简化内容和元素，是网站内容布局的基本视觉表现方式，是网站开发过程中一个重要的步骤。

使用线框图可以让用户、设计者在初期就可以对网站有个清晰明了的认知；能激发设计师想象力，使其在创作过程中有更多发挥空间；能给开发者提供一个清晰的架构，让他们知道需要编写的功能模块；能让每个页面的跳转关系都变得清晰明了；能够很容易地改变页面布局。

对于一些很小或很简单的网站来说，一个线框图就足够作为所有即将建立的页面的模板。但对于大多数项目来说，无论如何，都需要用多个线框图来传达复杂的预期结果。不过，我们不需要为网站的每一个页面都准备一个线框图。正如结构设计流程允许我们把内容要素总结成各个种类一样，一个数量相对较少的标准页面类型将在绘制线框图的

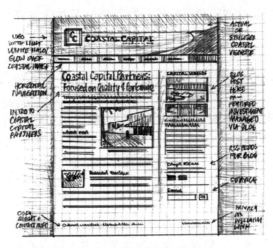

图 3-12　手绘线框图草图

过程中慢慢浮现。

　　线框图在正式建立网站的视觉设计的流程中,是必要的第一步,但是几乎每一个参与这个开发过程的人都会在一些任务点中使用它。负责战略层、范围层和结构层的设计者可以借助线框图来保证最终产品能满足他们的期望。真正负责建设网站的人,则使用线框图来回答关于网站应该如何运作的问题。

3.3.5　表现层

　　在框架层,我们主要解决放置的事情。界面设计考虑可交互元素的布局,导航设计考虑在网站中引导移动的元素的安排,而信息设计则考虑传达给用户的信息要素的排布。在表现层,我们则要解决弥补网站框架层的逻辑排布的视觉呈现问题。代替用"什么具有美感"来评估一个视觉设计方案的是,你应该把注意力集中在它们的动作是否良好上。对于那些在之前的层面就确定的目标,视觉设计给予它们的支持效果如何?网站的外观是破坏了结构,使结构中的各个模块之间的区别变得不清晰、模棱两可了吗?还是强化了结构,使用户可用的选项清楚明了?

　　评估一个页面的视觉设计的简单方法之一,是提出这样的问题:你的视线首先落在什么地方?哪个设计要素在第一时间吸引了用户的注意力?它们对于战略目标来讲是很重要的东西吗?或者用户第一时间注意到的东西与他们的(或你的)目标是背道而驰的吗?

　　如果你的设计是成功的,那么用户的眼睛在页面上移动的轨迹模式应该有两个重要的特点:

　　第一,它们遵循的是一条流畅的路径。如果人们评论一个设计是忙碌或拥挤时,这是真正反映了这个设计没能顺利地引导他们在页面上移动的事实。相反,他们的眼睛在各式各样的元素之间跳来跳去,所有的元素都在试图引起他们的注意。

　　第二,在不需要用太多细节来吓倒用户的前提下,它为用户提供有效选择的、某种可能的引导。就像我们一直在说的那样,这些引导应该支持用户试图去完成他们的目标和任务。也许更重要的是,这些引导不应该分散用户对那些能完成目标的信息或功能的注意力。

用户在页面上的视线移动并不是随机的,它是一种所有人类共有的、对于视觉刺激而产生的、一系列复杂的原始本能反应。我们已经发展出了各种各样的有效的视觉手段,来吸引或分散注意力。

(1)对比和一致性:在视觉设计中,我们用于吸引用户注意的一个主要工具就是对比。把用户的注意力吸引到界面中的关键部分,对比是一个重要的手段,它能帮助用户理解页面导航元素之间的关系。同时,对比还是传达信息设计中的概念群组的主要手段。不管怎样,这些工作的总体策略是,让差异足够清晰,用户要足够分辨出某个设计特意要传达的一些信息。

在设计中保持一致性是另一个重要的组成部分,它能使你的设计有效地传达信息,而不会导致用户迷惑或焦虑。一致性在视觉设计的许多不同方面都会起到作用。将视觉元素的大小保持一致的尺寸,这可以使你在需要的时候把它们更容易地重新组合成一个新的设计。

(2)内部和外部的一致性:解决内部一致性问题的好办法,是建立在对网站框架的深刻理解上的。确定可能在网站的各种各样的界面、导航和信息设计等不同的环境中反复出现的设计元素。与其一次又一次地设计同样的元素,我们不如试着独立地设计一次,然后将这个设计方案应用到整个网站中去。最好的办法是把每一个元素都独立出来,设计好它们,在不同环境中应用它们,然后在需要的时候再调整。

即使大多数的设计元素被相对独立地设计出来,它们最终还是要放到一起的。一个成功的设计不仅仅是收集小巧的、精心设计的东西,相反,这些东西应该能形成一个系统,作为一个有凝聚力、连贯的整体来使用。

(3)配色方案和字体选择:色彩可能是向外界传递品牌识别的一个最有效的方法。核心的品牌色彩通常是一个更广泛的配色方案的一部分,这套配色方案是要在一个企业的所有材料中得到应用的。一个企业的标准配色方案中所使用的色彩,是为了它们在一起工作而专门挑选出来的,它们之间是互补而不冲突的。

一套配色方案应该能整合其中的色彩,以便能将它们应用到一个广泛的范围之中。在大多数情况下,更亮或更醒目的色彩可以用于设计前景色,用到那些希望得到更多注意的元素中。更暗淡的色彩最好用于那些不需要跳出页面的背景元素中。

如何选用字体或字型,用于创建一种特殊的视觉样式,对于品牌识别非常重要。许多企业,包括苹果电脑、大众汽车等都设计了特殊的字型来专门供自己使用,这在他们的品牌传达中创建了强烈的印象。即便不创建选用特殊的字型,字体选择仍然可以用来有效传达形象。如图3-13所示,苹果公司选用一致的字体来传达统一的品牌形象。

对于网站上的正文,一般都会占据较大区域并被用户长时间注视,因此,字型选择越简单越好。大片由华丽的字体组成的文本,会让用户的眼睛快速疲劳。而在较大的文本元素或者类似在导航元素中看到的短标签,则可以选用稍具个性的字体。

有效使用字体的原则就是不要使用非常相似但又不完全相同的风格。只有在需要传达不同的信息时才使用不同的风格。风格之间要有足够的对比才能在你需要的时候吸引

图 3-13　苹果公司在所有地方都使用一致的字体,来传达一个统一的品牌形象

用户的注意,但是不要使用过于广泛和多样的风格。

3.4　拓展阅读

淘宝 UED 的设计流程[①]

Step 1:原型(prototype)

设计的第一个阶段,我们称为原型设计,主要是设计产品的功能、用户流程、信息架构、交互细节、页面元素等。如果你觉得听上去这些概念都比较悬的话,我就用大白话来说:原型设计,就是完全不管产品长得好不好看,只把它要做的事情和怎么做这些事情想清楚,把它怎么和用户交互想清楚,而且把所有这些都画出来,让人可以直观地看到。

至于怎么画出来,那就随你了。用纸笔画,用白板水笔画,用 Photoshop 画,用 Visio 画,或者像我们一样用 Axure 画,都可以。只要把上面提到的这些都事无巨细地表达出来。

在原型的交付物(delivery,也就是某个阶段的产出物)中,最重要也最常见的就是线框图(wire frame),这玩意儿不用多解释了,看图 3-14 就明白。

在画线框图的时候,要把握好细节的刻画程度。有些东西只要画个框就行了,而有些东西需要把文案都设计好。以免你的老板或是需求方揪住诸如角落里的广告 banner 该

---

① 来源:淘宝用户体验设计部网站 http://ued.taobao.com。

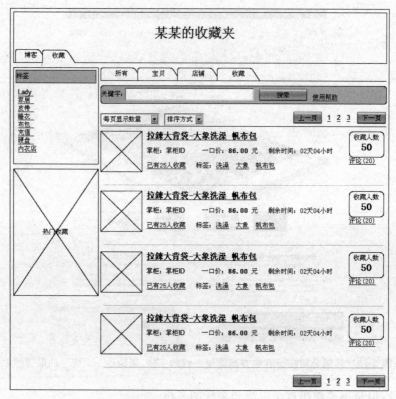

图 3-14　线框图

有多大的问题与你纠缠不休,而忽视了最重要的页面主体部分。

此外,还要牢记:原型就是用来让人改的。它存在的价值就体现在被修改了几次,被更新了几次,以及它的下一步被少改了几次。

Step 2:模型(mock-up)

在原型被大家接受之后,就该关心产品长得好不好看了。我们以"模型"这个词来统称该步骤的交付物。和原型相比,它关注于产品的视觉设计,包括色彩、风格、图标、插图等。

要清楚的是,这不是一步由"美工"来"美化"的工作。视觉设计师需要对原型设计有深刻的理解,对交互设计和尚未进行的 HTML/CSS/JS 的代码都要有充分的了解。如果不能从全局的角度来做视觉设计,则只能是把水晶效果改成金属效果这样的"自娱自乐",而对产品本身没有任何有价值的帮助。如果原型说:"在这个页面上,A 比 B 重要。"那他的脑子里就要有十七八种可以表现"A 比 B 重要"的视觉语言可供选择。这是对设计模型的视觉设计师的基本要求。

更高一些的要求,才是视觉设计的原始功能。"倒底是选水晶效果还是金属效果?","这个按钮选什么颜色好?"等。这一类的思考和选择,应着眼于产品的气质、品牌等,在各种产品间保持一定的统一,在用户心里打下视觉的烙印。其实要做到这一点是很难的,特别是还要满足上一点的要求。一般来说,如果能 90％地把交互设计的成果和品牌形象表达出来,已经是很好的结果了。从我自己来说,就常常很郁闷不能用好的视觉语言来表达自己在原型设计中的想法,总是做完模型就打个七折。

更更高的要求,有些问题用交互设计是很难解决的,这时就需要一个有创造能力的视觉师,可以从视觉设计的角度来创造性地解决问题。

总的来说,模型设计是件非常困难的事情。它的工具是感性的,但设计过程又要求非常理性,必须在各种约束条件中解决问题。而目前能从较高的角度来来看视觉设计的人还不多,大多还停留在效果、风格等表面议题上。个人以为在 Web 标准和用户体验之后,视觉设计是 Web 设计专业化运动的第三波,市场的需求已经存在,只差有人推动一下。

模型的设计一般来说都用 Photoshop,图 3-15 是个例子(与原型的例子对应)。

图 3-15　用 Photoshop 绘制模型

Step 3:演示版(demo)

演示版就是按照原型和模型用 xHTML/CSS/JavaScript 等前端技术实现出来,以便后端的开发工程师可以接手编码。这个过程比较复杂,这里只提一点,前端开发在有些公司是不放在设计团队的,而我们认为前端开发从很大程度上来说是对用户体验的提升和保证,开发只是它的一个手段和形式。所以就把这块工作一直留在我们团队,现在看起来这样很棒。

Step 0.5/1.5/2.5/3.5

居然还有半个半个的步骤?是的,这是我们的用户研究过程。在各个阶段的前后,我们会根据具体情况选择是否投入精力到用户研究上。用户研究的形式也很自由:给会员打个电话,淘宝旺旺上随便找人聊聊,到公司来做可用性测试,到会员家中访谈⋯⋯怎么方便怎么实用就怎么做。我们还没有精力放在太多的"学术"性质的理论研究上,对研究方法也是不拘一格,"能抓老鼠"就行。关键的关键,研究的结果如何表现到产品上,如何吸收单个用户的意见来服务所有用户。

在这一点上,我们做得还很不够,积累也很薄,需要向同行们多多学习,也请大家多多指点。

最后⋯⋯

关于流程,要注意:

设计流程的目标,在于保证"无论谁来做这个产品的设计,都能达到 80 分";

100 分的完美作品,很有可能没有遵循流程,而是天才地融合了创新、传承和执行力的作品;

"流程"这种东西,只有与环境相匹配才能带来正面的作用。

以上是我们 UED 团队目前的设计流程,也许你也发现了,它和大多数公司的设计流程是差不多的。我们也在不断地修改和发展这个体系,有不足的地方也请大家多指教。如果你借鉴了我们的流程,在工作中发现有什么问题,也请回来告诉我们,谢谢大家!

本 章 小 结

用户体验是一种主观的在用户使用一款产品或服务的过程中建立起来的心理感受。用户体验设计过程中主要包含三类工作:

(1)信息架构:针对产品试图传达的信息而创建基本组织系统的过程。

(2)交互设计:向用户呈现组织系统结构的方式。

(3)形象设计:彰显产品的个性和吸引力。

用户体验的整个开发流程要考虑到用户有可能采取的每一个行动的每一种可能性,并且去理解在这个过程的每一个步骤中用户的期望值。我们一般把设计用户体验的工作分解成几个组成要素,以帮助我们更好地了解整个问题。

用户体验的要素模型包括战略、范围、结构、框架和表现 5 个层面,每一层我们要处理的问题既有抽象的,也有具体的。每个层面都是建立在其下面的层面之上的。表现层由框架层决定,框架层由结构层决定,结构层建立在范围层的基础上,范围层则是根据战略层来制定的。层次之间这样的依赖性,意味着在战略层上的决定将具有某种自下而上的连锁效应,也就是说,每一层中我们可用的选择,都受到其下层面中所作决定的约束。

在最上端的表现层,我们看到的是一系列的网页,这些网页由图片、文字以及音乐等多媒体元素构成。

在表现层下面的是框架层,框架层利用按钮、控件、照片以及文本区域位置等元素来优化网站的设计布局,使这些元素的使用达到最大化的效果和效率,确定很详细的界面外观、导航和信息设计。

在框架层下面的是结构层,框架是结构的具体表现方式。框架层设定网页上交互元素的位置,而结构层则用来设计用户如何到达某个页面,以及访问结束后能去哪里。

在结构层下面的是范围层,结构层确定网站各种特性和功能最合适的组织方式,而所有这些特性和功能就构成了网站的范围层。

在最底层的是战略层,成功的用户体验,其基础是一个被明确表达的战略。网站的范围基本上是由网站的战略决定的。这些战略不仅仅包括网站经营者想从网站得到什么,还包括用户想从网站得到什么。

实 践 任 务

阅读拓展阅读部分内容,结合本章用户体验要素的知识,选择一个你熟悉的网站,从用户体验要素模型的 5 个层面对其进行分析,并尝试按照用户体验要素模型的方法规划设计一个网站项目。

思 考 题

1. 什么是用户体验,用户体验有什么重要的意义?
2. 用户体验设计包含哪些工作?
3. 什么是用户体验的要素模型?
4. 在实践中如何应用用户体验的要素?

参 考 文 献

[1] Mike Kuniavsky(美)著,汤海译. 用户体验面面观——方法、工具与实践. 北京:清华大学出版社,2010 年 5 月.

[2] Jesse James Garrett (美)著,范晓燕译. 用户体验要素——以用户为中心的产品设计. 北京:机械工业出版社,2011 年 10 月.

[3] http://ued.taobao.com.

第 4 章　用户体验与产品设计

学习目标

1. 了解心流理论在用户体验设计中的应用；
2. 掌握互联网产品设计中的用户体验设计原则与工具；
3. 掌握用户体验与产品的交互设计、前端优化设计的关系。

案例 1　心流理论与心理学家齐客森米哈里

我们使用软件或网站，这一切活动事实上都是在围绕着一个东西——信息。扩展开来，我们的一切活动都是在围绕着信息进行交互。所有的这些信息都能产生一些影响，但同时也带来新的挑战。我们为了处理信息，其实一直在消耗我们的注意力。当注意力成了一种稀缺资源后，我们该认真地对待它，善用它。这是信息架构师和交互设计师的责任。

心理学家齐客森米哈里(Mihaly Csikszentmihalyi)将这种关注的注意力称为"精神能量"(psychic energy)。就像我们日常生活中的能量一样，没有能量就没法工作，每次工作就会消耗能量。我们都应该有过这样的体验：有段时间，我们会全身心地投入到某种事情中，将我们的注意力完全集中在这件事情上，即所谓的废寝忘食。齐客森米哈里把这个状态称为"心流"(flow)。心流是忘我、忘记时间、忘记其他所有不相关的东西，完全沉浸在某项事物或情境中。就像是自己极端地专注于做某件喜欢的事，完全没有因为迷惑、重复、繁杂的任务而引起的烦躁或无聊。

为心流设计而设计，就是去考虑每一步交互后应该出现的结果，然后，去掉那些影响用户达到这个预期结果的所有阻碍。去除噪声，去除无用的东西，提高信噪比。

从别除分散注意力和阻碍交互的元素开始。无论是现实产品还是互动产品，这都需要我们减少或者消灭那些造成类似心理沮丧或生理不适反应的元素。这些该消灭的元素分为：外在的，如环境因素等；内在的，如痛苦、不适、焦虑等两方面。情感是需要用户集中其注意力才能加以体会的。为所有用户行为提供即时反馈够减少用户的焦虑感。有效地使用布局、信息设计、排版、交互设计和信息架构可以平衡挑战感和用户的技能等级。

心流的产生与任务的挑战感和用户的技能等级有关。挑战感指的是某个交互行为中，用户的目标对用户产生的挑战难易度的感知。例如，我们所说的某事情很有挑战，就是指这件事对我们来说感觉到了高挑战感。技能等级描述的是用户在进行交互过程中的技能水平，也就是完成某事的能力。

图 4-1 中根据了各种不同的挑战感和技能水平高低分出了 8 个区，分别是心流、控制、放松、无聊、冷漠、忧虑、焦虑和激励。

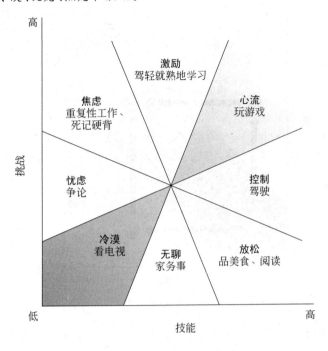

图 4-1　技能与挑战的心流

- 心流：当用户在完成交互行为时需要高技能水平，并且感知到高挑战，且三者达到某种平衡时就会有心流的体验产生。最生动的例子莫过于玩游戏。任何游戏一定会提供一定的难度给玩家，并常常伴有过关等设计来让玩家感知挑战。
- 控制：在驾车的时候，是需要较高技能的，但是挑战感并不强，这时，能够感觉的就是控制感。当然，提高挑战感，例如赛车，能让某些人着迷，从图 4-1 可以看出原因，因为他们进入了心流状态。
- 放松：放松性的阅读和品美食就属于高技能和低挑战。
- 无聊：做家务，需要有一定的技能水平，但是不能让人感觉到挑战，所以做家务是一件很无聊的事情。
- 冷漠：当交互行为的技巧低而面对的挑战也低的时候，就无法产生持续上升的心流。这种情况下是一种冷漠。例如看电视，我们沉浸于其中，但事实上整个身体、心理并没有很激动地参与，而表现出了冷漠、无感情。
- 忧虑：在不包含太多逻辑的争论的过程中（当然不是参加辩论赛），有一定的挑战却没有要求很高的技能，表现出的就是忧虑的情感。
- 焦虑：在做一些重复性的工作，例如死记硬背文章的时候，由于技能水平低却要完成高挑战的任务，就会出现焦虑。
- 激励：当工作技能提升或者学习水平提高等，有一定的驾轻就熟之感，这时，工作和学习就有一种激励的感觉。

图 4-2 是描述了心流通道的概念。

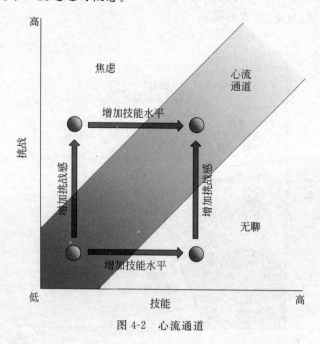

图 4-2　心流通道

　　这张图相对于图 4-1 来说是个理想化的图示。左上角区域挑战感高,技能水平低,表示的是焦虑;右下角区域挑战感低,技能水平高,表示的是无聊。我们在该图中可以看出随着我们面对的挑战越来越难,我们会越来越感觉到焦虑并且失去心流(到达左上角的点)。这时,如果我们增加自身的合适于挑战感的技能水平,我们就会重新进入心流状态。同样,我们如果增加自身的技能水平却获得不了更高的挑战感,那么我们就会感到无聊(到达右下角的点)。

4.1　用户体验设计与心流理论

　　用户体验设计,本质上是使产品符合用户的心理模型和行为习惯,满足用户的需求与期望,以实现良好的用户体验。

　　所谓产品设计,尤其是互联网产品的设计,本质是设计一套能影响、控制甚至操纵用户的机制,可以潜移默化地改变用户的心理与行为。

　　用户体验设计本质上是工业心理学的一个分支,设计人机交互如何自然地学习使用者的心理。本节介绍的心流理论就是从心理学的角度给用户体验设计一些具体的指引。

4.1.1　心流体验与设计

　　心流体验(flow experience)是消费体验理论中引用最多的概念之一。Mihaly Csikszentmihalyi,芝加哥大学教授、前心理学系主任,“心流”(Flow)理论的创始人。他将心流体验定义为个体完全投入某种活动的整体感觉,当个体处于心流体验状态时,他们完全被所做的事深深吸引,心情非常愉快并且感觉时间过得很快。

根据技巧和挑战两个细分变量对体验进行区分,而心流体验具有最丰富的心灵能量,发生在技巧及挑战都最高的时候。心流体验是最佳体验,也是最值得的体验。当人们在进行活动时,如果完全地投入到情境当中,集中注意力,并且过滤掉所有不相关的知觉,即是进入一种心流的状态。心流是一种暂时性的、主观的体验,也是人们为什么愿意继续再从事某种活动,如持续玩网络游戏的原因。

心流体验有 9 个特征:清晰的目标、即时反应、技能与挑战相匹配、行动与知觉的融合、专注于所做的事情、潜在的控制感、失去自我意识、时间感的变化和自身有目的的体验。

依据心流体验产生的过程可将这 9 个特征归纳为三类因素:

- 条件因素,包括个体感知的清晰目标、即时反应、挑战与技能匹配,只有具备了这三个条件,才会激发心流体验的产生;
- 体验因素,即个体处于心流体验状态时的感觉,包括行动与知觉的融合、注意力集中和潜在的控制感;
- 结果因素,即个体处于心流体验时内心体验的结果,包括失去自我意识、时间失真和体验本身的目的性。

"心流"是我们感受到能力可以应对挑战时,身心积极的、意识高度享受的状态。当我们的目标清晰、能力可以胜任挑战,反馈是直接的——我们将全身心投入其中。

特别专注时人们会忘记自己的感受,时间会扭曲。这种感受有自成目的或固有回报;我们为其自身原因而动作。体验过"流"的人们反映出同样的 9 个维度:

- 明确目标;
- 明确、即时的反馈;
- 满足挑战的技能;
- 合并(分类)行为和认知;
- 有限刺激范围的关注中心;
- 对潜在操作的预计感知;
- 为失败而难为情;
- 对时间的不同感受;
- 自成目的感受。

心流决定于对自己能力以及即将到来挑战的认知。我们会"一时感到焦虑,接下来感到无聊,立马进入一个心流中"。你能想象,随着我们技能级别的提升,我们一定会承担更高难度的挑战,去达到心流状态。心流激发用户挑战自我和网站。人们倾向于重复喜欢的活动,心流类似达尔文自然进化论,逐渐改变社会。这也是为什么人们倾向于回到他们喜欢的网站。

速度和操作在网上交互时形成心流的重要组成部分。1996 年,Hoffman 和 Novak 将心流理论应用于网络产品的用户体验设计。根据 Hoffman 和 Novak 的定义,网上心流由以下体验组成:①技能和操作的高标准,②高难度挑战和激励,③专注,④交互和远程操控的加强,其中远程操控是网络环境的独特方面,此处让用户感受自身是活动的一部分。

网上心流有下列益处：

- 增强学习性；
- 探索性和正面行为；
- 积极的主观经验；
- 对交互的控制能掌握。

心流在基本环境设置下发生。只要设计让用户在产品中漫游的行为合乎逻辑、反应快速、即时反馈、很少干扰，能力能够应对挑战，用户就会体验心流。能让用户形成心流的网站一般具有下列特征。

- 速度——交互速度是用户满意度中标志性要素。让页面读取快速，并将可变性最小化，特别小心地避免页面读取后的迟钝反应。
- 反馈——提供快速、明确的反馈，在用户输入及以下情况提供反馈：
  - 链接（包括"悬停"、"访问过"和"有效"几种类型）；
  - 导航组件（菜单等）；
  - 显示性能变化（服务器读取，缓存状态，页面/文件大小，下载进度条）。
- 清楚的导航——包括指示牌——比如网站地图、面包屑导航，以及"you are here"标示——帮助用户发现路径，方便用户形成对网站的心理模型。
- 符合技能挑战——提供可适应/可调整的界面，环境复杂度对用户技术等级的要求控制在用户能力范围内。起始要简单，但在用户有经验后慢慢提供更复杂的挑战。
- 简单——整齐的布局，最小的元素可以减少注意力负担。
- 重要性——将你提供的东西重点显示并通过专业的设计、特征用户评价和外部口碑等提升口碑。
- 设计要有趣且有用——提供足够丰富的反馈体验，外加工具帮助用户快速简单达到目标。
- 避免尖端技术——尖端技术阻碍用户达到目标。研究表明用户不需要它，用户只需要他们的信息。
- 最小化动画效果——干扰用户，因为用户注意力常常很有限。

使心流发生的活动有以下特征：

- 我们倾向去从事的活动；
- 我们会专注一致的活动；
- 有清楚目标的活动；
- 有立即回馈的活动；
- 我们对这项活动有主控感；
- 在从事活动时我们的忧虑感消失；
- 主观的时间感改变，例如可以从事很长的时间而不感觉时间的消逝。

以上项目不必同时全部存在才能使心流产生。

Csikszentmihalyi 提出一些方式使得在一起工作的一群人中的每个个体都能达到心流的状态。这种工作群体的特征包括：

- 创意的空间排列。
- 游戏场的设计。
- 平行而有组织的聚焦。
- 目标群组聚焦。
- 现存某项工作的改善(原型化)。
- 以视觉化增进效能。
- 参与者的差别是随机的。

一个好的用户体验产品,必定会使用户产生心流,一个产品的用户体验值越高,用户产生的心流就越高,因此用户会持续努力以继续求得这种感受,就产生对产品巨大的依赖度和粘性,产品的用户体验就必然取得巨大的成功。

有4条相对重要的原则,可以帮助设计师培养用户的心流体验。

1. 详设定清晰目标

第一步就是为用户设定清晰的目标,设定清晰目标意思是告诉用户产品能够完成什么事。市场部分的描述实际上比大部分设计师所想的要重要得多,比如说37signals对Campfire的描述:"类似于IM,它为团队使用提供了便利的功能,尤其能够帮助远程协作的团队。"这样的描述能够让访客一下子明白产品的特色。又如37signals的另一个产品Backpack,它提供了一系列的使用实例,可以帮助用户了解和熟悉具体的应用,比如计划和组织信息。

2. 提供即时反馈

一旦用户知道他们能够做什么,能够完成什么任务,他们会马上希望实现。怎么实现?网站必须一步步引导用户,让用户能够感觉到目标的完成程度,以及能感觉到离目标还有多远。比如Wufoo是一个在线表单制作网站,它给用户提供了类似于下一步、下一步的操作方式,并且能够给出实时的预览,减少了用户在使用过程中的焦虑感。又如Flickr的基于Flash的图片上传,可以让用户看到每张图片的上传过程。

3. 最大化效率

一旦用户由初级用户升级到中级、专家用户,他们会希望能够更有效地使用产品。比如Google Reader就具有不少这方面的特性,最佳的例子就是"无止境地往下滚动",没有翻页。还有就是对文章的E-mail分享,利用Ajax技术完成,非常高效,不用离开当前页面。Google通过减少用户行为的心理负担,来降低心流状态被打断的几率。

Backpack也有一项非常出色的地方,在提醒那里,用户不需要去选择"年月日分秒",而是"今天晚些时候"、"两周内"之类的选项。Backpack让这些细节部分更符合用户的心智模型,而不是去考虑程序如何实现、数据如何存储到数据库中之类的问题。

4. 允许发现

当用户开始以最高效率工作的时候,他们的参与感会降低,枯燥感会上升。为了避免这些情况,就需要藏匿一些内容、功能、特性,等待他们去发现。让用户能够有继续学习、提高的可能性,让他们知道总有新的东西。

无论如何分配页面权重,确保你拥有满意、重复访问的在线顾客,设计要基于速度、反馈和流程。提供一贯快速读取的网站，并提供明确的反馈将提供让人无法拒绝的在线体验。

通过提供符合他们能力的挑战，提供给用户可感知的控制。使用简单的布局，最少化干扰项，提供有趣的内容，让导航和页面效果清晰可见。

快乐的用户是不断重复访问并购买产品和服务的忠诚用户。

4.1.2 用户体验的经验设计

可用性较高的产品并不一定带来好的用户体验，而用户体验好的产品也可能具有不良的可用性设计。例如，高速公路又直又宽，具有很高的可用性，但是在上面驾驶却十分乏味；而盘山公路曲折狭窄，也不安全，可用性较差，但是司机开在其中却别有一番乐趣。

这种看似无准则、无定论的关系，也引发了不少设计过程中的争端。不同部门、不同专业背景、不同性别甚至不同心情的参与者都试图按照自己的逻辑为用户创造最好的体验。

1. 忘掉"三次点击"法则

"三次点击"法则（Three-Click Rule）有助于建立更直观、更富逻辑的网站结构。从逻辑上说这无可厚非，用户为了查找自己需要的信息而不停重复点击动作，的确会产生挫败感。但是为什么一定是三次？用户在进行了三次点击后会突然放弃自己要查找的东西吗？

有研究报告证实，用户并不会因为点击次数达到三次或者更多就会放弃查找。几乎没有几个人在点击三次后就选择放弃，所以不要为了某些数字而故意减少用户需要点击的次数，实用程度才是关键。如果可以创建一个简洁实用的界面，但是需要通过多次点击才可以实现，就不要受到"三次点击"法则的影响。

2. F型结构更便于浏览

可用性研究领域专家对 230 多名参与者进行了一项眼动实验，结果表明参与者在浏览网页内容时呈现出 F 形的浏览趋势。

类似的研究表明，50 个参与者浏览 Google 搜索结果页时，眼动实验结果也显示类似的形状。Google 搜索结果页的"金三角"现象正是由于用户视线从上至下、从左至右移动，浏览范围整体呈 F 状。

因此，对于网页架构师和设计师来说，应该将更希望让用户看到的信息安排在页面左侧，并采用符合 F 形的内容结构，如标题下紧跟段落或项目符号，以增加快速浏览型用户看到这些内容的可能性。

3. 别让用户等待

用户是缺乏耐性的，他们讨厌等待。这是非常简单的逻辑，没有人喜欢漫无目的地等待。但是是否有一些依据证明页面加载速度会对网站用户造成影响呢？

专家对页面加载速度和各种表现指标（如访客满意度、平均每位访问者带来的收入、点击速度等）之间是否有联系进行了研究。结果表明，页面反应速度每延长约 2 秒，将导致访问者满意度降低约 3.8%，每位访问者带来的收入平均减少 4.3%，点击率降低 4.3%。

事实证明,访问者的确是没有耐心的。过长的等待时间会降低他们的满意度,降低他们点击网页的可能性。如果非常在意搜索引擎的排名,那么页面访问速度就变得至关重要。

4.让网页内容更易读

大多数互联网用户并不会"真的阅读"在线内容,分析表明,读者只阅读某个网页上约28％的内容。网页上内容越多,读者阅读的内容就会越少。

要想增加读者最大程度看完你的页面内容的可能,可以使用一些让内容更易读的技巧,像使用高亮显示、标题、短段落、列表等。

5.不要担心 fold 和垂直滚动条

above the fold 是一个来自报纸版面的术语,指报纸版面上第一版折叠线以上的部分,通常都是头版头条。在 Web 领域,一般是指页面第一屏所能显示、不需要向下滚动的那部分内容区域。

有一种说法是要把所有重要的内容放在"首屏"显示,让读者不滑动鼠标或滚动条就可以看到网站内容。长页面就不受欢迎吗?用户真的不会阅读首屏以下的内容么?我们是不是要将所有信息都堆砌在页面顶端呢?

根据网络分析公司 Clicktable 的研究,在可以使用滑块的情况下,用户自然地在页面上做很长的滚动来寻找内容,页面的长度不会影响用户查看首屏下方的内容。有研究指出,很少的首屏内容甚至有助于促进用户浏览 fold 以下的内容。

由此我们得出的重要结论是,并不一定要把所有的重要内容集中在页首,运用视觉原理和设计技巧去排布多样的页面内容,如良好地利用空白和图片能促进用户浏览更多的内容。一个适合快速扫视的第一屏页面其实更能有效地展示品牌。

6.把重要信息安排在网页左侧

如果某种语言的阅读、书写顺序都是从左向右的,那么这种语言文化下培养出的人也会习惯于从左向右看网页。眼动实验显示,超过 69％的时间里视线都停留在页面左侧,所以这么多网页设计师把设计重点分布在网页左侧不是没有道理的。

在阅读、书写顺序从右至左的语言环境中,例如希伯来语和阿拉伯语,研究结果恰恰相反,人们会更关注页面的右侧。眼动实验表明了这样的规律,人们更倾向将阅读重点放在所用语言的阅读顺序的起点侧。

7.文本的空白区会影响阅读效果

文字的易读性可以提高用户对内容的理解力和阅读速度,也降低跳出率,增大了用户继续阅读的可能。有很多因素可以改善易读性,包括字体、字号、行高、前景色、背景色以及字间距等。

一份关于内容易读性的报告,对 20 名参与者进行了阅读表现测试,这些参与者被要求阅读段落相同但页边空白、行间距不同的材料。测试结果表明,阅读没有页边空白的材料时,阅读速度更快,但对内容的理解力会下降。没有页边空白的内容会加快阅读速度,这是因为文字和段落更加紧凑,节省了视线在行与行、段落与段落之间移动的时间。

这份特别的研究表明,我们对网站内容的排版会对用户体验产生极大影响。颜色、行间距、段落分布等细节都会影响到读者的阅读感受。

8. 小细节、大差异

在完成一个网站设计的时候，会更关注整体布局而忽略了细节。本来整体布局中已经有很多需要考虑的元素，那些细枝末节就更容易被忽略。如果时间或资源受限，我们会用文字表述或者简单的一个按钮来取代所有的想法。

然而，一些像按钮样式等微小的地方有可能会影响一个网站的成败。用户界面设计专家曾描述了一个细节制胜的经历：移动一个按钮并添加一个清晰的错误提示来优化结账流程，结果购置商品的顾客数上升了 45%，在第一个月就增加了 1500 万美元的额外销售额，在第一年全部网站获得了额外 3 亿美元的交易额。

网站细节也很重要，通过修改错误页使之包含有用的帮助文本，可以使购买完成率提高 0.5%。由此推断，对于一些特定的网站可能意味着每年 25 万英镑的额外收入增长。做到这一点也出人意料的简单：一个礼貌的提示信息替换掉一个莫名其妙的 404 错误而已。

9. 搜索同糟糕的导航一样不可靠

互联网用户希望他们访问的网站都有结构鲜明且易用的导航栏。即使网站上搜索框功能再强大，访问者仍然会先尝试在导航栏查找自己需要的信息。要在网站上进行某项操作时，超过 70% 的参与者会从点击页面上某个链接开始，而不是使用搜索功能。

User Interface Engineering 进行的一项追踪 30 个用户的测试也得到了类似结论：访问者通常只在无法通过点击页面链接找到满意内容时，才会使用搜索功能。

因此不要以为好的站内搜索功能可以弥补网站糟糕的内容、结构。导航、页面架构以及内容组织应该是首先需要改善的，其次才是搜索功能。

10. 主页没有想象中那么重要

用户在主页上长时间停留的可能性很小。搜索引擎是个主要原因，因为搜索结果可以链接到网站上的任何页面。而来自其他网站的链接，也不是仅仅指向主页。

根据 Gerry McGovern 的一项分析，由首页转化而来的页面浏览量在明显降低。根据他对某个大型搜索网站的调查，2003 年网站主页的页面访问量占 39%，而到了 2010 年这一数值下降到了 2%。而他研究的另一个网站，首页带来的页面浏览量仅两年的时间就从 2008 年的 10% 降到 2010 年的 5%。

Gerry McGovern 的研究表明如今的访问量越来越多地来自外部资源，如搜索引擎、社会化媒体网站、新闻聚合网站以及订阅器等。因此内部页面的内容、设计、排版远比登录页和主页上的优化更加重要。

4.2　用户体验与情感化设计

4.2.1　产品设计的三种水平

产品设计有三种水平：本能水平的设计、行为水平的设计和反思水平的设计。

本能水平的设计主要涉及产品外形的初始效果；行为水平的设计主要关于用户使用

产品的所有经验;反思设计主要包括产品给人的感觉,它描述了一个什么形象,它告诉其他人它的拥有者是什么品位。设计者在设计新的产品时,应综合考虑设计的这三种水平,创作出既美观易用又富有个性的产品。

结合上述的这三种设计水平,我们看看下面的例子。

当刷完油漆后,用户也许会有找不到合适的地方放置油漆刷的痛苦,图4-3的设计巧妙地满足了人们的情感化需求,设计出的油漆刷符合人们的情感需求。

图4-3 便于放置的油漆刷——把柄的卡口设计

好的产品设计,既能满足人们日常生活需要,也能更进一步提升产品空间,图4-4的螺丝刀把柄设计让用户更加省力,设计师巧妙地发现人们的情感需求,对产品加以改进和创新。

在使用水龙头的过程中,本能水平设计会从水龙头的材质、质感、造型方面考虑用户的喜好。行为水平设计会收集到用户使用水龙头时的各种需求,如水温,有需求用凉水和热水两种状况等。反思水平设计则考虑到水龙头放热水会烫伤用户,那么针对产品设计一个图4-5所示的温度计,这样就不会造成烫伤。

图4-4 可横转把柄的螺丝刀,便于杠杆用力

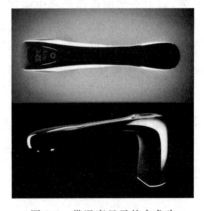

图4-5 带温度显示的水龙头

4.2.2 互联网产品设计的三层次

在互联网产品设计中本能水平的设计就是给人带来的感官刺激的层次,一般指用户界面、专题、视觉等前端设计对用户的刺激(前端设计参阅4.4节)。

以百度娱乐沸点专题为例(如图4-6所示),红色对用户视觉上的刺激、豪华感、年度盘点、娱乐等元素将活动表达得淋漓尽致。

互联网产品的行为层水平设计,就是在用户到达了设计的网站或产品后,如何去使用、如何去交互、如何去玩或用工具去工作。

互联网产品反思层水平设计,就是要让用户在互联网产品使用的过程中能够"触景生

图 4-6　百度娱乐沸点专题

情"，用户在一个互联网产品中能获得新的认识，基于对产品理念的认可，能够自觉地总结与反省，自主地帮助传播产品中的理念。例如有用户高度认同苹果的设计理念，有用户高度认同谷歌的技术理念，有用户高度认同阿里巴巴和淘宝的网商文化理念与新商业文明理念，有用户非常认可豆瓣社区分享阅读与影评的分享文化，微博中的言论平等的理念、围观改变现实的理念，倡导真实言论自觉地抵制谣言的理念和产品内设的审核机制，常常有资深用户去自觉地加以总结，并传播推广。

4.2.3　互联网产品的情感化设计

根据产品设计的不同层次对应产品设计的不同环境，互联网产品情感化设计的着力点也有所差异。

对互联网产品本能层次的设计，主要针对产品的界面与外表，情感化设计主要包括产品的色调设计和产品的轻重感设计。

色调指由色相、明度、纯度、冷暖度形成的总体倾向，通过色调的设计使产品给用户的印象与产品的定位相符。例如，旅行网站一般用绿色调（或蓝色调），使设计清爽、开阔，让人看了就有想到外面走一走的冲动；在线客服产品应该用暖色调使设计柔和亲切，让用户更愿意交流；美食网站应该主用黄色调点缀些绿色调，显得美味健康。

产品的轻重感主要指通过产品的颜色、形状及功能的组织方式给用户形成的轻重印象。

产品的信息内容也能让用户产生不同的情感。这里的信息内容不是指信息架构，而是指对信息内容的提供和会话信息的设计给用户关怀。

这里的"信息内容的提供"也不是指产品功能本分内的信息内容，而是根据用户使用场景可能对用户会有用的信息，是用户预期外的收获。例如，根据出发地和目的地查询火车票,除了查出车次和转让票外,还可以考虑提供出发地附近的火车票代售点、目的地火车站附近的宾馆、目的地的天气,甚至还可以考虑提供从出发地到目的地的拼车信息与机票信息,因为用户查询火车票往往是为了顺利到达那里;如果百度的网页搜索,人们使用搜索往往是想知道些什么,如果无结果,除了现在的引导外,再提供按搜索条件提问会更好(因为百度已经有"知道"这个平台)。如果一个产品能根据用户使用场景理解其潜在需求而提供更为贴心、智能的服务,显然能让用户更愉快。

会话信息就是产品上的提示、引导信息,就像产品与用户在对话一样,要考虑对话的时机与对话语气。例如,我们不能在用户干正事的时候打扰他,也不能在他需要帮助的时候冷落他;在银行网站用词应亲切、准确,而在娱乐休闲类网站,词语顽皮、可爱也无妨。简而言之就是让产品所"说"的话要符合他的气质和智慧,让用户喜欢和信任。

4.3　用户体验与交互设计

4.3.1　互联网产品用户体验与交互设计

本节我们以新用户的引导设计为例,来介绍用户体验设计原则在交互设计中的应用。

引导设计是面向新手用户的设计,解决一个新互联网产品面向新用户时如何引导新用户快速了解产品的功能和服务的内容。

我们把它拆开为"引导"和"设计",那什么是引导呢? 我们可以回归到生活中去寻找答案,导游带领游客参观景点,帮助安排食宿,让游客们轻松愉快地完成他们的旅程;老师教学生更快更深入地学习知识,学以致用;路边的醒目的箭头路标指引我们更快地找到地铁,这些都是引导在生活中的例子。

总而言之,引导是带领既定的目标对象更快速更愉悦地达到目标的过程,引导设计则是这一过程的设计。在互联网产品的范畴中,新手引导设计是引导新手用户更快速更愉悦地学习使用产品这一过程的设计,它力图像导游、老师、路标一样带领新手用户快速地熟悉产品的整体功能,在用户操作遇到障碍前给予及时的帮助。

但是,新手引导设计是不是就完全是为了引导新手用户学习使用产品的设计呢? 这么说,未免也太高尚了点吧。回归到产品本身,是不是花大力气让产品上线就是为了满足用户的需求呢? 当然不全是,更多的是为了实现自己的盈利,这应该说是一种双赢。所以其实产品也存有自己的私心,产品可以利用新手引导这把利器将自己的产品更快地推销给用户,让用户快速地从新手用户向活跃度高、黏着度高的忠实用户转化。

新手引导设计要满足用户需求和产品目标,维持二者之间的平衡,实现双赢的局面。

如同最底层的架构是用户需求和网站目标一样,推动新手引导设计的原因也有两个:用户需求和产品目标。对于新手引导来说,用户需求是快速、愉悦地学习使用产品。产品目标是将新手用户快速转化为活跃度高、黏着度高的忠实用户。

用户需求和产品目标出发的角度会不同,有时候会存在着冲突,但并不是不可调和的矛盾,它们之间应该是在满足用户需求的同时也可以达到产品目标的状态。所以新手引导设计就是要平衡处理好用户需求和产品目标,实现双赢的局面,如图 4-7 所示。

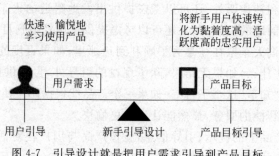

图 4-7 引导设计就是把用户需求引导到产品目标

首先要满足的是用户需求，也就是引导新手用户更快速、愉悦、无阻碍地学习使用产品，且不要受过多的信息干扰，新手引导设计是这一过程的设计。因此，新手引导设计是要符合这几个特征的：

- 新手用户——对产品一无所知，需重视产品的易学性、引导的有效性；
- 更快更愉悦——除了高效地达到目标之外，还需考虑愉悦性；
- 过程——是贯穿用户学习使用产品的整个过程，而不只是开始。

1. 用产品本身来引导——提高产品易学性

用产品本身来引导，降低产品的学习门槛，就是最好的引导方式，也是新手引导设计的最本质最核心的部分。用界面告诉用户，他可以在这个界面中做什么，这样的隐形引导让用户在不知不觉中学会使用产品。

保持产品简洁，突出核心功能。用产品本身来实现引导就要求产品做减法，保持产品简洁，突出核心功能，让用户一目了然。QQ电脑管家通过简化布局，通过大量的留白和跳出的绿色大按钮聚焦用户视线的焦点，清晰告诉用户这个界面是用来完成安全体检的。

用色调让用户专注于核心内容，人的视线会先看到亮色调（暖色调）的部分，后看到暗色调（冷色调）的部分，所以也可以用亮色调（暖色调）来突出核心内容，让用户的视觉聚焦在那里。微博鼻祖 tumblr 用暗色调弱化背景、导航，亮色调突出内容部分，让用户的视线焦点集中在发微博文和阅读他人的博文的沉浸式阅读体验当中。

2. 初次使用说明书引导——让引导更高效有趣

用产品本身来引导用户学习是最好的方式，但是很多时候这种方式还是不够的，产品需要用一种更快速的方式，让用户对产品有一个全局性的认识。很多产品借用了生活中工业产品的使用说明书这一概念，在用户使用产品之初，告诉用户如何使用。

在第一次使用产品的时候，在首页出现功能介绍，这种方式是比较常用的方式。如 Evernote 在首页用文字介绍其相关功能和使用方法，让用户对 Evernote 主要功能有初步的了解。但是很多时候，用户可能没有耐心去读完大段乏味的文字，而匆匆地直接跳过，就像前面说的，没有新手引导的第二个特性：更快更愉悦——除了高效地达到目标之外，还需考虑愉悦性。所以单纯的文字介绍的引导性还是比较差的。

QQ浏览器的首页功能介绍采用了图示的方式，精心的设计让用户更乐意把它看完。

全局游览就像是导游带领新手用户快速地游览整个产品一样，让新手用户对产品有个整体的认识。图文结合的精心设计往往能给用户留下比较深刻的印象，让用户感到温暖。QQ空间图文结合的方式、精心设计的全局游览让人眼前一亮,突出简洁的文字说明,清晰明了。

3.使用过程中适时出现的使用引导——引导更是无处不在的过程

初次的使用说明由于一般采用的是独占式窗口的方式,只会放核心功能的引导说明,以免过多的提示对用户造成比较大的干扰,但很多其他功能也需要引导。因此除了在初次的使用说明之外,在用户学习使用产品的整个过程中都应该贯穿着引导。

在第一次进入到相应的场景时,以遮罩的方式凸显界面操作介绍。如腾讯微博的APP,在第一次进入到"身边的人"模块的时候,以半透明遮罩的方式显示操作介绍,如图 4-8 所示。

EF 单词 APP 在第一次进入界面的时候以灰色透明遮罩的方式在界面上圈出操作方式说明,很用心很温馨,如图 4-9 所示。

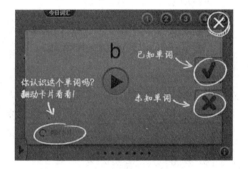

图 4-8　腾讯微博的遮照式引导　　　　　　　图 4-9　EF 单词的遮照式引导

内嵌式引导是将帮助引导直接嵌入到界面里,在需要引导的时候起到引导帮助的作用,如 QQ 浏览器的九宫格在没有添加网页的空白位置上引导操作——"点击添加你喜欢的网站",引导用户可以通过点击添加。

iPhone 版 QQ 在没有动态的时候给予内嵌式引导,在有动态的时候不再出现。

产品创造出来除了要满足用户需求之外,更要实现产品的目标:比竞争产品更强大,更好用,用户下载量(在线量)更多,用户活跃度更高,等等。对于新手用户,产品的目标是希望快速地将新手用户转化为活跃度高、黏着度高的忠实用户。也就是说,新手用户引导设计在满足产品目标的层面上则是引导新手用户快速向活跃度高、黏着度高的忠实用户转化的设计。

4.任务引导——更快速更直接的转化

常见的引导方式是任务引导,即部署一些任务让用户去完成,这样的方式是比较直接的方式,同时也是比较快速的方式,所以也会成为产品中比较常用的引导方式。例如,对产品来说可以提高人气的操作:完善资料、上传头像等,会采用这种引导方式。不过任务的出现会对用户造成一定的干扰,根据干扰程度不同,可分为独占式、弹窗式、小气泡式、嵌入式,等等。

- **独占式页面**:腾讯微博的新手任务用独占式的页面引导用户对朋友和名人添加收听,虽然干扰程度是挺大的,但同时引导程度也是最好的,用这种方式引导用户完成一些非常重要的操作非常快速而直接。
- **弹窗式**:腾讯微博新手任务用弹窗引导上传头像,弹窗比独占式页面的干扰性稍小,用户更容易选择关闭窗口和跳过,所以引导的成功率相对来说稍差。
- **小气泡式**:小气泡的引导是干扰性相对较小的方式,但引导性也是比较差的方式,用户容易无视或忽略它。如下面朋友网用小气泡的方式希望用户上传头像,希望通过有意思的手绘和文字的激励提高用户上传头像的可能。
- **嵌入式**:淘宝网利用头像的位置巧妙做了嵌入式的任务引导,对用户干扰几乎为零,但"楚楚可怜的求真相"的提示会让用户最后传上自己的头像,引导性也不错,不过需要一些时间,因为嵌入式的引导不需要用户及时的响应,可以在有时间的时候再来关注。

朋友网对用户加认识的人的操作嵌入到页面当中,将对用户的干扰程度降到最低。

5. 激励引导——用隐形的方式来激励用户

用激励的方式促使用户完成产品的一些操作,提高用户资料的完整度、对产品的熟悉度,促使用户参与到产品某些活动中来。一般有数字积分激励、榜样激励、数字激励,例如,朋友网用常驻的 tips 显示资料完整度数值,让用户有点击进去继续完善资料的欲望。又如,虾米网利用榜样激励很好地激发起人性的好胜心和融入欲望,让用户能够很快地参与进来。

6. 推荐——让用户发现更多

除产品的基础体验外,让用户发现更多其他的新功能或者好玩的活动,让用户成长为更高级的用户,同时他们对产品的认可度也会变高,成为产品的忠实用户。此外,产品随着发展也在不断地迭代和扩展,需要推荐用户来发现新增的功能点。

给用户的推荐可以是新功能推荐。如 QQ 空间用形象的 tips 告诉用户新增的回收站的功能;朋友网用 tips 推荐用户找朋友实时聊天。圈圈用 tips 来提示可以圈人和加入兴趣圈子,但要注意不要太多 tips 会对用户造成很大干扰。

给用户的推荐还可以是活动推荐。如腾讯微博用在微博正文上方的小旗标来每天推荐不同的活动让用户参与,以提高他们在微博中的活跃度,如图 4-25 所示。但同时也要注意用户容易把旗标当成广告而视而不见,可以更加精心地设计小旗标,让它看上去不像广告。

本质上产品目标与用户需求应该是共生的关系,只有在满足了用户需求的基础上,产品目标才能更好地满足,但是我们仍然会遇到很多为了产品目标而伤害用户需求的情形。

例如,在产品逐渐迭代,功能扩展的过程中,往往会忘记最初的原点,很多引导多是在不停地推荐新增的功能点,这样其实会伤害新手用户的利益,让新手用户面临一个过于复杂的开始,其实很多新功能点一般都只对老用户适用。即便是一些必需的新功能点,在介绍产品的新功能点时,对于新手用户,最好用非技术术语、简单直白的表达操作方式去引导,可以采用漫画、动画等多种方式。

4.3.2 互联网产品交互设计模式

1. 设计模式产生的定义

设计模式是一种提取有效的设计方案,将其应用于类似问题的方法。尝试将设计理念形式化,记录最好的实践工作,有助于实现以下目标。

- 节省新项目的设计时间和精力;
- 提高设计方案的质量;
- 租金设计师与程序员的沟通;
- 帮助设计师成长;
- 设计模式代表用户体验与相关活动的优化成果;
- 记录和使用交互设计模式。

模式总是应用于特定情景,它们适用于具有类似条件的设计场景。提取一个模式,重要的是记录方案应用情景的一个或多个具体案例,所有案例共有的特征,以及解决方案背后的理念。简单地说,设计模式是一个在通常情况下对于软件、建筑、景观、Web 设计和互联网产品设计领域中不断重复问题的普遍性解决方案。

由于设计模式直接关系到设计对象的可用性,因此对互联网产品设计来说,设计模式与其明显相关。构建一个有用产品的原则之一,就是要实现用户头脑中对一件事情应该如何实现而产生的思维模型。产品的一致性有助于加强和帮助构建可以为用户提供使用指导的易用产品,以及完成任务的思维模型。设计模式能够捕捉到这些最佳实践,并且提供一个以一致方式实现这些实践的解决方案。

互联网产品的用户交互都具有不固定性和无缝性,只要简单地按动一次鼠标,用户就可以到达一个完全不同的可能会具有独特外观、感觉和交互模型的外部网页,因此设计团队理解、应用并参与到互联网产品设计模式的开发中非常重要。对用户而言,应用到互联网产品设计中的设计模式越相似,互联网产品就越容易上手和使用,这对于每一个用户来说都是一件好事。

毫无疑问,对于需要仔细分析应用的约束条件和内容的缜密设计来说,设计模式是无可替代的。但是设计模式应该作为任何人设计网站的起点,并且在任何可能的情况下都应该遵循。设计者能够从那些已知的事情开始工作,并且根据需要修改或优化,减少重复性的工作从而节省时间,把精力集中在产品特有的问题和创新上。本书提出了如何考虑设计问题的基础,它可以作为设计者之间的共同语言来思考问题、提供解决方案并共享思想。

在互联网覆盖的广大范围中,交互设计问题也在不同的层次上不断重复。例如,在架构层面,如果一个互联网产品提供内容服务、社区服务、交友服务或商务服务,设计模式能够帮助设计者标识问题点,并且确定成功而完整地执行产品策略的关键点;在用户界面层面,设计模式有助于建立交互模式的一致性以完成业务,并因此提高易用性。

2. 设计模式的类型

交互设计模式也可以有层次地组织在一起,从系统层面到个别层面的专用部件。与原则一样，模式可以应用于系统的各个层面。

（1）定位模式：应用于概念层面，帮助界定产品对于用户的整体定位。

（2）结构模式：解答如何在屏幕上安排信息和功能元素之类的问题，包括视图（views）、窗格以及元素组合等。

（3）行为模式：旨在解决功能或数据元素的具体交互问题，大多数人所说的部件行为即属于此，还有很多类似的低层模式。与用户体验的五个元素相对应，行为模式分以下几个层次。

① 战略层：明确商业目标和用户目标，重点是解决二者之间的冲突，找到平衡点。例如，通常的商业目标是赚钱，而用户是要省钱，这种最底层的冲突没法通过产品设计解决，而要靠商业上找准价值的切入点。作为产品设计人员通常接触不到战略制定的过程，但仍然要深刻理解公司战略并尽可能地去发挥自己的影响力。

② 范围层：做好需求采集工作，确定功能范围和需求优先级。这时候先要尽可能多地收集，通过各种市场研究、用户研究的方法去收集，不要遗漏；再尽可能多地放弃，因为我们的资源有限，只能做最有价值的。先做的收集工作不是为了放弃，而是为了不漏掉任何"最有价值的"东西。

③ 结构层：完成信息架构与交互设计。上一步相当于把菜都选好了，现在开始考虑具体是蒸、煮、炒还是炸了。一般来说，技术部门在这个层面开始全面介入。

④ 框架层：界面设计、导航设计、信息设计，到了这一步，才出现用户真正能看到的东西。常见错误是以为设计从这里才开始，忽略了上面的几层，这样在大前提不正确的情况下做出来的产品必然会成为一个悲剧。

⑤ 表现层：包含了视觉设计和内容优化。这部分是最有意思的，但设计师一定要理解商业目标和用户目标才能做出正确的设计，毕竟我们不是艺术家，这里的表现是最终产品气质的体现。

五层整体是抽象到具体的过程，时间上是顺序的，但每一步界限模糊，彼此交叉，而且必须反复迭代。

3. 常见的交互设计模式

常见的交互设计模式有导航交互模式、信息检索交互模式、信息展现交互模式、多用户协同交互模式。

下面以流行的站点导航设计模式为例，对于每一种网站导航栏设计模式，将讨论它的一般特征、缺点以及什么时候使用它最好。

（1）顶部水平栏导航

顶部水平栏导航是当前两种最流行的网站导航菜单设计模式之一。它最常用于网站的主导航菜单，且最通常放在网站所有页面的网站头的直接上方或直接下方。

顶部水平栏导航设计模式有时伴随着下拉菜单，当鼠标移到某个项上时弹出它下面的二级子导航项。

① 顶部水平栏导航一般特征

• 导航项是文字链接、按钮形状或者选项卡形状；

• 水平栏导航通常直接放在邻近网站 logo 的地方；

- 它通常位于折叠线之上。

② 顶部水平栏导航的缺点

顶部水平栏导航最大的缺点就是它限制了在不采用子级导航的情况下可以包含的链接数。对于只有几个页面或类别的网站来说,这不是什么问题,但是对于有非常复杂的信息结构且有很多模块组成的网站来说,如果没有子导航的话,这并不是一个完美的主导航菜单选择。

③ 何时使用顶部水平栏导航

顶部水平栏导航对于只需要在主要导航中显示5~12个导航项的网站来说是非常好的。这也是单列布局的网站的主导航的唯一选择(除了通常用于二级导航系统的底部导航)。当它与下拉子导航结合时,这种设计模式可以支持更多的链接。

(2) 竖直/侧边栏导航

侧边栏导航的导航项被排列在一个单列,一项在一项的上面。它经常在左上角的列上,在主内容区之前——根据一份针对从左到右习惯读者的导航模式的可用性研究,左边的竖直导航栏比右边的竖直导航表现要好。

侧边栏导航设计模式随处可见,几乎存在于各类网站上,如图4-10所示。这有可能是因为竖直导航是当前最通用的模式之一,可以适应数量很多的链接。

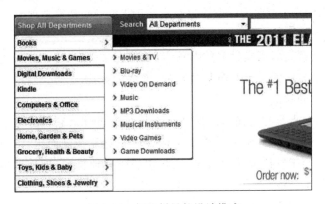

图4-10　侧边栏导航设计模式

侧边栏导航可以与子导航菜单一起使用,也可以单独使用。它很容易用于包含很多链接的网站主导航。侧边栏导航可以集成在几乎任何种类的多列布局中。

① 侧边栏导航的一般特征

- 文字链接作为导航项很普遍(包含或不包含图标);
- 很少使用选项卡(除了堆叠标签导航模式);
- 竖直导航菜单经常含有很多链接。

② 竖直/侧边栏导航缺点

因为可以处理很多链接,当竖直菜单太长时有时可能将用户淹没。尝试限制引入的链接数,取而代之可以使用飞出式子导航菜单以提供网站的更多信息。同时考虑将链接分放在直观的类别当中,以帮助用户很快地找到感兴趣的链接。

③ 何时使用竖直/侧边栏导航

竖直导航适用于几乎所有种类的网站,尤其适合有一堆主导航链接的网站。

（3）选项卡导航

选项卡导航可以随意设计成任何想要的样式,从逼真的、有手感的标签到圆滑的标签,以及简单的方边标签等。它存在于各种各样的网站里,并且可以纳入任何视觉效果,如图 4-11 所示。

图 4-11　选项卡导航设计模式

选项卡比起其他类别的导航有一个明显的优势:它们对用户有积极的心理效应。人们通常把导航与选项卡关联在一起,因为他们曾经在笔记本或资料夹里看见选项卡,并且把它们与切换到一个新的章节联系在一起。这个真实世界的暗喻使得选项卡导航非常直观。

① 选项卡导航的一般特征:

· 样子和功能都类似真实世界的选项卡(就像在文件夹、笔记本等中看到的相同);

· 一般是水平方向的但也有时是竖直的(堆叠标签)。

② 选项卡导航的缺点

选项卡最大的缺点是它比简单的顶部水平栏更难设计。它们通常需要更多的标签、图片资源以及 CSS(级联样式表),具体根据标签的视觉复杂度而定。选项卡的另一个缺点是它们也不太适用于链接很多的情况,除非它们竖直地排列(即使这样,如果太多的话它们还是看起来很不合适)。

③ 何时使用选项卡导航

选项卡适合几乎任何主导航,虽然它们在可以显示的链接上有限制,尤其在水平方向的情况下。将它们用于拥有不同风格子导航的主导航的较大型网站是个不错的选项。

（4）面包屑导航

面包屑的名字来源于 Hansel 和 Gretel 的故事,他们在沿途播撒面包屑以用来找到加家的路,这可以告诉你在网站中的当前位置。这是二级导航的一种形式,辅助网站的主导航系统,如图 4-12 所示。

面包屑对于具有层次结构的多级别网站特别有用。它们可以帮助访客了解到当前自己在整站中所处的位置。如果访客希望返回到某一级,它们只需要点击相应的面包屑导航项。

① 面包屑的一般特征

· 一般格式是水平文字链接列表,通常在两项中间伴随着左箭头以指示层级关系;

图 4-12　面包屑导航的设计模式

- 从不用于主导航。

② 面包屑导航的缺点

面包屑不适于浅导航网站。当网站没有清晰的层次和分类的时候，使用它也可能产生混乱。

③ 何时使用面包屑导航

面包屑导航最适用于具有清晰章节和多层次分类内容的网站。没有明显的章节，使用面包屑是得不偿失的。

（5）标签导航

标签经常被用于博客和新闻网站。它们常常被组织成一个标签云，导航项可能按字母顺序排列（通常用不同大小的链接来表示这个标签下有多少内容），或者按流行程度排列，如图 4-13 所示。

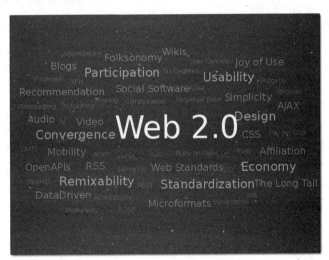

图 4-13　标签导航的设计模式

标签是出色的二级导航而很少用于主导航。它可以提高网站的可发现性和探索性。标签云通常出现在边栏或底部。如果没有标签云，标签则通常包括于文章顶部或底部的元信息中，这种设计让用户更容易找到相似的内容。

① 标签导航的一般特征

- 标签是以内容为中心的网（博客和新闻站）站的一般特性；
- 仅有文字链接；
- 当处于标签云中时，链接通常大小各异以标识流行度；

- 经常被包含在文章的元信息中。

② 标签导航的缺点

人们通常把标签和博客、新闻网站联系在一起（有时候也可能是电子商务网站），所以如果你的网站与这些网站有本质的不同，它可能对你就没有帮助。标签也会给内容创作者带来一定的工作量，因为为了使标签系统有效，每篇文章都需要打上准确的标签。

③ 何时使用标签

如果你拥有很多主题，为内容打上关键词标记是很有利的。如果你仅有几个页面（可能你的网站是一个公司网站），可能就不需要给内容打标签了。是否结合标签云或只是将标签包含在元信息中取决于设计。

（6）搜索导航

近些年来网站检索已成为流行的导航方式，如图 4-14 所示。它非常适合拥有无限内容的网站（像维基百科），这种网站很难使用其他导航。搜索也常见于博客和新闻网站，以及电子商务网站。

图 4-14　搜索导航的设计模式

搜索对于清楚知道自己想要找什么的访客非常有用。但是有了搜索并不代表着就可以忽略好的信息结构。信息结构对于保证那些不完全知道自己要找什么或是想发现潜在的感兴趣内容的浏览者能够查找到内容依然非常重要。

① 搜索导航的一般特征
- 搜索栏通常位于头部或在侧边栏靠近顶部的地方；
- 搜索栏经常会出现在页面布局中的辅助部分，如底部。

② 搜索导航的缺点

搜索最大的缺点是并非所有搜索引擎都是平等的。取决于所选择的方案，网站的搜索特性可能不能返回精确的结果或者缺失一些东西，如文章元数据。搜索导航，对于大部分网站来说，应该作为次要的导航形式。搜索是用户在无法被导航到他们想找的东西的地方时的可靠选择。

③ 何时使用搜索导航

对于具有无数页面并且有复杂信息结构的网站来说，必须引入搜索功能。没有它用户可能很难通过遍历链接和多层导航来找到他们想要的信息。搜索对于电子商务网站也非常重要，而关键的一点是电子商务网站的搜索结果要根据网站存货的多少进行相应的筛选和排序。

（7）弹出式菜单和下拉菜单导航

弹出式菜单（与竖直/侧边栏导航一起使用）和下拉菜单（一般与顶部水平栏导航一起使用）是构建健壮的导航系统的好方法。它使得网站整体上看起来很整洁，而且使得深层章节很容易被访问。

它们通常结合水平、竖直或是选项卡导航一起使用，作为网站主导航系统的一部分。

① 弹出式菜单和下拉菜单导航的一般特征

- 用于多级信息结构；
- 使用 JavaScript 和 CSS 来隐藏和显示菜单；
- 显示在菜单中的链接是主菜单项的子项；
- 菜单通常在鼠标悬停在上面时被激活，而有时候也可能是鼠标点击时激活。

② 弹出式菜单和下拉菜单导航缺点

除非你在主导航链接边上放置一些标识（通常是箭头图标），不然访客可能不知道哪里有包含子导航项的下拉或弹出式菜单，因此使这些标识很明显是非常重要的。同时弹出式菜单和下拉菜单可能使得导航在移动设备上非常难用，所以要确保移动样式表能处理这种情况。

③ 何时使用弹出式菜单和下拉菜单导航

如果你想在视觉上隐藏很大或很复杂的导航层次，弹出式菜单和下拉菜单是很好的选择，因为它让用户决定他们想看见什么，以及什么时候可以看见它们。它们可以用来在不弄乱网页的情况下按需显示很大数量的链接。它们还可以用来显示子页面和局部导航，并且不需要用户首先点击打开新的页面。

（8）分面/引导导航

分面/引导导航（也叫做分面检索或引导检索）最常见于电子商务网站，如图 4-15 所示。简而言之，引导导航给用户提供额外的内容属性筛选。假设用户在浏览一个新的 LCD 显示器，引导导航可能会列出大小、价格、品牌等选项。基于这些内容属性，用户可以导航到匹配用户条件的项。

图 4-15　分面/引导导航

引导导航在拥有巨大数量货物的大型电子商务网站中是非常宝贵的。用户通过直接搜索通常很难找到他们想要的东西,并且增加了用户漏掉产品的可能性。例如,他们可能搜索一个灰褐色的产品,但可能错误将它标记成灰色或褐色,虽然它可能就是用户想要的东西。

① 分面/引导导航的一般特征

- 最常见于电子商务网站;
- 通常让用户对不同的特征做多次筛选;
- 几乎总是使用文字链接,分解在不同的类别下或是下拉菜单下;
- 常常与面包屑导航一起使用。

② 分面/引导导航的缺点

引导导航可能会引起一些用户的迷惑,另外不能保证用户会在你预先定义的类别中查找。

③ 何时使用分面/引导导航

分面导航对于大型电子商务网站非常有用。它方便了用户购物,提升了购物体验,更容易找到真正想要的东西。它也可以用于其他目录风格的网站。

(9) 页脚导航

页脚导航通常用于次要导航,并且可能包含了主导航中没有的链接,或是包含简化的网站地图链接,如图 4-16 所示。

图 4-16　页脚导航

访客通常在主导航找不到他们要找的东西时会去查看页脚导航。

① 页脚导航的一般特征

- 页脚导航通常用于放置其他地方都没有的导航项;
- 通常使用文字链接,偶尔带有图标;
- 通常链接指向不是那么关键的页面。

② 页脚导航的缺点

如果你的页面很长,没有人愿意仅仅为了导航而滚动到页面底部。对于较长的页面,页脚导航最好作为放置重复链接和简要网站地图的地方。它不适合作为主导航形式。

③ 何时使用页脚导航

绝大多数网站都有不同形式的页脚导航，即使他只是重复其他地方的链接。应考虑什么放在那有用，以及你的访客可能最想找什么。

大多数网站使用不止一种导航设计模式。例如，一个网站可能会用顶部水平栏导航作为主导航系统，并使用竖直或侧边栏导航系统来辅助它，同时还用页脚导航来作冗余，以增加页面的便利度。在选择导航系统基于的导航设计模式时，必须选择支持信息结构以及网站特性的方案。导航是网站设计的重要部分，它的效果必须有坚实的基础设计。

4.3.3 互联网产品交互设计规范与原则

1. 互联网产品交互设计规范

对于一个复杂产品，需要多个产品设计师协作完成其交互设计与体验设计。由于不同产品设计师之间的设计理念、设计方法、设计习惯的不同，协作完成的产品往往会导致产品一致性差，质量参差不齐。

为了保证交互设计和用户体验的一致性，需要在交互设计中遵循设计规范来指导产品设计。交互设计规范一般应该包含页面信息规范、交互信息规范、通用控件规范。

页面信息规范主要指页面的静态信息应该遵循的规则，包括：标题规范，用于规定整个产品中所有不同层级不同功能的页面应该使用的标题的规则；新窗口链接规范，用于规定页面链接是采用新窗口打开还是本窗口打开的规则；图片规范，用于规定图片信息是否带有 alt title 值，这些值又取自哪里。

交互提示规范主要用于规定在交互过程中交互的方式及其信息提示，包括预先信息提示、操作信息提示和结果信息提示。

通用控件规范：当有一些功能会被多个模块复用的时候（如标准评论框、标准好友选择器等），需要把这些功能提炼出来设计成通用控件被多个模块共用，这就是通用控件规范。

有了页面信息规范、交互信息规范、通用控件规范就能保证页面信息的一致、交互方式及提示、通用功能模块的一致，从而保证产品的一致性，并提高产品质量。

2. 互联网产品交互设计原则

在我们开始一个项目的设计的时候，脑子里肯定有无数的构想。是做视觉冲击强烈、夺人眼球的绚丽风格？还是复古的拼贴风？或者极简主义设计，让重点醒目地跃于画面之上？设计人员总是在日积月累地收集各种各样的好创意，好的设计方案。但怎么能在那么多积累的想法中找到对即将开始的项目最合适的创意或视觉效果呢？

除了靠设计师的本能感觉和一直以来积累的经验以外，还有一个很重要的东西能帮助决定的作出，那就是——制定设计的原则。

设计原则是基于对设计进行广泛而又细致的研究基础上总结而出的一系列设计指导性原则，体现产品或服务的经验或价值的核心，能够贯穿整个设计。设计原则以"便于使用"为特定目标，一般比较简短、容易记忆，是每个与众不同的想法的集合。各条原则之间绝无相互冲突与矛盾。在原则的文字组织方面应该简要、一语中的,令人记忆深刻。

在确立设计原则后,在完成项目的整个过程中,设计者都应该用心记住这些原则。一个好的设计原则不仅仅要具体,它还应该贯穿于整个设计中。在整个设计中的每一条原则都绝对不应该相互矛盾。因此我们不能仅仅想到制定怎样的原则比较方便我们的设计,而是要做更多尝试来让每条原则和产品更加地契合,更好地为产品服务。

此外,设计原则是为了让我们在众多创意中选择更符合产品的创意,而不是让我们依据这些原则来创意。利用设计原则来对各样的创意进行筛选,这个方法很好用。但是如果过于坚持这些原则,甚至只是围绕着这些原则来设计就不值得推崇了。虽然看起来在原则这个坚实框架下头脑风暴创意是个不错的主意,但是,如果我们那样做了,就很难有颠覆性的创意产生。因此,在最初的头脑风暴激荡的时候,不需要用这些原则来约束自己。这样的创意就没有被具体的原则所约束。大家集思广益,很容易就能把设计丰富、充实起来,并最终完成。

下面介绍一些知名互联网公司的设计原则。

谷歌用户体验设计原则由以下 10 条组成。

① 以人为本——专注于人们的生活、工作、梦想;

② 把速度精确到毫秒;

③ 简而有力;

④ 适应不同水平的用户,便于新手启动,同时吸引专家级用户;

⑤ 敢于创新;

⑥ 面向整个世界进行设计;

⑦ 掌握现在,放眼未来,设计既要为今天的商业规划也要为明天的商业规划;

⑧ 创造愉悦而没有干扰的视觉享受;

⑨ 值得信任;

⑩ 添加一些人情味。

TiVo 的设计原则(TiVo 凭着"在几分钟之内让小孩和普通人学会操作"而席卷美国市场)包括:傻瓜式的娱乐;傻瓜式电视;有多到要命的视频;一切做到流畅而舒适;不形式主义和故作高深;尊重观众的隐私;做到如同电视般强大。

微软 Windows 用户体验设计原则包括:减少概念,增强信心;注重细节,细节决定成败;要不仅看起来很棒,用起来也要很棒;在提高可发现性的同时不要让人分心;个性化,而非定制化;注重体验的生命周期;面向移动应用环境。

iPhone 的人机界面原则包括:

① 隐喻。

在设计应用程序时,请认识到 iPhone 操作系统存在的隐喻,并且不要对这些隐喻重新定义。

② 直接操纵。

因为其多点触摸界面,iPhone 操作系统的用户享受着高度的直接操纵的愉悦感受。使用手势操作让用户对他们在屏幕上看到的对象,感觉上更具亲和力和控制感,因为他们不必使用任何中间设备(如鼠标)操纵它们。

③ 即看即点。

提供选择给用户,而不是要求更多开放性的输入,同时,允许可以让用户集中精力在使用应用程序完成任务,而不是去记忆如何操作它。

④ 反馈。

用户除了要看到他们操作的结果,还需要得到操作控件时的即时反馈,以及在长时间操作中的状态报告。应用程序应提供明显的变化来响应每个用户操作。

⑤ 用户控制。

让用户而不是应用程序来触发并控制行为。保持行为的简单和直接,使用户能够很容易地理解并记住他们。尽可能使用标准的控件和用户已经熟悉的行为。

⑥ 美学集成度。

用户期望一个美丽的界面外观,承诺乐趣和鼓励发现。要确保所设计的用户界面元素在应用程序中是细致的,因此它们能提供一个内部一致的体验。

4.4 用户体验与前端设计

4.4.1 认识前端设计

随着互联网的迅猛发展和普及,Web 前端设计正伴随互联网用户体验设计的发展而日益热门。Web 前端设计的主要职责是利用(X) HTML、CSS、JavaScript、DOM、Flash 等各种 Web 前端技术进行产品的界面开发,制作标准优化的代码,并增加交互动态功能,开发 JavaScript 以及 Flash 模块,同时结合后台开发技术模拟整体效果,进行丰富互联网的 Web 开发,致力于通过技术改善用户体验。

与交互设计注重的是功能上与用户的交互是否恰当不同,前端设计注重的是在实现交互这一层次用户体验设计的基础上,如何从 Web 设计和工程的角度进一步改善用户的体验。其设计处于一种受限的工作情景:即产品其他方面用户体验设计已经大体完成,通过改善 Web 的表现、传输和存储方式来进一步改善用户体验。在改善用户体验的过程中,一般不得改变产品的功能和基于功能流程的用户的交互。

互联网产品用户体验设计的困难主要产生于以下几点:①无状态的 HTTP 协议,②受限的前端运行环境——浏览器,③尴尬的设计语言——JavaScript。

1. 无状态的 HTTP 协议

Windows 窗体间可以通过内存直接交换信息,但作为 B/S 架构基础协议的 HTTP 是无状态的。

如果将浏览器看成是客人,Web 服务器看成是旅馆,在 HTTP 协议的管理之下,会出现这种情况:不管某客人来访多少次,Web 服务器都将其视为第一次的访客。这样一来,客人每次都得带齐身份证件供旅馆工作人员审核。

HTTP 协议的无状态,导致 Web 服务器与客户端之前无法建立起长效的信任连接,这给应用系统开发带来了很多麻烦。因为应用系统中往往有许多业务处理流程,天生就是信息流转的,即原始数据从一端进去,从另一端出来时应该已经过某些处理,怎可想象整个业务流程中的信息会流失？于是，在 HTTP 各请求间共享信息就成了一件麻烦事，这就是 HTTP 请求的"状态保持"问题。每个 B/S 系统都必须解决这个问题。微软想了一些"歪招"，例如充分利用 HTML 网页中的隐藏域，再在 Web 服务器上做些手脚，于是 ASP. NET 拥有了一套在各个 HTTP 请求之间维持状态的技术：Session、Cookie、ViewState、Profile 和 Application。

然而问题并没有完全解决。例如，C/S 系统中常见的收集用户输入信息的对话框，主窗体与对话框之间有着信息的交换（又分为两种：模态的和非模态的，前者对话框不关掉，主窗体不能被激活），在 B/S 架构之下，由于浏览器的每个请求是独立的，因此难于在两个独立的浏览器窗口间实现类似于模式对话框这种直接的信息交换。

AJAX 使用以下这种的方法来"模拟"一个模态窗体：将主窗体与对话框合二为一，对话框在 HTML 中就是一个 div 元素，平时是隐藏的，需要时再显示它。

可以看到，许多在 C/S 轻而易举就可实现的功能，在 B/S 中要实现则大费周章。

2. 受限的前端运行环境——浏览器

互联网产品的前端运行环境是浏览器，这就带来了诸多的限制，许多设计都会因此受到局限，例如直接硬件（例如打印机），也无法充分利用硬件的资源。再如，现在的新电脑都是双核的，但前端设计人员无法用 JavaScript 加 HTML 写出一个多线程程序来充分利用这两颗芯片以加速渲染。

而 C/S 系统则直接运行在操作系统之上，可以调用操作系统提供的所有功能，这种限制就不存在了。

3. 尴尬的 Web 客户端编程语言——JavaScript

传统的 C/S 程序，可以使用为数众多的各种开发语言，尤其是像 C++、Java 和 C♯ 之类主流面向对象语言，功能强大，使用方便，各种开发工具齐备，已非常成熟。

前端设计应用最多的编程语言 JavaScript，一方面缺乏清晰而统一的编程模型，另一方面是其有限的兼容性，这两点都给前端设计带来很大的障碍，也因此才有其他前端技术，如微软的 Silverlight、Flex 的发展壮大，以及互联网行业联手支持 HTML5，以推进前端设计的标准化。

JavaScript 虽然名字中有一个 Java，并采用了类似的语法，但与真正的 Java 并无关系。

JavaScript 用到了许多对象，但说它是面向对象的吧，又实在难以令人信服（面向对象编程的基本单元是类），例如它没有类似于 C♯ 等主流面向对象语言的关键字 class，到处是一个个的函数，这就使所有的代码难于以类的方式清晰界定；同时，它又不是结构化的（结构化编程的基本单元是函数），因为浏览器在解析 HTML 文档时，是采用流式解读方式的，从而导致一些 JavaScript 代码被放在函数之外，在解析 HTML 文档时直接执行，而另一部分放到函数中的代码，则多采用事件驱动的方式运行，这就带来了复杂的程序执行流程，远不如纯结构化编程中统一采用函数调用的编程方式简洁。

如此看来，JavaScript 兼具面向对象、结构化、非结构化三种编程方式的特点，但弄得不伦不类，没有一个清晰而统一的编程模型，难于写出结构清晰易于维护的代码，反而带来了许多混乱。

由于历史的原因,不同的浏览器,甚至同一浏览器的不同版本,其编程模型都有或多或少的差别,因而不得不写代码检测浏览器类型,例如需要为 IE 写一套代码,又为 FireFox 另写一套代码。

前端设计通常会涉及一些具体的技术,包括 XHTML、CSS、JavaScript、HTML5、Flash、Silverlight 等前端设计语言的使用,人们往往把前端设计作为一门专门的技术工程学。然而,由于前端设计的产出最接近终端用户,所以在设计时必须要坚持以用户为中心的原则,尽可能遵从用户体验设计的原则,在视觉、交互行为和反思层次上,尽可能多地在前端设计所处的情景下予以改善。

4.4.2　前端设计优化与用户体验

前端设计优化的目的是在不影响用户交互的情形下,尽可能地优化前端的性能,即尽可能快地减少页面从后台显现在用户眼前的时间延迟,除非某些需要延迟显示的特殊应用情形以外。

前端设计优化的原理在于:①尽可能减少页面的下载并缩短页面下载时间,如使用缓存技术、页面压缩技术等;②尽可能减少下载后的显示延迟时间,例如利用视觉心理学的格式塔原理,先显示模糊的大体轮廓,再逐步清晰显示。

下面是常用的一些 Web 前端性能优化技巧。

1. 尽量减少 HTTP 请求

作为第一条,可能也是最重要的一条。根据 Yahoo! 研究团队的数据分析,有很大一部分用户访问会因为这一条而取得最大受益。有几种常见的方法能切实减少 HTTP 请求:

(1) 合并文件,例如把多个 CSS 文件合成一个;

(2) CSS Sprites 利用 CSS background 相关元素进行背景图绝对定位;

(3) 图像地图;

(4) 内联图像,使用 data：URL scheme 在实际的页面嵌入图像数据。

2. 使用内容发布网络

内容发布网络是指一组分布在多个不同地理位置的 Web 服务器,用于更加快速有效地向用户发布内容。

3. 添加过期时间 Expires 头

(1) Expires 的局限

Expires 使用一个特定的时间,要求服务器和客户端的时间严格同步,过期时间也需要经常检查,所以 http1.1 引入了 cache-control 头来克服以上问题,由于可能有不支持 http1.1 的浏览器访问,所以推荐两个都设置。

(2) 缓存时间

HTML 文档不应该使用太长的缓存过期时间,推荐一个星期以内的时间;图片、CSS、脚本推荐缓存 30 天以上。

（3）样式表动态版本号

在页面设计中设置缓存后，需要对 CSS 样式表设计版本号，否则一旦只修改样式表，用户刷新页面时不会下载新的样式表，从而无法更新样式。

（4）使 Ajax 可缓存

响应时间对 Ajax 来说至关重要，否则用户体验绝对好不到哪里去。提高响应时间的有效手段就是缓存。其他的一些优化规则对这一条也是有效的。

如果页面没有设计 expires 头，浏览器仍然会在访问该页面后存储该页面到缓存，只是在后续的请求中，它会发送一个 get 请求，如果没有变化，服务器会发送一个很小的头（304 Not Modified），告诉浏览器仍然可以使用它自己缓存的文件，这些请求也会影响网页访问的性能。

4. 压缩页面

（1）开启 gzip 页面压缩，不推荐压缩图片，因为图片基本上都已压缩过，尤其是 jpg 格式。

（2）考虑使用一个打包工具发布 JavasSript 和 CSS，输出的 CSS 和 JS 是删除换行符和注释语句后的，本地代码是未格式化的。

5. CSS 样式表放在页面顶部，预载入组件

使用 CSS 时，页面逐步呈现会被阻止，直到 CSS 下载完毕，所以推荐把 CSS 放在页面顶部，这样能够使浏览器的内容逐步显示，而不是白屏，然后突然全部显现。

6. JavaScript 脚本推荐放在页面底部，延迟载入组件

与 CSS 刚好相反，使用 JavaScript 时，对于 JavaScript 以后的文件内容，逐步呈现都会被阻止，JavaScript 越靠下，意味着越多的内容能够逐步显示。

7. 并行下载，切分组件到多个域

主要的目的是提高页面组件并行下载能力。对响应时间影响比较大的是页面中请求的数量，浏览器不能一次将所有的请求都下载下来，http1.1 规范建议浏览器从每个主机名并行地下载两个请求。但并不是增加主机命名就能加快速度，主机名会增加 DNS 查找的负担。一般推荐最多两个不同的主机名。

8. 不要使用 CSS 表达式

当鼠标移动时 CSS 表达式都要运算，因此影响前端性能。

9. 减少 DNS 查找

浏览器查找一个给定主机的 IP 地址大概要花费 20～120 毫秒，因此，在引用其他服务器时，尽可能用 IP 地址，而不是 DNS。

10. 避免重定向

重定向是指将用户从一个 URL 重新路由到另一个 URL。URL 的结尾必须出现斜线/，当用户请求 http://www.qq.com 时，其实包括了一个 301 的响应，它请求 http://www.qq.com/，因而会造成一些访问延迟。

11. Etag

Etag 用来检测缓存与服务器的是否匹配,用唯一标识来确定,形如 ETag:"10c1s222dd-d13-d113313",浏览器会将 Etag 传回服务器,如果 Etag 是匹配的,那么服务器就会返回 304 状态码,直接通知浏览器使用缓存。通常使用某些固定的要素构造 Etag(例如文件大小、权限和时间戳),它对于一台服务器来说是唯一的,当浏览器从一台服务器获得了一个原始的 Etag 后,它又向另外一个不同的服务器发起 get 请求的时候,Etag 不会匹配。对于多台服务器,使用 Etag 则会有不可靠的风险,需要特别的设计。

12. 减少 DOM 元素数量

13. 最小化 iframe 的数量

14. 杜绝 http 404 错误

对页面链接的充分测试加上对 Web 服务器 error 日志的不断跟踪能有效减少 404 错误,亦能提升用户体验。值得一提的是,CSS 与 JavaScript 引起的 404 错误因为定位稍稍"难"一点而往往容易被忽略。

本 章 小 结

产品设计可分为三种水平:本能水平的设计、行为水平的设计和反思水平的设计。不同水平的设计可以分别在不同的设计环节落实,如本能水平的设计可集中在前端设计环节落实,而行为水平的设计主要落实在产品的交互设计上,而反思水平的设计则主要落实在产品前期的概念构思、主旨规划和设计阶段的情感化设计环节。但无论哪一个环节,彼此都不是完全独立的,前端设计层次也可以更好地表现出反思水平的设计,更有效地实现行为水平的设计,反过来,优良的行为水平设计也有助于提升反思水平的设计,反思水平的设计则可以通过前端设计和交互设计等的细节得到升华。

本章从用户体验设计的层次出发,结合互联网产品设计的流程,对不同层次用户的体验设计所需要遵循的原则、所能实施的设计技巧进行了综合介绍,并分别从产品的情感化设计、交互设计和前端设计三个环节介绍了在产品设计中增强用户体验的具体方法、具体原则和涉及的技术、技巧。

实 践 任 务

学习使用 Axure 互联网产品原型设计工具,并参照交互设计模式和社会性网站的交互设计模式进行互联网产品的交互设计。

思 考 题

你对哪种互联网产品情有独钟?比照该产品的竞争产品,请反思总结下你坚持使用该产品的主要缘由,分析其中有无情感化因素。在完成总结后可以参考其他同学对该产品的意见和看法,然后综合正负两方面的评价,来审视该产品在情感化设计方面有哪些亮点或不足。

参 考 文 献

[1] 网页教学网,http://webjx.com.

[2] 洪柳,郭佳逸,葛仕钧. 心流理论与用户体验设计. 艺术与设计(理论),2009 年第 03 期.

[3] Axure 官网,http://www.axure.com.

[4] (美)诺曼. 情感化设计. 北京:电子工业出版社,2005 年.

[5] (美) Robert Hoekman, Jr. 瞬间之美:Web 界面设计如何让用户心动. 北京:人民邮电出版社,2009 年 7 月.

[6] 郭欣. 构建高性能 Web 站点. 北京:电子工业出版社,2009 年 8 月.

[7] 杜月(Douglas K. Van Duyne),蓝帝(James A. Landay),宏(Jason L. Hong). 网站交互设计模式. 北京:电子工业出版社,2009 年 10 月.

第5章 用户体验研究规划

学习目标

1. 掌握用户体验研究计划的结构,能够独立撰写研究计划;
2. 掌握定性研究的基础技能,能够独立进行访谈工作;
3. 了解常用的几种用户体验研究方法,能够根据产品不同的开发阶段,采用适合的研究方法,并了解操作和分析过程的步骤及注意事项等。

淘宝的卖家服务市场

以往淘宝提供的官方服务能够满足卖家的基本经营需要,但随着卖家对装修、数据分析、营销推广、宝贝管理、进销存等各类服务的需求日益旺盛,有必要给卖家提供一个集中挑选服务的平台,帮助他们快速找到适合自身发展的服务或工具;同时,淘宝引入的第三方服务越来越多,对这些服务,也需要有一个集中展示的平台。因此,卖家服务市场的项目便应运而生了。

在初级阶段中,项目组要解决的问题主要是如何将产品定位与用户的真实需求深度融合,深度融合并非一味满足,主要因为有时候一个新产品的定位并非理论化和理想化,需要考虑到创新也会受到各种因素的影响,比如开发时间限制、底层技术框架制约等,只有尽可能满足用户需求。

研究员通过焦点小组的方法,了解了大中小三类卖家对查找、选择工具的需求,为项目组理解用户奠定了基础。

当项目完成,卖家服务市场(fuwu.taobao.com)上线后,平稳发展了一段时期。但随着平台各种信息的激增,用户开始抱怨原页面无法快速查找到适合自己的内容。这时候就要求项目组对页面进行设计重构,帮助用户更便捷地找到真正所需的信息和服务。

在改版设计中,研究员结合了多个来源的信息进行研究,提供给项目组更加全面的综合分析结果,包括后台行为数据、页面反馈意见、EDM问卷调研数据、卡片分类研究等。

产品改版原型发布后,研究员对新页面进行了可用性测试,未发现严重的可用性问题,并对一些设计细节提出了修改建议。最终,卖家服务市场顺利改版,得到了卖家的一致好评。

不同的电子商务公司,负责用户体验研究工作的人员略有不同,有的公司直接由设计师完成,有的公司则分工明确,有专门的用户体验研究人员。

不同角色的人员做用户体验研究工作，各有优劣：一般而言，设计师专职于设计，做研究时对设计原则的把握准确到位，能够有的放矢地找出设计中的缺陷并快速修正，但他们对于专业研究方法的掌握有限，通常采用的方法相对简单，分析时易受研究经验的限制，研究结论容易停留在问题表面，广度和深度不足；而专门的用户体验研究人员，受过系统的专业训练，谙熟各类研究理论和方法，能够根据研究问题采用最适合的研究方法，执行研究的过程更加规范，分析更加客观公正，能够深入透彻地解析问题，帮助产品找到缺陷的根源，治标治本，但他们对设计原理的掌握相对欠缺，使得研究结论有时对设计的指导性不够。

不论哪种角色的人员，本章内容都将帮助他们更规范地进行用户体验研究，使得研究结论更具价值。

5.1　用户体验研究计划的设计

研究项目规范化的优点不胜枚举：能够提供目的明确的执行安排表，充分发挥研究的作用，更加有效地利用有限的用户研究资源；避免多余、冗长或仓促的研究。清晰明确的研究计划也是一种沟通工具，可以让公司其他岗位的项目组成员根据执行安排表有条不紊地开展相关工作。有了研究计划，项目组成员更容易了解用户研究的好处，他们可以根据计划，提出感兴趣的问题、对研究过程的期望、对研究结果的预期等。即使不公开研究计划，它至少能帮助研究者决定何时进行何种研究。

研究计划包括三个主要部分：为什么需要研究（明确研究目的）；研究什么问题（明确目标用户、研究内容）；如何进行研究（确定研究方法、执行安排、预算等）。

5.1.1　为什么需要研究

一个产品会与公司很多岗位产生关系，如产品经理、设计师、前端工程师、开发测试、运营、客服等，而每个岗位承担的工作内容不同，各自有一套方法来衡量是否成功，这就直接影响到他们会从不同角度看待最终产品，从而会对用户体验有不同的要求。

研究可以从不同角度进行，但研究者需要从公司收益最大化的角度出发，把重点放在那些会影响公司商业目标的产品特性上，来发现产品的可改进之处。

一个用户体验研究项目可以由用户研究部门独立发起，也可以由业务方或项目组提出研究需求，但第一步都需要根据产品的发展阶段，广泛收集问题，并将其转化为明确的、具体的、可衡量的目标；然后对目标进行优先级排序；最终确定研究的目的。

1. 收集问题，并以目标形式写下来

如果项目时间周期较长，前期需要充分收集各个岗位角色关注的产品问题。若时间有限，至少要跟产品经理一同列出问题清单，如果可能，还需要跟管理人员确认问题。

收集问题的形式，可以把相关人员召集到一起，共同确定最重要的问题；或与每个人单独沟通。不论哪种形式，都应该向每个人提出下列关键问题：

（1）产品为谁而做？目标用户群分为几个层次？

（2）对于目前的工作内容，产品要实现的目标是什么？

（3）对于产品目标，是否有判断不符合要求的标准？如果有，具体有哪些标准？

（4）对产品有没有想要了解的问题？如果有，具体有哪些？

与相关人员确定了关注的问题后，需要列出目标及问题清单。如果项目周期允许，还应该在清单中加入若干典型用户的观点，使研究尽早关注用户，完善研究计划。另外，也可以广泛收集公司内部、外部曾经做过的相关研究结论，能够直接解答研究问题，或丰富将问题转化为目标的视角。

列举目标及问题清单的过程，往往有助于定义研究课题的界限，揭示研究课题内目标之间的关系，有时还能发现新问题及假设。

2. 建立目标优先级别

在问题沟通过程中，研究者对既定目标的优先级别已经有了大致评估，有些目标重要，是因为它们与公司的发展战略目标方向一致，或是因为它们能使产品区别于竞争产品。还有一些目标不太重要，是因为它们会造成资源浪费，因为公司内部就这些目标还未达成一致意见，或因为它们反映出来的目标用户群不清晰。

建立目标的优先顺序，可以尝试采用打分的方式，请参考表 5-1。

表 5-1　建立目标优先顺序的打分表

目　　　标	重要程度	严重程度	优先顺序（重要程度 * 严重程度）
帮助用户更好、更频繁地使用卖家服务市场的筛选功能	4	5	20
Q2 结束时，卖家服务市场的收入比 Q1 提高 30%	3	4	12
卖家从浏览到购买的转化率更高	5	3	15

一般而言，一个大项目的目标及问题清单中，最多有 6 个左右的大问题，有 12 个左右较小但更具体的问题。而小项目的目标及问题清单中，则相应减少一半。

3. 确定研究目的

根据目标的优先级别，结合研究资源的现状，最终确定出项目的研究目的，研究目的是后续制定研究规划的核心。一个项目的研究目的不能太多，最好只有一个。

优先级别靠前的目标，通常可以提炼出统一的研究目的，如果不能，则要考虑舍弃部分不能整合的目标。有时，非常重要的目标未必会成为项目的研究目的，主要是因为以目前的研究投入，无法达到目标。此时需要将目标拆解，分阶段实现目标，不同阶段的目标可以成为研究目的。优先级别靠后的目标，自然不必成为研究目的。毕竟单一研究项目不能解决所有目标，但有了目标及问题清单，有助于将复杂的研究，拆分成若干个研究进行组合。每个研究都有自己独立的研究目的，而作为组合研究，需要有一个总的研究目的，以确保这些研究能够发生关联。

需要注意的是，不要试图利用用户研究来证明观点，也不要为了判断立场或者强调观点而创造目标。研究的目的应该是发现用户真正想要的东西，以及这些发现的真实程度有多高，而不是发现观点是否正确。

5.1.2　研究什么问题

通常一个互联网产品的目标用户会比较宽泛，尤其是电子商务产品都希望尽可能多地覆盖用户。在收集问题并转化成目标的阶段，已经对产品的目标用户做了梳理；对目标进行排序时，也需要充分考虑目标用户的范围。有时，重要的目标可能是提升某类用户的转化率，那么目标用户的范围可能会缩小，但会更加清晰；确定了研究目的，目标用户也随之产生，只要目的明确，都会有重点研究的目标用户。

与确定研究目的时，广泛收集问题不同，确定研究内容阶段，对于研究什么问题已经有了明确的范围，即需要紧紧围绕研究目的展开，这就需要把相关的目标重新分解成要考察的具体问题，或需要收集的信息，深入挖掘问题的根源。

给每个目标挑选一两个问题即可，宗旨是所选问题如果能得到回答，就能最大程度达到目标。一些较大、较抽象的问题，需要进一步拆解，直到问题可操作化、可测量；最终的问题应该简洁明了，便于用户理解的方向一致，所得结论才更具参考价值。

可以看到，以上过程是从收集问题、转换成目标，到目标排序，确定研究目的，再到根据目标筛选问题，看似反复，其实每个阶段的侧重点不同，可以看成归纳与再演绎的过程，经过这个过程，研究的问题会越来越清晰明确。

其实，对于经验丰富的研究者，明确研究目的的同时，就可以把目标人群和研究问题一并确定下来，但思考的过程仍会遵循上述操作步骤的。

5.1.3 如何进行研究

1. 与开发进程相融合

需要指出的是，在企业里，对于一个贯穿产品开发多个阶段的长期项目而言，项目总的研究目的、目标人群、研究问题确定后，很有可能会根据每个阶段的实际需要，对研究问题进行归类，或将研究问题拆分成不同层次的问题，不同阶段解决不同的问题。研究目的和研究人群一般会贯穿始终，但有时也可能会根据产品开发做出的变化，适当地进行阶段性调整。

因此，充分了解开发进程是非常有必要的，研究规划需要将研究内容和资源安排整合到目前的开发计划之中。

确定实际开发进程最快的方法是与产品负责人进行沟通，每个企业承担产品负责人角色的人员会有不同，可以是项目经理（PM）、产品经理（PD）、运营经理（PO）。与产品直接负责人充分讨论研究目的、目标人群和研究内容，结合开发计划重新安排研究目标的优先级别，去掉会妨碍短期开发进程的研究，解决最重要的问题。

融入到开发进程的研究，每个阶段的产出不仅对本阶段产品改进提供了依据，还能延续到下一阶段的研究当中。研究结论都有助于回答用户是谁，他们想要什么。因此，对用户体验研究而言，虽然受到研究目标优先级别、开发进程的限制，但仍应该制定项目进度表，便于研究者有条不紊地开展研究；也便于他人快速了解项目，延展出更深入的研究需求。

2. 选取适当的研究方法

用户体验研究可以贯穿开发的各个阶段，一般而言，研究会从项目的开始阶段、中间阶段介入，以便发挥更大作用。不同开发阶段介入，用户体验研究承担的角色会有所不同,进行研究时,采用的方法也会有所区别。选择正确的研究方法并非易事,研究经验越丰富,使用方法的经验越多,就越能判断哪种方法更适合解决哪种问题。

完善的研究规划通常会采用几种方法相结合,可并行开展,也可前后呼应,但都需要围绕研究目的进行,与开发进程协调一致。

如果开发一个新产品初期,或现有产品处于重新设计的早期阶段,研究一般会先明确目标用户特征,以及他们的真正需求,可以采用内部讨论、现有后台数据分析、问卷调研、人物角色分析、可用性测试、情境调查、焦点小组等方法深入分析,虽然大多数情况下,研究只能采用 2～3 种方法,但如果项目开发前期的准备时间较长,研究采用多种方法相结合,无疑更加完善更加理想。

经过前期的充分研究,正式开发与设计阶段,再用原型进行至少两轮可用性测试,评估原型效果。

产品发布后,可以采用问卷调研、后台数据分析、日记追踪、情境调查等方法了解用户如何使用产品、操作行为是否与设计初衷相一致,使用障碍及改进需求等,进入下一轮开发。

不过,用户体验研究常常从开发进程的中间阶段介入,此时已经确定了产品的目标用户,帮助他们解决什么问题,采用哪些解决方案,通常这些都无法更改——至少需要下一轮开发才能修改。这种情况下,研究需要调整思路,为本轮开发带来更多直接的好处,为下一轮开发提供更多的基础研究,最大化研究的价值。

在设计与开发阶段,一般会采用可用性测试快速迭代,也会进行竞争产品分析,改进产品细节问题。

产品发布后,通过分析发布前后的后台数据、问卷调研等方法,来了解用户行为和心理变化,以及确定产品目前的用户结构。

产品上线一段时间后,可以开始新需求的收集,采用情境调查、问卷调研等方法,确定下一轮开发需要解决的重点问题。

3. 抽样与误差

无论采用哪种研究方法,都会涉及误差问题,误差的潜在来源会影响研究规划,一个好的研究规划会试图控制误差的各种来源。

不同的研究方法,对抽样的要求不同,定性研究方法更注重典型用户,研究结论更侧重理解用户,而不是推广,更易受到非抽样误差的影响,包括问题定义、研究框架、访谈技巧、信息加工等方面的误差;而定量研究方法更强调样本的随机性,研究结论具有一定的推广性,更易受抽样误差的影响,同时也有非抽样误差的影响,也包括问题定义、研究框架、信息加工,还有测量尺度、问卷设计、数据准备与分析等方面的误差。另外,对于后台数据分析,在公司数据库技术条件允许的情况下,一般不进行抽样,而是分析全部用户的数据,此时也会有偏差,更多是数据采集时引起的。

不论哪种抽样方法和误差影响,在制定研究计划时都需要充分重视,尽量降低总误差,而不是将某一个特定来源的误差最小化。强调这一原则很重要,因为没有经验的研究人员通常用大样本来控制抽样误差,但随之而来的,可能会增加非抽样误差。非抽样误差可能比抽样误差更成问题,因为抽样误差可以计算,而很多形式的非抽样误差难以估计。

4. 项目预算与进度安排

最终选取哪种研究方法或方法组合,需要权衡研究的精度要求(能忍受的误差)和项目预算,在项目预算内,最大限度地确保研究精度。

项目预算包括研究团队的时间、样本招募和奖励费用、设备物料费用等。每种研究方法都有其相对固定的研究流程,所需时间、费用基本能够控制。选定了研究方法或方法组合,研究的日程表基本就能够确定。明确的研究日程表,有助于项目组其他成员合理安排时间,参与到研究中来,帮助研究人员更快速地找到关键问题及解决方案。

5. 小结:研究计划的格式

研究计划没有固定的格式,强调灵活性以便适应项目环境变化。根据沟通对象不同、项目管理工具不同、团队规范不同,研究计划的格式也会有不同的侧重点,但一般会包含以下内容:

- 研究背景和目的
- 研究对象(目标人群)
- 研究的具体内容
- 研究方法或方法组合
- 研究日程表和负责人
- 研究产出物
- 项目预算

对于一个长期项目而言,很重要的一点是,每当出现新知识,都可能对研究计划进行更新。随着团队和公司对用户体验的认识不断增加,研究计划应该随之修订。尤其是研究目标,应该重新评估、提炼和重写,以便跟上变化,将新知识融入其中。

短期项目而言,固有的研究计划也可以随着新知识的出现进行更新,以便适应下一个类似的短期项目。

5.2 用户体验的研究方法

一个研究最终选定哪个研究方法,并不是绝对的,不论哪种研究方法都需要围绕研究目的,权衡预算和精度要求进行选择。

当没有丰富的研究经验时,可以从以下详细介绍的研究方法中,选择一个看起来正确的方法,然后尝试。如果所得结论无助于回答问题,可以先记下来它擅长解决的问题,再尝试另一种方法。经过长期积累,相信你会逐步掌握什么方法适合解决什么问题。

5.2.1 研究基础:用户招募与访谈

定性研究最关键的基础就是找到最佳的被访者,并进行有效提问,即招募和访谈。用户找得不对,研究结论基本毫无用处。用户找对了,但访谈浮光掠影,没有深入挖掘,无法真实反映用户需求,研究工作会事倍功半。

1. 用户招募

招募主要指为研究而去寻找、邀请合适的用户,并给他们安排日程的过程,包括三个基本步骤:确定目标用户,找到典型用户,说服他们参加研究。

不同项目招募用户的条件不尽相同,但招募过程至少需要一周时间,招募方式不同,需要的时长也不等。典型的招募日程表请参考表 5-2。

表 5-2　用户招募的日程表

时间安排	事　项
T－2 周～T－1 周	筛选出最终候选人
T－2 周～T－1 周	发送邀请给主要合格的候选人
T－1 周	发送邀请给次要合格的候选人
T－3 天	为所有候选人安排日程,同时整理备用候选人联系名单
T＋1 天	跟进参加者和研究员
T＝测试时间(一天或多天)	

招募到一个合适的用户,并安排好相应的日程,至少需要准备两个小时,如果从未招募过这类用户,恐怕需要更长的时间。

(1) 确定目标用户

任何用户体验研究之前,都需要充分了解谁会使用产品。如果用户的轮廓不清晰,产品又缺乏明确目标,将无法开展研究,项目也会变得没有价值。

招募开始之前,要确定用户的基本条件,并在招募过程中确认并更新这些资料。可以从用户的人口统计特征、互联网使用经验、网购经验、技术背景、生活状态等基本信息入手,逐步缩小范围,这些因素对确定目标用户的基本条件起到积极作用。再结合产品能帮助使用者解决什么问题,最终确定目标用户的招募条件。

确定目标用户的过程中,需要问自己,研究对象与产品使用者之间的区别,对产品要解决的问题,什么人能给出最佳反馈。具体而言,包括:

- 哪些细分用户群最受研究影响?
- 只有一个用户群还是有多个用户群?
- 哪些因素对研究的影响最大?
- 哪些是期望的用户特征?哪些不是期望的用户特征?

探讨这些问题的答案,并做记录,去掉不相关的信息,最终勾勒出决定目标用户的基本条件。

当然,确定目标用户的基本条件,有时并非那么容易,若某些限制条件相互排斥,可以考虑将研究分成若干群体进行。比如,淘宝的收藏夹改版,需要考虑习惯收藏宝贝的用户需求和习惯收藏店铺的用户需求,此时不能把两个群体混在一起研究,也不能只研究两种习惯都有的用户,可以考虑对两个群体分别做相同的研究。

(2) 找到典型用户

确定了目标用户的条件,就可以着手寻找典型用户了。常用的方法包括使用研究团队建立的 E-panel 库、直接从后台提取符合条件的用户、请产品的运营帮助寻找符合条件的用户、在身边朋友中寻找符合条件的用户、在公司新员工中寻找符合条件的用户等,后两种方法比较适合创新产品或者迭代快速的产品。如果项目有足够的研究时间,通常采用前三种方法,由于运营有时找到的用户比较符合他们的要求,并不一定非常符合研究条件,所以前两种方法是寻找典型用户的最佳方式。

研究团队的 E-panel 库需要日积月累,达到一定数量才能真正发挥作用,并且有一定的维护规则,如参加过类似研究的用户,三个月甚至半年内不能再次参加研究活动。

从后台数据库中提取符合条件的用户,如果需要直接提取用户的电话号码等保密信息,在企业中通常需要多级审批,比较耗时间。也可以在找到符合条件的用户后,给他们发送 E-mail 邀请,说明研究的目的和内容,请他们填写联系方式,包括常用电话号码,便于后续详细沟通。

不论哪种方式找到目标用户,都需要通过电话最终确认是否为本次研究的典型用户。电话确认中,需要有甄别问卷和配额表,用以判断用户的真实情况,以及类似的用户是否已经足够;也需要有时间规划表,以便给典型用户安排合理的时间。

通常甄别问卷包含研究相关的关键问题,不宜太多,最好不要超过 10 个题目。虽然 E-panel 中已经有了用户的基本信息、E-mail 邀请也能向用户询问一些基本情况,但电话甄别确认,仍然是必不可少的环节。因为用户的情况往往比较特殊,具有一定的差异性,所以询问时要尽可能详细了解用户的具体情况,最终判断是否符合研究条件。甄别问卷是招募过程中最重要的部分,可以帮助研究者筛选出符合研究条件、并能提供良好反馈的用户。

大多数甄别问卷都有一些通用的原则:

① 问题数量控制在 10 个以内,一些复杂的研究,题目可以适当增加到 15 个左右。

② 保持简短。整个甄别过程要控制在 5~10 分钟。

③ 清晰具体。要让用户明确知道问题的具体指向,很快给出自己的答案。

④ 不要使用术语。语言要简单、直接、清晰。

⑤ 询问准确日期、数量和次数。这样能消除不同用户对于同一概念的不同界定,如对于"经常使用",有的用户认为每天使用才是经常使用,而有些用户则认为一周使用 4 次就算经常了。

⑥ 每个问题都要有目的。每个问题都要有助于判断用户是否属于目标受众。

⑦ 从一般到具体排列问题,核心问题排在前面。这样有利于快速判断用户是否符合要求,以便节省研究者和用户的时间。

⑧ 问题不要有引导性。问题中不要带有任何价值判断或者答案提示,以免影响用户作答。

⑨ 清楚说明研究形式。要说明研究目的、方式、花费时间、奖励、是否需要提前做准备。

⑩ 保持弹性。对每道题可接受的范围要有所界定,以便不会漏掉能提供有价值信息的用户。

⑪ 去掉所从事行业可能会与研究产生利益冲突的人。去掉从事广告、可用性研究、网站设计和市场调研工作的用户,因为他们会特别留意研究要发现的各种问题,所以他们给出的观点不大可能不带偏见,即使他们想不带偏见都不太可能。

⑫ 去掉近期参加过用户研究的用户。因为他们熟悉研究形式,可能会预测"合适"的答案,不自觉地给出带有偏见的答复。而研究者希望的是没有经过事先准备、没有偏见的

答复,因此要从研究中去掉最近参加过用户研究的人,除非没有其他选择。

⑬ 去掉为礼金或礼物而来参加研究的用户。有些人过于受经济利益驱动,为了获得礼金或礼物,愿意参加任何形式的用户研究活动,他们不太可能会提供自然或者真实答复,需要避免邀请这类人。

配额表最直接的作用是确保典型用户的多样性,如用户的性别、年龄、是否使用过产品、使用产品的经验等,通过关键条件的匹配,一定程度上避免了研究样本偏向某个特殊群体,从而影响最终的研究结论。

时间规划表看似简单,但给典型用户安排合理的时间并非易事,有时为了确保研究顺利进行,不得不舍弃条件符合但时间不合适的典型用户。

(3) 说服他们参加研究

说服典型用户参加研究是一项充满挑战的任务,礼貌的语气、清晰的表达、规范的操作流程、恰当的时间点等都可能促成邀约,主要体现在电话邀约的环节中。

首先要根据用户生活工作的作息习惯,选择一个用户可能相对空闲的时间段,开始电话邀约。

邀约用户时,礼貌的语气能够缓和陌生打扰的突兀,快速亲近用户,降低直接拒访率。接通电话后,首先要使用礼貌的措辞打招呼,表明自己的身份,询问用户此时接听电话是否方便,如果不方便接听,征询再次联系的时间;如果方便接听,则简明扼要地介绍来电的缘由,清晰介绍研究的目的、内容、形式和时长等信息,并强调我们是随机抽取的用户,他(她)的意见将代表众多用户,希望他(她)能够帮助我们改进产品。

用户表明愿意参加研究活动后,礼貌地表明还需要确认几个问题,征得同意后,开始甄别环节。若用户不符合样本条件,则礼貌地告知他(她)暂时不符合本次研究的条件,并对他(她)的支持表示感谢,以后有更符合他(她)的研究项目,会再次致电邀请参加。若用户非常符合样本条件,则需要与用户确定参加研究的日程安排。

通常研究项目会事先预估典型用户的可支配时间,以此设计合理的、固定的时间规划表,为确保研究项目如期完成,一般不会轻易变动已经确定好的时间规划,只能请用户尽量配合。这就需要提前2~5天邀约用户,以便留给他们充分的时间来调整自己的日程安排。在采用焦点小组方法的项目中,这种情况最为明显。

如果研究项目的执行比较灵活,可以根据用户的实际情况来安排时间表,请他们自主提供一个主要时间和几个备用时间,这样就可以充分协调不同用户的时间,消除时间上的冲突。

与最终参与项目的用户协调好时间后,需要发出正式的邀请,通常采用短信的形式,邀请要重申研究内容、参与的重要性、明确的时间、详细的地点、项目联系人等,并请用户回复短信以确认收到邀请。在这一过程中,要保持文案简洁,但又不失亲切感,使用户更愿意阅读。

在项目执行前一天,需要打电话提醒用户,询问他们是否可以如期参加项目,这是防止用户爽约最有效的办法。这样既能提醒用户,又能巧妙地强调他们参与的重要性,同时,一旦他们真的不能来,还可以有时间重新安排其他人来参加。

另外,在执行时间前20~30分钟,再给用户打一次电话,询问用户是否已经在路上,是否能够找到约定的地点,这样能够再次提醒用户,也能突出他们对研究的重要性,同时也体现了研究者对他们的关心,增加亲切感,还能挽回个别临时不想参加的用户。若用户确实无法参加,研究者也能够根据实际情况调整现场安排,如及时通知参与项目的业务方,以便他们在空档时间可以处理其他重要的事情。

适当的物质奖励也是说服用户参加研究的必要方式。只要秉持一个原则,即邀约用户之初不要用礼金或礼品诱惑用户参与,而是始终强调他们能有机会对自己看重的产品发表看法,并且这些看法非常有价值,能够帮助公司改进产品。在用户明确表示愿意参与研究活动后,可以告知研究结束后会有礼金或礼品,以便让用户了解到自己付出的时间和经验,会得到相应的回报。

招募中需要注意以下事项:

① 错误人选。招募到错误人选的原因很多,常见的有:甄别问卷中的关键性筛选问题措辞不对,导致用户的回答与实际预期不符;确定目标用户时忘记了一个关键要素;招募用户时采用了最低标准等。不管是什么情况,有时就是会邀请到错误的人选,每个研究员都会有这样的经历。遇到这种状况,通常会取消访谈,然后重新招募。重新招募前首先要明确招募到错误人选的原因,加以修正。

② 爽约。任何受邀群体中,总会有大约 25% 的人会因为这样或者那样的原因而爽约,有时爽约率甚至更高。目前通常解决的办法有:邀约时,一旦用户对参加研究活动表露出犹豫或表示时间不确定,要作好记录,这样的用户爽约几率会较大;邀约时,确保每个时段都有对研究活动表现出较高积极性的用户;在提前一天与用户确认时,详细了解用户的动向,以便提前做好补充样本的准备。另外,如果研究项目的时间紧、研究结果非常关键,或者有极其重要的人员会观察研究的执行,最好能够确保在每个时段有两名参与积极性较高的用户。若两名用户都准时到达,先选择一个最符合要求的用户进行研究,另一个用户可以由其他的研究人员在另一个场地进行研究,若缺少额外的研究人员或受研究工具和场地等条件限制,无法同时展开研究,比较常见的处理方式是请额外出席的用户先回去,事先承诺的礼金依然要给,并有相关的说辞请用户谅解,以免打消用户的积极性;或者有事先准备好的问卷调研、卡片分类等任务,请额外出席的用户完成,这些任务互动成分少一些,用户可以完成后,再离开。另外,在用户离开前,如果条件允许,还可以带他参观一下公司。焦点小组的研究方法,额外出席的用户也采用类似的处理方法。

③ 偏差。几乎所有招募方法都会使最终研究的用户与目标用户间存在偏差,不可能真正做到随机抽样,因此存在一定程度的偏差在所难免。一般情况下,偏差不会影响项目,但招募时要考虑到潜在偏差,以及偏差将如何影响研究。

④ 隐藏信息。有的项目研究目的是为了考察用户日常使用某个产品的行为习惯和心理,在招募时不会详细告知用户研究的具体细节,或者产品的名字,甚至有些研究项目不事先透露的信息会更多,以免他们为了配合研究,而提前刻意做准备。切记此时不可欺骗用户,只是信息的选择性告知。

⑤ 特殊人群。有些研究项目的目标人群非常特殊,他们可能很难触及,或非常敏感,比如搜索作弊的卖家,购买成人用品类目的买家等,招募时可能会用到其他的方法,比如采用滚雪球的方式(一个用户介绍另一个用户的方式)。这样的用户爽约率可能会很高,

需要比平时预约更多。

招募并非简单劳动，一次成功的招募会对研究起到至关重要的作用，一般成熟的用户体验研究团队都会选择与专业的招募公司合作，或培养专职的招募人员。与专业招募人员合作时，一般会有规范化文档，由于招募人员并不了解所研究的业务或者研究需求，研究员需要认真准备并合作，按照流程非常详尽地说明需求，这样才能更快地找到需要的用户。

2. 访谈

本章提到的大多数研究方法，都会用到访谈的技术，与招募一样，访谈几乎是所有用户体验研究的基本组成部分。在定性研究中，尤其是可用性研究中，观察至关重要，但要真正了解用户的体验，必须进行提问，即访谈，以获得重要的信息。用户体验研究中的访谈，与日常生活中的对话不同，它更规范、更标准，具有一定的结构性，而且是非引导性的，需要去掉访谈中提问者的观点。

（1）访谈的结构

用户体验研究中的访谈，基本结构都类似，从最普遍的信息开始，逐步深入到越来越具体、越来越重要的问题，然后再回到较大的问题，最后总结。标准的访谈过程有以下 6 个阶段：

① 介绍。研究人员作自我介绍，说明中立身份、简明扼要地介绍研究目的和内容。并请被访者介绍自己，彼此建立平等关系，营造舒适的谈话环境。

② 热身。热身问题，一般比较宏观、简单，主要是为了让被访者消除紧张感，快速进入话题，把注意力集中到对产品的思考和问题的回答上来。

③ 一般问题。从被访者使用产品的方式入手，重点关注使用习惯、态度、预期、方法以及经验。此类问题主要是为了真实还原被访者对产品的认知和使用情景，以免项目组对产品的假设影响到被访者的想法。

④ 深入重点。如果是新产品的体验研究，可以介绍产品或想法；如果是已有产品，则可以介绍产品的改进情况。此阶段需要关注产品细节，如产品能做什么、如何操作、是否可以使用来直接体验。当然，这些内容需要根据研究目的来设定何时介绍给被访者，有时需要在被访者使用之后，了解了被访者的真实想法、使用感受后，再做介绍。比如可用性测试，有时事先不会告知被访者产品的细节，而是先请被访者按照布置的任务进行体验操作，进入访谈阶段时，在了解了被访者的想法和感受之后才完整介绍产品，再进行深入讨论。

⑤ 回顾。在此阶段，被访者可以从更广的范围评估产品或者想法。该阶段的讨论与"一般问题"阶段形成对照，讨论的重点是在"深入重点"阶段引入的产品或想法，如何影响被访者之前所讨论的内容。

⑥ 总结。总结是访谈的尾声，可以用来查漏补缺，时间通常较短。讨论的主题通常能让被访者感觉到访谈即将结束，没有突兀的感觉，以便在友好的氛围中结束访谈。

（2）非引导性访谈

引导性问题不应该出现在用户体验研究中，否则可能给产品带来灾难，因为它很可能会把提问者的个人想法带入到本该只是回答者的观点当中。但想避免引导性问题，说起来容易，做起来难。提问者要始终保持警惕，并且要坚持必须无条件了解回答者的想法，要坚持"做学徒，而不是导师"。

非引导性访谈，不会使访谈过程带有研究人员的"偏见"或"前见"，而"污染"了被访者的想法，从而讲出研究人员预先设想的答案。它是获得被访者自己的想法、感受及经验的过程，而不是研究人员筛选想法的过程。

① 保持中立态度。

作为撰写访谈提纲及提问者，研究人员需要去掉自己对产品的了解和感觉，需要忘记所有为产品付出的辛苦和创意，需要抛弃所有对产品成功的希望或失败的恐惧，忽略一切听说或者想过的关于该产品的事情。要完全中立，就好像根本不是自己要访谈一样，只是自己对一件与你无关的事情进行提问。

虽然听起来很苛刻，但必须这么做，才能真正理解被访者对产品的正面和负面反馈，并且把产品本身的研发与用户想要或者需要的东西关联起来，而不是项目组认为的用户想要或者需要的东西。否则，只能作茧自缚。

若要提出的问题不会导致被访者的答案带有"偏见"，有很多自我保持距离、严格审视的方法。如果研究人员对产品很熟悉或者有很大兴趣，研究起来会相对困难。作为新手，研究人员可能会觉得花费大量精力而没有提出明确问题，或者是问题本身显得矫揉造作。当有了一些访谈经验之后，哪些问题会激发被访者、如何组织问题以便能得到最自然的反馈，这些技巧会越来越清晰。当研究人员掌握了非引导性提问的技巧后，提问会变得自然，分析起来也会更容易，而且得到的无"偏见"答案能给产品研发带来更多成功的把握。

② 问题的非引导性。

最重要的是，每个问题的重点应该是回答问题的人。研究员应该关注体验，而不是推测。有时，我们对自己行为的理解很少和我们的真正行为相对应。如果我们把自己放到别人的情况中，我们会把事情理想化和简单化。这样有益于理解用户的想法，却几乎无益于理解他们的行为。类似"这项特性有用吗"的问题很容易被用户误解为"在所有情况下，您认为某个地方某个人会觉得这个特性有用吗"。即使大多数人能理解字面意思，但潜在的误解会造成所有回答都值得怀疑。这项特性对您现在的工作有价值吗？为什么？如此提问，能够更加明确，让被访者站在自己的立场和使用情景下，如实反馈对产品的想法和体验感受。

同样，问题要关注直接体验（immediate experience）。用户的当前行为比他们对自己的预估更能预测其未来行为。如果要问"您觉得这有趣吗?"他们会想象只要在某种程度上觉得有趣，就会回答有趣。但理论上有趣的东西和用户能记住并能回忆起来的东西有时相差很大。如果他们现在找到了令人信服的事情，他们可能会继续认为它令人信服。因此，用"根据您自身情况，如果现在能用，您会使用吗? 为什么?"来提问，答案会更有用。

问题要客观。不要让回答问题的人觉得研究人员在期待某个特定答案，也不要让他们觉得没有正确答案。可以明确指出，答案没有对错之分，他们的想法就是正确答案。提问时重申这一观点，效果会更好。难道您不认为，如果手机上也可以使用这个特性会更好吗? 这个问题在暗示提问者认为这是个好主意，回答问题的人除非没有明白，否则不会不同意。如果手机上有这个特性，您会使用吗? 为什么? 这种说法并没有暗示提问者有预期答案。更好的提问方法是："您有没有想过这个特性的其他使用方式?"如果被访者说出初步想法后,就可以迅速开始讨论手机上应用这个特性。

问题要关注单一主题。采用"和"、"或者"连接两个想法的问题会导致含义模糊,因为让用户分不清楚要回答哪部分问题。这个产品怎么改进才能适用于学生或者上班族? 这实际上是两个问题,而问题的答案可能不足以区分出两个人群的情况。

保持问题的开放性。如果给出的选项有限,即使用户的观点不在选项内,或者如果他们觉得应该有一个以上的选项,他们也可能会选择其中一项。他们会调整自己对选项的定义,挑选出跟感觉最接近的一个选项。这在讨论的过程中可以感觉到。因此,在讨论中如果需要让用户做选择,需要指出可以提出所列选项之外的选项,除非能绝对肯定已有选项覆盖了所有可能性,或者讨论的范围就局限在现有选项。以下这些特性,哪个对您最重要? 这个问题就假设了选项包含了重要特性,并且其中有一个比其他更重要。更好的办法是采用下面的问法:请您给下列特性的重要性打分,采用1~10分,1代表最不重要,10代表最重要,如果某项完全不重要,可以用0表示。如果您认为重要的特性没有列出来,请写出,并打分。或者可以采用忽略预设特性的方式,请用户先列出产品相关的特性,比如"该产品有没有对您特别有用的地方? 如果有,是哪些? 什么东西让该产品有用?"然后再对用户提出来的特性,进行重要性评分。

避免二元选择问题。二元选择问题是一种特别狡猾的封闭式问题,其形式有"是/否"、"真/假"、"这个/那个",用户被迫做出黑或者白的选择,而他们的态度可能并不接近这种极端情况。"这是好产品吗?"这个问题漏掉了用户态度中的微妙想法。虽然能迅速知道用户的即兴意见,但实际上了解他们认为哪些地方好、哪些地方不好更有价值,而不仅仅是他们认为产品是好还是不好。所以,问题可以改成"如果有的话,您喜欢这个产品的哪些地方?"

③ 执行中的非引导性。

研究人员在执行非引导性访谈时,需要更加细心地倾听自己和被访者的对话含义,注意会产生"偏见"的信号,可以做一些事情来提高答案的质量。

界定专业术语。用户与研究人员、用户与用户对词语尤其是专业术语的理解都有可能不同,如果不理清概念,很容易得出错误结论。首先要避免含糊不清的表述,"那个东西"可以指按钮、特性,或者整个网站。然后就需要统一对专业术语的理解,确保讨论的基础相同。用户对专业术语的界定很可能不同于字典似的名词解释或项目组的界定,比如卖家都会做店铺装修,但卖家理解的"店铺装修"就会不同,有的卖家认为在店铺首页改动一个促销广告图片,就叫做"装修";而有的卖家则认为店铺首页的整体框架变化了,才叫"装修";项目组可能认为"装修"是店铺的布局、视觉发生了变化。只要有可能,解释专业术语时要尽可能使用用户能够理解的表述,即便在公司内部绝对不会这么"不专业"地表述。必要时,可以请用户来界定,然后共同讨论,确定出统一的表述。在座谈会这种群体互动的研究方法中,这一点尤为重要,因为人人都有自己不同的界定,需要在深入讨论前,统一对专业术语的理解。

不要强求观点。对于某些事情,用户就是没有什么观点。他们可能从未想过某个问题,也可能因为信息不够而无法形成观点。其实,征求观点时,大多数用户都能给出观点,但这种观点是否经过认真考虑或者深入思考，就需要研究人员仔细分辨。如果提出的问题需要意见，要确保用户的回答能包含观点，即能说出实质性的原因。"如果能自动完成用户分类，客户关系管理工具会不会更好？"这种问题对从未想过要使用过客户关系管理工具的用户而言，就没有意义，而对研究人员而言，得不到可靠的答案。

重述答案。有时采用不同词语重述用户的答案，并请用户确认，是明确是否理解了用户想法的好办法。这样能验证大家对词语的理解是否统一，并确保研究人员理解了用户的想法，用户也理解了问题。

跟进例子，但首先要等待未被引导的答案。有时用户理解了问题，但可能不知道如何回答。如果问题措辞准确，回答起来就不太会有困难。虽然有时候研究人员会故意想问一个含义宽泛的问题，来看看用户如何理解概念或者发现他们最普遍的想法。可以在认为需要的地方，准备 1～2 个例子。用户给出最初答案后，可以使用例子再来调整他们的想法。比如，针对评价体系改造的卖家焦点小组座谈会，对凸显卖家诚信经营的指标进行讨论时，如果用户说出的指标过于狭窄，研究人员可以举例说，"如果现在把您的发货速度放到商品详情页面，会怎么样？"看看用户顺着这个思路会不会产生其他想法。例子最好不要超过两个，因为例子本身往往会强烈干扰人们的认知。

利用实物带动用户的关注点并触发想法。在互联网产品研究中，"实物"主要是指页面、工具等，也可以是用户使用的电脑、手机等。实物能够一定程度上，把用户带回到实际的应用环境中，在此条件下询问用户应用产品过程中的想法，得到的答案会更有价值。如果是实地访谈，可以请用户使用自己的电脑按照日常习惯对产品进行操作，以此来了解用户操作过程中的问题。用户想象和讨论的理想条件常常和他们生活的实际条件并不一样，而他们使用的实物能提醒他们在理想条件下所缺少的繁杂细节。

要留意自己的预期。访谈过程中，需要注意观察与原有认知不相符的情况，避免自以为是地预测用户下一步会出现的情况。研究员对访谈的进程、用户的回答不可能毫无准备，但需要时刻提醒自己，不可以让自己的预期干扰访谈、干扰用户的原有判断，否则访谈的操作很可能会偏离正常的轨道。如果能注意到自己的预设，会及时避免由此带来的偏误。

不要说用户错了。即使用户对产品的操作方式或用途的了解完全不同于产品本身的意图，也不要说其观点错误。研究其观点，努力了解产生这种观点的情景和原因，同样可以得到有价值的结论。要提醒自己，用户对产品的理解没有对错之分。

仔细倾听用户对你的提问。这些问题能揭示用户如何理解产品或情景的很多东西，对了解用户的经验和期望也非常重要。当用户提出问题时，可以与之探讨为什么要问这个问题，比如，如果用户问："它用起来就是这个样子吗？是这么用吗？"研究人员可以用提问的方式进行回答，以深挖提问者内心的真实想法："您认为它就是这么用的吗？"或者"您期望它就是这么用的吗？"

从措辞和意图上保持问题简单。问题是用来发现用户的假设和认知的，而不是来证明观点或者评判行为的。好的问题能有效降低引出观点或看法所付出的努力；也能获得更清晰的原始信息，确保最终结论能够真实反映用户的想法。

利用回顾进行辅助。常见于可用性测试，靠记忆力和笔记可能会漏掉用户的关键操作或者微妙区别,借助仪器或软件可以记录下用户的操作过程。如果无法明确用户在测试中的操作行为时,可以回放用户的操作,以便更准确地提问。研究人员一般情况下会自己边回放边提问;有些研究中也可以请被访者一同回顾之前的操作,进行提问。

（3）注意事项

- 最好使用开放式问题。"这三种介绍宝贝的页面,您最喜欢哪个?"如果用户一个都不喜欢,这样问题就不是特别有用。"这些介绍宝贝的页面,有您喜欢的地方吗?"如果用户有喜欢的地方,这样问就能告诉研究人员,他们喜欢哪些内在特征。研究员可以根据用户的喜好来改进介绍宝贝的页面,而不是任意选择一个。

- 避免使用二元问题。"店铺动态对您而言是重要特性吗?"这个问题不易得到是与否背后的全部原因。也许用户并不打算实时了解店铺的所有信息,但希望定期了解店铺的促销信息;也许用户只想了解个别店铺的信息,没必要了解所有收藏店铺的信息。如果把这个问题改为:"关于店铺动态,您觉得哪些地方有意思?"能说明哪些地方有趣,所得答案会更有价值。

- 用词要准确,避免词汇过多或词汇有多重含义。"如果在网上找东西时迷路了,您因此而绝望,您会怎么办?"这个问题中的"绝望"并不准确,它可以解释成"非常迷茫",也可以解释成"完全迷失,不可能找到任何东西"。可以把问题重写成"在网上找东西时,您发现不知道如何返回到之前访问的地方,您会怎么办?"

- 避免要求用户预测未来。如果用户计划自己的未来行为,他们往往会过于简单化和理想化,使得预测会做的事情与实际会做的可能风马牛不相及。用户更擅长解释其正在进行的行为,而不擅长解释预测的行为。如果有兴趣了解特定情况下人们的行为,可以将其放到这种情况下,才能挖掘出更贴合实际的内容。

- 避免施加权威,避免利用同伴压力。例如,"大多数人都说用这个工具找信息很容易。您也这么觉得吗?"或者"设计师拥有导航工具设计的丰富经验,他们想出了这个设计。这个导航工具对您能起多大作用?"这些问题几乎都能简化成实际问题:"请描述一下您使用该工具的感受。"

- 不要假设自己知道答案。有的研究人员会习惯一边听用户对问题的答复,一边假设答复与自己已经听过的类似,而只仔细听出乎自己意料之外的答案。用户有时甚至会使用很多与研究人员认知或预期相同的词汇,但他们关键性的否定或者倾向性的陈述,可能会推翻或从根本上改变他们之前所说内容的含义,因此研究员要仔细倾听用户说的每一句话、每一个字。

- 不要假设用户对所有问题都有答案。并不是每个用户都明白他们知道什么、不知道什么。如果问用户某个产品在同类型的产品中是否属于领先地位,其实就已经假设了他们熟悉同一类型的所有产品,他们可以在所有产品中做出平衡的、有见地的评估。

并非只有制定问题时才有可能出现麻烦,对用户答案的解读也取决于提问方式。提问时,需要注意以下提到的用户行为,这样才能迅速发现这些行为并采取相应的后续措施,减少之后分析的歧义。

- 用户并不总是愿意说出他们的真实想法。有时用户说"是",是为了避免说了"不是"而产生的冲突。研究人员需要注意观察能说明其真正意思的线索。用户回答时犹豫不决,或者回答不符合之前的陈述,这些都可能是研究人员需要注意的线索。可能还有更微妙的线索,比如有用户边摇头边说"是",或者突然不说话了。要能在此时发现情况,并请对方解释清楚。通常情况下,给用户发言的机会,就是给他信心说清楚真正想表达的意思。

- 用户有时回答的问题和所提的问题不一致。在用户集中精力思考自己关注的问题时,比较容易听错其他问题的细节。用户有时对研究主题有自己的思考,他们真正想讨论的是那些研究人员没有问的问题。此时,要认真倾听他们说的内容,判断与自己所问的内容是否直接相关。如果明显偏离,要打断他们,并再次向他们提出问题,但要采用略有不同的措辞,不要害怕坚持同一个问题。

如果遵守以上全部规则,对话可能会很枯燥,而且可能会比遵守规则消除的偏见更糟糕。访谈的理想状态应该是,用户与研究人员交谈,如实回答问题,应该感到很自在;与用户交谈,研究人员也应该觉得很轻松。

因此,设计访谈的问题时,要把这些规则当成建议,尽可能全面遵守。但如果发现访谈气氛非常僵化和机械,就需要打破规则,采用即兴访谈、人性化访谈、谈及事例等方式,让用户摆脱困境。访谈既是非引导性的,也应该是让人感觉舒服的。最终,最佳的访谈就是在研究员需要的时候,能够给自己提供所需信息的访谈。要做到这一点,并非易事,要根据实际情况、所面对用户的具体情况,适当采取不同的访谈策略,这些规则有助于尽可能获得研究所需的最佳信息,但必须要知道如何恰当实施这些规则。

3. 实际案例

淘宝网 UED 用户研究团队每年年底都会针对全网重点产品进行用户体验研究,着重考察用户在使用淘宝产品的过程中遇到哪些困难,希望淘宝做出哪些改进等。以下是2010 年度调研中针对淘宝集市买家购物体验的深访提纲。

2010 年度淘宝买家购物体验深访提纲

一、介绍和热身(15 分钟)

了解用户的人口特征、淘宝特征、在淘宝上的购物习惯。

人口特征:姓名,职业。

淘宝特征:注册时间、星级。

在淘宝上的购物习惯:常购类目,购买频率,每次浏览时间。

二、主体部分——用户的购物过程(共 70 分钟)

【主持人展示淘宝首页】

平时在淘宝整个购买过程如何?通常的购物起点是什么?

a) 类目;b) 搜索;c) 店铺

三种起点哪种用得比较多?如果三种都用的话在什么情况下用何种方法找?

(如果用户说只用搜索,后面类目部分就带过了。主要的原则是根据用户的选择直接

跳到相关的部分,没有提到的就带过好了)

(如果在访谈的最后还有时间,主持人可以演示一下相关的功能对没有用过的选项询问一下没有用的原因)

a)从类目开始购物(重点 20 分钟)

此处需要从购买的流程切换到类目开始购物。如果用户前面提到用过类目,衔接可以说"前面你有提到说会点类目进行购买,那你平时用类目的时候有没有遇到什么问题啊?"如果用户从没有用过类目进行购买,可以衔接"那你看首页这里有很大一块,你有没有尝试过啊?"没有尝试过就不用继续问了。后面衔接一下问问"我要买"有没有用过。没用过的问一下"你觉得这个'我要买'是做什么的?"【点开给用户看看】和你想的是不是一致。

i. 首页类目【主持人打开首页类目】

1. 之前使用类目过程中有没有遇到什么困难?

2. 你通过类目能不能找到你想要买的宝贝?

ii. 我要买【主持人打开"我要买"页面】

1. 这个功能您通常在什么情况下用?

2. 过去一个月里面你大概有过几次用这个功能的情况?

3. 使用上还有什么其他难度?

4.【询问没用过的人】那你觉得这个"我要买"是做什么的?

5.【打开"我要买"页面】和你想的是不是一致?有哪些不同?

b)从搜索框开始购物(20 分钟,其中重点搜索结果页)

搜索这块主要问一下他怎么找在搜索结果中找到想要的东西?主要考虑的因素是什么?追问这些因素决定的是什么?在用搜索时候碰到的问题。和上部分衔接可以说"你刚才也说了在淘宝上买东西经常会用搜索的,那我们现在做一个尝试吧,你来搜索一个你最近想买的东西。"

i. 整体感受:寻找宝贝难度?

ii. 分类属性:【主持人呈现分类属性】

1.用。平时怎么选择?有没有不理解、不好用的地方?提供怎样的帮助?属性多选?

2. 不用。为什么?

iii. 筛选器:【主持人呈现筛选器】

1.用。常用选项?定制化?排序?

2. 不用。为什么?

iv. 宝贝列表:【主持人观察选择的宝贝】

询问决策因素:关注的哪些信息?还想看什么?

c)宝贝详情页(15 分钟,其中重点购物车 & 收藏夹)

【主持人展示宝贝详情页】

i. 整体感受

ii. 页面里信息的质/量：通常看里面什么内容？还想看什么内容？哪些多余？

iii. 掌柜吊顶：能否找到掌柜信息？常用选项？信息里外分配？

iv. 购物车 & 收藏夹

1. 购物车。用，什么情况下用，这种情况多不多。不用，没看到？不知道？其他原因？

2. 收藏夹。用，什么情况下用，这种情况多不多。不用，没看到？不知道？其他原因？

3. 有没有放入购物车但是自己很久都不买的东西？

【主持人征求用户意见打开收藏夹，看看是否存着宝贝。】

当时为什么放在购物车里面？为什么不放在收藏夹里面？

【主持人打开收藏夹】

使用收藏夹的时候有没有什么问题？

d) 从店铺开始购物（15分钟）

这部分和上个收藏夹的衔接可以分为两种，如果用户前面提到了会找某个店铺可以说"你前面提到了有时候会找某个店铺，那你能不能给我举个例子，你说的找某个店铺是什么情况呢？"后面可以跟他确认他指的找店铺是不是和我们同行的搜店铺或者通过店铺街找店铺是一个意思。如果用户前面没有提到找店铺，我们可以问，"前面我们谈了几种你常用的找宝贝的方法，你有没有过找某家店铺或者某类产品的店铺的情况呢？"

没有，结束。

有的，什么情况下找店铺？

【主持人打开店铺搜索或店铺街，看用户平时用哪个，可让他操作一下】

i. 店铺购物路径：从起点开始回溯下。

ii. 店铺决策因素：平时是怎么找店铺的？左边做哪些筛选？右边列表上关注哪些信息？还有没有别的信息需要在这个页面上出现的？

三、总结部分（5分钟）

您在淘宝购物还有哪些不方便的地方？

【查漏补缺，结束访谈】

5.2.2 简易人物角色

简易人物角色主要应用于产品开发过程的起始阶段，包括新产品和重构产品。开发产品之前，目标用户与产品形态应该同时形成，这样才能明确产品能做什么、为谁而做，这些早期决定指导着整个开发过程的方向。简易人物角色模型有助于理解为什么要做正在做的产品、用户为什么会使用这个产品。

1. 操作和分析过程

一般而言，建立简易人物角色只要有白板、即时贴，再加上项目组成员参与就够了。它还有另外的作用，就是有助于建立新团队，并提供给大家沟通的共同基础。简易人物角色的日程表请参考表5-3。

表 5-3　建立简易人物角色的日程表

时间安排	事　　项
T−2 周	预约会议室,并邀请项目组成员。各自开始初步研究
T−1 周	完成项目组成员的日程安排。各自继续初步研究
T−2 天	各自完成初步研究并总结。与项目组成员进行确认完成情况
T−1 天	准备会议室,确认讨论的内容和时间安排
T	项目组共同讨论、组织初步研究的资料,丰富人物角色
T+1 天	编写人物角色模型
T+3 天	完成人物角色模型。提交给项目组,分发文档

创建简易人物角色是一项集体活动,必须经过整个项目组成员共同决定、充实与确认。产品开发过程的关键人员都需要参与进来,包括产品经理、运营人员、开发人员、代码测试人员、设计师、前端工程师、用户研究员等,也可能包括市场部人员、数据挖掘人员、规则部人员等,因为每个成员都会给人物角色带来不同信息、不同分析角度。项目组成员提供的有关目标用户的内容放在一起,可以丰富人物角色,也有利于确保整个项目组达成一致,向着共同的目标努力。

一般会邀请 5~8 个项目组成员参与记录和分析人物角色的过程,如果人太多,会议会变得臃肿;如果人太少,人物角色会无法用于整个项目组。

(1) 初步研究。

在建立人物角色之前,需要对用户有更加直观的了解,然后建立简要描述,并逐步完善丰满。初步研究是必要的,因为只有对目标用户有了充分理解,才能在项目组讨论时,言之有物、有据可依。不仅用户研究员要进行初步研究,项目组后续参与讨论的关键成员也需要在各自领域进行初步研究,如此,大家才能更高效地完成讨论。

用户研究员的初步研究可以从内部研究着手,首先可以与公司的其他内部员工沟通,充分了解他们对目标用户的理解和想法。内部员工可以是其他产品的产品经理、运营、设计师或者开发人员,也可以是直接接触过目标用户的同事,还可以是公司高管。在沟通的过程中,可能会得到自相矛盾的用户资料,因为不同部门的同事关注的重点会不同,看问题的角度也不一样,这种情况很典型,也很正常。不管是否矛盾,都要把所有资料收集起来,不要在建立人物角色之前就试图解决矛盾。

用户研究人员的初步研究也需要尽可能地访谈目标用户,如果对于新产品而言,无法找到实际用户,则可以寻找类似的用户。根据时间安排,可以找 5~10 个用户进行访谈,请他们谈谈目前市面上的产品在哪些方面对他们有帮助,请他们描述碰到的问题和体验感受。要记下对研究有用的评价、困扰和案例故事。

(2) 列出细分属性。

做好初步研究后,项目组关键成员需要共同讨论,确定各自关注的可以界定人物角色的属性。首先,请大家列出能够描述目标用户的属性清单,尽可能列出所有能够想到的属性。列出属性时,不仅要利用大家在各自领域中初步研究获得的成果,同样重要的是还要利用直觉。

实际上,项目组成员可能在内心往往有更加丰富的想法,但一般不愿拿出来分享,因为他们自己都还不能完全信任这些想法。但要鼓励他们分享怀疑、预感和期待，并且要让他们感到舒服，因为没有谁比其他人更正确。所有属性都不需要有明确信息，因此总会出现一些基于经验的猜测。这些想法越早产生越好，以避免后续已经建立好人物角色后，又出现疑惑的声音。只要把这些猜测的想法做好标记即可，当出现新信息能够支撑这些想法时，就可以拿来修订人物角色。

属性列表不是核查清单，也不是一个无穷列表，它是思考如何描述目标用户的指引。每项属性都带来很多问题，可以用来充实人物角色。

对于互联网产品，通常涉及的细分属性包括如下几个方面。

- 该产品用户的人口统计特征。人口统计特征是最基础的描述人物角色的指标，包括年龄、性别、收入和购买力、生活区域、文化程度、职业状态等。
- 该产品用户的生活方式/消费心态。用户的生活方式和消费心态，对思考用户如何体验产品非常重要，包括价值观、对生活的态度、喜欢关注的事物、喜欢从事的活动等。
- 该产品用户的社会角色。用户的社会分工会对他们看待事物、使用产品的习惯带来影响，包括在团体中的头衔、权利、职责、社会关系、经常互动交流的群体特征等。
- 该产品用户的电脑硬件配置。硬件配置对互联网产品的使用有一定的制约作用，包括使用的电脑类型（台式机还是笔记本电脑）、显示器分辨率、宽带大小、浏览器类型、操作系统版本等。
- 该产品用户的互联网使用能力。对互联网的使用能力一定程度上决定了用户使用产品的卷入程度，包括使用互联网的频率、时长、在网上主要做的事情等。
- 该产品用户使用互联网的环境。用户使用互联网的环境会影响他们认知产品的方式，包括使用地点、使用的时间点、常用的软件工具等。
- 该产品用户使用产品要达成的目标。确定用户使用产品的最终目的，有助于理解他们的行为和态度，包括使用产品要达成的短期目标、长期目标、最终结果、使用动机等。
- 该产品用户对产品的需求和愿望。涉及用户使用产品的心理层面的内容，较难把握，却很重要，包括对产品的功能性需求、情感化需求，用户说他们想要什么、用户实际想要什么等。
- 该产品用户对产品的了解程度。用户对产品的了解程度决定了他们使用产品的卷入程度，包括对相关领域知识的掌握程度、对产品知识的掌握程度、对竞争产品的关注程度等。
- 该产品用户对产品的使用模式。用户使用产品的模式会决定他们对产品有什么要求和期待，包括用户对于该产品的使用频率、使用习惯、忠诚度等。
- 该产品用户使用产品做什么事情、如何做。用户使用产品执行什么任务、怎么做，决定了产品的发展方向，包括做事情的理由、持续的时长、完成任务的流程、任务的重要程度、完成任务的方法、完成任务的其他方式等。

项目组成员对每个属性讨论出的具体内容并不需要达成单一性的认知，只要大家认可多样性的内容就可以,这更有利于后续建构人物角色模型。

(3) 细分目标用户群。

确定了细分用户的属性清单后,就需要根据这些属性的具体内容,将目标用户分群,不同群体在主要属性上的具体内容要有所不同,一般划分出 3～5 个细分群体比较合适。群数太多,不宜于应用;群数太少,无法体现目标用户的多样性。

参与讨论的项目组成员,每个人都需要根据属性清单讨论出的具体内容,共同完成细分目标用户群。操作过程可以参考如下步骤。

- 用不同颜色或大小的即时贴,代表不同属性,每个属性包含的具体内容写在不同的即时贴上。按照不同属性,将即时贴分配给参与讨论的项目组成员。
- 先请其中一位成员,按照自己的意愿,将即时贴分成若干细分群体。
- 请另外一位成员,把自己的即时贴放到已分好的相关细分群体周围,一次放一张。不用管即时贴如何关联,只要觉得它们的确有关联就行。如果有必要,可以复制即时贴,将同样内容的即时贴放到不同的细分群体中。
- 如果项目组成员认为有的即时贴不适合归入到现有细分群体中,可以另外再建立一个新的细分群体。
- 每个成员都分好自己的即时贴后,开始进行小组讨论。即时贴分得合理吗? 他们为什么要分在一起? 可以根据讨论移动即时贴,直到每个成员都对划分出的细分群体达成一致。

当属性较多时,需要花费很长时间才能完成细分群体,有时也可能反复以上提到的过程,不过在整个讨论过程中,项目组成员对目标用户及各细分群体的理解会越来越清晰。

(4) 为每一个细分群体创建一个人物角色。

确定了目标用户的细分群体后,就需要引入个人详细资料来创建人物角色,以便关注特定用户群的需求。

每一个人物角色就是一个鲜活的个人,但也许现实生活中并没有这样的人,而是由同一个用户群体的多个用户的具体情况,拼接出来的虚拟人物。增加各属性的细节时,要注意细节之间的连贯性,这样可以使每个人物角色更加丰满、富有生命力,看起来更像是在描述个人。此时需要注意的是,在描述每个人物角色时,主要属性不能发生变化,只是利用细节丰富这些属性。增加足够多的细节,可以让人物角色看起来更真实可信,但尽量不要引入会干扰属性的特征。

完成人物角色后,项目组需要讨论这些人物角色可信吗? 他们看起来像要使用该产品的人吗?

(5) 确定人物角色的优先级。

并非所有人物角色都同等重要,因此项目组要确定人物角色的优先级别。业务需求、设计需求、开发需求都有可能决定优先级别,依据哪个需求确定优先级别,主要取决于产品的规划和策略。

(6) 讲故事。

有了人物角色,就可以以此来创建用户使用产品的情节。情节是描述一个人如何采取行动或如何进行思考的故事,一般会叙述用户根据动机、期望以及态度所做的事情。项目组可以根据人物角色扮演真实用户,通过他们的视角判断使用产品过程中遇到的问题,评估项目组给出的解决问题的方案等,讲述一个完整连贯的故事。

讲故事的时候,也需要考虑理想状态下的情节;或者引入一个制约因素,看故事会如何变化。这样操作,更有利于全面理解每个人物角色的特点,从而把这些理解带入到产品开发当中。

以上(2)~(6)的过程最好能在一天内完成,因为时间过长,建立人物角色的过程被打散,时间会冲淡项目组成员的记忆、降低他们的热情。

(7) 建立人物角色的文档,并与项目组共享。

建立人物角色的过程比人物角色本身更有价值,但要想从这一过程中充分受益,则需要持续使用人物角色。在产品开发过程的关键节点,都要记录、分享、更新并使用这些人物角色。

建立人物角色后,要向整个项目组讲授人物角色,以及如何使用人物角色,这是确保人物角色长期有用的最佳方式。有时并非所有使用人物角色的人都是项目组成员,即使项目组成员也需要提醒。形成共享文档,能比较有效地解决这个问题。人物角色的文档应该是对创建内容提炼后的结果,最终文档需要简短易读,并关注项目的特定需求。

人物角色文档是一种简洁的沟通工具,因此首先要为人物角色确定受众群,以便能以恰当方式展现人物角色。项目组中不同的受众群会有不同的需求:形象设计与品牌有关,开发与技术制约有关,业务规划与公司战略及竞争对手有关,交互设计与产品功能及特性有关。研究员撰写的人物角色文档要能反应受众群的需求和关注的重点。

项目组中的每个人都需要知道各人物角色要完成的事情、遇到的问题、愿望、重要行为及态度。基本的人物角色文档会包含以下要素:

- 他(她)的名字和照片;
- 人口统计描述;
- 他(她)使用产品要达成的目标;
- 他(她)的需求;
- 他(她)的能力;
- 他(她)对产品和任务的态度;
- 他(她)可能采取的行动。

此外,项目组不同成员对人物角色的特定需求,可以作为补充内容添加到人物角色文档中。

与项目组共享人物角色文档的同时,也要向项目组说明创建过程,加强大家对任务角色的信任,在后续的工作中最大化发挥人物角色的作用。

(8) 利用人物角色开发产品。

现实中,很容易走一遍创建人物角色的过程就不再使用人物角色了。要让人物角色有用,就需要积极使用人物角色。最直接的方式是,可以作为招募后续研究的筛选条件。更重要的是,应该鼓励项目组成员在开会时通过人物角色进行讨论,并且思考产品特性如何能对不同人物角色发挥作用。

（9）定期更新人物角色。

应该定期检查并更新人物角色。如果有时间，在建立人物角色后，可以通过访谈来检查人物角色的健康度。招募匹配目标群体的用户，进行访谈，关注之前对给他们行为和价值观的假设。如果差异很大，且访谈的样本量足够，能够验证差异的一致性和实质性，则需要调整人物角色。

进行其他研究时，应该对符合人物角色一般描述的人进行比较。当发现很多地方不符合想法时，应该及时调整人物角色，以反映真实用户群体。

可能还要考虑用户体验随时间会发生变化。创建人物角色的项目组成员可以定期举行会议，考虑新信息会如何改变大家对人物角色的理解，人物角色的目标、行为和需求如何随时间发生变化。

2. 补充说明

简易人物角色只是"人物角色"这种方法的缩减版，若要更有效地应用人物角色帮助产品开发，需要更完善的建立人物角色的方法。为了找到对创建人物角色最有用的用户细分模型，研究人员需要使用统计分析的方法一次性地测试多个模型，而不是测试关于某个细分模型的定性假说。操作步骤如下：

（1）进行定性研究。通过用户访谈理解用户，揭示对用户的目标、行为和观点的直观感觉。

（2）形成关于细分属性的假设。利用定性研究的资料，提炼出各种有可能用于细分用户的维度，从而得到一个用于定量分析的、多个候选细分属性的列表。

（3）通过定量研究收集细分属性的数据。对于每个可能的候选细分属性，都要在调查问卷中提出相对应的特定问题，或用网站流量统计结果来回答相对应的特定问题。这一步骤，主要是为了各细分属性收集更多的数据。

（4）基于统计聚类分析来细分用户。利用统计算法，对各细分属性的数据进行聚类分析，经过不断迭代，寻找统计学上可描述的组内具有共同性和组间具有差异性的细分模型。最终获得若干细分群体，每个群体都可以用细分属性进行描述，并且群体之间在关键属性的数据存在差异。这种细分方法，更突出数据的作用，同时也需要依靠研究人员的经验、研究团队的讨论等共同推动。

（5）为每一个细分群体创建一个人物角色。当通过聚类分析产生出细分群体后，依据细分属性的数据结果，对各群体进行描述，再加入人物角色的姓名、照片和故事，将这些数据结果变成真实可信的人物。

后续的操作步骤与简易人物角色类似，在此不赘述。

3. 实际案例

随着卖家对装修、数据分析、营销推广、宝贝管理、进销存等各类服务的需求日益旺盛，有必要给卖家提供一个平台，帮助他们快速找到适合自身发展的服务或工具；同时，淘宝引入的第三方服务越来越多，对这些服务，也需要有一个集中展示的平台。如此，卖家服务平台的项目便应运而生了。

为了更有效地指导项目组开发此平台，淘宝网 UED 用户研究团队采用定性与定量研究相结合的方法,产出了卖家服务平台的人物角色,如图 5-1 所示。

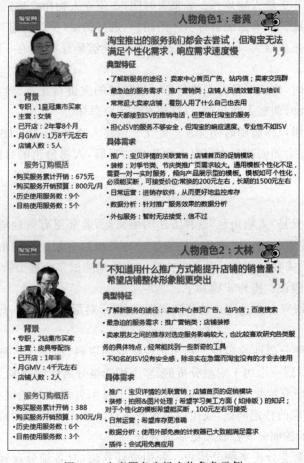

图 5-1　卖家服务市场人物角色示例

5.2.3　情境调查

　　情境调查是一种实地收集信息的方法,通过深入研究精心挑选的典型用户,以达到更全面理解所有目标用户工作生活情况的目的。通过询问和解释,情境调查能系统地揭示目标用户群的共同点。

　　换句话说,情境调查是一种有助于了解目标用户生活和工作所处真实环境的方法,能揭示在这种环境下目标用户的需求。情境调查能揭示目标用户实际做什么以及他们如何定义对他们实际有价值的东西。情境调查能揭示出意想不到的竞争对手和目标用户的实际价值观。

　　情境调查以人类学和民族志研究为基础,其研究方法涉及拜访目标用户并观察他们的工作生活情况。通过仔细观察目标用户,并仔细研究他们使用的产品,可以了解目标用户面临的问题,并了解产品如何才能符合他们的工作或生活需要。

1. 何时适用

理想状态下,每个开发周期都会从情境调查着手,而不是从技术、解决方案、问题陈述或者项目组着手。研究员可以挑选目标用户,研究他们,发现他们的需求。大多数项目都源于需要解决哪些问题的想法和如何解决这些问题的粗略想法。情境调查可以更明确、有重点地关注这些想法,发现在实际情况中,这些问题是如何发生的,这些问题实际到底是什么,目标用户是如何解决的。因此,最好在设计解决方案之前完成情境调查,通常是在开发周期最开始的时候。

情境调查也可以在开发周期之前或者作为重新设计的一部分来完成。这些情况下,情境调查能告诉研究人员目标用户如何使用产品、何时使用产品以及用产品来做什么事情。情境调查可以作为最初假设的检验,也可以作为发现产品进一步发展的挖掘用户需求的方法。通常情况下,情境调查的日程表请见表 5-4。

表 5-4　情境调查的日程表

时间安排	事　　项
T−2 周	确定目标用户并招募,组织并安排这些目标用户的时间
T	开始访谈。协调项目组开始分析的时间安排
T+1 周	完成访谈。回顾影像资料,整理笔记。完成分析的时间安排
T+2 周	准备会议室,核实参加者的时间
T+2 周	分析亲和图(通常一整天的时间)
T+2 周+1 天	开始分析结果。写报告,并提交给项目组

2. 操作过程

因为要走出办公室,进入目标用户的工作场所或家庭,所以进行全面准备工作显得特别重要。

(1) 招募用户

① 确定目标用户。本章 5.2.1 节中详细叙述了如何确定、选择合适的目标用户,情境调查需要挑出想用该产品的用户。也许他们已经使用过该产品,也许他们在使用竞争对手的产品,不管是什么情况,这些人都应该和最终使用该产品的用户特征相同。

要尽可能详细地指定目标用户,并专注其行为。

- 人口构成情况?
- 互联网使用情况?
- 他们经常执行什么任务?
- 他们经常使用什么工具?
- 他们是否必须偶尔使用某些工具来解决特定问题?
- 他们如何使用这些工具?

要关注最重要的用户。一个产品可能会吸引不同群体的用户,但可能只有一个目标用户群。研究员要把所有研究精力都集中到重点的目标用户群,直到觉得自己已经充分理解他们的行为情况,然后再关注次要的目标用户群。

② 招募。本章 5.2.1 节中对招募进行了完整叙述,但为情境调查招募用户时,需要

考虑以下情况：

首先，应当决定要拜访多少人。要拜访的人数取决于分配给研究的时间和现有资源。比较理想的状态是观察 15～20 人。但如果条件所限，进行第一轮调查时，拜访 5～8 人应该足以说明大多数目标用户的行为情况。如果发现没有达到研究目的，或者觉得第一轮研究结果有问题，则应安排第二轮调查。

③ 安排日程。确定拜访的用户后，就需要给他们安排日程。情境调查环节所需要的时间会从数小时到一整个工作日，时间长短取决于任务长短以及要收集的辅助信息数量。在观察用户的同时，用户需要进行研究员要研究的各类行为，这是日程安排最重要的依据。

一般一次情境调查会持续 2～3 个小时，甚至 4 个小时。可以每天安排一两个用户，还要留出时间回顾、总结。

由于要在现场进行研究，因此可以让用户事先了解一下将要发生的事情。告诉他们研究的一般目的，研究要多长时间，会使用什么设备，会观察什么内容等。不必具体说明，但需要用户清楚日程安排。需要告诉他们不用为研究做特别的准备，他们日常如何处理事情是最重要的，没有对错之分。

（2）前期准备

① 了解任务。为了能了解用户正在做的事情并正确分析信息，需要熟悉他们所要做的事情。如果对任务一无所知，可以在开始研究之前，找个熟悉任务的人带研究员走查一遍。如有可能，研究员最好能尝试一下任务。

一般而言，对用户要做的任务了解越多，就越能在观察时更好地解释其行为，也能够发现更多问题。

② 预期情境。作为准备工作的一部分，研究人员要清楚知道自己的预期。对于被观察的用户，研究员期望他们何时、如何作对产品重要的事情，期望他们如何看待某些要素等，都可以事先写下来。这样的方式能帮助研究人员更主动地比较观察到的行为，挖掘出更有价值的信息。

调查时，对看到的情况保持开放心态，如果观察到的行为不符合预期，就记下来，以便引发更深层的调查。

③ 必要的准备。除了上述需要准备的工作外，还要做几件事情：

- 列出所要带的东西。第一个访谈前一周就开始列出清单，不管什么时候发现还有东西要带，都要加入清单。访谈前一天要确定清单上的一切东西都准备就绪，缺的东西务必补全。
- 给自己找好替补，因为有时已经约好用户，研究人员却临时有事无法成行，就需要由替补主导调查，以免临时更改行程打乱用户的安排。
- 带上支付礼金需要的相关东西，如装礼金的信封、签收单等。
- 了解如何操作设备。提前一天设置好所需携带的设备，如录音笔、照相机、摄像机等，试着操作一下，并检查效果。
- 确保供应充分。带上延长线、备用电池、备用内存、备用纸笔等，而且最好多带，以防万一。

- 制定用餐休息计划。必要的休息是为了更好地执行调查。

（3）实施情境调查

① 执行中需要建立的关系。在情境调查条件下，获得良好反馈内容的关键之一是和用户建立融洽的关系。若要尽可能自然地观察用户处理事情的行为，就要跟他们建立恰当的关系。

可以是师傅与学徒的关系。研究人员是学徒，用户是师傅。学徒通过观察学习"手艺"。学徒偶尔可以提问，或者师傅会解释要点，但师傅的主要角色是工作，边工作边叙述在做的事情。这样，"师傅"可以在工作中关注细节，研究人员就不会漏掉影响设计的关键细节。

也可以是伙伴关系，是师傅与学徒关系的拓展，研究人员和用户一起尝试提取工作细节。用户会更多关注工作中的困难点，而研究人员会讨论如何通过功能的改进/创新来解决这些困难，并多提问题，多问为什么，讨论这些功能如何实现，操作方式如何等。也会请用户依照操作流程倒退几步，评论某个环节的操作或陈述，或者思考一下如此操作的原因。这样可能会改变用户的行为，但也能在关键环节发现关键信息。

要避免以下几种关系：

- 访谈人与受访人的关系。一般情况下，受访人通过回答访谈人提出的问题提供信息，除非有特别要求，否则受访人不会有意识地提供细节信息。在情境调查中，不应该发生这种情况。研究人员需要了解用户的行为和思想，来驱动访谈。如果研究人员发现自己像记者一样，鼓励用户说些什么，就需要重新把重点放到用户的操作上来。

- 专家与新手的关系。研究人员可能是用户体验方面的专家，但用户是产品涉及领域的专家。研究人员要明白，访谈目标不是解决问题，而是了解问题是什么，用户自己如何解决问题。如果研究过程中，现场氛围让研究人员像个专家一样，就需要采用非引导访谈方法来转移话题，激发用户按照自己的习惯操作、表达自己的想法。

- 不要成为客人。研究人员在场的目的是了解用户的工作，而不是获得用户的热情接待。要对现场的礼仪保持敏感，在拜访的最初几分钟，要保持礼貌谦逊，以博得用户的好感，然后很快鼓励他们继续工作，并进入以伙伴关系为基础的对话。

- 不要做"老大"。研究人员在场的目的不是评估或者批判用户的表现，务必明确这一点。如果用户有这种感觉，就可能无法以典型方式做事情。此外，如果是用户的主管要求他们参加研究，难免会被误以为是一种考察他们工作绩效的方式。研究人员要强调自己不会评价他们的表现。如果有可能，一旦用户的主管许可，研究人员就要自己联系用户，并为他们安排好时间，而不要让用户认为这是上头的命令。

② 情境调查的执行结构。情境调查的执行结构跟大多数访谈结构类似，但其主体是由用户的工作驱动，而不是由研究人员的问题来驱动。其结构遵循 5.2.1 节所描述的一般访谈：介绍—热身—一般问题—深入重点—回顾—总结。

介绍和暖场应该是用户和研究人员互相适应、对观察如何进行设定期望的时间。内容包括签署保密协议,说明项目的主要细节,并设置设备。检查视频和录音记录良好,到访谈结束之前都不要再调整设备,以免分散用户对所做事情的注意力。研究人员要向用户描述师傅/学徒关系,并强调自己的角色是观察人员和学习者。提醒用户讲述在做的事情,但不用深入解释。

确定了角色定位后,要提出一些一般性问题以了解用户是谁,从事什么工作,要执行什么任务。请用户描述典型的一天:用户经常做什么事情?偶尔任务是什么?今天的任务属于典型一天的哪些内容?不要过于深入钻研用户执行任务的原因,而要重点关注行为和操作次序。

接下来是主要观察阶段。这一阶段至少要占访谈三分之二的时间。大部分时间要用于观察用户在做什么事情、用什么工具以及如何使用。从请他们描述一下要做的事情着手,只要了解了他们要做什么事情即可,不要详细到打断他们的工作流程,然后请他们开始工作。作为学徒,可能偶尔会要求解释、澄清或者走查操作过程,但不要让这些要求来驱动讨论。比较好的方法是,偶尔做笔记,大部分精力关注用户的言论和行动,后续可以通过录像来获得丰富的引证,或捕捉交互的微妙之处。也有学者建议在现场做大量笔记,而录像作为备用。不管怎么操作,都要有明确的方法来跟进需要重点考察的问题。

如果用户完成了任务或者时间到了,主要访谈阶段就结束了。接下来要立即提出深入问题跟进访谈,这可以澄清很多情况。有些情况不适宜打断,提出问题会导致任务流程中断,所以要后续补问。要尽可能在用户记忆清晰的时候多提关键问题。若担心用户遗忘,也可以给用户看视频回放,请他们详细解释那些需要深入探讨的问题。跟进深入访谈非常重要,能让研究员理解看起来奇怪或者自认为无意义的事情。

请用户从其角度谈谈情境调查体验来总结访谈。研究员可以提问"有没有什么地方让你感到焦虑?有没有什么事情你想以不同的方式来进行?我作为学徒,有没有什么地方可以做得跟你不同?"

卓有成效的访谈并不是指循规蹈矩,而是指在访谈期间要关注某个人。学徒模式是进行访谈的最佳起点。情境调查的以下四项原则能修正调查行为,以更好地获得与体验相关的信息:情境,前往工作地点并观察用户的工作;伙伴关系,在工作期间与用户讨论工作;解释,发现用户措辞及行为背后的含义;焦点,挑战事先的假设。

因此,研究员最应该摒弃所有偏见,睁大眼睛、竖起耳朵,千方百计了解用户的工作过程,并观察他们幕后的工作机制。

③ 收集什么信息。观察用户工作时,要留意 4 种信息:

- 他们所用的工具。可以是正式工具,比如专业软件;也可以是非正式工具,比如笔记。要记录下用户是否按照工具设计的初衷来使用工具,或者是否用于其他目的。工具之间如何关联?是什么品牌?是显示器上的即时贴还是手机上的提醒功能?
- 行为发生的次序。操作流程对了解用户如何思考任务非常重要。是不是存在工具或者受公司制度支配的固定顺序?顺序什么时候会有影响?是否有可以平行完成的事情?是连续完成,还是和另一项任务同时进行?中断会如何影响顺序?
- 组织信息的方法。用户会为了方便而整理信息,也会因为需要而整理信息。整理的信息可以在用户之间进行共享,也可能专属于用户自己。目标用户如何组织他们使用的信息要素?是根据重要性吗?如果是,如何定义重要性?是根据方便性吗?顺序有灵活性吗?

- 产生的互动。在知识传递过程中,谁是重要当事方?是人?还是步骤?共享了什么信息?互动是什么层面的(信息层面、技术层面、社会层面)?

当然这 4 个方面相互交织在一起,有时很难剥离开来。不论怎样,要选择合适的时机提问,或者在后续的访谈过程中澄清发现的问题。

3. 如何分析

情境调查有助于了解用户解决问题的方式,用户眼中的重要性,什么对他们是有意义的,还有哪些需求未被满足。主要有以下 6 种分析方法。

- 了解用户建立的心智模型。用户不喜欢黑箱,他们不喜欢未知的东西。他们想了解工作机制,以便预测其用途。如果工作或者工具操作并不明显,用户会创建自己的模型。这种模型有助于解释看到的结果,并设定对未来操作方式的期望。这种模型可能与工具的实际功能毫无关系,但如果符合用户自己的经验,他们就会使用。了解被使用的心智模型,可以让研究人员充分利用这种理解,并满足人们的期望。

- 了解用户所用的工具。项目组计划创建的工具想要取代用户正在使用的工具,就需要知道他们在使用什么工具,以及如何使用这些工具。用户可能会查看特殊网页,并通过在线比价找到最便宜的商品,而不是如项目组所期望的慢慢浏览类目;用户可能会把网址保存到 IE 收藏夹,或者自己整理的 Excel 文件,又或者写在即时贴上,所以,跟项目组竞争的也许不是软件工具,也不是搜索引擎,而是即时贴。

- 了解用户用哪些术语来描述所做的事情。语言能揭示模式和思维过程。如果要选购食品,用户会根据膳食、热量或者食物类型展开讨论。他们可能会使用一个词来代表另一个词,如面包代表碳水化合物。用户也会误用技术术语,如用"在线客服"来谈论页面左右两侧的悬浮框。注意用户使用的词汇和使用方式,能揭示思维模式方面的大量信息。

- 了解用户所用的方法。工作流程对于了解用户的需求、现有工具的不足非常重要。了解用户解决任务所采用的办法能揭示他们所用工具的优缺点。

- 了解用户的目标。每个行为都有理由,了解用户为什么要执行特定操作,能揭示他们工作的内在结构,而他们可能自己都不知道这种结构。有时目标看似直接,但其背后的原因会揭示用户正在使用的系统的许多情况。

- 了解用户的价值观。价值观是心智模型的一部分,用户常常会受到自己的社会和文化背景的驱动做决定。在什么背景下使用这些工具?选择这些工具完全是因为功能,还是有其他因素?品牌重要吗?如果重要,为什么?用户为什么把品质和工具联系在一起?他们有没有注意到其他品牌能做同样的事情?他们的工作环境和使用相同工具的其他人的工作环境相同吗?如果相同,为什么这群人会采用这种方式?

另外,全面分析收集的信息,可以采用亲和图法,此方法能创建出所有观察的层级

关系,并集群出趋势。以下是这种方法的操作流程:

(1)观看视频,每 2 小时访谈创建 50~100 条记录,访谈时间越长,记录越多,但二者不一定成正比。记录是对工具、次序、交互、心智模式等内容的单个观察结果。给记录编号,并用 U1、U2、U3 等标识出引发这些行为的用户,编号可随机。

(2)召集项目组成员到会议室,要有空白的墙或者大白板。请项目组作分析,能形成对用户需求的集体理解,建立对比,并且每个人的分析速度类似。

(3)将项目组分成若干对分析人员。给每对分发相同数量的记录,理想情况下,每对 100~200 条记录。

(4)把每条记录写在黄色即时贴上,挑一个记录即时贴,贴在墙上/白板上。

(5)请小组成员挑选出与此记录即时贴相关的即时贴,逐个贴在它的周围,具体有什么关系不重要。

(6)直到找不出有关联的记录即时贴,把一张蓝色即时贴放到这个组旁边。在蓝色即时贴上写个标签,总结并命名这个组。写标签时要避免使用技术术语,而应该采用简单词组。

(7)针对其他记录即时贴,重复(4)~(6)的过程。

(8)尽量保证每组蓝色即时贴中黄色即时贴的数量在 2~4 张之间。一条记录不能单独成为一组;超过 4 条记录的组常常可以分成更小的组。但如果没有明显划分方式,多少条记录能构成一组并没有上限。

(9)随着小组数量增加,建议使用粉色即时贴对蓝色即时贴进行分类,使用绿色即时贴对粉色即时贴进行分类。

最后,分光所有黄色即时贴,项目组成员对哪条记录属于哪一组,以及如何给蓝色、粉色和绿色记录加上标签都达成一致。此时,就能得到一个层级图,以此开展后续工作。

除了亲和图法外,还可能采用基于专家阅读信息的更传统的分析方法。执行情境调查的人员讨论他们所观察到的现象,并猜测这些现象之间有何关联,有何含义。这种方法不是很严格,但可以大量减少信息,并建立足以充分描述用户行为和态度的可行模型。如果项目组没有时间进行研究,也可以由一名研究人员来完成此过程。但只要有可能,都推荐使用亲和图方法,因为亲和图所带来的好处有利于向项目组传达用户的需求,并最大限度地利用收集到的信息。

(1)建立模型

许多情况下,要符合用户现有工作实践所需要的条件,建立模型来满足需求和创造解决方案足矣。根据从亲和图提取的信息,大致可以有 5 种模型:沟通模型、次序模型、工具模型、物理模型和文化模型。

- 沟通模型。代表"用户未完成工作而进行的沟通"。沟通模型展示了在项目组成员之间传递的信息、指示和人工物品。其要素正式或者非正式、书面或者口头都行。沟通模型力求获取在产品生命周期沟通过程中发生的交互、策略、角色和非正式结构信息。

- 次序模型。代表"工作完成的步骤,每一个步骤是由什么引发的和正在完成的意图"。次序模型显示事情完成的顺序、什么引发了这些步骤、每一步骤的目的以及这些步骤如何相互依存。次序模型要详细到项目组可以一步一步地了解任务完成的过程。

- 工具模型。代表用户如何使用真实世界的工具来实现目标。从简单照片、绘画或者复印文件入手，工具模型拓展工具的信息，以显示结构、策略和意图。工具模型更深入了解用户使用的工具、使用过程、碰到的问题以及为什么这些工具是必要的。
- 物理模型。代表用户工作的实际物理环境。通过物理模型可以了解工作布局、工作环境中的工具、用户对环境有哪些控制，以及他们如何利用环境来完成工作。
- 文化模型。代表对用户价值观及其自我认识的理解。文化模型把产品放入用户生活和他们生存的现实世界环境中。文化模型包括用户所处的正式组织，即他们的职责、竞争环境；也包括非正式组织，即如工作相关的情感、工作环境、用户审美价值观和风格等。

（2）产生结果

过早下结论从来都不是好事，但即使时间有限，研究结果也要形成文档，用来说明对目标用户的了解，并和开始时做出的假设和情节判断进行比较。文档中包含对用户心智模型、工具、术语及目标的思考，可以作为"了解类的叙述"，以推动其他研究，并作为整体融入研究目标。每获得一条额外的用户信息，就输入文档，并要根据后续补充的用户叙述了解新信息。如果新信息与之前的结论有矛盾或者让人困惑，可能需要找一组新的用户来重复研究。

如果有更多时间和资源来看收集到的信息，就可以深入理解这些信息。通过信息，可以进一步洞悉人们工作时使用的心智模型和任务流程。

5.2.4　任务分析

任务分析是一种分层次分析单个任务的结构化方法，主要目的是比较产品的设计初衷与用户的操作能力之间的匹配情况。如果有必要，需要改造产品，从而帮助用户减少操作的错误，成功完成操作。

任务分析与情境调查密切相关，而且事实上，可以在情境调查过程中为任务分析收集信息。二者侧重点不同，情境调查试图了解围绕和解释任务的整个情境，而任务分析的重点在于任务本身，如操作的确切顺序是什么？涉及哪些工具？过程中哪里有灵活性？在任务不同部分，用户需要和使用哪些信息？

1. 何时适用

如果已经知道用户要解决什么问题，并想知道他们如何解决问题的，就可以采用任务分析的方法，优化产品的交互过程，提供产品的可用性。此时通常属于迭代开发过程的检查阶段，或单次开发过程的需求收集阶段。任务分析要求研究人员知道任务是什么，并大致明白目标用户是谁。

如果已经在某种假设下，已有了某个解决方案，也可以完成任务分析，但理想情况下，最好在投入精力研究特性和技术之前完成任务分析，因为之后完成可能会对如何实施解决方案的基本假设进行大量修改。

一般而言,任务分析的日程表如表 5-5 所示。

表 5-5 任务分析的日程表

时间安排	事　项
T−2 周	招募典型用户,组织并安排他们的时间
T	开始访谈
T+1 周	完成访谈。回顾影像资料,整理笔记
T+2 周	开始分析结果
T+2 周	完成结果分析。写报告,并提交给项目组

2. 操作过程

本小节描述的任务分析是分解方法和层级任务分析的松散组合。

(1) 准备工作

任务分析的准备工作与情境调查的准备工作几乎相同。需要挑选目标用户,进行招募并安排日程。研究员需要学习相关专业领域的知识,设计任务如何开始的情节,并计划访谈。最后,根据访谈的方式准备所需物品,确保最终分析时,已收集到完备的资料。

(2) 收集信息

任务分析要重点解决的不是人们应该如何工作,而是人们实际如何工作。

任务分析的访谈形式与情境调查大致相同:研究人员作为任务执行人的学徒,观察用户执行任务,并听其说明关键要素。研究人员观察并了解任务的微妙之处,偶尔会需要用户解释动机和选择。

访谈与情境调查的不同之处在于关注点。每件事情都是为了理解用户如何执行手边的任务。

- 在特定节点,用户对哪些内容进行选择?
- 有哪些工具可用?
- 他们如何选择这一项,而不选择另一项?
- 他们在哪里改变了想法?
- 过程如何变化?
- 他们在哪里发生错误?哪些是常见错误?
- 什么造成了错误?如何纠正错误?
- 过程中有哪些输入?有哪些输出?
- 他们所执行任务的频率和重要性是怎样的?
- 失败的风险是什么?

收集到的信息更强调次序信息和使用的准确工具。

3. 如何分析

任务分解和层次任务分析是互补方法。前者描述输入、输出以及任务中的行动动机,而后者把行动组成连贯流程。这两种方法使用的顺序取决于主要需求。

如果主要关心任务组成部分如何组合,就可以从层次任务分析方法着手,充分分解关键细节;如果关心的是创建符合现有实践的工具,就可以从分解着手,并以层级形式重新组合部件。

（1）任务分解

任务分解是打碎任务、分解成组成部分行动的过程。遇到复杂情况时，要鼓励用户说出所有想法，并请其解释具体行动。

研究人员要在头脑中记住最终目标，有助于挑选出每个行动最相关的方面。如果头脑中有具体工具或解决方案，可以在任务分解时强调一下。有时针对用户面对的问题，可以根据头脑中已有的解决方案颠倒顺序考察，看看解决方案是否符合问题。

描述每个行动，分解时包含的要素：

- 目标。为什么这里有这个行动？这个行动如何把任务向目标推进？
- 线索。什么事情让用户觉得要执行该行动？
- 对象。行动对什么进行操作？
- 方法。行动内容是什么？
- 选择。此时有没有其他行动？怎么选择了这项行动？

描述行动的时候，要做一些错误预测。问问如果行动没有完成或者有错误，会发生什么。如果有足够多的行动产生了有趣的错误情况，可以做一个单独的错误分类，用它来描述每项行动。

对于每项行动，都要尽可能多地提供各类答案。描述行动的过程经常会产生问题，并引发新解释，因此要走查分解几次，以确保一致性和彻底性。

运用分解行动的要素，制作表格边观察边填写比较好。这样就能知道每项行动有什么信息，还需要什么信息。如果每项任务包括很多行动，或者行动来得很快，任务分析会非常艰巨。这种情况下，更好的做法是密切观察任务，并将任务细分。

由于资源或者时间有限，在许多情况下实际都无法进行这种级别的任务分解。可以利用任务分解的基本思想，不需要了解任务的所有细节，填写所有方面，而要关注较大的想法，只考察自认为最重要的方面。如果经过几次访谈，觉得可以写出基本任务，就写在即时贴上，创建一些初级步骤，然后组成流程。随着访谈人数的增加，可以调整数量以适应新信息。这个过程虽然不彻底，但要快得多。

（2）层级任务分析

层级任务分析由三方面构成：提取形成任务的个别行动，将其放入层级关系中，并建立在层级关系中如何移动的规则。最终产出是一张流程图，图中包含导致每项行动的次序，做出的选择以及行动后果。

层级任务分析不必紧随任务分解之后完成。在访谈结束和被观察用户执行任务之后，就可以坐下来进行层级任务分析。该操作流程是一种自上而下的分析方法，需要项目组关键成员一起讨论，共同理解事情是如何完成的过程。

① 从目标着手。可以是用户的最终目标，但往往需要分析出抽象的最终目标，而这种分析对于简单任务分析太复杂。可能需要从更直接的情况着手，并由此开始工作。

② 确定目标的子目标。子目标指达到主目标之前发生的所有事情。每个目标的子目标很少会超过三四个。如果超过了，就可能要创建几个包含若干中间任务的中间目标。

③ 确定如何安排行动,并创建如何行动之间的流程计划。内容包括确定哪些行动必须跟在哪些行动后,哪些可选,哪些可以互换等。如果目标没有自然流程,可以挑选一个看起来见效的流程;如果发现有困难,可以以后再进行调整。

④ 对每个目标及子目标重复分解过程,一直到得到单个行动为止。

最终结果是大家熟悉的线框图,单个目标变成一个目标树,下方是每个目标的子组成部分,并链接到目标树,从而创建出完成目标的任务分析图。

如果要正式分解任务,则需要从访谈中提取目标及关系,操作流程是一种自下而上的分析方法,类似于情境调查中创建亲和图的方式。

① 把行动进行排列组合,确保每组内的行动有关联性,即产生的结果相同。平行发生的行动可以做选择,或者可以互相替换。给这些组打上相应的标签。

② 根据结果给问题类别打上标签,这些标签就是子目标。

③ 根据其完成的目标,排列组合子目标。

④ 给这些类别打上标签,这些标签就是目标。

⑤ 重复这一过程,直到所有行动都进行了分类,所有问题类别都进行排序并打上了标签。

⑥ 把子目标类别组织到目标类别下方,用箭头表示目标与子目标如何关联,创建出任务分析图。

完成任务分析图之后,可以请几位知道任务的人走查一遍,以确保分析图符合他们的经验,从他们的体验看,次序、任务及目标是他们熟悉的。

当然,这种详细方法费时费力,也无法捕捉某些任务的微妙之处,但它会迫使对揭示基本流程真正性质的任务进行深入思考,并理清复杂的交互关系。理解用户的行为方式之后,就能轻松创建符合他们操作方式的产品。任务分析提供了符合用户现有行为并满足其迫切需求的具体框架。此外,因为是在分析之前进行了描述,任务分析还可以显示出产品的弱点和冗余:可能用户要完成的任务,并不是产品原先设想的,这就需要改进产品;也有可能是,用户使用了产品,但执行任务的效率变低了,这就需要简化产品。

如果任务分析图足够准确,项目组成员就能够以此深入理解用户,开发出更符合用户使用习惯的产品,帮助他们快速完成任务。

5.2.5　卡片分类

卡片分类是用来解释人们如何组织信息、如何分类和如何关联概念的方法。卡片分类包括开放式和封闭式卡片分类,本章主要介绍常用的开放式卡片分类方法。

1. 何时适用

研究人员知道用户需要组织哪些信息时,最适合进行卡片分类,但要在实施解决方案之前进行。卡片分类通常是在产品目的、目标用户以及特性都已经确定之后,但在开发信息框架或者设计之前进行,卡片分类处于设计过程的某个中间位置。如此可以把卡片分类与情境调查、任务分析区别开来,后二者都处在开发过程的开始阶段。

另外,卡片分类是一种快速便捷的方法,因此无论何时改变信息架构或者要对现有结构加入元素,都可以采用卡片分类进行研究。

一般而言，卡片分类的日程表如表 5-6 所示。

表 5-6　卡片分类的日程表

时间安排	事　项
T−1 周	招募典型用户，组织并安排测试时间
T	开始访谈
T＋3 天	完成访谈。整理卡片分类资料
T＋5 天	开始分析结果
T＋7 天	完成结果分析。写报告，并提交给项目组

2. 操作过程

（1）准备工作

卡片分类的目标是了解目标用户如何理解产品提供的信息架构。因此，不同于其他方法，卡片分类对邀请的用户没有太多额外限制，只要招募到符合目标用户的人即可。通常情况下，从目标用户中招募 6～10 人就能充分了解用户是如何组织信息的。

一次安排一个人，用户不会感到有竞争压力，每个用户可以花一个半小时进行卡片分类研究。

（2）整合卡片

卡片分类过程核心就是卡片，卡片的大小、颜色要相同，在卡片上写上需要组织的信息。可以是具体模块的名称，可以是考虑采用的术语，可以是网站不同模块背后的概念，可以是要使用的图片，甚至还可以是个别网页的说明，但每个卡片的命名方式、呈现形式最好尽量保持一致，避免干扰。

卡片数量可多可少，比较标准的数量是 50 张左右，这样能较好避免因卡片数量不够而无法进行足够分类，或因卡片数量过多而造成困难的情况。如果要对上百个，甚至更多卡片进行分类，可以考虑分成几个大类，进行多次测试。

卡片上的文字要能反映测试内容。如果想发现用户如何组织概念，可以在卡片上用一两句话解释概念，但不要喧宾夺主，也可以写在卡片背面。如果想了解用户怎么理解一套图标，而无须了解用户怎么理解对图标的定义，在卡片上写出标题即可。

（3）分类

用户正式对卡片进行分类前，要向他们介绍卡片分类的概念。可以说说以下内容：

这有一叠卡片，您在网站上可能看到的东西都写在卡片上了。我想请您按照您觉得有意义的方式把卡片分成组。您自己决定要花多长时间。分组没有对错之分。请尽量把所有卡片都分成组，但不是所有卡片都一定要分成组。您不需要说明为什么卡片属于同一组，只要您觉得分组正确就行。关键是您觉得合理就行，不用关心其他人是否觉得合理。

提供一叠即时贴，几支笔，还有一些小夹子或者橡皮筋。分类完成后，如果行的话，请他们给每组写上标签，但并不是每组都一定需要标签。而且不要提前告诉用户邀请他们写标签，因为会造成用户根据标签来分类，而不是根据自然感觉进行分类。完成后，请他们用夹子或橡皮筋把卡片绑在一起，并把标签放在每组上面。

最后，请他们把分类组成更大的类，但不要移动卡片，如果能想到名称的话，请他们给更大的类命名。然后，用更大的夹子或橡皮筋，把卡片绑在一起，并总结这一环节。

在用户总结的环节中，可以请用户先对之前的小分类进行解释，为什么这么划分？为什么这些卡片被分在一组？为什么如此命名？以便收集更多的信息，帮助后续解读卡片分类结果。

3. 如何分析

卡片分类产出有两种分析方法，非正式方法和正式方法。

(1) 非正式方法

从所有用户那里拿到卡片类别，然后观察这些卡片。把类别复制到白板上。看看类别趋势，并结合用户的解读，可以推断出用户如何直接理解各种要素之间的关系。

可以从整体观察这些类别，也可以一次跟踪一张卡片，看看这张卡片被分入的组。不要从字面上处理这些类别，用户现有的组织方式可能无法产生可拓展或者功能架构。相反，要看看把他们绑定在一起的内在主题，留意用户没有分类的卡片，还有分类不同的卡片。这些卡片给用户带来麻烦了吗？是因为名称吗？还是因为其基本概念？还是因为他和其他要素的关系？

看完所有用户分的所有类别，也列出所有主题，然后要看看他们分配给各个类别的名称。看看标签之间的关系、标签和标签组内卡片的关系，应该就能得到建立接近用户群预期的信息组织方式的架构基础。即使最终项目组没有完全采用最终得出的信息架构，这个结果也能指导项目组成员理解用户的真实想法，从而改进产品，提高用户体验。

(2) 正式方法

聚类分析属于统计学分支，用来衡量多变量条件下事物之间的"距离"，并试图找到变量空间下紧密联系的类别。以白板为基础的卡片分类分析就可以完成这样的工作，但需要统计方法才能完成彻底的一致性分析。研究员可以跨组发现有些分析对象在许多维度都类似，但在其他方面可能都无明显相似之处。由于人们很难可视化超过三维的东西，而判断相似性又常常需要超过三个变量，因此这种方法可以用来"发现"非正式方法难以发现的类别。

聚类分析常见于市场调研行业，对目标市场进行分类。人们在许多方面都不同：年龄、收入、居住地、性别、职业、购买的东西等。根据一个标准划分类别相对很简单，但要根据所有标准共同作用，确定类别就要困难得多。这时就需要聚类分析，经常可以提取出存在差异的类别。

就卡片分类而言，它属于反向工作。卡片分类通过用户组合的类别发现潜在变量。是否经常有些东西比其他东西被更多分在一起？某些卡片之间是否有隐藏关系？光看卡片很难发现所有这些情况。

不过，使用统计软件进行聚类分析并不简单，虽然 SPSS、SAS 等都提供了聚类分析的模块，但至少需要了解分析中采用的统计过程。也有专门进行卡片分类数据聚类分析的软件，如 IBM 公司开发的 EZSort 软件，使得分析卡片分类过程变得相对容易。不论哪种统计软件，产出的聚类结果图，可以显示卡片之间的关系，并揭示卡片类别以及类别的类别。这些图能更容易看到卡片之间的相似性，更容易看得见较大主题，而不使用聚类分析,很难生成如此结构清晰的结构图,如图 5-2 所示。

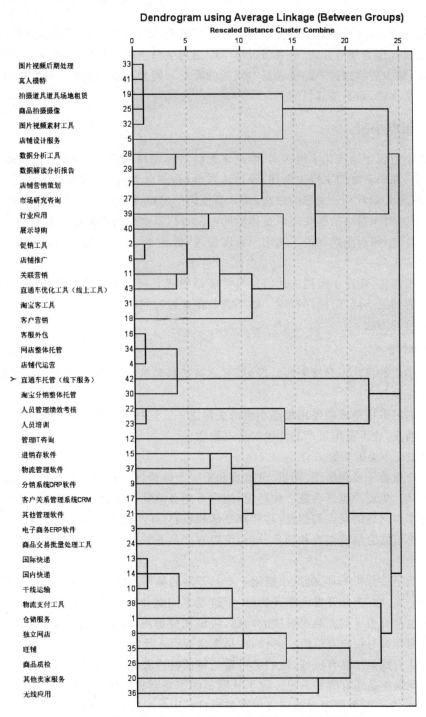

图 5-2　卖家服务市场工具/服务卡片分类的正式分析结果

卡片分类过程揭示了用户的现有理解及偏好,可以显示只查看类别构成无法发现的微妙关系。它还能了解概念之间的相互关系,因为经过测试,看似牢固的关系经过仔细分析,结果却可能是脆弱的。

情境调查、任务分析和卡片分类可以帮助研究员深入发现目标用户如何理解周围环境及其需求。作为规范方法,三者可以尽早应用到项目当中,消除许多原本可以在事先避免的错误,减少后续探讨产品重大基本问题的需求。因为产品已经处于开发进行中时,应该关注产品体验,而不是其目的。

5.2.6 焦点小组

焦点小组属于结构化小组访谈,能迅速解释目标用户的愿望、经验和优先级别,而且花费不高。如果有好的主持人引导,经过认真分析,并合理展现,焦点小组会是一种优秀方法,能发现人们对某一主题的想法,尤其是他们的思维过程。焦点小组能揭示人们需要的东西,而这对于要决定哪些应该是体验的一部分以及如何展现是至关重要的。

简而言之,焦点小组提供了从用户角度快速、低成本,以及通过认真准备能轻松看到现实的独特机会。

这并不是说,焦点小组提供的信息与情境调查或者问卷调查提供的相同。这三种方法能发现的信息不同,但同样有用。如果需要在很短时间内了解大量可靠信息,焦点小组是一种廉价的方法。

1. 何时适用

焦点小组的目的不是推断而是理解,不是概括而是确定范围,不是陈述,而是对人们如何认知提供观点。

明白何时采用是成功使用焦点小组的关键之一。这种方法很直接,有弹性,但并不适用于所有情况,也不适用于产品开发的所有阶段。

(1)焦点小组的长处

焦点小组善于发现愿望、动机、价值观和第一手体验,换句话说,它是获取人们态度和看法的工具。焦点小组能营造一种环境,用户可能会感觉很舒服,并说出想法和感受。用户可以分享对问题的观点和假设,这些都是体验核心,并与现实世界情况相关。

焦点小组结合情境调查和任务分析,可以在产品正式开发之前建立用户当前做法及其动机的全景。

作为竞争性分析工具,焦点小组用于产品开发的早期阶段,但也可以在重新设计或者更新周期完成。在产品开发周期开始时,了解基本问题和认知通常是最需要的东西。此时项目组也在努力寻找产品要解决的问题,应该如何解决,与其他方案相比,使用他们的解决方案为什么对用户有价值。同样,在早期过程引入竞争产品的用户,很可能会发现为什么用户认为竞争产品有价值,他们觉得最关键的特性是什么,什么问题经常困扰他们,他们觉得竞争产品还有哪些不足。除了从明显的市场营销角度,这些信息立即驱动特性和交互设计,并在配置资源之前定义出更接近目标用户愿望的用户体验。

后面的开发周期中,焦点小组有助于识别和安排特性的优先级别。指导人们为什么看重某些特性有助于确定开发哪些特性、按照什么顺序开发。此外,焦点小组可以作为头脑风暴环节,可以达到协同作用,因此相较于个人,用户聚在一起可能会产生更多想法。

（2）焦点小组的不足

首先，焦点小组无法获得可用性方面的信息。一个小组的成员没有好方法告诉你他们是否能使用某个界面或者某个特性。他们只能表达自己是否喜欢你的想法，但不能告诉你他们实际是否会使用。

其次，焦点小组的结果无法量化推广到更大的用户群，因此他不能取代问卷调查。具体来说，焦点小组所创建的广义模型是基于研究人员的观察结果。这些模型假定适用于类似的受访群体，但它们不具有统计意义，因此无法保证某个小组的反应比例是否符合更大用户群体的反应比例。这是焦点小组和问卷调查的重要区别。标准的问卷调查具有统计学意义，问卷调查观察到的比例可以推广到更大群体，而焦点小组无法做出这种保证。

因此，对于调查整体目标用户中存在的普遍现象，焦点小组不是一种充分的方法，但能告诉你目标用户为什么会这样表现。一旦知道了为什么，就可以通过统计学研究进行验证，例如问卷调查。但焦点小组确定出来的趋势，常常足以采取行动，不再需要特定的量化。

如果研究员通过字面解释焦点小组中的陈述，而不是提取出所暗含的用户态度，则会比较危险，具有欺骗性。现实中有很多例子，由于错误理解焦点小组的结果，造成众多产品做得更差，而不是更好。所以使用焦点小组要谨慎，需要有经验的研究人员担任主持人，并生成分析结果。

最后，如果要证实观点或者判断立场，就不能用焦点小组。焦点小组是极好的探索过程，能深刻了解用户的动机和思考过程，但它并不会，也不能用来明确证明或者推翻某个结论。

（3）4种焦点小组

互联网产品研究常见的焦点小组有4种。研究人员选择哪种焦点小组类型，取决于想要用户回答的问题类型，同时也要依据产品开发所处的阶段。不过，不要受这些类别的限制，它们只是提供粗略的指南。

① 探索性。这类焦点小组就某一主题请用户给出普遍态度，帮助项目组成员搞清楚产品的最终用户怎么理解产品，用什么词语谈论产品，用什么标准判断产品。

② 特性优先级别。这类焦点小组关注哪些特性对小组用户最有吸引力，为什么最有吸引力。一般情况下，这类焦点小组在接近开发周期的开始阶段进行，而此时已经明确了产品的一般轮廓。这类焦点小组假定参加者对某种产品有兴趣，讨论以"参加者希望产品能为他们做什么"为中心。

③ 竞争性分析。研究人员应该知道人们看重产品提供的哪些价值，同样也应该知道竞争对手网站有哪些地方吸引或排斥用户。这类焦点小组常常是匿名进行的，想了解用户和竞争对手有什么关系，用户认为竞争对手的用户体验哪些方面有价值，以及哪里不能满足他们的需求和愿望。

④ 趋势解释。如果发现了行为趋势，无论是通过问卷调查、用户反馈，还是后台数据分析，常常都很难确定众多潜在原因中哪些是主要原因。焦点小组有助于通过调查用户的动机和期望来解释行为。这类焦点小组一般作为重新设计周期的一部分，或者针对特定问题而进行。

2. 操作过程

焦点小组开始之前,应该确定以下几件事情。

- 日程表。如果有足够时间来审查执行情况,会产生最佳效果。好的日程表能为各种事情提供足够时间,特别是招募和提纲写作,参见表5-7。

表 5-7 焦点小组的日程表

时间安排	事 项
T-2周	确定目标用户及范围;马上开始招募
T-2周	确定要调查的主题;开始编写提纲
T-1周	编写初版提纲;与项目组成员讨论准确的主题措辞;检查招募工作
T-3天	选择时间编写第二版提纲;与项目组成员讨论;应该完成招募
T-2天	完成编写提纲;安排时间进行演练;设置并检查所有设备
T-1天	上午进行排练;检查时间,并根据需要调整提纲;做最后招募检查
T	实施焦点小组;与观察者进行讨论;收集所有笔记的原件
T+3天	查看视频、音频文件;做笔记
T+1周	整合笔记,撰写分析报告

- 目标用户。具体而言,研究人员需要很清楚地知道能给出最佳反馈的目标用户到底是谁。
- 研究范围。焦点小组可以有几组,每组只有几个人。小组和人的数量取决于问题的复杂性、要探索的答案深度以及要知道的答案的确定性。
- 研究主题。并非所有小组都对讨论所有主题有好感,也并非所有主题都适合小组讨论。仔细选择主题、深思熟虑编写提纲有助于从小组讨论过程中获得更多信息,而不会牺牲研究深度和结果的清晰性。

(1) 挑选目标用户

对焦点小组而言,也许和本书提到的其他方法相比,选择合适的目标用户更为关键。与大多数其他类型研究不同,焦点小组集中在同质用户。所谓"同质",即只要用户在对于研究中需要的方面相同就可以了。

(2) 招募

选好目标用户,接下来便是找到他们并发出邀请。为焦点小组招募,就像为其他研究招募一样,要尽早进行,并且一旦挑选好目标受众,就要尽快开始。

焦点小组的招募有些特殊,因为它是招募一组人,而不是个体,所以要格外注意以下几点:

- 参加者准确的背景资料非常重要。对于焦点小组,某一小组中的所有成员都应该符合目标用户的背景资料,因为只要有一个人不符合要求,就会破坏整个讨论。
- 不要招募互相认识的人。如果有两个人或者更多人互相认识,即使他们只是知道其他人是谁,都会造成小组讨论产生动态不平衡。
- 避免招募了解焦点小组如何工作的人。焦点小组老手会给出他们觉得"应该给出"的答案,或者他们可能会预测讨论的下一个主题。虽然不会有致命效果,但这可能会扭曲讨论,导致由此产生额外的主持和分析工作。如果不得不找招募有焦点小组经验的人,必须确保这种经验既不是频繁发生也不是最近发生。

- 筛选掉对于任意主题明显比其他人有更多了解的人。如果小组中有一位"专家",这位专家的知识会吓到其他参加者,其意见会左右整个小组的观点。

（3）定义范围

如果要定义所进行的焦点小组的范围,需要确定两件事情:①需要多少小组,②每组需要多少人。

不要因为预测会得到同样结果而只进行一场焦点小组,也不要只根据一个人的话就对一类人做出结论;也许有些因素对小组很重要,但无法代表用户整体的意见。也就是说,一般情况下,四个焦点小组就足够了。第一组本质上属于彩排。到第三组,应该就会看到对前两组的意见和陈述的确认。第四组应该用来确认前三组的趋势。如果到第四组还是有许多新信息,尤其是意见分歧,可能说明需要进一步增加焦点小组的场次,或者说明小组构成过于宽泛。

同样,多数教科书都建议每组为8～12人,但如果要考察用户体验和态度,一般情况下,人数少一点会更好。用户体验研究所需细节的详细程度常常大于典型的市场调研中的焦点小组。缩小小组规模可以更深入了解每个人。6～8人的规模很好,可以平衡细节收集与观点的范围。如果想要深入了解每位参加者,或者如果单个焦点小组的时间很短,可能需要把人数降到4人。如果少于4人,讨论会更像访谈,无法产生更多人时的动态情况。

（4）选择主题

对于普通焦点小组而言,要调查3～5个主要主题。这些主题需要从项目整体准备措辞。要足够关注这些目标,小组可以花约10分钟充分讨论每个问题。这些目标不要太关注与你会向参加者提出的实际问题,也不要变成其他方法能获得更好答案的问题。"请列出竞争对手的名单"一般都太宽泛,很可能用问卷调查能得到更好的答案,而如果把目标设为"发现哪些因素会导致竞争对手的用户体验比我们的更有吸引力"可能更为合适。

（5）编写提纲

讨论提纲是主持人需要遵循的文档,它为焦点小组创建了一致的框架和进程。主持人根据大致相同情境下的相同顺序,向小组提问,能确保所有主题都得到充分讨论。这样讨论就会挖掘参加者的微妙意见,而同时也不会偏离任何主题。

先思考核心和问题,再编写完整提纲。对于焦点小组的问题,应该做到以下几点:

- 仔细安排顺序。顺序会导致参加者形成一定的思维框架来思考一些问题,并会记住某些事件。仔细安排问题顺序能利用这种思维框架,小组讨论流程能变得更加"自然",而反过来又能帮助参加者保持创造性思维,产生更好的见解。一般情况下,问题应该从最一般到最具体,每个问题都要能缩小一点讨论范围,并集中到之前讨论的子问题中。除非要引入全新主题,否则应从一般问题开始讨论,主题之间应该过渡自然。

- 无引导性。问题不要暗示答案或者价值判断。应该把问题侧重于让参加者表达自己的想法和价值观。

- 保持开放性。问题不应该将答案限制成固定答复,应该鼓励用户保持开放心态并分享经验。回答较长，能说出更长的故事，而且比短的回答会少一些模糊。

- 关注细节。问题应该鼓励参加者尽量具体回答问题。建议把为什么的问题分解成多个什么的问题，明确询问参加者做决定的原因以及影响因素。
- 个性化。让问题关注人们当前的行为和观点，而不要提出选项来设计他们的经验。
- 清晰。意思应该尽可能的清楚，特别是向参加者介绍新术语时。

当然，所有问题都要符合所有以上标准常常很困难，但要在脑中把他们当做指南记住，而且应该尽量遵守。

（6）讨论提纲

提纲分成三个主要部分：介绍、主要讨论和总结。

编写好提纲后，要安排时间进行讨论。项目组成员是较好的提纲评审人，尤其是产品经理和项目经理。他们能指出技术上模糊的地方，能提供另一个角度的观点，还能为其他团队成员观察焦点小组做好准备。

应该对提纲进行测试。测试有个简单办法，就是找几个没看过提纲的人，然后进行走查，注意他们如何回答问题以及时间选择的准确性。此外，可以把第一小组当做彩排，来审查提纲的有效性，并适当调整。

（7）实施焦点小组

① 物理布局

实施焦点小组要有一个舒适的房间，并且要通风好，室温宜人，减少会分散注意力的东西。典型设置看起来像是会议室还是客厅，取决于参加者觉得是在舒适的工作环境中还是家里。实际的会议室或者休息室很容易转变为焦点小组场地。

适当提供一些零食，能够打破小组最初形成的紧张气氛，因此，在可能的情况下应该提供食物和饮料。

安排参加者的座位并非随意，要有一定的技巧。首先，需要把参加者的名字用会议桌牌的形式打印出来，把桌牌放在桌子上，桌牌两侧都有名字，字要足够大，从观察室和通过摄像机都能看到。会议开始前，可以去接待室跟用户谈谈，看看哪些人很安静，哪些人喜欢说话，这是穿插安排用户位置的依据之一。想好每个人的座位安排，根据顺序摆放桌牌。把用户带进房间后，请他们按照桌牌上的名字找到自己的座位。

房间里应该有办法让观察人员看到整个讨论过程。可以采用传统的单面镜墙，镜子后面是一个隔音观察室；也可以通过录像设备现场直播，把接收的电视安排在观察室。只要观察室和实验室互相不干扰即可。

只要有可能，应该对焦点小组的全过程录音录像，录像很容易看到谁在说什么，并能看到肢体语言，肢体语言有时会暴露出概念的否定或者说明对主题感到不舒服。如果录制过程不引人注意，所引起的小影响很快会消失在交谈过程中。

② 主持人

主持焦点小组是一种技能。主持人必须平衡小组中参加者的发言，让他们轻松自如地讨论和研究需求。要想不带任何偏见地主持焦点小组，需要实践、能力和正确心态。

主持人必须具备的基本技能包括尊重参加者、仔细聆听以及快速思考的能力。具体

而言,主持人必须做到以下几点:

- 始终保持控制。大多数情况下,主持人可以通过身体语言和口头强调来保持控制,巧妙引导讨论围绕着某些参加者和主题。如果讨论偏离到一个方向太久时,主持人要毫不犹豫地施加更多控制,将讨论重新集中于必要的主题。
- 总是向前发展。主持人应该监测讨论进程,并在合适时间介绍主题,实现自然过渡,而不要停止讨论或者突然改变话题来控制进程。这样讨论不会变成访谈,参加者能一个接一个回答主持人提出的问题。
- 不要判断。主持人充当调停人帮助参加者表达意见,而不要扼杀他们的急切心情。因此,主持人不应该表达自己的意见,而应该想方设法让小组形成意见。
- 尊重他人。在任何时候,主持人都必须充分尊重参加者,即使不同意他们的说法。焦点小组中每一位参加者都能有对项目组有用的观点,即使不符合项目组的实际情况。要让所有参加者都觉得可以轻松说出想法,他们需要知道主持人对待他们的投入跟对待其他人的投入一样。采用不带判断的陈述以及严格控制身体语言能实现这一点,但最好真诚沟通,即每个人的发言都必须被听到。
- 做好准备。主持人要足够了解要讨论的主题,以便能够针对参加者的陈述提出具体问题。并不是说要获取和主题相关的专业知识,但主持人应该很好理解一般概念、术语和讨论所涉及问题的含义。主持人还应该对小组成员的习惯和环境有所了解。

此外,主持人应该有良好的时间感,知道什么时候从一位参加者转移到另一位,从一个主题转到另一个主题;要有良好的短期记忆力,针对参加者先前的发言,用自己的语言来描述概括;也要有随机应变的能力。

③ 助理主持人

没有助理主持人,也完全可以开展焦点小组;但如果有,能有助于过程的开展。

助理主持人是关键的分析人员,他们是联系焦点小组和外部世界的纽带。助理主持人要照顾焦点小组参加者的需求,并收集信息,让主持人能保持关注富有成果的讨论。

开始讨论前,助理主持人负责接待用户,给他们看保密协议等必要的文档,并形成初步判断,为安排座位提供依据。也可以根据跟用户聊天的情况,判断用户的个性,及时向主持人介绍。

讨论过程中,助理主持人应该对主体内容的讨论尽可能做记录,如关键引言、参加者提出的问题、自己的观察等;若助理主持人跟观察人员都在观察室,则需要管理观察人员讨论,同时要求他们也做笔记;若助理主持人跟主持人同在实验室,则可以通过在线工具与观察人员互动,了解他们想要补充提问的问题,做好筛选,焦点小组讨论即将结束时,巧妙地告知主持人补充问题,或者经主持人允许,补问问题。

焦点小组结束后,助理主持人可以使用现场记录的笔记,向观察人员和主持人进行汇报。

④ 主持讨论

主持讨论是一个在参加者舒服程度和对研究产生有用信息之间取得平衡的过程。主持讨论很少有严格规则,因为每个组、每个话题都需要采用不同方法,不同主持人有不同风格,但都能发挥作用。

但对多数用户体验焦点小组而言,有如下共同的指南,多数主持人也都会遵守。

- 提前花些时间和小组谈谈。小组讨论前花 5 分钟和参加者随意聊聊,有助于了解参加者的个性。这有助于准备小组发展过程。

- 遵守指南,但必要时应该抓住机会。如果小组在讨论本应该过一会儿再讨论的问题,但参加者谈得都很好,那就谈这个问题。可以提出本来安排稍微晚点会提出的问题,当然,如果问题顺序绝对至关重要,可以请小组等一会儿再讨论这个问题。讨论完插入的问题后,再把讨论拉回到之前的问题。

- 让每个人都参与讨论。留意失去兴趣的人或者看起来发言不舒适的人。尽量找出造成他们厌烦或者不适的原因,并尽量缓解。有时只要喊某人的名字,并明确请其说出想法即可。但如果需要大量精力来让某人参加讨论,反而对整体讨论效果有影响,最好把精力花在小组的其他成员身上。

- 避免引入新术语和概念。一旦引入新词和想法,往往会给讨论加上框架,并且会主导讨论。如果小组想用自己的话来描述概念,或者想建立自己对想法的模型,让他们这么做。即使这些术语应该完全可以听得懂,除非小组也这么使用。

- 限制身体语言。有很多身体动作会微妙表达出对某人观点或者某个特定角度的偏好,人们非常擅长发现这些动作,即使是不自觉发现。点头是向其他参与者发出观点"正确"的信号,退后是发现观点错误的信号,一直靠向某位参加者就说明那位参加者的评论更重要。主持人可能需要看看自己主持的录像,看看自然身体语言会表达什么意思,尽量减少会表达偏好的行为。

- 澄清观点。如果有人说得不清楚,或者和先前的陈述相违背,应该重申想法或者请那人说清楚,请那人举个例子来说明其使用的方法或者定义。

- 重申想法。为了确保每个人都能确切明白参加者说的意思,常常应该重申刚说的话,看看是否正确代表参加者的想法。如果听到不同的话,应该说清楚想法的核心内容。这种方法还强调主持人对小组的关系,巧妙地向参加者表明他们虽然是专家,但主持人是控制人。

- 深挖其他观点。如果有人说的话违背了先前的陈述,或者如果有人对正在讨论的内容做出一种新解释,应该彻底考察小组中的赞同意见和反对意见。让那个人说完他的想法,然后请小组其他人自愿说出想法或者体验,特别是同一话题的不同体验或者想法。

- 不要主导讨论。尽可能让小组进行讨论。如果有参加者提出意见,可以给小组中的其他人一些时间来回应意见,然后再继续提问。

- 提供思考时间。不是每个人都可以立即阐明想法或者立即能理解概念。在讨论开始时,可以明确提供时间来思考或者记忆,来帮助参加者讨论。5～10 秒可以满足一般需要,这些时间可以用在提问时。

- 适当时候来点幽默。不要嘲笑参加者的话题,也不要嘲笑他们的陈述,但可以来点幽默。不要幽默过头,因为看起来很假,而且会造成人们认为你在娱乐他们的期望。但如果有些地方很好玩,笑出来也没关系,不要害怕说这件事情很好玩,要小心采用自谦的幽默方式。人们看重谦逊,但只有在不破坏主题或者现场气氛的时候。

- 保持能量。有时会发生小组闲聊或者对特定主题不感兴趣的情况。保持和激励自己高昂的兴致,可以防止小组感到厌倦和沮丧。
- 让用户休息。在房间里坐两个小时激烈讨论会很困难且枯燥。如果焦点小组进行超过 90 分钟,要让人们中途休息 5 分钟,好让他们收集想法,去卫生间等。

最后,放轻松,微笑一下,应该真诚地感受人们的体验。

⑤ 提问

提问过程属于主持的一部分,但提问涉及的要素非常多,需要有专门章节来讨论,这里有几个方法有助于提问并澄清对问题的答复。

- 安排事项的优先级别。如果有问题清单,就要请参加者明确优先级别,可以对最重要的事情进行投票,也可以给每个条目自发打分。
- 写下意见,再进行讨论。如果写下了,人们不太会改变想法,也不会在讨论时"随波逐流"。
- 在可能的情况下,使用参加者的准确想法和言辞。如果已经向小组引入术语,或者定义某些概念,要修改跟进问题以使用相同术语和概念。
- 关键问题需要口头询问。对于次要问题,使用和小组一样的术语感觉更自然,但主要概念应该用同样方式介绍给小组成员,以减少分析结果时的疑问。
- 准备好例子。参加者并不总是明白问题,特别是对于新概念或者不熟悉的术语。应该准备一些好例子,在觉得需要的时候用来解释问题。首先要尽量不使用例子就获得反馈,但如果人们不知如何答复,就应该说出例子。

⑥ 常见问题

许多焦点小组会发生以下问题:

- 集体思维。在小团体中,人们会受到限制,以避免与他人的冲突。避免冲突的最佳方式之一,就是根据小组的明显一致意见而把自己的意见趋同。因此,人们倾向于赞同房间里的人,即使他们实际并不同意。因为归属在感觉上比正确更重要。前面提到的很多方法都是用来尽量减少集体思维的,但集体思维仍会发生。所以主持人要注意这种情况,并尽量减少其发生,要想参加者清楚说明不仅允许分歧,而且还鼓励分歧。当然,这也要有个度,不能让参加者为了分歧而分歧。
- 错误假设。有些情况下,项目组和主持人都会从根本上误解用户体验的性质,造成整个焦点小组都基于不正确的假设。避免这种情况的最佳方式是提前访谈一位目标用户。如果焦点小组已经开始,并发现了这种情况,要尽快改写提纲,而且如果有必要,需要再安排新的场次。
- 有人迟到。除非当前仍在进行介绍,否则焦点小组一旦开始,就不要再加人,酌情给他们酬金并道别。让迟到的人跟上进度会有破坏性作用,而且出现"陌生人"会让人们产生防备心理,会抵消之前的破冰效果。
- 群体沉默。有时一群人就是不想说话,造成这种情况的原因会随组变化。根据情况不同,需要重新的讨论带入活力,并随时调整提纲和时间表。但有时如果焦点小组根本没有在讨论话题,就必须采取果断措施。此时需要主持人的创造性,主持人必须想办法让参加者参与讨论。

- 参加者不发言。人们不说话的原因多种多样。他们可能觉得对主题没好感,觉得他们的意见没有得到分享,或者因为他们没什么可补充的而感到尴尬。也可能只是害羞。如果需要知道每个人的观点,就需要让沉默寡言的参加者发言。让人们参与讨论的最简单方式是直接邀请他们发言,但如果邀请过了头就会变成"呼叫和响应"式的动态讨论。请整个小组补充意见,但要直接看着不发言的参加者,这种信号表明需要他们发表评论,但并没有表达出他们是被挑出来的。非语言信号可以告诉我们谁有想法,即使他们觉得不舒服而没有表达。讲话开始前吸几口气、向桌子靠近、和主持人目光接触、另一位参加者说话时皱了皱眉,所有这些都可能表明有想法在形成。

- 参加者过于健谈。有些人不知道什么时候该闭嘴。这种人一般有两种:一种是有有趣想法但说出来有困难,另一种是没想法但又希望能进行另一个讨论。果断打断、重述参加者的职责可以克服前者的问题,但后者有些麻烦。如果人们谈论时没有明确目的,可以请他们总结一下自己的想法,然后继续往下进行,请另一个人发言或者提出不同问题。如果讨论还是漫无目的,应该礼貌提醒他们需要让房间里的其他人发言。

- 小组优势。只有一位参加者主导或者盛气凌人会毁掉焦点小组的作用。理想情况下,避免发生这种情况的最好方式是在焦点小组开始时请这种人离开。如果在等候室和参加者见面并观察他们,会明显发现这种行为模式。然而,一旦焦点小组开始进行,而且明显有人想"控制"小组,应该远离对其的注意力,而关注整个小组,并强调主持人驱动小组的概念。这种方法和对健谈的人所采用的方法基本相同,但与针对其他只是啰嗦的人的方法相比,这种方法必须要更坚定使用。此外,站起来从物理位置上占据讨论空间、走向白板前有助于恢复对讨论的控制。

- 参加者不合格。人们有时会误解参加标准,或者会错误表达其体验。应该在早期排除这些人,因为他们很可能不能对讨论做出贡献,而且他们的存在往往使其他参加者感到不舒服。在环节早期,根据关键筛选标准提出问题,并委婉请不符合标准的参加者离开房间,这样能让小组其他人的整体效率更高。不过这种方式比较严苛,需要谨慎使用。

- 跑题。小组会有螺旋跑题倾向。这类讨论可能是对价值和想法的讨论,如果对主题很重要,可以允许一段时间的跑题。如果是边际兴趣点,就要尽快结束跑题。主持人如果注意到人们看起来对某个跑题的话题有兴趣,不要打击任何主题,要鼓励小组结束这个主题或者推迟对此主题的讨论。

- 参加者有敌对情绪。焦点小组中很少存在公开的敌对情绪,但某些人或某些想法会造成敌对情绪。激烈分歧或者激进思想会导致人们增长敌对情绪。此时主持人要保持公正,并关注讨论想法,而不要关注情绪。因此,应该保持中立地对待充满感情内容的陈述。

- 想法激进。有时候有人说的东西会冒犯大多数其他参加者。可以利用这种情况引发所有参加者分享意见,也可以分化小组。为了知道讨论回到之前的方向,而不是让它使发言人沦为互相排斥的不同"党派",应该问问是否有其他人分享这一观点。然后在询问是否有人有不同看法,并探讨他们的意见不同在哪里。特别重要的是,主持人不能赞同这一方或者那一方,即使坚决不同意其中的某个看法,而应该关注事实陈述。

- 主题高度情绪化。就像主题有争议性和参加者有敌对情绪一样,主题情绪化会很棘手。处理这些问题的最佳方法还是关注主题背后的想法,只要情绪释放,情绪化主题就不会成为唯一的主题。提纲应该考虑此问题,如果预期会有情绪化反应,应该给参加者足够的时间来讨论自己的情绪。如果有主题意外变成了情绪方向,应该尊重并讨论参加者的情绪,甚至需要破坏提纲中的几个问题。但主持人要尽快摆脱这种讨论,同时要尽量了解导致情绪化状态的体验因素。

⑦ 管理观察人员

项目组成员要尽可能多地参加焦点小组。项目组成员能够快速了解他们自己的想法,研究人员能获得宝贵的技术知识。出于同样原因,每个主题应该有一个以上的焦点小组参与讨论,如果打算进行观察的话,应该鼓励他们至少观察两个焦点小组。如果看过了几个小组讨论某个主题,就会更容易知道哪些现象属于特定群体,哪些是更普遍现象。

观察人员会积极参加分析过程,因此他们应该知道如何处理观察过程。观察焦点小组有一个正确方法,也有很多错误方法。提前和新观察人员见面,并请他们为观察焦点小组做好准备。以下几点有助于请观察人员做好准备,并可以作为初始工作方向的一部分,也可以作为书面清单的一部分。

- 仔细听。观察人员很容易立即讨论观察到的情况,但首先一定要听听人们真正说的内容。可以随时讨论看到的东西,但别忘了要仔细听。

- 不要仓促下结论。把人们的陈述当成指引,了解他们如何思考问题,他们的价值观是什么,但不要把陈述的具体情况当信条。如果小组中每个人都表示喜欢或者讨厌什么东西,并不意味着整个用户群体都会这么认为,但它清楚表明有足够多的人会这么认为,应该足够引起注意。

- 焦点小组没有统计意义。如果 5 个人中有 4 个人说了一些情况,并不意味着 80% 的人都会这么认为。这说明有很多人可能会这么认为,但并不代表整个用户群体中的比例。

- 焦点小组的参加者都是专家。参加焦点小组的人知道他们要做什么,也知道他们当前是怎么做的。倾听他们的需求和体验,把他们当成顾问一样,他们能告诉你用户需要什么。

- 焦点小组不是灵丹妙药。如果每个焦点小组都有几个好主意,焦点小组就足够有价值,但并不是参加者的每个陈述都应该详细研究。

- 随时把问题传给主持人,但不要过于频繁。可以偶尔向小组提出问题,但一个环节中不要超过两个。应该简洁明了地写出问题,并且应该就好像要告诉主持人一样进行措辞。然后把问题给助理主持人,助理主持人会给主持人。在对话进程适当的时候,主持人会引入问题。但如果时间或者主题不合适,主持人可以决定不引入问题。

- 人是矛盾的。听听人们如何思考主题、他们用什么标准来得出结论，不一定要听他们说出来的具体愿望。人们可能没有意识到两个愿望不可能同时实现，或者人们根本就并不在乎。准备接受偶尔的无聊和混淆。人们的行为并不总是有意义或者有见地。
- 不要贬低人。参加者有时候会说些情况表明他们没搞清楚。不要假设有人之所以没说什么重要的东西是因为他们从一开始就没兴趣或者没想法。了解为什么有人"没搞清楚"是了解那些"搞清楚"的人的观点的关键。

3. 如何分析

研究人员必须保持警惕，避免进入选择性认知。信息是有质量的，分析重点取决于焦点小组的目的。对于有些研究项目，发现参加者的心智模型是关键；对于其他研究项目，第一手体验最宝贵。还有一些项目会完全关注评估竞争对手。

焦点小组分析有两个基本过程，即收集信息和提取趋势。大量信息收集通常意味着有大量分析，但二者并不严格一致。通常情况下，二者会相互交织，趋势需要重新考虑信息，而信息中的模式又会形成趋势。

（1）收集信息

焦点小组会产生很多信息，组织并安排信息的优先级别是从中提取趋势的第一步，可以从捕捉瞬间信息、观察焦点小组的人所产生的直觉趋势入手，这些第一步假说有助于关注以后的信息收集。

① 捕捉初始假设

主持人、助理主持人和观察人员应当听取各组的看法。随着时间流逝，不同小组在记忆中会发生混淆，每场焦点小组结束后立即收集三者的看法能减少以后所需的创意和体验的纠结。应该记录每个人的笔记，并在访谈时收集他们的观察结果。使用提纲是有效管理并引发记忆的方法。逐节走查提纲，请主持人和观察人员回顾他们的想法：什么是意外情况？什么是意料之中但并没有发生的情况？用户表现出来什么态度？用户主张什么价值观？用户提出什么有趣陈述？为什么有趣？观察到什么趋势？焦点小组有什么问题？这些意见往往是以后分析的基础。

简短汇报后，研究员要尽量完整写下对事件的记忆。随后，研究员要把观察从汇报笔记变成不同的主题或者问题，这些可以作为进行更正式分析的分类。

② 原音重现及编码

正式分析焦点小组过程应该从原音重现开始。可以请整理录音录像的专业公司把焦点小组过程中每个人说的每句话都整理出来，需要原音重现，哪怕没有逻辑性，不需要总结用户的发言。研究人员也可以回顾录音录像，写下认为最重要的部分。

仅仅依靠记忆会漏掉很多微妙行为，会错误引用发言，观察人员也会陷入集体思维方式。看看原始讨论可以澄清模糊的地方，并发现单凭记忆无法发现的隐藏含义。不必按照录制的顺序回顾录音录像，应该回顾认为最重要的那些内容。

一边回顾录音录像，一边把意见编成代码。编码是对答复进行分类以便跟踪趋势的过程。编码要有简短的描述性名称。编码要能反映有兴趣研究的主题。如果要把用户在特定情况下的体验独立出来,可以对不同情况或者体验进行编码。如果想了解用户的优先事项,可以对偏好采用不同编码。可以从驱动提纲编写的主题编码入手,在汇报情况时增加其他可能出现的编码。当然,如果有需要,可以划分或者合并编码。

回顾录音录像时,拿上编码表。如果匹配编码或者看起来有趣而且相关,就记录下来,跟踪是谁说的,是在焦点小组进行到什么时候说的。如果有人说的东西真的能体现想法或者适合编码机制,就记下来。记录的关键是捕捉用户有意义的发言,因此,目标虽然是准确记录,但不一定要回避意译,要去掉无关的话、增加括号来提供上下文情境。但需要清楚标明哪些话是自己写的,哪些是参加者说的。

完成记录和编码工作,回过来检查一下记录文档,检查编码的准确性,修改编码系统,如果有必要就重新进行编码。

(2)提取趋势

有了加上编码的记录文档,就可以发现焦点小组的深层含义。本节介绍彻底、公正、严谨的方法。时间和资源压力有时会造成这一过程很难全面实施,此时完全可以接受简化,但要小心简化,以免造成结果扭曲而不再有用。

焦点小组的分析方法与情境调查研究采用的方法类似。观察结果经过分群和标记,为确定用户的行为和态度打下基础。这些趋势会被充实,并用假设进行解释,用信息来备注这些趋势。

从分类编码入手。编码代表原始意图以及检查信息时所观察到的趋势。充实这些编码,必要时进行修改以符合对信息新的解释。

接下来把主持人和观察人员的观察结果,加上第一次分离、猜想出来的分析,划分成为趋势和假设。尝试根据之前定义的类别调整这些趋势,去掉重叠想法并澄清类别,并保存这些假设,之后可以用来解释趋势。

接下来根据修改过的编码重新整理信息引用和观察结果,根据所属编码,把所有情况组织起来。这样能有机会看看是否有办法来组织先前未编码的观察结果,并将观察结果和引用放到多个类别中。

不同的类别要能显示出可识别的趋势。有些趋势会被预料到而且很清楚,其他趋势会令人惊奇。可能有些情况研究人员期望能找到支持想法的材料,但并没有找到。尽量尝试根据相似性来组织趋势,甚至还可以给趋势组加上标签。

研究目标对确定趋势很重要。关注心智模型的焦点小组能更加关注与用户使用的语言和隐喻,而不是分出特性的优先级别,后者更多与参加者的利益和自我观念相关。当然,用户的感觉、价值观和经验都互相关联,因此很少会出现观察结果完全符合趋势,或者趋势只影响到用户体验的单一方面的情况。在实践中,趋势之间的界限模糊不清,准确定义趋势的东西可能本身也不清楚。但在好的研究中,即使边界模糊,但中间线还是很清楚的。

可以从信息提炼出以下内容列表:

- 心智模型。心智模型和隐喻有关。心智模型是我们如何理解世界、工作方式的心智表现。
- 价值观。用户喜欢或者不喜欢什么? 他们采用什么标准来判断喜欢或者不喜欢什么？他们认为什么东西重要？他们采用什么过程来创建自己的价值观？他们的价值观如何相互关联？用户的价值观决定了很多对产品的体验方式。如果有人对网站内容很感兴趣，在某种程度上就可能会忽略各种交互问题。人们的价值系统由喜欢、不喜欢、信仰以及他们对这些要素、物体、人和他们的生活关系构成。

- 故事。故事是理解人们错综复杂的经验的强有力方式。故事能提供详细资料，说明人们的假设、做事情的顺序、如何解决问题以及他们的观点。故事可以立即说明和澄清产品开发中的许多不确定因素。不同人讲的故事之间的差异可以揭示目标用户有什么样的共同心智模型，以及项目组可以预期到什么样的个人特质。
- 问题。焦点小组头脑风暴能快速产生大量问题清单。即使没有正规的头脑风暴，在一群人中用户自然产生的认同感也能揭示很多问题。
- 竞争性分析。竞争对手产品有哪些？用户不喜欢竞争对手产品的哪些地方？

上述内容列表还不完整。如果有一个焦点小组可能关心用户通常执行任务的顺序，而另一个焦点小组可能会想知道什么东西能让公司的 LOGO 更出色。

以下是一些从信息中获取最有用信息的提示：

- 关注用户形成决定的方法。实际决定也很重要，但决定背后的原因更有启发性。
- 注意用户使用的术语。产品采用和用户一样的语言会更容易被接受。
- 留意矛盾的地方。用户说他们怎么行动和他们说想要什么并不一定和他们实际做的事情或者实际怎么使用产品相一致。
- 留意用户改变想法的情况。知道有人改变了想法能揭示出那人更看重的东西。
- 受欢迎程度并不一定代表重要性。人们认为重要的东西可能并不是他们谈论的东西，但受欢迎程度是强有力指标，应该记下来。同样，受欢迎程度不高，并不意味着某个现象不重要，但如果只有几个人提到了某个东西，那最好将其当成弱趋势。

可能也需要做一些信息的定量分析。就整体而言，焦点小组信息的数值结果无法代表用户群体，但这些数值结果可以互相比较。如果在重新设计前后，对相似小组分别进行焦点小组，而且讨论提纲、主持人和研究员都相同，比较一些问题或者看法的数量，可能是观察体验是否发生变化的有效方式。但这一过程需要严密控制，并且不能超出两组进行比较。

此外，分析任何焦点小组信息时，必须明确考虑潜在偏见。招募过程、问题措辞、集体思维以及主持人和研究员的个人经验都可能会影响答案，甚至外部事件也可能会影响用户的观点。密切注意可能已经引入的偏见，并在报告中明确说明什么时候会有偏见及其存在的形式。

（3）做出假设

解释趋势的原因是一个困难的过程。每个现象可能都有大量潜在原因，也有信息能支持矛盾的假设。研究员必须判断是否需要假设用户的行为和心理，或者是否就只说出这些心理而让项目组形成自己的理论。业界一直在争论此问题，也没有硬性规定假设什么时候适用。如果可能，焦点小组中观察到的趋势可以指向困难的深层社会和心理问题，而这些问题需要解释或判断。知道问题层面常常就足够能解决问题，而不需要知道确切原因。但有时候,对问题潜在原因的分析以及它们之间的相互比较,更容易能找到解决方案。

和所有用户体验研究一样,焦点小组产生的问题多于答案,但这些问题可能胜于开展焦点小组讨论之前提出的问题。

4. 实际案例

淘宝网的评价系统已存在长达 9 年的时间,部分规则可能已经不适应现在的情况。恶意差评、炒信用、恶意骚扰等情况比较严重,评价产品需要重新进行思考。

本次调研目的是想了解卖家在使用评价产品时遇到的问题及其建议,为评价产品的发展提供参考意见。

淘宝卖家关于评价体系改造的焦点小组提纲

一、介绍和热身 15 分钟

1. 主持人自我介绍、介绍座谈会目的、流程、注意事项等;

2. 卖家自我介绍(开店时长、主营类目、店铺数量、员工人数、日发单量等);

3. 大家平时在淘宝经营店铺,遇到最头疼的问题是什么?

二、主题部分 105 分钟

主题 1:对评价体系的认知(15 分钟)

1. 大家认为淘宝的评价体系包括哪些指标或内容?＜请写在纸上＞

2.【根据用户的回答,对比目前官方的界定(好评率、星级、动态评分 DSR、店铺服务情况、具体评价内容),追问】为什么认为××不是评价体系里的指标/内容?

主题 2:评价体系包含指标/内容的重要性**(25 分钟)

3. 请大家给评价体系里的指标/内容做重要性排序。＜请写在纸上＞

4. 为什么会这么排序?【根据排序情况,追问】为什么认为××重要?排在后面的指标/内容是不是不重要?说明原因。为什么认为××不重要?

主题 3:评价体系里的指标/评价不合理的地方**(25 分钟)

5. 大家认为目前淘宝评价体系里的哪些指标/内容不合理?

6.【根据答案,逐一讨论】为什么不合理?不合理造成的具体影响是什么?有没有改进的建议?

主题 4:通过什么方式改善评价(20 分钟)

7. 目前有没有采用什么方法来提高评价得分?

8. 有没有采用什么方式提升用户填写评价内容的质量?

9. 目前会不会与中差评用户联系,要求其修改?主要会采用什么方法让其改评价?为什么会用这种方法?

10. 店铺内有没有明确的规定,主要是什么情况的中差评会联系用户?还是只要是中差评就联系用户。

主题 5:诚信信息披露**(20 分钟)

11. 目前的这些评价相关指标/内容,对于评估你的诚信,是否已经足够了?

12.【根据回答,追问】如果不够,觉得还有哪些指标更能代表你的诚信?为什么?

【根据情况，讨论披露营业执照、买家回头率等指标的可行性】

13. 是否需要把这些指标直接在页面显示出来？有什么顾虑？

三、总结部分 5 分钟

【查漏补缺】对于淘宝的评价体系，大家还有什么建议吗？

5.2.7　可用性测试

一对一的可用性测试能快速生成用户如何使用产品原型的大量信息，无论原型是线上可交互的、模拟的或者只是纸质原型。在产品发布前，可用性测试也许是发现产品可用性问题最快、最简单的方式。

可用性测试是针对界面原型的具体特性进行的结构化访谈。访谈核心是由用户执行一系列任务，完成对界面的评估。访谈记录日后可用于分析用户操作产品的成功、误解、错误和意见。经过多次测试，比较观察结果，收集最常见问题，形成功能和显示相关的问题清单。

通过可用性测试，项目组能立即明白用户能否像他们假设的一样理解他们的设计。不幸的是，这种方法已经被套上了项目完成之前最后检查的光环，而且可用性测试通常安排在开发周期的末尾，而此时特性设置已经锁定，目标用户已经确定，而且产品就要发布了。尽管如此，可用性测试仍能更深入了解下一版产品，但这种方法的潜力还有待开发。最好能更早采用可用性测试，给整个开发周期提供反馈，既可以检查具体特性的可用性，又可以探讨新想法并评估预期。

1. 何时适用

可用性测试的优势在于发现人们如何执行具体任务，因此应该用它来检查每个独立特性的功能点向预期用户展示的方式。可用性测试更适合用于突出潜在误解或者特性实施方式中的固有错误，而不是用来评估整个用户体验。从开发周期的早期到中期，可用性测试对于定义特性、功能点和它们的开发起着关键的指导作用。但一旦锁定某个特性的功能，确定此特性和其他特性的交互，基本上已经不可能做出任何根本性改变。此时的测试更多是对下一版本而不是对当前版本的投入。

此外，与本章提到的其他方法不一样，可用性测试对于产品从来都不会只是一次性任务，也不能这么看待可用性测试。每一轮测试可以关注一小组特性，通常不超过 5 个。因此可以通过一系列测试来测试整个界面或者微调一组具体特性。

项目组需要做的首要事情就是确定目标用户和需要检查的特性集合。

也就是说，如果开发周期已在进行，启动可用性测试是好时机，但不能太晚。测试得太晚，如果测试发现了必须更改的特性，那么这个测试会阻止整个项目的实施进程。可用性测试偶尔会发现需要很多工作来纠正的问题，因此如果需要，项目组应该做好准备，重新思考和重新设置特性。互联网产品一般需要几个星期的开发时间，所以可用性测试往往需要在两周的间隔期间迭代实施。

稳固的可用性测试计划包括对每个主要特性的迭代可用性测试，在整个开发过程中安排测试，强调并加深对用户行为的了解，并确保它会随开发设计而变得更加有效。

2. 操作过程

(1) 准备

至少要在希望拿到结果的前三周就开始准备可用性测试。一般而言,可用性测试的日程表如表 5-8 所示。

表 5-8　可用性测试的日程表

时间安排	事　项
T−2 周	确定测试用户;立即开始招募
T−2 周	确定要测试的功能特性列表
T−1 周	编写第一版测试提纲;创建测试任务;和项目组讨论;检查招募工作
T−3 天	编写第二版测试提纲;检查任务;和项目组讨论;完成招募
T−2 天	完成测试提纲;安排预测试;设置并检查所有设备
T−1 天	上午进行预测试;适当调整测试提纲和任务
T	执行测试(通常需要 1～2 天,根据时间安排)
T+1 天	和观察人员进行讨论;收集所有记录
T+3 天	回顾视频录音;做记录
T+1 周	整合记录;撰写分析报告
T+1 周	提交给项目组;讨论并写出进一步研究的方向

设定时间表之前,要明确招募对象,以及请他们评估哪些特性。测试开始前的 2 周需要确定这两件事情。

(2) 招募

招募是要尽早开始的最重要的工作。招募时间要恰当、准确,尤其是聘请外包来招募的时候。需要找到合适的用户,他们的日程安排要符合研究人员的日程表。招募要花费时间和精力。投入招募的时间越多越好,但提前两周多就开始招募一般还为时过早,因为人们往往不会那么早就知道自己的日程安排。还需要仔细选择筛选标准。最初的设想往往是招募产品的理想用户,但招募到的用户范围却总是过于宽泛。其实可用性测试,需要关注能提供最有用反馈的目标用户。

为可用性测试进行招募,人的范围相当广泛。缩小重点有助于保持测试清晰,因为不同群体对相同的基本可用性问题会有不同的行为表现。年龄、经验和动机对于相同的潜在问题会造成不同用户体验。从长远看,选择最有代表性的群体可以减少必要的研究数量,并关注结果。

最佳的测试用户是需要产品将来提供服务的人,或者是最近使用过竞争对手服务的人。这些人对测试主题兴趣最高、知道得最多,他们可以关注界面有多好,而不用管信息细节。有时候测试用户过多关注信息细节,会影响测试效果。对内容没兴趣的人,仍然可以指出交互存在的缺陷,但他们并不擅长指出信息架构问题或者任何内容的具体特点,因为他们没有动力去关注,并让它发挥作用。

如果要关注基于任务的可用性测试,每轮测试至少应该有 6 位参加者,应该招募 8～12 人来准备正式执行和备份。考虑到可用性测试的成本效益,一般测试 6 个目标用户即可。如果超过 6 个人,虽然仍然能产生有用的结果,但能发现的问题会越来越少,而且招募费用和实施测试以及分析所需的额外精力会大幅增加，导致回报效率降低。不过，为了防止失约的情况发生，一般会在基本的 6 位用户之外，在安排几个机动名额。要绝对确保人数足够，可以在每个时间段都预约两位用户。虽然招募费用和激励费用会翻倍，但能保证测试的中断时间最少。

此外，要检查对主要用户的了解，可以从次要目标用户中招募一两个人，看看那个群体中是否存在完全不同的观点。研究人员可以以此得出结论，但如果研究人员找的人比较理性，而且这些用户一直与主要用户群体唱反调，这就说明可能要重新考虑招募标准。如果次要目标用户特别重要，那么无论如何也要对这个群体做足额样本的测试。

确定招募对象后，要撰写甄别问卷，并发给招募人员。研究员务必要与招募人员讨论甄别问卷，并且内部至少要有 2 个项目组成员走查甄别问卷，检查可行性。

招募用户时，要确定好测试时间，招募时就要与用户确定好测试的时间。访谈应该安排在对大家都方便的时间，而且每人之间至少间隔半小时。这样主持人就能够应付用户迟到的问题，使整个测试有充分的时间运行，同时，也能留有时间与测试观察人员进行讨论。

（3）确定特性

接下来，确定要测试的特性。研究人员要根据这些需要测试的特性，创建测试任务及展现顺序。需要测试的特性个数要有限定，以便可以微调测试步骤。60～90 分钟的访谈可以测试 5 个特性或者功能特性组合。典型测试要花一两个小时。两个小时的测试可用于初次测试或者广泛的基础测试，而时间较短的测试最适用于深入研究具体特性或想法。

单独功能应该放在特性组合的情境中进行测试。如果只测试一组特性中的单个要素而不管整个组，几乎不能发挥作用。

确定特性的最佳方法是和项目组成员开会讨论，至少要有产品经理、设计师，列出要测试的最重要的 5 个特性。如果讨论需要测试的特性，可以看看具有以下特点的特性：

• 常用特性；
• 新特性；
• 深受关注；
• 根据先前版本反馈存在麻烦；
• 如果使用错误，会有潜在危险或者会有不好的副作用；
• 用户认为很重要的特性。

有了最需要测试的特性清单，接下来创建应用这些特性的测试任务。

此外，还可以包括竞争性可用性测试。比较两个界面比测试一个界面要花更多时间，但可以发现不同产品的长处和短处。例如，用已有界面和新原型执行同样任务，可以发现新设计是否更有用。同样，用两个互相竞争的产品执行同样任务或者进行界面比较，能发现二者之间的相对优势。

（4）创建测试任务

测试任务需要代表典型用户的行为，并且足够关注产品的单个特性或特性组合。良好的测试任务应该具有以下特点：

• 合理。测试任务是人们要做的典型事情。

- 以最终目标进行测试。每个产品、每个网站都是工具，但其本身不是目的。即使人们花费大量时间使用它，也是在用它完成某件事情。因此，就像有了角色动机，演员可以演得更好一样，如果测试有了"栩栩如生"的应用情境，用户评估界面会更现实地执行任务。描述任务时要能联系到测试用户的工作生活。如果他们要找到一些信息，就告诉他们为什么要找到这些信息。如果他们要买东西，就告诉他们为什么要买。如果他们要创造东西，就给他们一些限定情境。

- 具体。为了让测试用户之间保持一致，并让任务关注要测试的产品部分，任务应该有具体的最终目标。但应该避免使用界面上有的术语，因为这会提示参加者如何执行该任务。

- 可行。如果网站上只有餐叉，就不要让人们去找刀。有时很希望能看看他们如何使用信息架构来找一些不存在的东西，但是，这是带有欺骗性的、令人沮丧的，而最终不会对你的设计带来很多有价值的信息。

- 按照现实顺序。任务流程应像产品的实际环节进行流动。因此，购物网站可以先有浏览任务，然后进行与选择任务相关的搜索任务，然后再进行购买任务。这种方式能让环节更现实，并能指出任务之间的交互，而设计师能用这些信息来确定产品中高质量的任务流程。

- 保持领域中立。理想任务指每个测试界面的人都知道一些情况，但没有人知道很多情况。如果有测试用户了解任务的程度远远超过其他人，他们采用的方法很可能会不同于组里的其他人。他们知道更多技术词汇、更多方法来完成任务。相反，缩减任务也不应该对有些测试用户完全陌生，因为他们可能甚至会不知道该怎么开始。对于真正重要的任务，并不存在明显的中立解决方案，招募过程中应该排除懂特定知识的人。

- 时长合适。对于大多数需要测试的特性，都不会复杂到要超过 10 分钟才能完成测试。任务时长取决于三点：访谈总时长、结构以及要测试特性的复杂程度。以任务为重点的 90 分钟访谈中，50～70 分钟用于任务，因此，平均每项任务大约需要 12 分钟才能完成。60 分钟访谈中，大约有 40 分钟的任务时间，因此每项任务不要超过 7 分钟。对于较短访谈，任务花 5 分钟，而对于较长访谈，任务花 10 分钟。如果发现有些事情需要更多时间，可能就需要将其分成子需求，并再安排优先级别。但要注意例外情况，有些重要任务需要更长时间，而且不好分解，但他们仍需要进行测试。

对清单上的每项特性，至少都要有一项任务来应用。对于最重要的特性，通常要有两三项任务，以防止出现该特性的第一项任务难以完成或者无法提供有用信息的情况。

在合理范围内，还可以请用户自行创建任务。开始可用性测试时，可以请参加者描述他们最近发现的使用待测产品可以解决的具体问题。到执行任务时，请他们使用产品，解决访谈时提到的那个具体问题，类似原样重现。对于电子商务网站做测试时，另一个让任务感觉真实的方式是，直接让用户在网站上花钱购买东西，当然要有限额，并由项目组承担这个费用。如果他们搞不清找什么东西，这种方式能更好地激励他们找到他们真正想要的东西。

测试过程从本质上属于定性过程,但也可以给每项任务增加一些基本的量化指标,以便能调查不同设计的相对效果或者比较竞争对手产品。基于互联网产品的一些常见量化指标如下:

- 人们完成任务的速度;
- 人们犯错的数量;
- 人们从错误恢复的频率;
- 成功完成任务的人数。

这类数据收集给出的结果在统计学上无法使用,也无法超越测试过程进行总结,这类数据只能帮研究员设定任务需要花多长时间完成的想法。因此,往往应该采用相对数量规模,而不是具体时间。

列出清单后,接下来需要计算任务时间并检查任务。可以请不接近项目的人来做,作为测试前演练的一部分;但如果有可能,研究人员也需要自己亲自走查这些任务。

此外,随着测试进行,应该不断评估任务质量。根据用来创建任务的相同准则,看看任务是否能满足这些准则。研究员要在每个环节之间想想任务效果,并与观察人员进行讨论。在测试中大幅度改变任务不是件好事,但可以在测试之间进行小幅调整来提高任务准确性,同时要准确记录每次的变化情况。

(5)编写测试提纲

有了任务,接下来开始编写测试提纲,类似执行提纲、执行指南,其实就是研究人员要遵循的测试提纲,以保持访谈一致性,并能完成所有事情。

提纲分为三部分:介绍和初步访谈、任务及总结。

介绍是一种打破沉默并将测试用户引入一些情境的方法。这个过程能把测试用户带入角色并使他们在整个测试过程感到自然。

初步访谈用来为参加者之后发表意见提供情境。它从一般性问题开始,它可以逐步进入用户的使用体验,并缩短与用户之间的对话,直接谈论产品设计这个话题。对于从未参加过可用性测试的人来说,初步访谈向他们提出"简单"问题,能增加他们的好感,建立信任,并让他们了解过程。

如果有方法可以远程观察参与者,有时可以请他们自己完成几个人物,而研究人员不用待在房间里。这样能获得人们在没有知识来源的情况下如何解决问题的有价值信息。此外,研究员可以利用这段时间和观察人员讨论一下测试。

研究人员在访谈结束前,要再次跟测试用户强调说出所有想法的必要性。列一张需要探索的具体问题清单,有助于确保所有重要问题都能得到回答。只要在访谈合适的时候,研究人员要随时提出要研究的问题。

所有任务完成后,信息收集和访谈的核心部分就结束了。总结阶段,研究人员可以利用这段时间请用户画出他们记得的界面样子,同时研究人员离开房间询问观察人员最后是否还有问题要追问参加者。

测试结束后,研究人员要与观察人员总结本次测试的重点和关键性问题,这是有意义的,对产品进行发散讨论可以发现测试用户的内心想法,并能产生一些好想法。

在用户研究的每个阶段,产品利益相关者都应该参与编写测试提纲内容。完整提纲草稿应该经过利益相关者的核实，以确保事项的优先级别及技术报告的准确性。第一份草稿应该在测试开始前至少一周就提交给项目组。第二个版本加上项目组的意见，至少应该提前几天跟他们再确认。

（6）实施访谈

进行用户访谈有两个目标：从测试用户那里获得最自然的答复，并获得最完整的答复。用户访谈环境中的所有东西，从物理空间到提问方式，都是为了这两个目标。

① 物理布局。

尽量让物理布局看起来不像实验室，而像产品设计后的使用环境。如果是供工作时使用的产品，就把产品放在办公环境中测试，最好能有窗户。如果是供家庭使用，就把产品放在家庭办公室中进行测试。如果不必面面俱到，只需精心挑选几个道具，产生适当感觉就可以了。

但通常情况下，可用性测试必须在实验室中进行，而那里的很多条件都无法改变。此时，应该确保空间安静、整洁并免打扰。

如果有可能，每次访谈都应该录像录音。

② 主持。

研究员需要让用户感到舒适，并在合适的时候征求有用的反馈，而不要突然中断用户的叙述，也不要改变其观点，全程采用非引导性访谈。

除了之前叙述的一般访谈风格外，所有主持访谈的研究员还必须注意以下几点：

- 细查期望。测试用户会点击链接，选择选项，或者在界面上执行任务操作，而在此之前，他们对将要发生的事情有一些想法。尽管对接下来要发生的事情不一定有完整想法，但他们总会有一定期望。执行动作之后，他们对动作效果预期就改变了。而在此之前要想指导他们的想法，只能在他们要开始执行任务之前，请他们停下来，问问他们对结果的期望。这样能发现体验是否符合期望。
- 提出大量"为什么"。在合适的时候提出简单、直接、没有偏见的问题也可以了解到态度、信仰和行为方面的情况。询问"为什么"能获得更好信息，而不会仅仅知道用户不做什么事情。
- 有时建议解决办法。访谈时不要预设，但如果有特定想法能解决他们的问题，可以进行细查。这样能检查测试用户对问题的理解，也能健全检查可能的解决方案。
- 调查错误。如果测试用户发生错误，先等一等。
- 探讨非语言线索。有时，测试用户会对某种体验做出身体反应，但不会说出来。如果出现的东西令人惊讶、意外或者不愉快，有人可能会往后退一下，但不会说什么。同样，微笑或者身体前倾则可能代表者满意或者兴趣。观察这种行为，并且如果可以的话就采取后续行动。
- 保持访谈以任务为中心。测试用户会自然偏离某些出现的话题。有人正在执行任务，他们可能会探寻某个想法或者体验。要允许人们探寻体验，但同样要保持对产品及任务的关注。如果有人往后靠，手离开键盘，不看显示器，说话开始含糊不清，此时一般需要引入新话题或者回到手头任务上。

- 尊重测试用户的想法。如果测试用户跑题了,可以让他们跑一会儿题,看看他们是否可以自己结束。如果没有结束,应该把对话引导回手头任务或主题。如果还是不起作用,就应该更明确地转移话题。
- 专注个人体验。测试用户有一种倾向,即理想化体验,并把自己的体验推论为其他人的需求或者他们未来的需求。但直接经验更多源于人们的实际态度、需求和行为,而且通常比期望更有用。

③ 管理观察人员。

若要测试结果得到项目组的支持,最快的方法之一是邀请项目组成员作为观察人员观察测试。对开发人员/设计师而言,用户错误使用界面、误解假设、在界面上什么事情也做不了,这些对他们更有启发。

项目组成员知道产品的内外两方面,他们能看到研究人员可能都无法看到的行为和态度,这对于分析结果、理解用户都是宝贵的原始资料。

要告诉观察人员可以接受哪些行为,并设定他们对测试过程的期望。同时也要鼓励他们一直要观察完所有参加者,在进行总结和设计解决方案。一看到问题,观察人员会自然想要开始解决问题,但在花精力解决问题之前,应该要知道问题的情境、规模和普遍性。在确定问题的所有方面之前,一般不推荐设计解决方案。

另外,对于观察人员的管理还有一些其他事项,类似焦点小组管理观察人员的注意事项,在此不再赘述。

④ 提示与技巧。

- 还应该总是提前一两天进行预测试。为真实测试准备好一切,安排好所有需要的设备、测试原型等。
- 每场测试之间要清除前一名测试用户的使用痕迹,以免影响后一位测试用户。
- 如果可能的话,应该同时提供苹果机和PC来进行可用性测试,这样测试用户可以选择用起来更舒服的电脑。
- 不要在测试时做大量笔记。应该专注用户正在做的事情,并探究特别行为。
- 测试结束后立即做笔记,把有趣行为、错误、喜欢和不喜欢都写下来。立即和观察人员讨论10~20分钟,然后记下他们的观察结果。

3. 如何分析

有些事情会很明显,但仍有必要进行正式分析来获得根本原因,并从访谈中获取最大价值。分析结果分为三个阶段:收集观察、组织观察以及从观察中提取趋势。

(1) 收集观察结果

有三组观察需要进行收集:研究人员的观察、观察人员的观察和影像分析人员的观察。

收集研究人员和观察人员的笔记非常简单。要走查一遍观察人员的笔记,对于其中不理解的内容,需要请他们解释清楚。

影像分析人员的笔记最重要,也是最耗时的数据收集过程。影像分析人员至少要看

4 遍影像,并记下所有发生错误、混乱和测试人员对产品或者其特性发表意见的情况。影像分析人员应该记下测试用户对哪些特性有问题,他们在什么情况下碰到这些问题,同时要详细说明问题。随着人们的行为和期望形成,可能在这一阶段发现产品的大多数可用性问题。

定量信息无法推广到整个目标用户群,但往往能用来总结和比较行为。要收集定量信息,首先要为每个问题确定度量范围,分析团队的每个人都要同意。

(2)组织观察结果

首先应该通读一次所有笔记,能对材料有大概感觉。寻找由于常见问题而造成重复的地方和东西。

接下来把所有观察结果放在一起。合并相似的观察结果。相似可以是表面相似,如不理解术语;可以使特性组合相似,如购物车问题;或者根本原因相似,如信息架构让人混淆。然后对合并的观察结果进行分组,根据最能解释的原因进行分组。

(3)提取趋势

对所有观察结果分好组,接下来检查所有分组,巩固分组,把无关联话题组分开。舍弃只有一两条观察结果的组。对每组尝试用一个短句来分类问题,再加上几句话来充分描述现象。尽可能解释其根本原因,把对现象的解释和对原因的假设分开。要关注去说明问题,它对用户体验产生的直接影响,以及发生问题的地方。提出解决方案时,应该非常小心。研究员提出的建议应该作为能找到解决方案的指导,而不是规定必须做什么。

应该从用户角度说明问题的严重程度,汇报给项目组。

4. 实际案例

特产频道可用性测试提纲

1. 调研目的

(1)探索用户在使用特产频道过程中的痛点和需求。

- 使用流程顺畅性;
- 特产频道页面使用痛点和需求;
- List 页面使用痛点和需求。

(2)了解用户对于特产频道的概念,以及用户浏览、购买和网站粘性的影响因素。

(3)了解用户的需求和期待。

2. 测试人员

梓君、闻穹。

3. 测试方法

可用性测试+深度访谈。

4. 用户特征

- 近一个月有过一次或多次购买行为的淘宝用户 4 名;
- 近一个月仅浏览过,但是没有发生购买行为的淘宝用户 4 名。

5. 测试内容

热身:职业,星级,淘宝购物经历,购买特产的频率? 特产页面概念?(5～10 分钟)

（1）可用性测试（20分钟）

眼动记录任务

- 任务一：以淘宝首页为起点，进入特产频道。

  目的：了解用户进入渠道，方式。

- 任务二：新版与旧版的比较。

  新版任务：在新版list页寻找"成都泡椒凤爪"，并下单。

  旧版任务：在老版list页寻找"成都泡椒凤爪"，并下单。

  用户顺序平衡（一半用户先做新版，一般用户先做旧版）

  目的：用户在新旧版本的路径对比分析，了解用户的使用差异和关注差异。

- 任务三：以特产频道为起点，通过逐步类目的形式寻找到"广东的双皮奶"。

  目的：关注导购的流畅性，过程中的使用痛点。

逐步回顾可用性测试中的操作

（2）深访（30分钟）

三个页面体验 & 追问

【特产频道】

请用户随意体验，点击尝试（2～3分钟）

各版块追问

地域划分：是否理解目前的划分方式；是否愿意使用这种划分；使用过程中有哪些问题；使用感受及需求建议。

本季时令推荐：是否理解含义；需求程度；感觉放这里是否合适；认为应该放在何处。

热门搜索：方式的感受度。

热门分类区：含义理解与个人解读；目前排布方式是否喜欢，用户期待方式；目前内容是否足够，认为应该有些什么内容。

地域馆：含义理解与个人解读；总体呈现方式感受，各馆呈现方式和内容需求。

地域站点：用户希望站点里有什么？用户希望的站点分类方式，排列方式，推送方式。

品牌：需求（如文化、老字号的需求度）。

评分小问卷＋一句话建议

【Listing】

地域分类：含义理解；地域导航的深度（到哪一层已经够了）。

特产推荐含义理解和交互理解：点击后"筛选器"功能是否可以被理解。

商品图：图片展现方式是否喜欢；交互方式是否理解；鼠标拂过呈现的方式的使用感受；对于显示评价的感受和理解。

评分小问卷＋一句话建议

后续深访内容

粘性：

特产频道日后以后是否还会来？为什么来/不来？什么会吸引自己前来？

购买行为习惯：

为什么不买?为什么买?——针对人群追问

什么情况下会购买特产?喜欢买什么特产?

一般购买家乡或异乡的特产?

发散问题:

头脑中的特产页面还应该包括什么?(用过的比较好的页面)

推荐方式

画出特产频道页面架构图,结合图询问用户目前的哪些板块是需要的,哪些是不需要的,哪些是还没有的。

5.2.8 问卷调查

问卷调查是定量研究方法,是一种在社会科学中常用的观察方法。可以用于描述性、解释性和探索性的研究,也可用于测量用户的态度与倾向性。

问卷调查是一种非常强调专业性的研究方法,本节内容只作为介绍,读者若需要深入了解,应该系统学习相关教材。

1. 何时适用

调查一个群体,需要三点:一组问题;收集回答的方法;找到这组人,这是最重要的,这对调查时机的影响最大。

如果已经有了目标用户群体,调查时机就取决于想了解他们的什么情况,不同调查需要在不同时机进行。调查有多种规模和结构,而时机最终取决于研究人员想开展哪种调查,希望得到什么结果。

2. 操作过程

开始规划调查之前,需要明确目标,即调查目的。然后就可以设定日程表了,一般而言,问卷调查的日程表参见表 5-9。

表 5-9　问卷调查的日程表

时间安排	事　　　项
T−3 周	确定调查目的和目标用户
T−3 周	开始问卷设计
T−2 周	完成问卷初稿设计,找几个人一起检查;编写报告框架
T−1 周	完成线上问卷录入,预调查;根据预测试结果编写报告草稿
T−3 天	根据预测试反馈修订问卷,找几个人一起检查
T−2 天	完成线上问卷的修订,形成最终版本。在多种情况下测试问卷的有效性
T	问卷投放,一般至少要持续一周时间
T+1 天	开始分析
T+3 天	完成分析,开始正式撰写报告
T+1 周	完成报告,提交给项目组,讨论并记下进一步研究的方向

(1)调查前工作准备

首先要明确产品定位、产品规划及架构,对产品有全面的了解;然后,再明确调查目的,调查目的是问卷调查的核心,决定了调研的方向、研究结果如何应用等。

接着,需要根据研究目的,确定调研的内容和目标人群,调研内容越细化越好,目标人群越清晰越好。

(2)如何设计问卷

在问卷设计中,题目的措辞、逻辑关系等会影响用户对问题的理解和做答,从而直接决定了研究结果的走向,足见其重要性。

一般而言,网络问卷调研都要用户自填,因此需要把公司内部的业务专业术语转化成研究对象能够理解的日常用语,不论是问题还是选项都需要简洁明了,让用户一目了然,不能引起歧义;对于完全封闭的选择题,选项之间要互斥、穷尽。当选项无法穷尽时,就需要使用半封闭的选择题,设置"其他"选项,并请用户注明具体内容。

设计问卷时还应该注意以下情况:

* 不要让用户预测他们的行为。
* 尽量避免反面问题。反面问题比较难理解,容易出错。
* 问题要避免多重含义。每个问题都应该最多只包含一个要调查的概念。
* 尽量具体,避免含糊其辞。
* 保持一致性。提问题的方式尽量一致。
* 避免极端情况。避免需求或者暗示需要极端行为。
* 保持问题相关。如果用户面对的一系列问题与他们的体验或生活无关,就不大可能完成调查。
* 问卷的逻辑要清晰,线上问卷不适合过于复杂的逻辑。
* 选项要互斥、穷尽。一些题目会包含"以上都不是"、"不知道"等选项,确保用户能够选出答案。
* 收集用户意见。问卷的最后一道题通常都会询问用户对调查的产品还有哪些建议等。

一份问卷的逻辑一般由浅入深、由调研对象关心感兴趣的问题到专业问题、由核心问题到敏感问题、由封闭问题到开放问题;相同主题放一起,不断增加被调研者回答问题的兴趣。只有处理好这些原则之间的相互权衡,才能设计出一份逻辑连贯、衔接自然的问卷。

(3)录入问卷

一般做互联网产品的问卷调查,都会用到在线问卷。在淘宝,我们有自己的问卷调研系统,能够编制发布问卷。问卷设计好后,需要录入到系统当中,形成在线问卷。在线问卷会受到系统的限制,展现方式上并不一定跟想象中一样,就需要调整问卷。

(4)预调查

一个问卷调查往往只能执行一次,必须确保问卷准确无误。预调查是检视问卷的好方法,如果条件允许,请用户当面测试会更有效,观察他们填写的过程,看他们要花多长时间才能填完,调查他们有什么困难和问题,以此来修订问卷。

(5)收集数据(投放问卷)

一般而言,淘宝投放问卷的方式有以下几类:可以考虑将问卷链接做成文字链或图片链,挂在目标人群经常浏览的页面中容易关注的位置;或者在指定页面、指定时间段浮出调研链接;或者直接投放站内信、E-mail等,投放给指定的目标人群;再有就是使用旺旺消息,邀请指定的目标人群填答问卷等。

不同的投放方式在收集数据上会得到不同的效果(如收集足够样本的时长、完整填答率、有效率等),研究员需要根据研究的周期、投放资源排期等因素,综合选择适合的方式。

3. 如何分析

(1)清洗和加工数据

因为从网络问卷调研中回收的数据可能掺杂了随意的答案,所以不能直接做分析,需要清洗。研究员一般会根据填答时长去掉填答过短和过长的样本;根据IP或用户名去掉重复填答的样本;根据投放名单去掉无法匹配的样本。还需要根据题目之间的逻辑关系,清洗掉填答矛盾的样本。当然还得判断是因乱填还是失误造成的矛盾,如果是失误造成的,可以保留此样本,只要对数据重新进行符合逻辑的处理就可以了,如逻辑回填或缺失处理。

接下来,研究员还需要把调研样本与后台数据进行匹配。例如卖家调研中,如果发现调研样本在卖家星级、开店时长、每月成交笔数等关键变量上的分布与全网卖家总体相差太大,会使调研样本的数据结果与实际情况偏差过大。此时,就需要对调研样本进行加权处理,调整调研样本在关键变量上的分布,使之与后台数据相当,从而能够推及目标卖家群体的情况。如果关键变量的分布与全网卖家总体相差不大,可以不做加权处理。

(2)分析数据

分析数据的方法有很多种,常用的有描述性统计、交叉分析、相关分析等,还可以能用到回归分析、因子分析、聚类分析、对应分析、方差分析等。不同方法得到的具体结果可能不同,但只要研究目的明确,得到的结论都能直接、间接地指导项目组的工作。

(3)得出结论

从数据结果得到结论,要结合业务实际情况,侧重回答研究开始时提出的问题,而那些问题对产品的未来至关重要。需要注意的是,不要期望通过问卷调查获得意料之外的结论。

根据数据结果做出结论时,要避免几个常见问题:

- 将相关性和因果关系混淆。两件事情的发生时间非常靠近,并不意味着一件事情触发了另一件事情。
- 不做用户群体的细分。有时候看起来像单一趋势的情况,实际上是由于多种不同群体、多种趋势综合的结果。综合结果并不能深入探讨问题,研究员需要对目标用户做细分,查看不同群体之间存在的差异。
- 用事实来混淆观点。问卷调查问题度量的是观点,而不是事实。

总之,对于数据的解读并非易事。只有充分理解数据是通过怎样的问题得来的、如何收集的、如何计算而来的等,并结合对业务的理解、对目标用户心理状态的评估,才能真正解读出数据背后的含义。

5.2.9　日常反馈和行为数据分析

1. 日常反馈

反馈问卷是一种非正式的网络调研问卷,研究的内容一般比较集中,篇幅较小,可以随产品的发展及时调整,便于快速发现问题、解决问题。反馈问卷的选择题结果一般不具有推广性,仅作为快速了解产品现状的参考,因为有反馈意愿的用户大都是遇到问题的用户,不能代表整个用户群体;一份反馈问卷最重要的是开放题的内容,因为这些用户的声音,能够帮助项目组在有限的条件下,最大限度地接触用户,倾听用户,进而理解用户。

反馈问卷通常会挂在产品相对明显的页面位置、或在页面任务完成的位置、或采用浮动条的方式等,若产品的用户是相对细分的人群,且问卷的位置比较明显,收集到的样本会更多,数据的普遍性会更好,问卷的研究结果也就会更有参考价值。

不过需要注意的是,在阅读用户意见时,需要记住以下几件事情。

- 从用户的角度阅读;
- 关注事实;
- 不急于下结论;
- 不要把常见问题清单当成必改清单;
- 不要完全相信反馈意见。

出于分析考虑,研究人员可以问问自己以下四个问题,从而更好地跟踪用户体验。

- 用户是谁?
- 他们想做什么?
- 他们如何处理问题?
- 他们碰到了什么问题?

2. 行为数据分析

对于一个网站而言,都会有用户在页面的浏览、点击行为数据。用户在页面上的行为数据中,能提炼出一些有用的指标,可以用来评估用户使用产品过程中的体验。

对于用户的行为数据,通常有 4 类分析方法:聚合度量、基于操作的统计、基于用户的统计、路径分析。

（1）聚合度量

后台行为数据的优势在于大量用户使用情况的聚合,可考察的指标有:

- 一段时间内的页面浏览量;
- 特定时间内页面浏览的分布情况;
- 整个网站的页面浏览分布情况。

这些都是原始数据的度量,不能只看数字,要分析产生数据的原因。

其他聚合度量指标还包括:

- 操作系统和浏览器的比例;
- 客户端类型;
- 新用户/重复用户。

（2）基于操作的统计

最有用的指标可能是操作信息相关的指标，这些指标能发现更丰富的用户行为，而不是简单地大量统计数字。

一些最有用的指标包括：

- 每次操作的平均访问页面数量；
- 平均操作的持续时长；
- 访问的第一页和最后一页。

（3）基于用户的统计

通过 Cookie 或登录信息判断出的用户背景信息，能进一步聚合单个用户的行为信息，汇总不同用户的行为信息，统计出一些指标，对理解用户会起到非常重要的作用。这些指标包括：

- 访问次数；
- 访问频率；
- 网站总停留时间；
- 保留率；
- 转换率。

（4）路径分析

除了一般指标之外，还有其他度量方法能了解用户体验。当然，和所有间接用户研究一样，这些方法都不能揭示用户为什么以某种方式发生的行为，但这些方法肯定可以帮助研究人员缩小用户如何使用的可能性。

这些综合方法中，最有用的方法是路径分析。路径分析是指分析用户在网站上如何浏览，从而发现他们浏览的共同方式。路径分析可以产生如下结果：

- 一般浏览路径；
- "下一步"页面。

对于电子商务网站还能有更专业的结果，如：

- 购买路径；
- 购物车放弃率。

（5）实际应用

与交互设计更相关的是页面各模块的点击数，通过对这些数据的分析，设计师既能够看到各模块被关注的程度，也能够计算出页面的点击热图，进而考察各模块的转化率。点击热图考察的是用户长期累积的重点应用区域，从另一方面看，也衡量了交互设计是否与产品的规划初衷相一致，能够让重要的内容被顺畅地发现并有效点击。

5.2.10 竞品分析：竞争产品的用户体验与比较研究

了解竞争对手的哪些战略有效、哪些战略无效，对于了解如何开发产品和在哪里投入开发精力至关重要。

竞争性研究可以在产品周期的任何时候进行，有一些关键节点，竞争性分析能真正影响开发过程。

- 收集需求的时候。研究竞争对手的用户觉得哪里有用、他们认为哪里有吸引力、产品哪些地方让他们觉得失望,能对项目组产品的特性选择和优先级别起到指导作用。
- 在再设计之前。随着产品发展和进化,竞争性研究能回答设计方向问题,因为可以把竞争对手的产品当成自己一些想法的功能原型。
- 竞争对手做出重大改动的时候。研究用户看法和行为的变化,能深入了解产生的效果,进一步了解如何应对这些变化。

竞争性用户体验研究主要关注用户如何使用和感知产品,并不关注产品的受欢迎程度、经营模式或者收入来源等。

用户体验研究工作关注点是自下而上的,操作的步骤如下:

- 确定竞争对手;
- 列出导致竞争对手具有竞争力的关键属性;
- 竞争对手之间相互比较,如需要,也要和自己的产品进行比较;
- 利用比较结果,生成"可采取后续行动的产品优劣势清单"。

5.2.11　用户体验研究的方法组合

就方法本身而言,本书中描述的方法都很有用,而且信息量丰富,但如果结合在一起使用,一种方法的结果成为另一种方法的输入,这些方法会更强大。采用多种方法来了解问题答案能让研究员从不同角度看待问题或者深入讨论问题。

1. 情境调查和可用性测试

传统的可用性测试几乎完全基于任务,希望用户执行任务并利用他们对这些任务的表现,作为了解交互和产品架构问题的基础,传统的可用性测试受此驱动,这种方法能很好地发挥作用,但低估了访谈产品实际用户的潜力。这些用户能告诉研究人员的不仅仅是保存设置是否有麻烦的体验情况,而且还包括什么吸引了他们?他们对产品用途有多深的了解?哪个特性对他们有用?为什么?

把可用性测试和深层态度问题结合在一起,比如在情境调查或者观察性访谈中会发现的问题,这样能挖掘出更丰富的分析数据。也能跟实际用户的应用场景结合得更加紧密,使分析结果更加真实有效。

2. 问卷调查和焦点小组

相互关联的一系列问卷调查和焦点小组是经典的营销混合研究方法。问卷调查回答用户"什么"的问题,而焦点小组回答"为什么"的问题。将二者相互关联在一起,就可以用一种方法来回答另一种方法提出的问题。

问卷调查揭示用户行为中的模式。造成这些行为的原因可以用焦点小组进行研究,反过来,可以用问卷调查来验证焦点小组总结出来的趋势。交替进行,发现有趣行为,并试图解释这些行为,这是一个循环模式。

3. 任务分析和可用性测试

任务分析式分解任务如何完成的过程,可用性测试揭示用户实际如何执行任务的情况。因此,任务分析能作为通过可用性测试来验证的理想模型。同样,可用性测试的方式和目标可以基于任务分析所定义的模型。

把任务分解成各部分时,很难预测到这些效果,但它们对于产品功能是关键。这些效果可以通过可用性测试进行调查,现有产品的可用性测试结果,能迅速瞄准影响用户完成任务能力的最主要事项,并能验证一般意义上人物分析的准确性。

最终,每种方法都只是起点。它们都是观察并解释许多相同现象的不同方式。通过使用这些方法并进行调整,就能更好地了解研究目标和需求,以及这些方法的优缺点。如果知道要找什么,知道这些方法如何发挥作用,就能调整研究方法,就能准确得到需要的信息。

本 章 小 结

研究计划最主要的组成部分是:明确研究目的;明确目标用户、研究内容;确定研究方法、执行安排、预算等。

定性研究最关键的基础就是找到最佳的被访者,并进行有效提问;定量研究最关键的基础是合理抽样,使样本真正能代表目标用户群体,并通过思路清晰、表述清楚的问卷考察用户的心态。

本章介绍的研究方法都是目前研究互联网产品时,比较常用的方法,有的介绍得比较详尽,有的因为过于复杂,只能管中窥豹,还需要通过更详细的教材系统学习。

对于产品的调研,不论是定性的还是定量的,最终结论只要可靠有效,都会成为指导项目组工作的有力依据。一般而言,定性结论用于理解产品、提供设计思路,定量结论则帮助项目组明确产品重点和方向。

定量与定性研究方法相结合,能产生有效互补,以便更深入地挖掘用户需求,生成更科学、更有价值的研究结论。

实 践 任 务

亲自体验一下淘宝网的注册流程,思考流程为何设置了 4 个步骤? 为了提高新用户的注册效率,提升他们注册时的体验,需要改造注册流程,请根据本章介绍的方法,以及你对产品的理解,设计一套完整的研究计划,尽量选择两三种研究方法相结合,严格按照操作规范进行实践,最终产出研究报告,为产品改进提出建设性意见。

思 考 题

1. 制定一个完整的用户体验研究计划书,需要哪几个步骤? 这些步骤之间的顺序是否可以互换?
2. 如何才能做到非引导性访谈?
3. 建立简易人物角色的步骤是怎样的?

4. 实施情景调查时,需要避免哪几种关系?

5. 产品开发的哪个阶段最适合采用焦点小组研究用户体验问题?焦点小组的优缺点是什么?

6. 创建可用性测试任务时,需要注意哪些问题?

7. 可用性测试时,如何管理观察人员?

8. 设计问卷的基本原则都有哪些?

9. 日常反馈对产品的作用都有哪些?

参 考 文 献

[1] Mike Kuniavsky(美)著,汤海译,李鸿审校. 用户体验面面观——方法、工具与实践. 北京:清华大学出版社,2010 年 5 月.

[2] Donna Spencer(澳)著,周靖. 文开琪等译. 卡片分类:可用类别设计. 北京:清华大学出版社,2010 年 9 月.

[3] Steve Mulder、Zie Year(美)著,范晓燕译. De Draamn 技术审校. 赢在用户:Web 人物角色创建和应用实践指南. 北京:机械工业出版社,2007 年 8 月.

[4] Hugh Beyer,Karen Holtzblatt. Contextual Design:Defining Customer-Centered Systems. Morgan Kaufmann Publishers,1997.12.

[5] Jeffrey Rubin. Handbook of Usability Testing:How to Plan,Design,and Conduct Effective Tests (second edition). Wiley Publishing,Inc.,2008.5.

[6] Avinash Kaushik. Web Analytics 2.0:The Art of Online Accountability and Science of Customer Centricity. Wiley Publishing,Inc.,2009.10.

[7] 柯惠新,沈浩编著. 调查研究中的统计分析法(第 2 版). 北京:中国传媒大学出版社,2011 年 7 月.

[8] 吴喜之编著. 统计学:从数据到结论(第三版). 北京:中国统计出版社,2009 年 9 月.

第 **6** 章　用户体验度量

 学习目标

1. 了解用户体验度量的基本知识；
2. 了解不同维度的用户体验度量,包括度量方法与所需注意事项等；
3. 通过实例初步了解用户体验度量。

开篇案例

产品 A 怎么样?

我们经常被人问到:"你觉得产品 A 怎么样?"

这个问题很难回答。因为我们不知道提出问题的人到底希望我们针对产品 A 的哪些方面进行度量并给出答案。为更准确地解答问题,我们往往需要与提出问题的人进行深入的沟通。在沟通过程中,我们发现真正的问题往往是以下几个方面的内容:

- 用户对产品的需求很多,我们该选择哪些需求优先实现?
- 用户使用产品过程中遇到了很多问题,问题严重程度如何?
- 在短周期内资源有限,我们该选择哪些问题点来提升用户体验?
- 产品优化后,××方面的体验得到了多大程度的提升?
- 用户对产品××方面的评价如何?

这几方面的问题要比"你觉得产品 A 怎么样"更加容易回答。当需要解答"哪些需求可以优先实现"时,我们可以通过用户需求的度量来实现;如何解决"问题严重程度"时,可以通过用户行为度量——问题度量来解决;当了解与评价相关的问题时,我们可以通过用户态度的度量来解决等。

这似乎已经很接近用户体验度量要做的事情了,但如果需要真正开展用户体验度量,只做到这些是不够的。因为用户体验度量涉及的不仅仅是度量的维度或方法,还需要结合产品的实际情况来开展,涉及多方面的知识。因此,我们还需要了解人群、产品关键数据、产品后期计划、需求时间等多方面的内容,在此基础上选择合适的度量方法开展研究,选择合适的方式展示度量结果数据。

用户体验是指用户与产品、设备或系统交互时所涉及的所有内容。近几年随着电子商务网站的发展,如购物车、收藏夹、搜索等互联网产品也被大家广泛地认知。在本章内容中,用户体验是指用户与电子商务互联网产品交互时所涉及的所有内容。因此在后面所提到的产品均指电子商务互联网产品。

度量(metrics)是一种测量或评价特定现象或事物的方法。度量一个东西的意思,是把一个个体的某一性质用数字来表示,当我们度量很多个体的同一性质时,就得到同一个变量的许多不同值,从而进一步分析数据来完成度量。无论哪种度量,都有包括可观察的目标、可量化的维度、数据分析、量化后可以解决的问题、量化结果如何展示等在内的一套测量体系。

虽然用户体验概念本身具有模糊性,但业内人士一致认可用户体验反映的是用户认知、客观操作和主观感受等方面的体验。这就意味着我们可以通过心理学、统计学、社会学等方面的知识,运用定性研究、定量研究等相关方法来进行用户体验的度量。

本章将围绕用户体验度量展开全部内容的介绍。

6.1 用户体验度量基础

用户体验度量的过程中,我们针对目标人群开展研究,获取可反映用户体验的数据,继而进行整理与分析,最终形成用户体验度量报告,为相关决策提供参考。借助用户体验的度量,能够帮助我们更好地、更加有针对性地提高用户经验,解决"哪些需求可以优先实现"、"哪些问题更为严重"等一系列的问题。这也正是用户体验度量在日常工作中价值的重要体现。

用户体验度量的基础包括:可反映用户体验的数据有哪些;为了获取数据,我们需要进行哪些准备,以及我们常采用的研究方法是什么;获取数据过程中如何开展一系列的研究方案设计;所获取的数据类型有哪些;针对常见的数据类型,如何进行数据的描述与呈现。很多基础知识可参考心理学、社会学、统计学等传统学科。

下面,将详细介绍用户体验度量所需的一系列基础知识。

6.1.1 可反映用户体验的数据

用户体验是指用户与电子商务互联网产品交互时所涉及的所有内容。而这里所提到的"所有的内容"根据不同的研究可以从不同维度进行划分。为了能够更好地介绍用户体验度量,我们根据用户与产品接触的不同阶段,将用户体验与产品交互时所涉及的所有内容分为三个阶段:需求→使用→评价。对应用户体验的不同阶段,能够反映用户体验的数据分别是:用户需求数据、用户行为数据、用户态度数据,如图6-1所示。

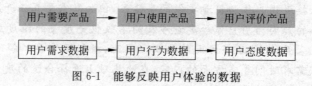

图 6-1 能够反映用户体验的数据

1.用户需求

用户需求来自于用户对产品的认知。这些认知往往会受到很多方面的影响,例如,亲朋好友的推荐、竞争产品的影响等。用户需求体现了用户对产品的期待。关于用户需求,常见的问题是:

- 用户对产品的需求是什么？
- 产品应该满足用户的哪些需求？

在解决"用户对产品的需求是什么"的过程中，我们通常通过深度访谈、焦点小组座谈会等方式挖掘用户需求。用户与产品交互过程中，需求被满足的情况会直接影响到用户体验水平。在日常工作中，我们往往需要研究不同类型的用户需求对用户体验产生的不同程度的影响，即基于用户需求的用户体验度量。而基于用户需求的用户体验度量能够帮助我们解决的最主要问题便是"产品应该满足用户的哪些需求"。

2. 用户行为

本章中提到的用户行为是指用户在使用产品完成具体任务过程中所表现出的行为，是指可被衡量的"用户与产品发生直接的交互"。我们往往通过可用性测试的方式来获取相关数据。可用性测试执行方法等内容已经十分成熟，不再做详细地阐述。而通过可用性获取的数据中，本章我们选择部分常用数据做重点介绍，其中包括任务成功、时间、错误、效率等绩效数据以及与可用性问题相关的数据。

不同的行为数据反映了用户在使用产品过程中遇到的不同体验问题，我们将通过基于用户行为的用户体验度量，来反映不同的体验问题。

3. 用户态度

不论是在行为科学还是心理学领域中，态度都是一个非常重要的概念。用户态度是一个个体复杂的心理过程，同时也是隐藏于用户行为之下的心理过程。态度是指人们对客观事物或观念等社会现象所持的一种心理反应倾向。当用户与产品发生交互时，同样会对产品产生一种心理反应倾向，用来反映用户从接收产品刺激到产生反应的中间过程，解释用户对于产品刺激所做出的不同反应，这里的反应是指用户的消费行为、使用行为等。这即是本章中所提到的用户态度的概念。

互联网研究过程中，我们常常关注的用户态度包括满意度、认同度、再购买意愿等。以满意度为例，用户态度既可以是正向的满意，也可以是负向的满意。在用户态度度量过程中，定量研究中较为常用的是问卷法，借助利克特量表、语义分析量表等来获取相关数据，从而进行用户态度度量。

4. 产品数据

除了通过用户自身所表现出的需求、行为、态度等进行用户体验度量外，产品自身还有一些可反映用户体验的数据值得我们认真研究。在评估互联网产品用户体验的过程中，我们往往关注互联网产品的点击数据、跳出率、转化率等数据。

通过页面的点击数据我们可以看到有效点击和无效点击，点到超链接、表单元素等视为有效点击。除有效点击外的点击计为无效点击。由无效点击我们可以发现用户体验方面的问题，而无效点击率在一定程度上反馈用户体验的好与坏。

跳出率指仅仅访问了单个页面的用户占全部访问用户的百分比，或者指从首页离开网站的用户占所有访问用户的百分比。从用户体验角度来看，目标网页越有吸引力、目标内容越突出，就会有更多访问者在您的网站上停留，跳出率越低。

转化率是从一个页面进入下一页面的人数占比。同样，从用户体验角度来看，目标网页越能够满足用户需求,就会有更多访问者进行下一步操作甚至成功购买商品。

通过产品数据我们可以一定程度上了解用户体验情况。实际项目中产品数据往往与其他维度的度量结合使用。

6.1.2 变量的分析与处理

无论对哪种数据进行体验度量,我们都需要了解一些基本的概念。

1. 自变量与因变量

在任何研究中都必须确定自变量和因变量。研究中的自变量是可以控制操作的方面,我们需要根据研究目标来选择自变量。因变量也叫结果变量或反应变量,可以把所发生的现象描述为研究的结果。因变量取决于对自变量的施测方式,它包括多种度量和测量,例如可用性完成任务的成功率、错误数、完成时间等,定性过程中用户对产品的认知与需求,定量过程中所测量的产品满意度、再购买意愿等。

因此,当设计一个研究方案的时候,研究人员必须清楚自己计划操控什么(自变量)和测量什么(因变量)。

2. 额外变量的控制

实验过程中如果额外变量与自变量一起变化就会成为混淆变量,造成因变量的变化出现归因困难,实验中要尽可能地消除额外变量的影响,即对额外变量进行控制。进行有效控制的常用方法包括消除法、恒定法、匹配法、抵消平衡法和随机化法。

(1)消除法

对于有些可能影响参加者心理或行为的因素,可采取消除法,即避免该因素在实验过程中出现。最常见的是对环境光线或环境噪音影响的处理,方法是将实验安排在暗室或隔音室中进行。

(2)恒定法

有些额外变量无法消除或没有消除它的条件,则可以使其保持恒定,即在整个实验进程中使其保持在某一恒定水平,以保证其对所有参加者的影响基本一致。比如实验中如果没有暗室可用,环境光线对实验可能产生影响,就可以采用恒定法,安排所有参加者在同一个实验室中完成实验任务,而且使实验室中的照明条件保持恒定。

(3)匹配法

在分组实验,如实验组-控制组实验中,为消除参加者组差异对实验结果的影响,要尽可能做到等组实验,即两组或多组参加者在有关因素上的平均水平保持一致。

(4)抵消平衡法

抵消平衡法常用于克服实验中的空间位置效应和时间效应。在心理学实验中,空间位置效应往往是指刺激呈现的位置等引起的因变量的变化;时间效应也叫做顺序效应,比如一个参加者在一项研究中要做两种实验 A 和 B,最后要对其两种实验的结果进行比较,于是其实验的顺序可以为:ABBAABBA、BAABBAAB 或 ABBABAAB。当然,这种安排有一个前提,即顺序效应呈线性变化。

(5)随机化法

随机化法就是按照随机化的方法抽取参加者、分配参加者或编排实验,不附加任何别的条件。如在 50 人中抽取 10 人参加实验,这 50 人中的每一个人被抽取的概率都是 1/5。具体方法可以是抽签法、随机数表法、随机排队法等。除参加者的选取和分组可用随机化法以外,实验顺序的编排也可用随机化法。采用随机化方法可以对许多偶然因素对实验结果的影响进行控制和平衡,特别是能有效地平衡各参加者组间机体变量的差异性。

6.1.3 选择参加者

在进行用户体验度量的过程中,必须考虑节省时间、财力和精力等许多因素。在开始用户体验度量前,我们往往需要解决以下问题:

- 目标用户是谁?
- 如何选取需要多少目标用户参加研究?
- 比较来自单组参加者的数据还是比较来自多组参加者的数据?
- 是否需要平衡或调整任务顺序?

而此时,样本的选择尤其重要。选择合适的参加者要求我们掌握总体和样本、常用抽样方法、样本大小等相关基础知识。

1. 总体和样本

统计研究中的总体,是指我们求取信息的对象全体。样本是总体的一部分,我们从样本搜集信息,以便对整个总体做某些结论。

为了使样本能够正确反映总体情况,对总体要有明确的规定;总体内所有观察单位必须是同质的;样本能否代表总体? 样本与总体之间有多大差异? 为了能够选择好的样本,邀请合适的用户参与研究,需要制定抽样策略与邀约计划。在抽取样本的过程中,必须遵守随机化原则;邀约的样本需要达到足够的数量,以便能够对总的用户群体进行说明。

2. 常用抽样方法介绍

所谓抽样就是从所研究对象的全体(总体)中,抽取一部分(样本)进行调查、观察或测量,然后根据所获取的样本数据,对所研究总体的某些数量特征(参数),进行描述或做出推断。

抽样方案设计的内容和基本步骤主要包括以下几项:

- 明确研究目的,确定研究所需要估计的主要目标量;
- 定义研究的总体,明确抽样单元;
- 确定或构造抽样框;
- 选择适当的抽样方法;
- 确定样本量大小;
- 制定抽样方案的实施细节。

常用抽样方法介绍有随机抽样、系统抽样、分层抽样和方便抽样等。

(1) 随机抽样(random sampling)

总体中,每个人都有大致相等的概率被选择成为参加者。随机抽样时,首先将所有潜在的参加者编号并列于表上,然后根据所需的参加者数量,使用随机数字产生器产生随机编号来选择参加者。

（2）系统抽样（systematic sampling）

系统抽样又称为机械抽样。做法是先将总体中的 N 个单元按照某种顺序排列编号，然后在规定的范围内随机地抽取一个编号为起始单元，再按照某种规则抽取样本的其他单元。根据总体中单元"大小"的差异程度，有等概率的系统抽样和不等概率的系统抽样两种抽取方式。具体操作方式不再赘述。

（3）分层抽样（stratified sampling）

分层抽样也叫分类抽样或类型抽样。特点是首先要将总体按照某些重要的指标分成若干个互不重叠的穷尽的子总体，使总体中的每一个元素都属于且只属于一个子总体。这样的子总体也叫层或类。然后在每个子总体或层内分别抽取一个子样本，再将各层的子样本综合成一个总样本。分层抽样的主要目的是为了减少抽样误差，提高抽样调查的精度。因为通过分层，可将比较相近的元素或个体归入同一类，分层以后，层内个体（元素）间的差异可能比较小。因此在各层分别抽样时，子样本就可能具有较好的均匀性，因此有可能得到具有较高精度的估计量。

（4）方便抽样（convenience sampling）

方便抽样是建立在抽样过程中的"方便"或"易接近"基础上的一种抽样方法。这种选择样本单位的方法通常用于拦截访问等。而在互联网的用户体验度量过程中，该方法也是十分常用的，包括愿意参加研究的任何人。这种方法有时可以与探索性设计结合，用于探索性或实验性调研，这样可以以最低费用迅速地获取所有的近似估计值。方便抽样更适用于目标总体单位差异小的情况。

3. 样本大小

每个相关人员都想知道一个研究需要多少个参加者。样本量的大小涉及调研中所要包括的人数或单元数，既要有定性的考虑也要有定量的考虑。

确定样本量时应该考虑的定性因素包括：

- 决策的重要性和可能提供的费用；
- 研究的性质和数据分析的要求；
- 以往同类研究的样本量；
- 时间要求和人力资源限制等各方面的因素。

确定样本量时应该考虑的定量因素包括：

- 抽样调查的总体情况；
- 研究的精度要求；
- 发生率和完成率。

（1）偏差和变异性

偏差是当我们取很多样本时，统计量一直朝同一个方向偏离总体的参数值。

变异性描述是，当我们取很多样本时，统计量的值会离散到什么程度。变异性大，就代表不同样本的结果可能差别很大。一个好的抽样方法，应该要有较小的偏差以及变异性。

如何理解偏差和变异性呢？统计学教学中的经典案例可以帮助我们更好地理解这

两个概念。经典案例把总体参数的真正值想象成是靶上的靶心,而把样本统计量想象成是对着靶心发射的箭,偏差和变异性可以拿来形容弓箭手对着靶子射了许多箭之后的状况。

偏差的意思是我们的瞄准显然有问题,射出的箭都往同一个方向偏离靶心:样本值没有以总体值为中心点。高变异性的意思是箭着点在靶子上分散得很广:重复抽样所得结果并不接近,彼此间差异很大,如图 6-2 所示。

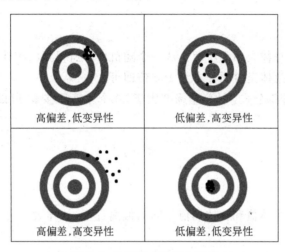

图 6-2　数据的变异性与偏差

不难发现,即使是低变异性,也可能有高偏差;反过来说,即使偏差很小,也可能伴随着高变异性。好的抽样方法要像神箭手一样,必须同时具备低偏差及低变异性。

要达到这个目标,我们应该这样做:

减低偏差:利用随机抽样即可。若先将整个总体列出来,再从中抽取简单随机样本,就会得到无偏估计值,也就是说,以简单随机抽样得到的统计量来估计总体参数,既不会老是高估,也不会老是低估。

减低简单随机抽样的变异性:用大一点的样本。只要样本取得足够大,变异性要多小都可以做得到。

报告中常提到的"误差界限",其实是把像图 6-2 中所看到的抽样变异性,转换成一种我们对调查结果有多少信心的叙述来表达。假设我们是在用大小为 n 的一个简单随机样本的样本比例 p,来估计未知的总体比例 P 对应 95% 信心的误差界限,大致等于 $1/\sqrt{n}$。样本大小 n 出现在公式的分母当中,所以较大的样本就有较小的误差界限。然而因为公式中用的是样本大小的平方根,所以若希望把误差界限减半,我们就得用一个 4 倍大的样本。

（2）置信水平

置信区间是统计学中一个重要概念,是指在某一置信水平下,样本统计值与总体参数值间误差范围。置信区间越大,置信水平越高。95% 的置信区间是从样本数据计算出来的一个区间,保证在所有样本当中,有 95% 会把真正的总体参数包含在区间之中。置信区间给出的是被测量参数测量值的可信程度,即所要求的"一定概率",这个概率被称为置信水平。所谓置信水平,也叫可靠度,或置信度、置信系数。

置信区间与置信水平、样本量间存在什么样的关系呢?

- 样本量对置信区间的影响:在置信水平固定的情况下,样本量越多,置信区间越窄。
- 置信水平对置信区间的影响:在样本量相同的情况下,置信水平越高,置信区间越宽。

(3)样本大小

① 定量样本大小。

从大总体抽样,总体大小无所谓。从一个随机样本所得到的统计量的变异性,并不受总体大小影响,只要总体至少比样本大 100 倍即可。

最小抽样量的计算公式:抽样量需要大于 30 个才算足够多,可以用以下近似的估算公式:

$$n \approx \frac{\sigma^2 \left(\frac{z\alpha}{2}\right)^2}{E^2}$$

n 为样本量;

σ^2 为方差,抽样个体值和整体均值之间的偏离程度,抽样数值分布越分散方差越大,需要的采样量越多;

E 为抽样误差(可以根据均值的百分比设定),由于是倒数平方关系,抽样误差减小为 1/2,抽样量需要增加为 4 倍;

$\frac{z\alpha}{2}$ 为可靠性系数,即置信度,置信度为 95% 时,$\frac{z\alpha}{2} = 1.96$,置信度为 90% 时,$\frac{z\alpha}{2} = 1.645$,置信度越高需要的样本量越多,95% 置信度比 90% 置信度需要的采样量多 40%。

为了体现相对差距,假设:

抽样均值为 y

相对抽样误差 $h = E/y$

变异系数 $C = \sigma/y$

$$n \approx \frac{C^2 \left(\frac{z\alpha}{2}\right)^2}{h^2}$$

表 6-1 是基于抽样得分的抽样误差估算表格,方差越大需要的样本量越多,数据离散度越低,需要的抽样量越少。

表 6-1 抽样误差估算表格

置信度	相对抽样误差(假设:$C=0.4$)				
	1%	2%	3%	4%	5%
95%	6147	1537	683	384	246
90%	4330	1082	481	271	173

如果是基于胜出率、支持率等,分值为 0/1 状态分布,公式拟合为:

$$n \approx \frac{\left(\frac{z\alpha}{2}\right)^2 \pi(1-\pi)}{E^2}$$

π 为按照经验得出的最后比例,在未知时 π 可取 50%,待算出结果后再重新拟合,比例越悬殊需要的样本量越少,如表 6-2 所示。

表 6-2　抽样样本估算表

置信度	相对抽样误差				
	1%	2%	3%	4%	5%
95%	9604	2401	1067	600	384
90%	6765	1691	752	423	270

根据表 6-2 所示,95% 置信度的情况下,误差要控制在 2% 以内取样量一般为 $2000\sim5000$。

② 定性样本大小。

随着定性研究在实际业务中的开展,经验证实每类不同的用户群体中有 5 个有效用户参与研究时,就足以发现多数重要的定性问题。当我们测试到 5 个以上的用户时,我们会看到新发现问题数量明显下降。因此,在实际操作过程中,在满足样本有效且有代表性的条件下,我们需要 5 个左右的用户参加便保证可以发现 80% 左右的问题。样本数量与问题发现数量之间的函数关系如图 6-3 所示。

无论是定性研究还是定量研究,用户体验度量过程中需要确定样本大小时,均要求研究员参考以往研究经验的同时,基于研究目标和所能容忍的误差范围等因素做最终判断。

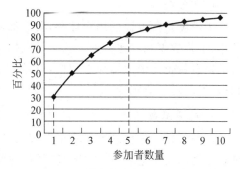

图 6-3　样本数量与问题发现量

6.1.4　研究方案设计

研究目标确定后,确认了研究中要测量的变量和参加者的选择等内容后,我们进一步需要确认的是研究该如何进行。心理学长期实验研究中,逐渐形成了一些稳定的实验编排程序和策略,它们就叫做实验设计模式。这些实验设计的模式中最具一般性的基本实验设计类型是组间设计、组内设计和混合设计。在用户体验度量相关的研究方案设计中,我们借鉴了心理学的知识与沉淀。在这里主要介绍组间设计与组内设计。

1. 组间设计

组间设计,也叫做被试即参加者间实验设计,其基本原理是:将参加者随机分配到不同的自变量或自变量的不同水平上,各自独立地在不同的处理条件下接受因变量的测量。就是说,要把参加者随机分成几组,每一组只参加一种条件下的实验,组与组之间的反应结果不产生相互影响,因此是独立的,所以这种实验设计也被称为独立组设计。在这样的实验设计中,其难度或关键是被试组之间差异的克服,也就是要尽量做到参加实验的各组参加者间基本上是相等的。这样,就可以观察接受不同实验处理的各组参加者在有关因变量上是否有差异,如果存在差异,这差异应该就是由实验处理的不同造成的。

2. 组内设计

组内设计,也叫做被试即参加者内设计,是把抽取来的所有参加者作为一组,接受自变量的多种处理,也就是说所有参加者要在实验中自变量的所有处理水平上重复进行实验。这种实验设计的主要问题是一种实验条件下的操作会影响参加者在另一种实验条件下的操作,即所谓的系列效应。但这种设计节省参加者,而且参加者的差异对各种实验条件来说是不存在的。为了解决系列效应的问题,就要在实验顺序的安排上采用抵消平衡方法。

6.1.5 数据类型

数据是度量的基础,而数据可以以多种形式存在。在用户体验度量的过程中,数据包括用户对产品的需求、用户使用产品是否能够完成任务的情况、遇到的问题数量、用户对产品的态度等。

无论度量哪方面的用户体验,我们都需要了解4种基本的数据类型:定类数据、定序数据、定距数据和定比数据。这4种数据类型对事物的测量层次由低到高逐步递进,所包含的信息量也是依次增加。我们可以将高层次测量尺度的数据转化成低层次测量尺度的数据,但反之不能实现。

1. 定类数据

定类数据是最粗的测量尺度。根据某种属性对客观事物进行平行的分类,只能反映事物之间的类比差异,而无法反映各类之间的其他差别。在用户体验研究过程当中,定类数据常常可以用来表示不同类型用户的典型特征,如用户的性别是男或女;用户所在地域为华东、华北或华南等。

我们还可以用定类数据表示用户对产品的使用情况,如用户使用的浏览器是 IE、Chrome、Firefox 等;最近一个月用户使用购物网站的情况"没有浏览过网站、浏览过网站"等。

这些类别间没有顺序,所以我们通过定类数据说它们是不同的,但不能说其中一个好于另一个。

2. 定序数据

定序数据是一些有序的组别或者分类。正如其名字所暗示的,数据是按照特定方式组织的,区别同一类别个案中等级次序的数据,具有大于与小于的特质。它是比定类数据层次更高的数据,具有定类数据的性质,但是测量值之间的距离是没有意义的。

在购买相关产品的满意度调查过程中,一直处于第二位的是产品 A,其满意度好于一直处于第四位的产品 B。但是,这些评价并不代表产品 A 的体验是产品 B 体验的两倍。这只表明产品 A 的确是好于产品 B。

一个参加者可能将整个购物过程评定为极好、好、一般或差。"极好"与"好"之间的距离并非等于"好"与"一般"之间的距离。由于等级之间的距离是无意义的,不能进行具体程度的推测。

3. 定距数据

定距数据是没有绝对零点的连续性数据。除了包括定序数据的特性外,还能确切测量同一类别个案的高低、大小次序之间的距离,因而具有加与减的数学特质,即测量值之间的差距是有意义的。但定距数据没有一个真正的零点。

与定类数据和定序数据相比,定距数据可使用的统计方法更多。

在研究中存在争论的是,对于收集和分析主观评价的数据,应被当作纯粹的定序数据,还是可以作为定距数据?请看图6-4中这样两种方式的评分。

图 6-4   定距数据 1

第一个评分标度给每一项赋予了外显的标签,使得数据具有顺序特征。第二个标度除去了选项之间的标签,仅给两个端点赋予标签,使得数据更具有等距性。这就是为什么大多数主观评分量表仅给两个端点赋予标签或锚点,而不是给每个数据点都提供标签。经细微变化后的第二种标度的不同版本,如图6-5所示。

图 6-5   定距数据 2

在这种标度中,用十点标记方法呈现,使其更加明显地表示此数据可以被当作等距数据处理。使用者对这种标度的合理理解是:标度上所有数据点之间的距离都是相等的。当你由于能否将类似这样的数据作为等距数据处理的时候,需要考虑一个问题,即任意两个定义的数据点的中间点是否有意义。如果这个中间点有意义,那么这种数据就可以作为等距数据进行分析。

4. 定比数据

定比数据与定距数据相似,而且具有绝对的零点,这种数据的零值不同于等距的随意零值,它有一些内在的意义。定比数据的零点表示"没有"或"不存在"。对于定比数据,测量值之间的差异可以解释为比率。成交金额、成交笔数、转化率等都是定比数据的例子,一个人在购物过程中成交金额不可能小于0元;一个人购物过程中成交笔数为0则代表用户没有购物。

在用户行为过程中,完成时间是最明显的定比数据。可以表示用户A的行为比用户B的行为快两倍或慢一半。

6.1.6 常用统计与数据呈现

选择正确的统计方法是至关重要的。

1.描述性统计

描述性统计对任何定距或定比数据来说都是基本的。顾名思义,描述统计仅对数据进行描述从而对较大群体进行任何推论。而推论统计可以对一个远大于样本的较大群体提出一些结论或推论。利用大多数统计软件都能够非常容易地对描述统计进行计算。

(1)百分数

百分数是用户体验度量过程中最常用的统计数字之一。如果度量过程中所用样本是有代表性的随机样本,百分数则常常用于估计总体中所占的比例。

百分数主要用于以下几个方面:估计和比较各个相同或相似的子群在总体中所占的比例;用于估计总体中具有某种特征的个体的数目;用于估计变化情况或变化速度。

项目中,有多种数据可以通过百分数来展示,如最常见的性别、年龄等数据,以及满意情况、再购买情况等意愿数据,如图6-6所示。

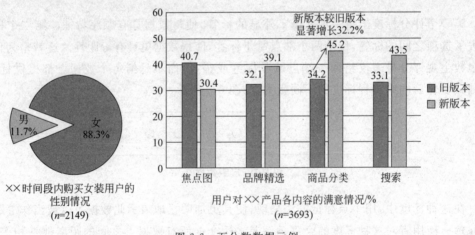

××时间段内购买女装用户的
性别情况
(*n*=2149)

用户对××产品各内容的满意情况/%
(*n*=3693)

图6-6 百分数数据示例

关于百分数,有如下几个事项值得注意:计算百分数时使用的基数不能太小;对基数不同的百分数一般不能简单地求平均;在用百分数的大小进行比较时,还应适当考虑绝对数的大小。

(2)指数

用指数来描述和比较一些特定的体验问题,既方便又直观。指数的计算方法很多,最常用的是:将一些待比较的数字中的一个特定的数字定为基数100,计算其他数字相对于基数的百分数,称这些百分数为指数。

(3)集中趋势——众数、中位数和平均数

当进行统计时,集中趋势是首先需要查看的统计量。简单来说,集中趋势就是任何分布的中间或中央部分。最常见的三种集中趋势的测量是中数、众数和平均数。

中数是数据分布的中点,一半的数据低于中数,一半的数据高于中数。在一些情况下,中数能比平均数揭示更多的信息。

众数是一组数据中最常出现的数值。当数据是连续性的且具有一个宽广的范围时,众数一般不是很有用。当数据包含的是有限值的集合时,众数会更有价值。

平均数是非常有用的,也是度量中最常运用的统计值。对于定距或定比数据而言,最有用的处理就是比较不同的平均数。比较平均数有多种方法,包括独立样本卡方检验、配对样本 t 检验等。

(4)极差、方差(或标准差)、斜度和峰度

除了用上述典型的统计量描述分布的中心位置外,还要用一些统计量描述分布围绕中心向两个方向分散的程度,以及所描述的分布与正太分布的偏离程度。用于描述一组数据分布的常用统计量有 4 种:极差、方差(或标准差)、斜度和峰度。

极差表示一组数据的最大值与最小值之差。

方差或标准差是表示分布对平均数的偏离程度或伸展程度的一个度量。方差或标准差的大小体现的是分布分散的扁平度。标准差越大,分布就越扁平;反之,分布就越集中在中心即均值的附近,如图 6-7 所示。

斜度和峰度用于描述调查数据的分布与正太分布之间的差异程度。

斜度又叫偏度,表示分布的不对称程度和方向。如果分布是对称的,斜度为零;如果偏向左边,斜度为正;分布偏向右边,斜度为负。不对称的程度越厉害,斜度与零的偏离也就越大,如图 6-8 所示。

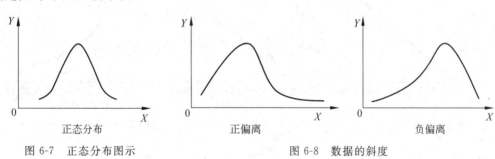

图 6-7 正态分布图示   图 6-8 数据的斜度

峰度表示分布与正态曲线相比的冒尖程度或扁平程度。如果分布与正态曲线的形状相同,峰度为零;如果比正态曲线瘦高,峰度是正的;如果比正态曲线扁平,峰度是负的,如图 6-9 所示。

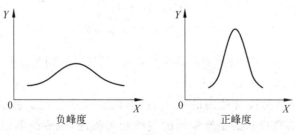

图 6-9 数据的峰度

2. 变量之间的关系

有时候,知道不同变量之间的关系是很重要的。我们见过许多例子,用户所说的和所做的并不总是一致的。很多用户在完成任务时很费力,但是,他们对产品的易用程度进行评价时,他们经常会给予其很好的评价。到底出现了什么问题呢? 一般情况下,我们需要了解不同变量间到底存在什么样的关系。

研究变量间关系的工具是相关分析和回归分析。相关分析测量的是变量之间关系的密切程度,而回归分析则侧重于考察变量之间的数量变化规律和这种规律的数学表达。在此我们主要介绍相关分析。

在实际项目中我们发现,变量间的关系往往不是很确定。众所周知,一个人的收入是其网购消费的重要因素,但是这不是唯一的,那么收入与网购消费的关联程度有多大呢? 相关分析可以帮助我们解答此问题。

在这里介绍定量数据相关性的度量方法,包括散点图和相关系数。这些方法只适用于定量数据,而不适用于定性数据。

(1) 散点图

散点图描述了两变量间的大致关系,反映了变量间的关系形态。通过散点图可以大致判断两变量之间的关联性,但不能准确反映关联性的密切程度,如图 6-10 所示。

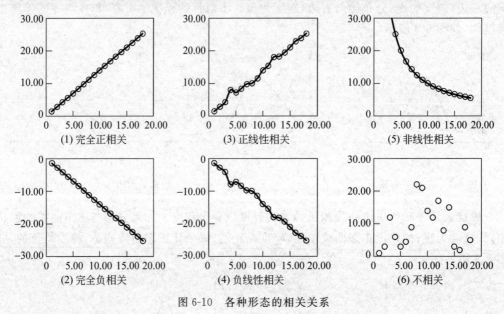

图 6-10　各种形态的相关关系

为了准确地测量两个变量间关系的密切程度,需要计算相关系数。

(2) Pearson 相关系数

Pearson 相关系数是最常使用的相关系数,因此很多情况下就被简称为相关系数。由于 Pearson 相关系数度量的是变量间的线性相关程度,也称简单相关系数。相关系数作为变量的数量特征之一,也有总体相关系数 ρ 和样本相关系数 γ 之分。总体相关系数 ρ 的定义为:

$$\rho = \frac{\text{cov}(x, y)}{\sigma_x \sigma_y}$$

其中，$\text{cov}(x, y)$ 为随机变量 x 与 y 的协方差，分母为两个随机变量标准差的乘积。样本相关系数 γ 的定义公式为：

$$\gamma = \frac{S_{xy}}{S_x S_y}$$

相关系数位于 -1 与 1 之间。相关系数等于 1，表明两个变量完全正相关；等于 -1 时，则表示完全负相关；等于 0 时，表示两个变量不相关。因此，当相关系数的绝对值越接近 1，表明两个变量间的密切程度越高。

一般情况下，总体相关系数是未知的，我们用样本相关系数来估计它。实际上，γ 对 ρ 的代表性往往受到样本容量 n 的影响。γ 的绝对值与 1 的接近程度与 n 有关，当 n 较小时，γ 就越容易接近 1；当 n 较大时，γ 的绝对值容易偏小。

Pearson 相关系数仅适用于定量数据，不能用于定性数据。当然定性数据的相关性可以通过其他方法来测量。

相关系数同样可以通过相关软件进行计算，详细使用情况请参考相关书籍。

3. 显著性检验

在研究过程中，我们需要知道：在特定任务的成功和失败上，男性与女性之间是否存在显著差异；专家、中等水平参加者、新手三者之间在对不同网站态度方面是否存在差异。为了回答这些问题，我们需要通过显著性检验来完成。

(1) 显著性检验的基本概念

统计上的假设检验或显著性检验首先要有一个统计假设。所谓统计假设，就是关于总体的一个声明，它是可以通过从该总体中抽取的一个随机样本来检验的。因此调查的结果应该来自概率样本，要进行估计或推断的总体必须是确切定义过的，这样才有可能从中抽取对其有代表性的随机样本。

零假设 H_0 通常是没有差异的假设，也叫原假设。一般情况下，零假设是在研究方案确定的时候就已经设定好了的。

备选假设 H_1 是和零假设同时设定的，如果零假设被拒绝，那么备选假设就可能被接受。备选假设一般都是与研究者的原始假设相关联的。备选假设包括没有指明方向的假设和隐含着期望变化的假设，在两种情况中，对应的假设检验方法是不同的，分别叫做双侧检验和单侧检验。

假设检验中，做出拒绝原假设 H_0 的依据是实际推断原理，遵循的逻辑是概率反证法，在此基础上设计的检验方法是合理的。但是做出拒绝 H_0 或者接受 H_0 的决定与样本观测值有关。由于样本的随机性，所以检验的结论可能出现错误。

假设检验的错误分为两类，分别是"弃真"和"存伪"。"弃真"为第一类错误，即如果 H_0 是真的，但是检验做出的结论是拒绝 H_0。"存伪"为第二类错误，即如果 H_0 是"伪"，但是检验做出的是接受 H_0。控制第一类错误"弃真"出现概率的检验问题为显著性检验。

（2）显著性检验的分类

根据待分析数据和待检验假设的类型，要确定适当的显著性检验方法。显著性检验基本上分为两类：参数检验法和非参数检验法。

① 参数检验法。

参数检验法包括：单样本总体均值的假设检验、单样本总体比例的假设检验、两个独立样本总体均值之差的假设检验、两个独立样本总体比例之差的假设检验、两个以上独立样本总体均值的假设检验等。

② 非参数检验。

非参数检验法包括：变量的独立性卡方检验、配对样本的卡方检验、配对样本的符号检验、两个独立样本的 W 检验等。

常用的数据分析软件可以帮助我们完成显著性检验，如 SPSS 中在 Analyze 菜单中，有多种检验方法可供我们选择。关于显著性检验的内容对数据分析十分重要，与统计、市场研究相关的书籍中均会详细介绍，在此不做赘述。而对于分析软件中显著性检验的方法的运用，很多 SPSS 教程也已经介绍得十分详细，可进一步参阅。

4. 图形化数据呈现

（1）描述定性数据的图形和数值法

在描述定性数据时，我们以这样一种方式来定义类：每个观测值能落入一类并且只能落入一类，然后给出落入每一类的观测值个数或相对于观测值总数的比例，用这种数值方法来描述数据集合。

对给定的类，类（或组）频数是指落入这个类中的观测值的个数。

对给定的类，类（或组）相对频率是指落入这个类中的观测值个数相对于观测值总数的比例。

定性数据的图形描述常用条形图或饼图。条形图给出相应每一类的频数（或相对频率），长方形的高度或长度与类频数（或相对频率）成比例。饼图把一个整圆饼分成几份，每一份代表一个类，每份中心角与类相对频率成比例。

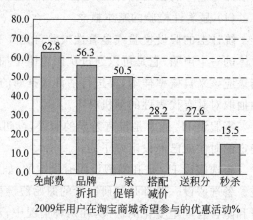

2009年用户在淘宝商城希望参与的优惠活动%

图 6-11　帕雷托图示例

将条形图中的内容按照顺序重新进行排列展示，一般情况下我们将定性变量（即长方形）的类（组）按照高度从左向右降序排列的条形图称为帕雷托图。一般情况下，我们都使用帕雷托图来表达不同信息的数据排序，如图 6-11 所示。

（2）描述定量数据的图形法

定量数据集是由某种有意义的数值标度数据组成的。我们常用三种图形法来描述、总结和检测这些数据的模型，分别是点图、茎叶图和直方图。

点图：数据集中每一个测量的数值表示为水平刻度尺上的一个点,当数值重复时,点就垂直放在另一点之上,在各数值位置形成一个柱。

茎叶图：茎是测量值小数点左面部分,叶是剩下的小数点右边部分。定量变量的数值分为茎和叶两部分,可能的茎按顺序排在一列中,数据集中每一定量测量值的叶放在相应茎的行上,由相同茎的观测值的叶在水平方向按升序排列。

直方图：直方图可用于描述落在每个组区间上观测值的频数或相对频率。定量变量的可能数值被分成若干组区间,其中每一区间有相同的宽度,这些区间构成了水平轴可读,确定落在每一组区间中的观测值的频数或相对频率,每一组区间上方一个垂直的长方形,它的高度或者等于组频数或者等于组相对频率。落入某个特定区间中测量值的个数占所有测量值个数的百分比与在相应区间上的长方形面积是成比例的。

在日常项目中,最常使用的是直方图,如图6-12所示。

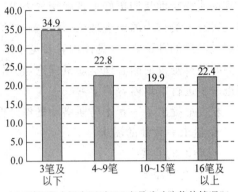

××时间段内用户通过××产品成功购物的情况/%

图 6-12　直方图示例

6.2　用户需求

通过网络购物的过程中,用户需求是用户与产品发生交互的起点。不同的用户对同一产品有着不同的需求;同一用户在不同的情境下对所需的同一产品也有着不同的需求。

广义上讲与消费相关的情境包括传播情境、购买情境、使用情境以及处置情境。下面介绍一个与使用情境相关的例子。

图6-13是在××产品研究中,同一用户在不同情境下购买××产品时不同的需求情况。因结婚而购买××产品时,用户最需要的是款式;而买××产品送礼时,用户最需要的则是品牌。

用户通过淘宝商城够买××产品时,不同情境下
对信息的需求情况(越往左需求越高)

图 6-13　用户需求示例

可见,用户需求因人而异、因产品而异、因情境而异。在用户与产品交互过程中,需求被满足的程度会直接影响用户体验的水平。

通过网络购物的过程中,用户需求是指为了达到(购物)目标或解决问题所需要的条件或信息。用户需求是用户购物动机在产品上的外在显示。动机是行为的原因,是刺激和促发行为反应并为这种反应指明具体方向的内在力量。与动机相关的理论非常多,这些理论能够帮助我们更好地理解用户需求。在众多理论中,马斯洛的需求层次理论从总体上解释人类行为的宏观理论,是了解与学习动机需求等内容最为经典的理论,也是目前应用最广泛的理论之一(具体内容参见本书第 2 章);另外在传统消费者行为研究中运用较多的还有麦古尼的心理学动机理论,它用一套细致的动机解释消费者行为,可以帮助我们进一步进行本章内容的学习。

麦古尼提出了一套比马斯洛动机理论更为详细的动机分类。

- 追求一致性的需求
- 归因的需要
- 归类的需要
- 对线索的需要
- 追求独立的需要
- 求新和猎奇的需要
- 自我表现的需要
- 自我防御的需要
- 出风头的需要
- 强化的需要
- 对亲密和谐的人际关系的需要
- 模仿的需要

这样的动机细分在电子商务网站中得到了一定程度的体现。例如,针对用户对求新和猎奇的需要,通过淘宝网新上线的顽兔产品,用户可以从中"发现新鲜的东西"、"发现有意思的东西",同时还可以把自己"秀"出来。

整体来看,无论是马斯洛理论还是麦克尼理论,都是帮助我们进一步认识需求、区分需求、挖掘需求的理论基础。在实际研究过程中,以上理论均是我们判断需求内容、制定研究方案等日常工作的重要参考。

6.2.1　用户需求的获取

在工作中,我们往往会遇到:当了解用户为什么购买××品牌的鞋子时,用户常说"它很流行"、"现在年轻人都穿它"、"它还蛮舒适的",然而,这个过程中用户非常不愿意承认或者连用户自己都没有意识到的原因是"我不想被别人认为我很落伍"、"它是高端品牌,能够显示我很富有"等。而这些未被提及的原因中,部分内容会影响到用户对于鞋子的购买。

我们通常通过深度访谈、焦点小组座谈会等用户研究中常用的定性研究方法,同样也适用于用户需求的挖掘。而投影技法与 ZMET 方法也是有效地挖掘用户需求的方法。

在这里我们简要介绍投影技法与 ZMET 法。

1. 投影技法

投影技法是一种无结构的非直接的询问形式。在投影技法中,并不要求被调查者描述自己的需求,而是要他们解释其他人的需求。在解释他人的需求时,间接地将被调查者自己的需求投影到有关的情境之中。因此,通过分析被调查者对没有结构的、不明确而且模棱两可的"问题"的反应,调查者的需求也就被揭示出来了。投影技法可分成联想技法、完成技法、结构技法和表现技法。下面以完成技法为例进行案例的分析。

完成技法给出一种不完全的刺激情境,要求用户来完成剩余部分的内容。操作十分简单,可以让用户补充完成某个句子、段落甚至是故事。一般情况下我们需要引导用户写下他们的第一反应,如最初想到的一些关键词等。如图 6-14 所示,通过让用户补充三个句子来了解用户对 A 产品的态度。

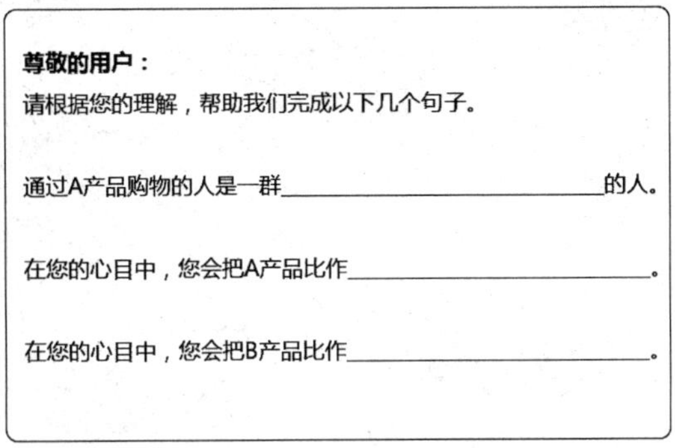

尊敬的用户:
请根据您的理解,帮助我们完成以下几个句子。

通过A产品购物的人是一群_____的人。

在您的心目中,您会把A产品比作_____。

在您的心目中,您会把B产品比作_____。

图 6-14　投影技法示例

2. ZMET 法(萨尔特曼隐喻诱引技术)

ZMET 法(萨尔特曼隐喻诱引技术)是一种结合非文字语言(图片)与文字语言(深度访谈)的用户研究方法。ZMET 法的核心价值在于了解隐藏在用户行为背后的为什么,因此能够帮助我们深层次地挖掘用户需求。

ZMET 以受访者收集而来的图片为素材,透过深度访谈,来抽取受访者的构念,并联结构念间的关系,描绘出阐释用户感觉及想法并产生行动或决策的心智模式图。由于 ZMET 是以视觉隐喻与图片为基础,因此当这些研究结果要转化成广告、电影、网站等夸大视觉元素的传播媒介时,更是有其便利性与有效性,而这样的一些运用不是研究部门独自能够完成的,需要与其他相关部门紧密配合。

在一项关于旅行的研究中我们运用了 ZMET 的方式,此方式主要用于挖掘用户准备旅行背后的深层次原因,获取用户对旅行的潜在需求。

在成功邀请用户参与深度访谈后,我们给用户布置了一个小作业。作业内容是请用户在参加访谈前准备 8 张图片,其中 4 张是最能够代表用户当前(旅行)心情的照片;剩余 4 张则是最不能够代表用户当前(旅行)心情的照片。在研究开展过程中,用户结合图片向我们介绍图片为什么能够/不能够代表他旅行前的心情。分析情况如图 6-15 所示。

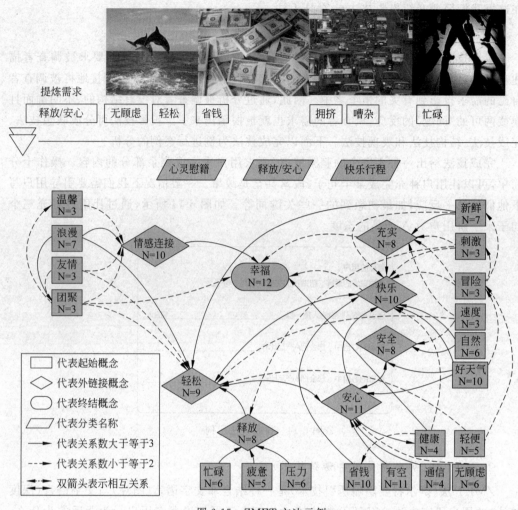

图 6-15　ZMET 方法示例

6.2.2　用户需求的类型

用户对产品的需求往往不是单一的。以买手机为例,读书时很长一段时间内要求手机发短信的速度要快、待机时间长、价格实惠;走出校园工作后,发短信的时间越来越少了,这时候对发短信的要求越来越低,对于通话效果、收发邮件以及闹钟等功能要求越来越高;而随着科技的发展,当前我们选择手机时,对于系统、3G 网络等有了不同以往的期待。

那么我们如何来分析这些不同的需求呢? 结合了大量理论知识,目前在互联网产品研究中运用时,需要我们了解需求到底有哪些类型,不同类型的需求有哪些特点等。

1. 需求类型

东京理工大学教授狩野纪昭(Noriaki Kano)首次提出了 Kano 模型。Kano 模型能帮助我们更好地了解用户需求的类型。

Kano 模型定义了三个层次的用户需求：基本型需求、期望型需求和兴奋型需求。

（1）基本型需求

基本型需求是用户认为产品必须有的属性或功能。例如，对于一个手机来说，打电话、发短信就是用户的基本型需求；而对于一个 B2C 网站来说，正品是用户对网站的最基本要求；而对于团购网站，基本型需求应该要算是折扣了。这是一个非常好理解的概念。

（2）期望型需求

期望型需求是指期望产品提供比较优秀的属性、功能或服务，但并不是必需的产品属性或服务行为。有些期望型需求甚至用户都不清楚，但是是用户希望得到的。在定性研究中，用户所谈论到的通常是期望型需求。

就目前电子商务发展趋势而言，最典型的期望型需求就是物流配送时间。21 世纪初，用户对于物流的要求有较长一段时间处于能够"安全完整送达即可，时间无论长短均可忍受"的状态。而近几年，当用户提到物流时反馈最多的就是越快越好。这正符合期望型需求的特点，物流配送时间没有一个最低的限制，因此还不足以构成互联网必须的服务。然而，物流配送越快，用户体验越好。

（3）兴奋型需求

兴奋型需求是指提供给用户一些完全出乎意料的产品属性或服务行为，使用户产生惊喜。为了达到出乎意料的目的，因此这些需求往往是无法从用户口中得知的，需要我们使用合适的方法进行挖掘。

无论是线下还是线上，兴奋型需求应用成功的案例不少；21 世纪初杭州线下百货商场推出的满 400 减 240，引来了长队，甚至出现了活动开始 2 小时商场多个柜台被一抢而空；淘宝商城（现天猫）2009 年第一次推出的"双十一全场 5 折购物"活动，一度让所有用户兴奋不已。这些就是典型的兴奋型需求，完全出乎意料。

同时我们也看到兴奋型需求在应用过程中的受限点：一旦应用多了，就不再是"出乎意料"了。

2. 不同类型需求的判定

每个需求到底属于什么类型呢？我们可以借助一套有效的方法来进行判定。这个方法只需要向 20～30 个用户进行一次调查，就可以准确地确定各个需求的类型。

Kano 建议通过问两个问题来确定一个功能的分类，一个问题是关于如果产品中有这项功能用户会觉得怎么样，另一个问题是关于如果没有这项功能用户又会觉得怎么样。第一个问题叫做功能存在形式，因为它指的是具备一项功能时的情况。第二个问题叫做功能缺失形式，因为它指的是没有一项功能时的情况。对每个问题都采用 5 点的度量方式进行回答。

- 我希望这样；
- 我预期就是这样；
- 我没有意见；
- 我可以忍受这样；
- 我不希望这样。

通过对功能存在形式问题的答案和功能缺失形式问题的答案进行交叉参照，预期用户的回答可以简化成单一的意思。根据 Kano 所提出的理论，具体分析方法如图 6-16 所示：M 代表基本型需求、L 代表期望型需求、E 代表兴奋型需求。R 代表需求可以不被实现；I 代表需求能否被满足对用户的影响都不大；无论是 R 型需求还是 I 型需求，在产品决策过程中，均不需要花更多的资源在这两类需求上。Q 型需求是存在疑问的需求，需要更多数据甚至专家评估的验证。在疑问未解决前，不能急于投入资源去开发或优化。

		功能缺失问题				
		希望	预期	无意见	忍受	不希望
功能存在问题	希望	Q	E	E	E	L
	预期	R	I	I	I	M
	无意见	R	I	I	I	M
	忍受	R	I	I	I	M
	不希望	R	R	R	R	Q

M：必需的   R：反对的
L：线性的   Q：存在疑问的
E：兴奋点   I：无所谓的

图 6-16　Kano 方法对需求数据的分析方法

3. 不同类型需求的转化

在日常工作中，我们不难发现：用户的"被满足的需求"会不断成长。我们来通过两个案例回顾用户"被满足的需求"的成长情况。

以前面的物流为例，随着发展，在未来的某一天所有的电子商务网站均提供 24 小时配送到货，到那个时候，或许 24 小时配送到货已经会成为用户对电子商务网站最基本的需求。这就是期望型需求向基本型需求转变的一个例子。

图 6-17 是关于用户对女装宝贝图片需求转化的例子。

不同时期用户对女装宝贝图片的需求情况
第一次用户反馈：希望能够看到卖家对于宝贝的真实照片，无论是在哪里拍摄，灯光如何。
第二次用户反馈：希望能够看到卖家对于宝贝拍一些上身效果图，这样的图片可以更好地帮助我们判断衣服穿在身上会是什么效果。哪怕是掌柜自己穿一下也可以。
第三次用户反馈：如果卖家能够拍一些模特效果图该多好呀，衣服的效果会更加明显。
第四次用户反馈：如果卖家能请专业的摄影师，拍一些专业的效果图，室内室外的都拍一些，那就太棒了。
第五次用户反馈：我想知道模特的身高、三围，希望了解其他人的试穿图。
……

图 6-17　用户需求转化的示例

6.2.3　用户需求度量方法

当判定了不同的需求类型后，我们就可以通过需求的满足情况展开度量了。

对于基本型需求，当其特性不充足（不满足用户需求）时，用户很不满意；当其特性充足（满足用户需求）时，无所谓满意不满意，用户充其量是满意；对于期望型需求，期望型需求在产品中实现得越多，用户就越满意；当没有满足这些需求时，用户就不满意；关于兴奋型需求，当其特性不充足时，并且是无关紧要的特性，则用户无所谓，当产品提供了这类需求中的服务时,用户就会对产品非常满意,从而提高用户的忠诚度。需求的实现程度对用户体验的影响如图 6-18 所示。

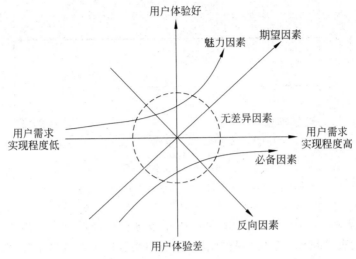

图 6-18　用户需求实现程度对用户体验的影响

因此,在基于用户需求的用户体验度量方面,我们在判断需求类型的基础上,还需要考察需求被满足的情况,在衡量需求满足情况对用户体验的影响时,我们引入 Better-Worse 系数。Better-Worse 系数是一种衡量指标,当 $0 \leqslant \text{Better} \leqslant 1$ 时,Better 正值越大表示该需求被实现时,用户体验越好;当 $-1 \leqslant \text{Worse} \leqslant 0$ 时,Worse 负值越大表示该需求不被实现时,用户体验越差。Better-Worse 系数计算方式如下:

$$\text{Better 系数} = \frac{\text{兴奋的} + \text{线性的}}{\text{兴奋的} + \text{线性的} + \text{必需的} + \text{无所谓的}}$$

$$\text{Worse 系数} = \frac{\text{线性的} + \text{必需的}}{\text{兴奋的} + \text{线性的} + \text{必需的} + \text{无所谓的}} \times (-1)$$

案例:某产品希望优化 5 项功能,但是不知道哪些是用户需要的。通过 Kano 调研分析,可以分别计算出 5 项功能的 Better-Worse 系数,构建如图 6-19 所示的四分位图。

根据 5 项功能的 Better-Worse 系数值,将各功能点所处位置划分为四个象限。

第一象限表示:Better 系数值高,Worse 系数绝对值也很高的情况。落入这一象限的因素,称为是期望因素(一维因素),功能 A 落入此象限,即表示产品提供此功能,用户满意度会提升,当不提供此功能,用户满意度就会降低。

第二象限表示:Better 系数值高,Worse 系数绝对值低的情况。落入这一象限的因素,称为魅力因素,功能 C 落入此象限,即表示不提供此功能,用户满意度不会降低,但当提供此功能,用户满意度会有很大提升。

第三象限表示:Better 系数值低,Worse 系数绝对值也低的情况。落入这一象限的因素,称为无差异因素,功能 B、E 落入此象限,即无论提供或不提供这些功能,用户满意度都不会有改变,这些功能点是用户并不在意的功能。这些功能是"吃力不讨好"的,日常项目中我们需要格外留意在此方面的资源分配。

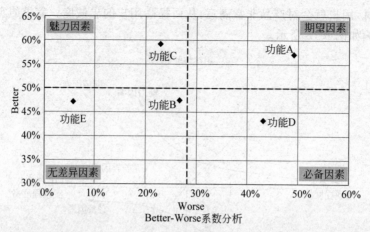

图 6-19　Better-Worse 系数分析四分位图

第四象限表示：Better 系数值低，Worse 系数绝对值高的情况。落入这一象限的因素，称为必备因素，即表示当产品提供此功能，用户满意度不会提升，当不提供此功能，用户满意度会大幅降低；说明落入此象限的功能是最基本的功能，如功能 D。

需求的满足情况不同对用户体验的影响不同，我们可以根据上述的度量方式判断在日常工作中我们该优先满足哪些需求。

6.3　用户行为度量——可用性绩效度量

用户在使用互联网产品时，通过与产品发生交互来完成他的目标。这个过程用户以一定形式使用或接触产品，用户的行为是能够通过不同方式测得的。这些行为便构成了绩效度量的基础。

绩效数据表明任务或界面的内容对用户是否存在问题以及问题的具体描述。绩效度量是了解用户是否能很好地使用某产品的非常有效的方式。例如，当用户犯了不少错误时，我们就可以知道还有不少提高的机会；如果用户完成某任务的时间比期望的要多出 4 倍，那么效率有待提高，且提升空间较大。同时一般情况下，研究人员需要用其他数据予以补充以更好地理解"所发现内容为什么会是问题"及如何解决问题。

绩效度量类型包括：任务成功、任务时间、错误、效率和易学性等。

6.3.1　任务成功度量

1. 任务成功

任务成功是最常用的用户行为度量。为了测量任务成功，要求参加操作的每个人都必须有一个清晰的结束状态，比如将指定商品放入购物车、完成首次注册等。而在开展研究之前，研究人员需要知道什么构成了成功，在收集数据之前就要给出每个任务成功的标准。

在实际项目的可用性测试中，测量任务成功最常用的方法是让参加测试的用户在完成任务后进行口头报告式回答。但有时会出现一些难以解释的回答,参加者可能会说出一些额外的或武断的信息,进而使回答难以解释。这种情况下研究人员需要引导参加者确认自己是否确实成功地完成了任务。收集任务成功的另一个途径是让参加者以一种更为结构化的方式进行回答,比如使用在线工具或线下纸质的表格。每个任务可以有一组多选项。参加者可以从四到五个干扰项中选择一个正确的答案。要让干扰项尽可能的真实。

2. 任务成功度量

为了从任务成功角度对用户行为进行度量,研究中需要结合不同项目背景获取不同形式的成功数据,如二分式成功、成功等级等。针对不同形式的数据,将采用不同的度量,发现不同的体验问题。

(1) 二分式成功

二分式成功是测量任务成功的最为简单和常用的方法,参加者要么完成了任务,要么没有成功。当产品的成功取决于用户完成某一个或某一组任务时,用二分式成功是合适的。

① 如何收集和测量二分式成功。

用户每操作一个任务,都给予一个“成功”或“失败”的得分。通常这些得分以 1 表示成功或 0 表示失败的形式出现。在数字得分的基础上,可以很容易地计算出操作的平均值等重要的统计值。

② 如何分析和呈现二分式数据。

呈现二分式数据常用的方法是按任务分析、呈现二分式成功率。同时可以查看特定问题来确定需要什么样的方式来解决。如果项目需要了解不同任务之间是否存在显著性的差异,对所收集的数据进行 t 检验或方差分析来获得所需要的结果。

另一种常用的方法是按用户类型来查看二分式成功数据。此方法的主要价值在于:研究可以区别不同组别的用户,以发现他们操作的方式不同或碰到不同类别的问题。在项目过程中,我们往往从以下角度区分不同的用户:

- 用户使用产品的频率;
- 使用产品的已有经验;
- 年龄组。

图 6-20 是以使用产品的已有经验为例展示二分式数据。

根据参加者类型查看成功数据的优势之一是:可以计算每人成功完成任务的百分比,因而数据就不再是二分式的了,而是变成了连续数据。当研究中有相当多的用户参加时,至少 12 个,理想情况下超过 20 个,可将二分式成功数据通过频次分布的形式进行呈现,这在项目中非常有帮助。

分析和报告二分式成功数据时还需要注意置信区间。关于置信区间的内容不再详述。

(2) 成功等级

通过严格的二分式记录成功时,会丢掉一些重要信息,例如参加者实际上非常接近成功,但最终未成功完成任务,这时我们可以通过成功等级进行体验度量。成功等级度量有

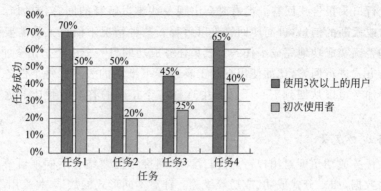

图 6-20　不同使用经验用户的任务成功情况

助于获取"为什么有些参加者不能完成任务"或者"操作哪些特定的任务时他们需要帮助"的信息。

① 如何收集和测量成功等级。

除了需要定义不同的等级外,收集和测量成功等级数据与收集和测量二分式成功数据非常类似。就成功等级来说,可以通过参加者在完成任务过程中的程度、体验、不同方式来进行评定。

根据程度对成功等级进行评定是指:参加者有没有获得什么帮助;参加者是不是只部分做了回答等。根据程度来确定成功等级时,常见的方法是采用三个等级,即完成任务、部分完成任务和失败。三个等级最简单的赋值方式是:完成任务=1、部分完成任务=0.5、失败=0。不足点是无法对于任务失败进行更加详细的分析。

根据体验对成功等级进行评定是指:有些参加者需要付出不少努力才能完成任务,而有的参加者可以没有困难地完成任务。根据程度来确定成功等级时,常采用 4 点赋分的方式:1=没有问题;2=小问题,参加者完成了任务,过程中兜了一个小圈子,在出现错误时能够很快地纠正错误;3=大问题,参加者完成了任务,出现错误时无法及时发现,兜了一个大圈子后完成任务;4=失败/放弃。根据体验获取的成功等级数据是定序数据,使用频次分布方式展现数据更有价值。同时,如有必要,此形式数据可以转化为二分式成功数据进行分析处理。

根据不同方式对成功等级进行评定是指:有的参加者可以以一种最优的方式来完成任务,而有的参加者完成任务的方式不是最合适的。根据用户完成任务的不同方式来确定成功等级时,需要根据每个参加者完成任务的具体方式,给予不同方式不同的得分,如最优路径是 1.0 分,次优路径是 0.75 分等。

选择合理的成功等级进行体验度量,需要研究人员结合项目基本情况进行全方位的考虑与方案的设计。

② 如何分析和呈现成功等级。

在分析成功等级时,可以展示不同类或等级上的参加者百分数。图 6-21 是通过不同体验对成功等级进行评定时,结果的堆叠式条形图。

这些数据与二分式数据看起来相似,但此处纵向显示的是不同成功等级的占比,而不

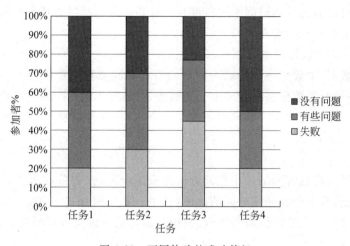

图 6-21　不同体验的成功等级

是纯粹成功率。需要注意的是,由于成功等级的判断有较多维度,在数据展示的过程中需要把所用的赋分系统向受众传递清楚,如图 6-21 中右侧的标注。

6.3.2　任务时间度量

1.任务时间

任务时间是测量产品效率的最佳方法,指用户完成任务所需的时间。测量任务时间最明显的优势是,根据效率的变化,任务时间能相对直接地计算出成本的投资回报。

大部分研究中,参加者完成任务越快,其体验越好。但对于部分互联网产品的体验度量不适合,最典型的案例是对 SNS 网站整体进行体验度量,产品设计初衷是并不希望参加者结束得太快;但是对部分功能的体验度量依然适用,如 SNS 网站的注册。在互联网产品中,注册、支付等产品对时间的关注非常高。

2.如何收集和测量任务时间

任务时间即任务开始状态和结束状态之间所消耗的时间,通常以分钟和秒为记录单位。任务时间可以通过不同的方法测得。在传统产品的研究中,研究人员可以使用一个秒表或其他任何时间记录设备进行记录。而在互联网产品的研究中,我们常借助如工效浏览器(Ergo Brwoser)、数据记录器(Data Logger)等工具帮助研究人员自动地捕获任务时间。

在测量任务时间的过程中,特别需要注意的问题是何时开始与结束计时。开始计时是非常直接的行为,如果需要参加者了解任务,则在他们了解任务后尽快开始计时。何时结束计时则是一个较为复杂的问题。无论是手动计时还是软件辅助计时,都存在"参加者是否真正找到了答案"的情况。在这些情境中,重要的是让参加者尽可能快地指出他们的答案。在任何案例中,当参加者已停止与产品进行交互时,研究员就应该着手结束计时。因为这很大程度上是一个解释的问题,数据可能包括一些噪音。

3.分析和呈现任务时间数据

度量任务时间时,同样也有多种不同的方法进行分析和呈现数据。最常用的方法是通过参加者完成任务的平均时间来进行度量。这是一种直接报告任务数据的方法。需要注意的是参加者中存在的潜在差异。

（1）平均数、中数、几何平均数

当选择中数时，中数是一个按顺序罗列的所有时间数据的中间点：一半时间数据在中数以下，另一半时间数据在中数以上。类似地，有的可用性专家认为几何平均数存在较少的潜在偏差。时间数据是一种典型的偏正态分布，在这种情况下几何平均数会更合适一些，如图6-22所示。

（2）全距

计算任务平均完成时间的一个变通方法是设定全距，报告落在每个时间区间上的参加者频次，呈现所有参加者完成时间的范围，这是一种很有用的方法。而且，对于得到任何有关某类参加者落入特定区段等方面的模式，这也是一种很有帮助的方式。

（3）阈值

另一个分析任务时间数据的方法是使用阈值。许多研究中，最重要的事情是关注用户能否在一个可接受的时间范围内完成特定的任务。产品的主要目标是减少需要过长时间才能完成任务的用户数量。而研究过程中主要的问题是给既定任务确定什么样的阈值。研究人员往往需要在预测试中自己先操作该任务，记录所用时间，然后再以该时间的双倍时间作为阈值。另外一个办法是基于竞争性的数据或者甚至是一个恰当的猜测。研究人员和产品部门给每个任务确定出阈值。然后根据既定阈值展示用户完成任务的时间数据。图6-23为在某产品可用性测试中，可以在5分钟内完成任务的用户占比情况。

参加者	任务1	任务2	任务3	任务4
P20	76	62	108	185
平均数	86.6	91.5	124.2	91.4
中数	58.5	85.0	111.5	83.0
几何平均数	65.2	85.2	105.0	73.2
上限	119.8	108.0	159.5	116.6
下限	53.4	75.0	119.9	66.1
置信区间	33.2	16.5	19.8	25.2
时间单位：秒（s）				

图6-22　任务时间的平均数、中数、几何平均数

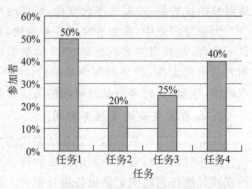

图6-23　5分钟内完成任务的情况

4. 使用时间数据时需要考虑的问题

（1）只针对成功的任务还是所有的任务

只包括成功任务的数据主要优点是可以更清晰地测量效率。

分析所有任务时间数据时，主要优点是更能准确地反映出整体的用户体验。另一个优势是，它是一个独立于任务成功的测量。

（2）是否使用出声思维分析

研究过程中使用出声思维分析法肯定会对时间数据产生影响。但使用出声思维分析可以获得一些用户的重要想法。

在研究过程中，研究人员往往设定任务让参加者先完成任务，记录所需时间数据；再和参加者一起回顾刚刚任务的操作过程，使用出声思维分析法来获取用户的重要想法。

（3）是否告诉参加者要进行时间测量

如果研究人员在实验过程中不告知参加者此问题，参加者就不一定会以一种高效率的方式完成任务；但如果告知此问题，则有可能导致用户紧张，让参加者有被测试的感觉，而与我们测试产品的初衷相违背。好的方法是要求参加者尽可能又快又准地完成操作任务，而不主动告知他们被精确地记录操作时间。

6.3.3 错误度量

错误和可用性问题是不同的。可用性问题是产品问题表层下的原因，而错误则是一个可能的结果。错误可以表明造成了多少误解、产品的哪些方面造成了误解、不同的设计可以带来错误的类型和频次有多大程度上的不同，以及一般情况下产品真实可用的程度有多大。

通常情况下，错误可以是任何妨碍用户以最高效的方式完成某任务的操作。错误可以建立在多种不同类型的操作动作之上。

1. 何时测量错误

测量错误不是适用于所有情况的，一般而言我们在以下三种情况出现时会测量错误：

（1）某个错误会导致效率的显著降低

以支付产品为例，一般会设置两个密码，一个是登录密码，另一个则是支付密码。然而在不同情况下用户首次需要输入的密码却各不相同，有的需要登录密码，有的则是需要支付密码。用户往往因此犯错，来回切换密码，影响密码输入的效率。

（2）某个错误会导致成本的显著增加

如当出现某个错误将会导致客服电话量的上升或产品退回的增加等。

例如，在某次活动前，用户通过游戏等互动方式可获取若干面额不等的红包，红包使用说明中描述到"用户在活动期间可选择性使用这些红包"。然而当真正的活动开始后用户使用红包的过程中，支付默认页最多呈现 15 个红包且按照领取时间进行展示。当用户拥有超过 15 个红包时，默认页无法获取任何关于其他红包的信息或操作，此时用户便遇到了"丢失红包"的现象，无法"选择性使用红包"。而整个活动当天，因为此情况而带来的客服电话量激增。

这是错误导致成本显著增加的典型案例。

（3）某个错误会导致任务失败

例如，在××产品入驻流程中，要求用户申请注册并绑定支付宝账号。在这个过程中涉及两个旺旺与两个支付宝，如表 6-3 所示。

表 6-3　××产品入驻过程中所需的旺旺与对应的支付宝

旺旺	支付宝	旺旺	支付宝
旺旺 A	支付宝 A	旺旺 B	支付宝 B

一般情况下,用户拥有一个日常购物中常使用的旺旺 A,同时对应着支付宝 A。旺旺 B 与支付宝 B 则是为××产品而专门申请的全新账号。

在××产品入驻过程中,用户需要完成的任务是:①使用已有的旺旺 A 登录,②为从未发生过任何交易的旺旺 B 申请入驻,③同时申请一个与旺旺 B 对应的支付宝账号,④最后为旺旺 B 绑定一个全新的支付宝 B。

在这个复杂的过程中,前三个步骤一般不会出现大问题。最后一个步骤真是可谓成为了独木桥,一次性顺利完成者少之又少,最常见的错误是用户绑定了支付宝 A,从而导致整个申请失败。

以上三种情况是特别需要我们进行错误测量的情境。

2. 收集和测量错误

与其他绩效度量相比,测量错误并不是一件容易的事情。因为测量错误要求研究人员知道正确的操作应该是什么样子。在研究开始之前对于正确和不正确操作的范围定义得越清晰、全面,就越容易测量错误。

整理错误数据的最常用方法是按任务整理错误的数量,即记录每个任务和参加者的错误数量。

如果只有一个错误机会,则将错误数量将为 1 和 0:

$$0 = 没有错误,\quad 1 = 一个错误$$

如果有多个错误机会,则错误数量将在 0 和最大的错误机会数量之间变化。

研究过程中,研究人员可以在观察用户的同时对错误数量进行统计,也可以在测试结束后通过回看录像进行统计,或者使用自动化在线工具收集该数据。

3. 分析和呈现错误

错误数据的分析和呈现与其他绩效度量的数据呈现有所不同,错误数据取决于某个任务只有一个错误机会还是有多个错误机会。

(1)只有一个错误机会的任务

对于只有一个错误机会的任务来说,分析错误数据最常用的方法是展示每个任务的错误频率。这可以用以下两种途径中的一种予以完成。

① 按任务归纳错误频率并绘制出错数量/频率。

如图 6-24 所示。如果有不同数量的参加者执行了所有任务时,这种方法特别适用。同时,对于每个任务,我们可以确定一个最大的、可以接受的错误率。根据阈值对数据进行进一步分析。

② 不区分任务,整体计算错误频率并绘制出错数量。

当我们不区分任务从整体角度考虑衡量的含义体现在多方面。一方面,我们可以把每个任务的错误率平均成一个总的错误率,从而展现总体错误率的情况。另一方面,我们可以

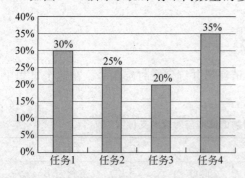

图 6-24　用户操作不同任务时出错的频率

计算所有任务错误情况的平均值,可以获得特定的错误数量。

(2) 有多个错误机会的任务

下面是几个用来分析含有多个错误机会的任务的常用错误测量方法。

- 展示每个任务的错误频率,通过错误频率可以看到哪些任务出现的错误比较多。当然这样的比较需要一个前提,即每个任务的错误机会接近。如果每个任务的错误机会都各不相同的话,这种做法就可能出现误导。

- 对于每个任务,我们还可以计算每个参加者所犯的平均错误数。通过平均错误数来看哪些任务产生了最多的错误。该方式的另一个优点是考虑了极端情况,例如,有些参加者可能是大部分错误的源头,而其他很多参加者可能无误地完成任务的情况。

- 部分情况下,还可以通过阈值进行分析。最直接的做法是给每个任务或者每个参加者先确立一个可接受的阈值,接下来计算某个特定任务的错误率或参加者的错误数是在这个阈值之上或之下。如果错误数在阈值之上,便是不可接受的结果了。

- 在有些情况下,按照错误的不同程度进行适当的分析与呈现。当错误的严重程度不同时特别适合运用此方式进行分析。我们可以以不同的数值确定每类错误的严重程度,获得一个"错误分值",比如微小、中等、严重。接着以数值1(微小)、2(中等)或3(严重)赋予每个错误一个权值。然后,把根据权值进行调整后的每个参加者的得分加起来。最后,计算每个任务的平均"错误得分"。

4. 使用错误度量时需要考虑的问题

使用错误度量时需要考虑以下问题。

(1) 确保没有重复计算错误。

(2) 不同的研究中,研究人员可能需要知道更多的信息,而不仅仅是一个错误率。例如,很多时候我们需要去了解为什么不同的错误会出现;用户希望如何解决出现错误时遇到的问题等。

(3) 在有的情况下,错误与未能完成某项任务是同一个事情。例如,以网络过程中的支付环节为例,如果在支付过程中没有错误出现,这就等同于任务成功;如果有错误出现,这就等同于支付失败。

在错误度量过程中,研究人员需要根据项目目标清晰地预测问题,采用合适的数据分析方法以保证度量的准确进行。

6.3.4 效率度量

任务时间经常被用于测量效率,但另一个测量效率的方法是查看完成某任务所要付出的努力。我们往往可以通过测量参加者执行每个任务时所用的操作或步骤的数量而获得,即本节所指的效率。

1. 效率

一个操作动作可以有多种形式,如在页面上点击某链接、在下拉单中选择合适的选项、填写邮箱/手机号码等。参加者执行的每个操作动作都表示了一定程度上的努力,参加者执行的操作步骤越多,就需要有更多的努力。在多数产品中,目标是把完成某任务所需要的具体操作动作减小到最少,这样可以把所需要付出的努力减小到最少。

根据以往的研究,我们发现用户在互联网时代达成目标过程中的努力包含两方面:认知上的努力和身体上的努力。认知努力包括:找到正确的位置以执行操作动作(如找到网页上的一个链接)、确定什么样的操作动作是必要的(应该点击这个链接吗)以及解释该操作动作的结果。身体上的努力包括执行操作所需要的身体动作,比如移动鼠标、用键盘输入文本、阅读协议等。

如果项目关注用户所付出的认知和身体上的努力,那么可以通过效率度量进行考察。

2. 收集和测量效率

在收集和测量效率时,有 5 个重要的方面需要谨记。

(1)确定有待测量的操作动作,对互联网操作效率来说,鼠标点击或页面浏览是常见的操作动作。

(2)定义操作动作的开始和结束,研究人员需要确定一个操作动作何时开始和结束。

(3)计算操作动作的数目,研究员必须要准确计算操作动作的数目。实际项目中,要避免花几个小时来看录像以收集效率度量基础数据。

(4)确定的动作必须是有意义的,每个动作都应该能够表示认知和体力需求上的增加。

(5)更多精力放在考察成功任务上。当我们选择用操作动作的数目来测量效率时,应该只针对成功的任务进行计算。如果包括失败的任务,这将没有意义。

一旦确定了项目中想获取的操作动作,直接进行计数就可以了。我们可以手动完成部分计数,如查看的页面、所按的按钮等。而当参加者是以惊人的速度在执行一些操作动作时,研究人员需要借助自动化的数据收集工具进行计数。

3. 分析和呈现效率数据

分析和呈现效率度量的最常用方法是考察每个参加者完成某任务时的操作动作数量。可以简单地计算每个任务的均值。这种分析有助于发现哪些任务需要较大量的努力;同时效率度量十分适用于"每个任务需要大约相等的操作动作数量的"情况。因此,如果有的任务比其他任务更为复杂时,这种方法可能会有误导性。对于这种类型的图表,报告 95% 的置信区间(基于一个连续分布)也很重要的。

在互联网用户行为研究中有时会用到的效率度量是"迷失度"。迷失度可以通过三个值计算获得:

N:操作任务中所访问的不同的页面数量。

S:操作任务中访问的总的页面数目,其中重复访问的页面计为相同的页面。

R:完成任务中必须访问的最小的(最优的)页面数目。

迷失度 L 就可以通过下面的公式计算获得:

$$L = \text{sqrt}[(N/S - 1)^2 + (R/N - 1)^2]$$

就图 6-25 所示的例子来看,参加者的任务是从首页进入到页面 C1。理想情况下,从首页开始到完成该任务所需访问的最小页面数是 3,如绿色路径所示。另一方面,图 6-25 描述了某特定参加者到达目标页面时所走过的全部路径信息,如灰色虚线所示。在最终到达正确的位置之前,这名参加者走了一些不正确的路径,中间访问了 6 个不同的页面 (N),用户操作的第 8 个页面为目标页面。所以对于这个例子:

$$N = 6$$
$$S = 8$$
$$R = 3$$
$$L = \text{sqrt}[(6/8-1)^2 + (3/6-1)^2] = 0.56$$

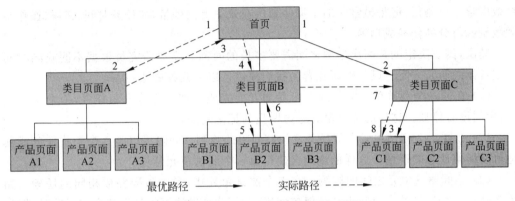

图 6-25　用户完成某任务的路径解析图

一个最佳的迷失度得分应该为 0。以往的研究发现迷失度得分小于 0.4 时,参加者不会显示出任何可观察到的迷失度方面的特征。另一方面,当迷失度得分大于 0.5 时,参加者就会出现迷失度特征。

4. 结合任务成功和任务时间的效率度量

另一个效率度量的视角是整合可用性绩效中其他的两个度量,即任务成功和任务时间。即可用性测试报告中所描述的"效率的核心测量",是指任务完成率与每个任务平均时间的比值。实质上这表达了单位时间内的任务成功。

由于此维度下所需要的任务成功、任务时间、效率等数据的获取已经在之前的内容中进行了较为详细的介绍,在此不做详述。

6.3.5　易学性度量

1. 易学性

易学性是产品可被学习的程度。它可以通过查看熟练地使用产品需要多少时间和努力而测得。易学性是一个重要的可用性度量,如果项目中需要知道随着时间推移用户使用某产品的熟练程度,易学性则是一个基本的度量。而这个过程中,最重要的问题是"从用户开始到熟练使用该产品的过程"所需付出的时间和努力。

学习可以在一个短时间内或更长时间内发生。当学习发生在短时期内时,参加者就需要尝试不同的策略来完成任务。短时期可以是几分钟、几小时或是几天,此时记忆在易学性中不再是一个大的因素。

学习也可以在长的时间内发生,例如以星期、月或年为单位。每次使用产品之间存在显著的时间跨度。在这种情况下,记忆就非常重要。使用该产品的间隔时间越长,就越依赖于记忆。

2. 收集和测量易学性数据

收集和测量易学性数据本质上与其他绩效度量是相同的,唯一不同的是需要多次收集易学性数据。

首先,研究人员需决定需要哪些类型的度量数据。易学性几乎可以用任何持续性的绩效度量予以测得,但是最常见的是那些聚焦在效率上的度量,如任务时间、错误、操作步骤数量或每分钟任务成功等。

其次,需要决定的是两次施测之间需要多长的时间。需要研究员根据不同施测时间确定具体的研究方案。以往的研究者为我们提供了以下几种做法:

（1）在同一个测试单元中的施测。参加者要完成一些任务或几组任务,一个接一个地,中间没有停顿。这样的施测没有考虑明显的记忆衰减。

（2）在同一个测试单元中但任务之间有间隔的施测。间隔可以是一个干扰任务或其他可以促使遗忘的事情。这样的施测会使得每一个测试单元延长。

（3）不同测试单元之间的施测。在多个测试单元中,参加者要完成相同的任务。如果产品在一个比较长的时间内才被偶尔使用一下,这种做法可能最不符合实际情况,但是确实是最现实可行的。

3. 分析和报告易学性数据

分析和呈现易学性数据的最常用方法,是通过施测检验每个任务（或合计之后的所有任务）上某个特定的绩效度量（如任务时间、操作步骤数量或错误数）。这将会显示出绩效度量如何随着经验的作用而发生变化,如图 6-26 所示。

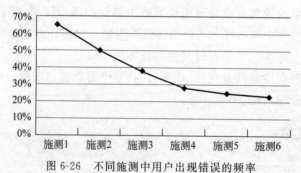

图 6-26　不同施测中用户出现错误的频率

在处理数据的过程中可以把所有的任务合计起来,并把数据呈现为一条单一的线,或者也可以把每个任务都单独表示为相应的数据线。在数据的呈现中,可以首先关注斜率,理想情况下,斜率（有时被称为学习曲线）应相当扁平。

其次,我们也要注意到渐近线的拐点,或线条从哪儿开始实质性地平滑。在这点上,参加者已经尽其所能学习并且几乎没有提高的空间。

最后,我们可以继续考察 Y 轴上的最高值和最低值。这体现了要学习多少或多久才能达到最大绩效。如果差异小,用户很快就能学会使用该产品。如果差异大,用户就需要相当长的时间才能熟练使用产品。

4. 测量易学性时需要考虑的问题

(1)施测时考虑什么

部分情境下,学习行为是持续的,这意味着用户要连续地使用产品,这个过程中可能没有明显的间断。毋庸置疑,记忆在这样的情境下肯定是个影响因素。在这种情境下研究人员需要做的是:在确定好的时间间隔内测量。例如,你可能需要每 5 分钟、每 15 分钟或者每小时施测 1 次。

(2)施测次数

很明显至少需要两次,但是在很多情况下至少应该 3 次或 4 次。有时很难预测在施测序列中的哪个阶段上发生(或即使将会发生)了最大程度上的学习活动。在这种情况下,研究员应当倾向采取比预期达到稳定绩效所需要的还要多的施测。

6.4　用户行为度量——可用性问题

可用性问题是什么?用以下的例子进行解释:

- 任务影响了任务完成的情形;
- 任务导致用户"偏离航线"的情形;
- 任何让用户产生某种疑惑的情形;
- 任何导致错误的情形;
- 没有看到应当注意的内容;
- 认为本来错误的内容是正确的;
- 任务未结束时误以为已完成了任务;
- 错误的操作行为;
- 不理解导航。

6.4.1　可用性问题定义

1. 可用性问题定义

"可用性问题的用途是什么"是确定可用性问题时需要考虑的关键问题。

发现可用性问题可以在迭代式设计流程中帮助我们更好地改进产品。因此,在实际项目中最有用的可用性问题应当"指出如何对产品进行改进",例如,即便在研究中没有直接指出是界面的哪一部分出现了可用性问题,也应当告诉产品相关人员可以去哪里找到问题所在。日常项目中,在描述问题时往往会跟着几个例子详细解释问题所在,这样有利于问题的解决。例子的方式可以是图片、用户原话等。

图 6-27 是关于某产品的可用性测试的例子,引用用户原话来说明所要表达的问题。

当然,有些可用性问题是正面的,比如产品的某些设计在易用性、效率或满意度方面

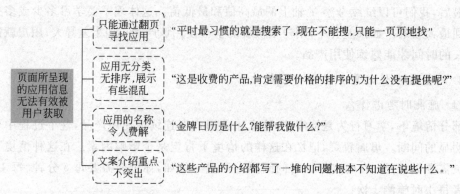

注：双引号中的内容为用户原话。

图 6-27   不同施测中用户出现错误的频率

超出了用户的期望。下面就是一些正面发现的例子：

- 帮助用户明确且尽可能高效地完成一项复杂交易；
- 操作流程中的每一步都预测到了用户的需求；
- 在不知不觉中对用户进行了使用培训；
- 采用一种清晰简单且容易为用户理解的方式来表达复杂的信息。

报告这些积极发现的主要原因除了为项目提供积极的反馈外，还可以确保在以后的设计迭代中不会"背弃"这些正面的界面设计。

2. 真问题和假问题

通过可用性问题进行行为度量时，最有挑战性的工作之一是确定哪些问题是真正的可用性问题、哪些问题只是偶尔发挥失常的结果（即假问题）。

最明显的可用性问题通常是多数（如果不是全部）参加者都遇到过的问题。此类的问题几乎对所有人而言都是无须思考即可轻易发现的。还有一些问题则要模糊很多，或者研究者不是很清楚这是不是一个真问题。如只有极少数的参加者遇到的问题，这类情况能否看作是可用性问题？

如何判断真假可用性问题？回答这个问题时，需要研究人员对所观察到的问题"是否在更大的群体中具有可重复性"做出判断。此时需要搞清楚用户的行为、思路、感知或者决策是否符合逻辑，即用户行为或想法背后是否有一致的说辞或者逻辑。如果答案是肯定的，那么即便只有一个参加者遇到了这种情况，它也可能是一个可用性问题。相反，如果行为背后没有明显的规律或者原因，就说明这种情况很可能不是一个可用性问题。如果参加者无法解释为什么这么做，而且这种情况只发生了一次，就说明这很可能只是一个特例，我们可以忽略它。

6.4.2   发现与评估可用性问题

发现可用性问题的常用方法是在研究中直接与参加者接触。具体的方法包括面对面的方式，除此之外常用的方法还包括借助于电话或电脑的远程测试方法。在测试中，虽然我们通常都知道要找的目标是什么，但同时也要通过细心的分析来挑出那些出人意料的问题。

1. 发现可用性问题的方法

（1）面对面研究

出声思维法是在面对面研究中发现可用性问题的最佳方式。在出声思维法中,用户需要在操作任务的过程中将想法即时表达出来。通常情况下,用户会说他们正在做什么、他们想要做什么、对自己的决定有多大把握、预期是什么以及操作行为背后的原因是什么。在出声思维法中,需要关注如下几个方面:

- 言语中表达的疑惑、失望、不满意高兴或惊奇;
- 言语中表达出的有关具体操作行为是正确或错误的信心或犹豫;
- 用户并没有说出或者做出他们应当说出或做出的事情;
- 用户的非言语行为,例如面部表情或眼动。

（2）自动式研究

通过自动式研究来发现可用性问题时,需注意的是如何收集数据。关键是要允许参加者对界面或任务输入自己的文字评论。多数的自动式研究都会针对每一个任务收集如下数据:成功、时间、易用性评分和评论。评论是帮助我们理解任何可能问题的最佳方式。

收集评论的一种方式是让参加者在某一个任务结束后报告自己的看法。这种方式会获得一些有趣的结果,但却无法保证总能获得最佳的结果。另一种方式可能会更有效,那就是视情况让用户适时地进行评论。如果用户对任务中产品的打分不高,就进一步追问他为什么给出这样的分数。指向性更为明显的问题通常会获得更有针对性的、可操作性的看法。

可见无论是面对面研究还是自动式研究,都需要出声思维法的配合。当然,熟练、合理地运用各种方法是需要长期实践的。

2. 可用性问题严重性等级评估

不是所有的可用性问题都是相同的,有的问题会比其他问题严重一些。有些问题会让用户感觉心烦或沮丧,另一些问题则会导致用户做出错误的决定。这两种不同类型的可用性问题会对用户体验带来不同的影响。当希望了解问题给用户体验带来的影响程度时,我们可以通过严重性评估来实现。

可用性问题的评估系统可以被归成两大类,在第一类评估系统中,严重性程度完全取决于问题对用户体验的影响程度:用户体验越差,严重性程度越高。在第二类评估系统中,则会综合考虑多个维度或因素。这些维度通常包括对用户体验带来的影响,预测的使用频率及对商业目标的影响。

（1）基于用户体验的严重性等级评估

基于用户体验的可用性问题严重等级评估,易于实施而且能提供有用的信息。在这种评估方法中,通常会将可用性问题的严重程度分成三级或者五级,常见的诸如低、中、高。有的评估体系中还会有"灾难"级的问题,这种问题实质上会中断开发流程或者影响产品的发布。当然,这一级别的可用性问题的严重性程度高于和超过严重性级别为"高"

的可用性问题,虽然严重性程度为"高"的可用性问题通常是最大的可用性问题,但不一定会推迟产品的发布时间。

低:会让参加者心烦或沮丧但不会导致任务失败的可用性问题。这类问题会导致用户走错路,但用户仍能回到正轨并完成任务。这类问题可能只会稍微降低效率和用户满意度。

中:这类问题会与任务的失败有一定的关系但不会直接导致任务的失败。比如参加者经常会在查找目标的过程中走弯路。这类问题会影响任务完成的有效性、效率(最有可能)和满意度。

高:直接导致任务失败的问题。遇到这类问题后基本没有可能再完成任务。这类问题对效率、有效性和满意度都有极大的影响。

Wilson 提出了一个五级评估系统:5 级(无关紧要的错误)、4 级(问题虽小却让用户焦躁)、3 级(中等程度,耗费时间但不会丢失数据)、2 级(导致数据丢失的严重问题)和 1 级(灾难性错误,导致数据的丢失或者软硬件的损坏)。

选择什么样的评估系统,最重要的是要看所希望解决的问题。通常情况下,三个级别的评估系统就能满足多数情况的要求。

(2)综合多种因素的严重性等级评估

使用综合因素的严重性等级评估系统通常以问题对用户体验的影响、相关任务的使用频率和对商业目标的影响为基础。Nielsen 提供了一种简便易行的方法,通过综合对用户体验的影响和相关任务的使用频率这两个因素来进行严重性评估。如图 6-28 所示的评估系统非常直观,而且便于解释。

	极少用户 遇到了问题	很多用户 遇到了问题
对用户体验的 影响小	严重程度低	严重程度中等
对用户体验的 影响大	严重程度中等	严重程度高

图 6-28　Nielsen 严重性等级

3. 可用性问题严重性等级评估系统的应用

在建立了严重性等级评估系统后,还有几件事情需要考虑。

首先,选用一种评估系统以确保一致,然后在所有研究中都采用它。因为使用相同的严重性等级评估系统,可以在不同的研究之间进行有意义的比较。

其次,要明确说明每一严重级别的意义。对每一个级别都尽可能用实例进行说明。

再次,设法让多个研究专家参与每个问题的严重性等级评估。一种行之有效的方法是让这些专家对每一个问题的严重程度做独立评估,然后对评分结果不一致的问题进行讨论,以便给出一致的评分。

最后,目前还存在"是否应当把可用性问题作为错误追踪系统一部分"的争论。

Wilson 认为,有必要将可用性问题作为错误追踪系统的一部分,这样可以突出可用性问题的重要性、增加可用性团队的可信性,从而提高修改问题的可能性。Coyne 认为,可用性问题和修改可用性问题的方法都比常见的产品错误复杂得多,因此将可用性问题放在一个独立的数据库中更合理一些。

无论如何,在实际项目中最重要的是对可用性问题进行追踪并确保它们能得到解决。

6.4.3　可用性问题的度量与报告

确定了可用性问题及其严重程度后,需要研究人员对这些可用性问题本身做进一步的分析,也就是需要提炼出一系列可用性问题相关的度量。借助于可用性问题相关的一些度量,我们就可以回答下面三个基本问题:

- 产品的总体可用性如何?
- 随着每一次设计迭代产品的可用性是否有所提高?
- 应当针对哪些方面进行重点改进?

一般情况下,我们都要对问题进行分析以回答上述问题。严重性等级评估只是增加了一种过滤问题的方式。有时,我们将焦点放在严重性级别高的问题上可能有帮助,而有一些时候,同等处理对待所有的可用性问题则会更合理一些。

1. 独特问题的频次

最常见的可用性问题度量方法是分析独特问题的频次。

如果想知道迭代设计过程中每次迭代所带来的可用性变化,通过分析独特问题的频次就能达到目的。例如,当我们观察到,在前三次设计迭代中可用性问题的数量从 24 降到了 12,再降到了 4,很显然设计在朝着正确的方向发展,但这并不一定说明设计效果得到了大大的提高。或许剩下的这 4 个问题要比没有再次提及的所有其他问题都严重得多,而其他的都不太重要。因此,在呈现这种类型数据时要对问题进行全面透彻的分析和解释。

这里说的频次仅代表独特问题的数量,而不是所有用户遇到的问题总数。例如,参加者 A 遇到了 10 个问题,而参加者 B 遇到了 14 个问题,但参加者 B 遇到的这些问题中有 6 个与参加者 A 一样。假如只有这两个参加者参与了测试,那么总的独特问题数应当是 18。

同样的方法还适用于对那些已有严重性等级的可用性问题进行分析。例如,已经将可用性问题的严重性分成三个等级(低、中、高),那么研究人员就可以很轻松地知道每种类型的可用性问题有多少个,同时最有说服力的数据是每次设计迭代后高优先级问题数量的变化。通过观察不同严重级别的可用性问题的频次,就能获得非常有帮助的信息,因为这样一来我们就能知道在每次设计迭代中是否解决了最重要的可用性问题。

2. 每个参加者遇到的问题频次

每个参加者遇到的问题数量也能提供有价值的信息。在一系列的设计迭代中,项目组成员会希望看到这些问题的数量连同独特问题总的数量一起降低。当然,我们还可以进一步分析每个参加者在各严重等级上的平均可用性问题数。如果在一系列设计迭代中平均每个参加者遇到的问题没有减少,但独特问题的总数量减少了,说明用户遇到的问题开始趋于相同。这一现象还说明,少数用户遇到的那些问题得到了解决,但大家共同遇到的问题没有得到解决。

3. 遇到某个问题的参加者频次

另一种可用性问题度量的有效方法是观察遇到某个问题的参加者频次或比例。例如,我们会关注用户是否正确使用了新产品中的某些功能。可用性测试报告说明,在第一次设计迭代中有一半的用户遇到了某个问题,但在第二次设计迭代的 10 位用户中只有 1 位遇到了同样的问题。当关注"改进某个特定设计元素的可用性"而不是"进行整体可用性改进"时,这个度量非常有用。

在通过此方式进行可用性问题度量时,重要的是要保证确定问题的标准在不同参加者和设计之间是一致的。如果对某个问题的描述有些模糊不清,那么数据结果就没有多大意义。一个十分有效的做法是,把某问题具体是什么明确写下来,从而减少在不同用户或设计之间可能出现的误解。图 6-29 提供了一个此类分析的例子。

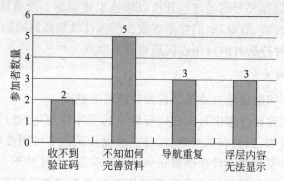

图 6-29　用户操作不同任务时的出错情况

这种分析严重性程度的方法适用于以下两种情形。

首先,通过严重性等级评估着重分析高优先级的问题。例如你可以报告一共有 4 个突出的高优先级问题,并且遇到这些问题的用户数量随着每次设计迭代而逐渐减少。

其次,将所有高优先级的可用性问题合起来分析,进而报告遇到所有高优先级问题的参加者百分数。这种方法可以了解总体可用性随着每次设计迭代而如何变化。

4. 问题归类

很多时候我们感觉只是产品的某些方面导致了多数的可用性问题,如导航、内容、操作等。在这种情况下,可以把可用性问题归结成几大类进行度量。在使用这种方法时,只需要先将问题核对后归到某一类问题中,然后查看每一类别中的问题频次即可。

我们可以通过多种途径来对问题进行归类。只是需要确保所进行的规律对产品有意义,使用的类别不能太多,通常情况下 3~8 类即可。图 6-30 提供了一个通过类别对可用性问题进行分析的例子。

5. 按任务区分问题

我们还可以按任务来分析问题。当关注哪一个任务时,就可以重点报告该任务中出

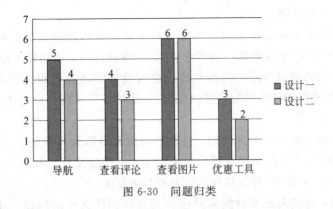

图 6-30　问题归类

现的独特问题数量。这有助于发现在下一阶段的设计迭代中需要着重关注的问题。同时也可以报告每个任务中遇到可用性问题的参加者数量,这些数据会告诉你某个具体问题的普遍性。每个任务中发生问题的频次越高,研究中对它的关注就应当越多。

如果已经对每个问题都进行了严重性等级评估,那么进一步分析每个任务中高优先级可用性问题的出现频率会非常有用。尤其是在要着重解决的某些大问题,以及重点的设计上。除此之外,在用相同的测试任务来比较不同的设计迭代时,采用这种分析方法也非常有帮助。

6. 报告正面的问题

报告正面问题也非常重要,主要包括以下几个原因。

- 用正面问题开始用户体验度量报告,会让合作者感受到我们不只是在挑产品的"毛病",会和其他部门成员等成为更好的盟友关系。就报告气氛而言,报告开始就指出一些负面的问题会使整份报告或陈述显得严肃,产生距离感。
- 报告正面的问题可以提高研究的可信度。保持中立的立场或者让自己看上去保持中立,这样非常重要,这也是研究团队在商业化运作的企业中需要发挥的价值之一。
- 对正面可用性问题的分析与呈现,在本质上与其他的问题是相同的。分析正面问题的唯一不同之处在于,可以计算正面问题与负面问题之比。

7. 发现可用性问题的偏差

各种不同的因素会影响到可用性问题的发现。以往的研究中总结了不同来源的偏差,并将之归为以下六大类。

① 参加者:参加者至关重要。每一个参加者都有一定水平的专业技术、专业知识和动机。有的参加者肯定是目标用户,而有的可能则不是。有的参加者在实验室环境里感觉很自在,而有的则不是这样。所有的这些因素对最终发现的可用性问题都有很重要的影响。

② 任务:选择不同的任务会对发现不同的问题产生重要的影响。有的任务的结束状态定义得非常清楚,而有的任务则没有一个明确的结束状态,还有一些则可能是由参加者自己制定的任务。选择什么样的任务,从根本上决定了产品的哪些方面受到了检验以及检验的方式是什么。尤其是复杂的产品或系统,选择什么样的任务会对发现什么样的

问题起着至关重要的作用。

③ 方法：评估的方法也很关键。这些方法可能会是传统的实验室测试或某些类型的专家评估法。也可能是其他的一些方法，如是否测试过程中使用出声思维法等。

④ 产品：所评估的原型或产品的性质也会对发现的问题有很大的影响。与测试对象的交互方式，会因测试时使用的是纸面原型、功能化或半功能化原型或者一个完整的产品系统而存在很大差异。

⑤ 环境：物理环境也会发挥作用。这些环境因素可以是与参加者的直接交互、通过电话会议或单向玻璃或者甚至是在用户家中而发生的间接交互。其他的一些物理环境的特征（如照明、坐姿、录像等）都会对问题的发现带来影响。

⑥ 研究人员：研究人员本身的差异也会对观察到什么样的问题产生影响。可用性专业人员的经验、专业知识和动机都起着关键作用。

6.5 用户态度度量

态度是人类社会生活中最为常见的心理现象，用户态度影响用户下一次对产品的使用情况，对其进行量化研究在日常项目中非常重要。对于态度数据的度量，可以做多种分析，也可以结合需求、行为进行更深入的研究。本小节将重点介绍用户态度的构成与表现，态度数据的获取方法，以及如何运用不同的度量方法帮助我们更全面地对用户态度进行度量。

6.5.1 用户态度的构成与表现

1. 态度的构成

在传统研究中关于用户态度的构成内容已经有了非常多的积累。将态度视为由三个成分组成是较为常见的。这三个成分是认知成分（信念）、情感成分（感觉）和行为成分（反应倾向），如图 6-31 所示。

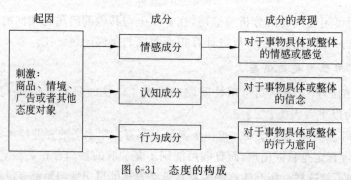

图 6-31 态度的构成

下面我们简单介绍各个不同成分的含义。

（1）认知成分

认知成分由用户对于某个事物的信念所构成，而对于事物的信念是用户对与事物相关信息加工处理的结果。换句话说，认知成分就是用户长期以来对事物形成的印象。例如,用户也许相信并认为"淘宝网":①便捷;②商品丰富;③充满活力;④最大的电子商务网站。关于淘宝网的所有信念及印象构成了用户对于淘宝网的态度的认知成分。重要的是,我们必须记住:信念不必是正确的或真实的,它们只要存在就行。

而认知成分中,许多认知维度是关于产品属性的信念本身且具有评价性质。在上述淘宝网案例中"便捷"和"充满活力的"通常被视作正面的认知,这些认知往往会促进用户继续使用某一产品。而与正面认知相对的负面认知,在一项关于宝贝详情页的研究中,我们发现用户常提到的是:"页面加载速度慢"、"页面信息杂乱无序",而这些通常是负面的认知,这些认知可能会影响用户对产品的使用。

（2）情感成分

我们对于某个事物的感情或情绪性反应就是态度的情感成分。当用户说"我喜欢通过淘宝网来买东西"时,用户所表达的是关于产品的情感性评价。类似这样的整体评价有可能是在缺乏关于产品的认知信息或没有形成关于产品的信念条件下发展起来的一种模糊的、大概的感觉。出现这种情况时,用户往往是受到其他信息的影响,如广告、朋友的推荐等。在研究过程中,我们经常收到这样的反馈:"我从来没使用过××,但朋友都说××非常好,所以我就开始尝试使用了。"或者,这种整体评价也可能是对产品各属性表现进行一番评价后的结果。例如,用户说"在以往购物时,好几次都遇到喜欢的东西详情页面打不开的情况,速度非常慢",这样的评价隐含着对产品某些方面的负面情感反应,这种负面情感与关于产品其他属性的情感相结合,将决定用户对于该产品的整体反应。

① 情境不同,情感反应不同。

像对其他事物的反应一样,用户对产品的评价也是在特定的情境中做出的。因此,同一用户对于某个产品的情感反应(正如对该产品的认识和信念一样)会随情境的改变而改变。例如,一个用户认为:淘宝网上东西丰富。这个认识和信念,在该用户想逛街但又无法离开电脑时,会引起一种积极的情感反应;而当用户急于购买某个东西时,东西丰富带来的长时间的挑选会引起负面的情感反应。

② 用户群不同,情感反应不同。

由于动机、个性、经历、参照群体等多方面的不同,不同个体可能会对同一信念做出不同评价。例如,用户在上海某个店铺购物时,平均配送时间为 2～4 天。此时,江浙沪的用户对此店铺"2～3 天"的评价是物流配送太慢了,在他们心目中,这么短的距离应该 1 天就可以到了。此时江浙沪的用户往往产生消极情感;与此同时,新疆和西藏的用户则有着完全不一样的表现,在他们心目中,2～4 天是配送效率非常高的一个数据。此时新疆和西藏的用户往往被激发了积极情感。

尽管存在个体差异,但在某一特定文化内大多数人对与文化价值观紧密联系的信念会做出相似的反应。

整体看来,尽管情感往往是评价某产品具体属性的结果;它也可能在认知出现之前产生并影响认知,用户对于某产品的最初反应(喜欢或不喜欢的感觉)可能不是建立在认知基础上的。但无论哪种情况用户对产品的情感能够影响用户后期对产品的评价。

（3）行为成分

态度的行为成分是一个人对于某事物或某项活动做出特定反应的倾向。是否在淘宝网购买商品,是否会推荐朋友来淘宝网购物,能反映出用户态度的行为成分。用户的实际行为反映出这些意向,而这些意向会随着行为所发生的情境而调整。

行为往往是针对整个产品的,一般情况下它不像信念和情感那样具有具体的属性指向。因此在电子商务网站产品中,行为成分往往是针对整个产品而言的。

2. 各成分间的一致性

态度的一个重要特征是:态度的三个组成成分倾向于一致,如图 6-32 所示。

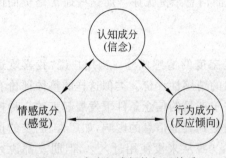

图 6-32　态度组成间的相互关系

这意味着某个成分的变化将导致其他成分的相应变化。这一趋势构成了很多产品策略的基础。不同部门的人员都极为关注如何影响用户行为,但从三者相互关系来看,要直接地影响行为通常是很困难的。或者可以说我们通常不能直接地让用户购买商品并向他人推荐我们的产品。不过,用户经常会看其他人的评价、关注其他人的分享、会注意产品页面的相关广告等,因此我们可以通过提供信息或其他刺激来间接影响用户对产品的认识或情感,以达到影响用户行为的目的,不过需要注意的是前提是使态度的三个组成成分之间保持一致。

然而,三个组成成分间常常会出现不一致的情况。传统研究已经发现至少有 7 个方面的因素可以导致或影响测量出的信念、情感与可观察的行为之间的不一致。

(1)积极的态度要有一种需要或动机才能转变成具体的实际行动。

例如,某条长裙非常漂亮,但某个用户可能感到并不需要一条长裙,或者她已经拥有一些类似的长裙时,即使用户的态度是积极的,但因为需要或购买动机的匮乏,很难使得用户产生实际的购买倾向。

(2)将积极的信念和情感转化成对产品的实际拥有需要一定的经济能力。

例如,一个用户认可苹果的所有产品,非常喜欢 iPhone,但他最近手头很紧,无法支付这笔费用。这样的情况下,用户依然不会有购买倾向。

(3)用户购买或不购买的决定往往不只是在某一类产品内,而是在不同类的产品之间权衡做出的。

(4)如果用户的信念和情感成分并不强烈,或者当用户在浏览网页过程中获得了新的信息,用户最初的态度可能会发生改变。

(5)研究过程中我们往往测量的是用户个人的态度。然而,许多购买决定是受家庭其他成员的直接或间接影响的。因此,用户可能为了更好地满足整个家庭的需要而购买其他的商品。

(6)研究过程中,往往脱离购买情境而考察用户对品牌的态度,但是许多物品却是在特定的情境下购买的。

(7)要测量与态度相关的所有方面是很困难的。

用户很可能不愿意或没有能力说明他们对于各种产品或品牌的情感或信念。因此,态度的各组成成分有时比我们所测量出的要更加一致。

总之,态度的组成成分(认知、情感和行为)倾向于保持一致。但是,在认知和情感的测得值与可观察的行为之间显现的一致程度会因为很多因素(如上述 7 个方面)而降低。除此之外,行为成分只是一种反应倾向,并不是实际的行为。反应倾向在许多情况下不一定通过购买显示出来,例如,乐于接受关于某品牌的最新信息等均构成反应倾向。

3. 不同成分的常用表现

在日常工作中,我们无法直接就成分进行分析,需要将其具体化。满意是一种心理状态,是用户对产品或服务的事前期望与实际使用产品或服务后所得到实际感受的相对关系,是用户需求被满足后的愉悦感,因此它属于情感成分,是情感成分的常用表现。如果进一步用数字来衡量,这个数字就叫做满意度了。

我们还可以用知晓情况去分析认知成分,用喜欢情况去分析情感成分等。三成分的常用表现如图 6-33 所示。

态度成分	认知成分 (信念)	情感成分 (感觉)	行为成分 (反应倾向)
表现	1.整体知晓情况 2.具体属性知晓情况 ……	1.喜欢情况 2.认同情况 3.满意情况 ……	1.继续使用情况 2.推荐他人使用情况 ……

图 6-33 态度三成分的外在表现

6.5.2 用户态度数据获取

在日常研究中,我们需要通过定性定量相结合的方式获取用户态度数据。

定性方法往往解决用户的态度体现在哪些方面,例如当我们想要就用户对淘宝网的态度进行度量时,我们需要知道用户对淘宝网的态度体现在哪些方面,是商品、卖家还是网页本身等。或许我们还要根据具体的研究目标进一步地挖掘用户态度的具体内容。此时所采用的依然是深度访谈、焦点小组座谈会等方法,在此不做详述。

而定量方法则是为了获取可进一步进行量化分析的用户态度数据,往往采用量表问卷的方式。下面对量表相关内容做简单介绍。

1. 量表的类型

(1) 类别量表、顺序量表、等距量表和等比量表

这种方式是根据量表性质的不同而进行划分的。这里四个分类与 6.1.5 节中所介绍的数据类型(定类数据、定序数据、定距数据、定比数据)是一致的。量表数据是广义数据中的一种。由于有了之前的基础,在此不再详述。四种数据各有优缺点,使用不同类型数据时,我们需要注意不同的问题,如图 6-34 所示。

(2) 单变量量表和多变量量表

单变量量表和多变量量表是根据测量变量的数目不同进行划分的。

单变量量表只测定所研究产品的某一个维度的用户态度数据,多变量量表则是对所研究产品的多个维度的用户态度数据进行测定,如图 6-35 所示。

量表类型	类型介绍	基本操作	统计方法
类别量表	对研究对象进行分类,同时用数字进行识别	判断是否一致	频数、百分比/众数
顺序量表	除用数字识别类型外,数字表示研究对象的相对顺序	判断顺序	均值/中位数、方差矩阵
差距量表	除排序外,还可以比较研究对象间的差距	判断间距	均值/全距、方差
等比量表	除上面所有类型数据特点外,还有固定的零点	判断比率	几何平均数、调和平均数

图 6-34　量表的类型

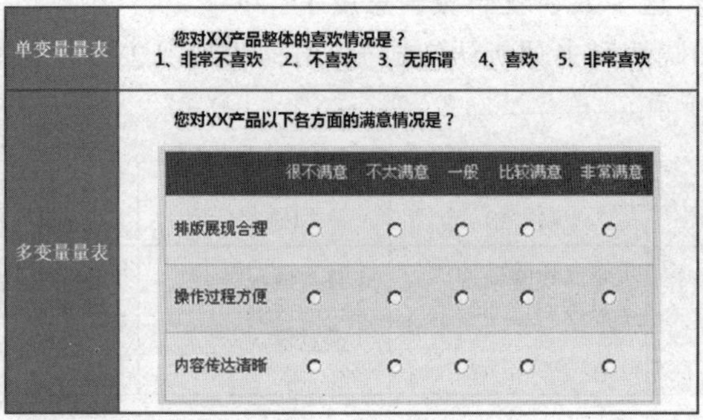

图 6-35　量表的类型：单变量量表、多变量量表

（3）平衡量表和不平衡量表

此方式是根据各种态度答案数目不同进行划分的。

如果正向态度和负向态度的答案数目相等,量表则为平衡量表,否则是不平衡量表。选择平衡量表还是不平衡量表主要依据目标来定,大部分情况下我们选择平衡量表,如上面的例子。在不影响研究重点情况下,我们可以采用不平衡量表,其最大的优点在于可以减少答案的数目。

（4）直接量表和间接量表

此方式是根据态度语句的设计者不同进行划分的。

直接量表是由研究人员事先设定好有关态度问题的各种语句及答案,直接询问回答者,并有回答者进行评定,以反映其态度。直接量表主要有评比量表、语义差异量表、配对比较量表等。如果各种问题的语句及答案是由回答者来决定,则成为间接量表,间接量表主要有瑟斯顿量表、Likert 量表等。

2. 常用量表介绍

在研究过程中,常用的几种量表是评比量表、语义差量表、Likert 量表等。下面分别作简单介绍。

（1）评比量表

评比量表是研究过程中最常用的一种顺序量表。研究人员在问卷中拟定有关态度度量的答案列表,由用户选择回答。量表的两端为极端答案,在两个极端之间划分为若干阶段,阶段可多可少,少则 3 个阶段,多则 5 个、7 个甚至更多阶段。不同划分阶段有不同的数据处理方法,如图 6-36 所示。

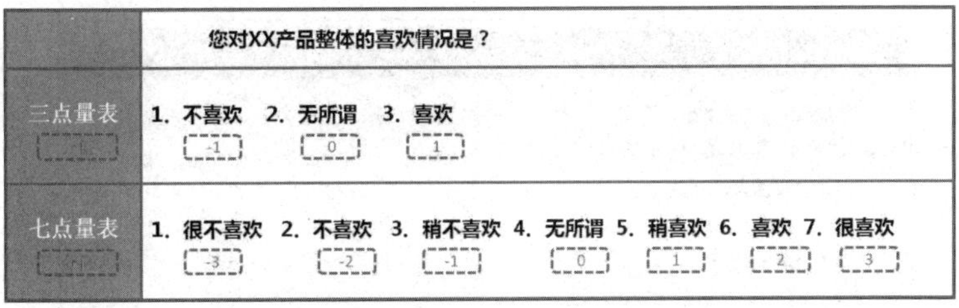

三点量表	您对XX产品整体的喜欢情况是?		
	1. 不喜欢 [-1]	2. 无所谓 [0]	3. 喜欢 [1]
七点量表	1. 很不喜欢 [-3] 2. 不喜欢 [-2] 3. 稍不喜欢 [-1] 4. 无所谓 [0] 5. 稍喜欢 [1] 6. 喜欢 [2] 7. 很喜欢 [3]		

图 6-36　评比量表

在指定评比量表时,应注意中间阶段分段不宜过细,过细往往使用户难以回答。

(2) 语义差量表

语义差异量表是用成对反义形容词测试回答者对某一产品的态度。此方式主要运用于不同群体间的差异比较等研究。这种方法是将被测量的产品放在量表上方,然后将对该产品加以描述的各种反义形容词列于两端,中间可分为若干等级,一般情况下选择 7 个。最后用户在量表中选择符合自己实际态度的位置。

语义差异量表的难点之处在于,要费尽脑汁找到语义完全相反的形容词词对。有些时候手头有一本词典是非常有用的,因为词典中会有反义词项。但是你需要清楚这些不同配对词义的内涵,需要结合所要测量的产品来选择反义词项,如图 6-37 所示。

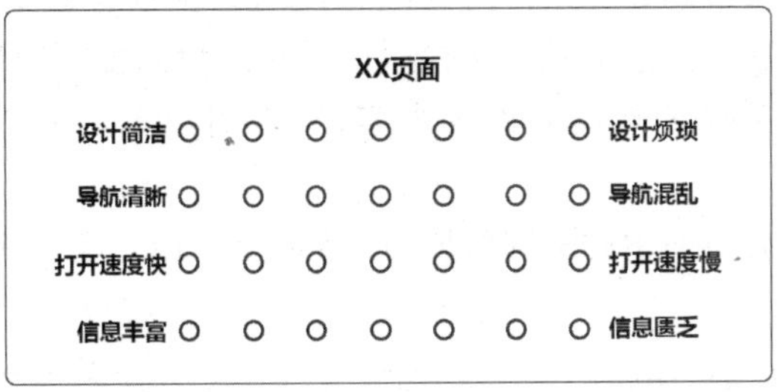

图 6-37　语义差量表

(3) Likert 量表

Likert 量表是最为常用的一种量表。在 Likert 量表中,一个典型的情况是有一个陈述句,用户要给出自己对该语句的同意程度或水平。陈述句可以是正向的(如"本界面所用术语清晰易懂")或者是负向的(如"我发现导航选项令人困惑")。通常会使用如下所示的 5 点量表,如图 6-38 所示。

Likert 量表的两个主要特征有:①它表达了对一个陈述句的同意程度,②它使用奇数个数的反应选项,因此会允许一个中间反映。Likert 量表设计陈述句时,需要小心地遣词造句,应该避免在陈述句中使用诸如"非常"、"极端地"或"绝对"等这些副词,而应该使用未经修饰的形容词。例如,"这里的商品丰富"和"这里的商品非常丰富"两个句子会造成不同的后果。后者会降低"非常同意"的可能性。

不同量表有不同的特性,在用户态度数据收集过程中,态度的不同成分要选择哪些量表来获取呢?这个没有绝对的对应关系。需要结合实际项目的目标和不同的量表特点进

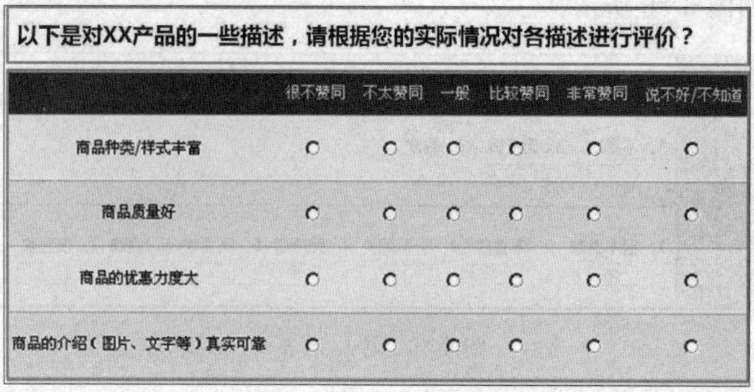

図 6-38　语义差量表

行选择。

6.5.3　用户态度度量方法

1. 用户态度度量的意义

从前面的内容介绍中我们已经学习到,用户态度包括认知成分、情感成分、行为成分三个部分。这三点分别对应着用户与产品发生交互的不同阶段。一个产品从诞生开始便希望影响用户对其的态度,产品希望被目标用户知晓,希望影响用户对其产生正向的情感,如喜欢、满意等,从而影响目标用户对其进行使用甚至推荐给他人使用。从产品角度来看,用户态度度量最重要的意义就在于检验产品在用户态度方面所设目标的实现情况。因此态度度量过程中,主要度量两方面的内容,一是用户态度的方向,二是用户态度的程度。

当然,对于产品生命周期中的不同阶段,产品希望给用户态度带来的影响是不同的,如图 6-39 所示。

产品A在不同生命周期点,希望对用户态度产生的具体影响			
产品A生命周期	认知成分方面 (信念)	情感成分方面 (感觉)	行为成分方面 (反应倾向)
上线	1.用户知晓产品A	1.用户喜欢产品A的界面	1.用户使用产品A
成熟	1.用户知晓产品A 2.用户知晓产品A的具体属性	1.用户认同产品A 2.用户对产品A满意	1.用户重复使用产品A 2.用户推荐他人使用产品A

图 6-39　产品不同生命周期下所需考察的态度内容

当然,关于图 6-39 所示的具体影响,相关人员尽可能地结合具体项目情况给予期望值的范围。除此之外,同一产品希望给不同用户群体的态度带来的影响也是不同的。事实上,类似的因素还有很多。我们需要结合具体的研究目标、研究对象等内容进行具体的分析。

2. 用户态度度量的方法

在实际项目中,对于重点产品,应周期性监控用户对其满意情况。例如,将旺旺用户满意情况(百分比)进行对比,一般情况下,量表题目如图 6-40 所示。

在有效样本中,往往将比较满意、非常满意视为满意,做百分比统计。统计结果如图 6-41 所示。

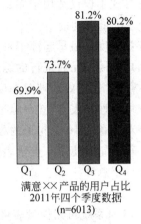

满意××产品的用户占比
2011年四个季度数据
(n=6013)

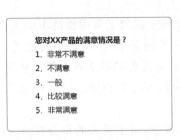

图 6-40　满意情况量表题目示例　　　　图 6-41　满意情况百分比

在项目过程中,量表中不同选项的百分比是常去度量的,同时分析过程最为方便快捷。

然而,除了百分比外,我们还有如下一些常用方法去度量用户态度。

(1)态度程度

态度程度与态度百分比不同。

百分比在一定情况下无法解释态度的差异,此时满意程度会带给我们更多的关于态度的信息,如图 6-42 所示。

用户	情况1	情况2
用户1	4(比较满意)	5（非常满意）
用户2	4	5
用户3	4	5
用户4	4	5
用户5	4	5
满意百分比	100%	100%
满意程度（得分）	75分	100分

图 6-42　满意程度 VS 满意百分比

当我们通过问卷获取用户态度数据后,如果仅对数据进行百分比的测量,那么情况 1(所有用户对产品均比较满意)与情况 2(所有用户对产品均非常满意)通过百分比度量的结果是一致的,用户的满意百分比均为 100%。然而通过观察很容易发现,情况 2 中用户所表现出的是更为满意的态度,满意程度不同于情况 1。此时我们需要通过另一个方法来度量用户态度,即例子中的满意程度。

满意程度往往通过如下方式进行计算：

满意程度（得分）＝ 100 ×（最大值 － 选择值）/（最大值 － 最小值）

单个用户满意程度得分计算出后，取平均值即可。通过此种计算方式，可以看到，情况 1 中用户满意程度得分为 75 分，情况 2 此分值为 100 分，100 分大于 75 分，用户更为满意。由此，我们通过满意程度看到了两种情况下用户满意程度的差别。

上述方式不仅仅适用于满意程度，同样适用于其他方面态度度量。

（2）系统量表度量

系统量表度量最早起源于可用性，即系统可用性量表度量。由于系统可用性量表反映的是用户使用产品后进行的综合性评估，一定程度上反映了用户的态度。在此做简要介绍，以帮助大家更好地理解态度度量。

系统可用性量表有 10 个陈述句构成，这 10 个句子提取了可用性的不同方面的内容，用户需要对同意这 10 个句子的程度进行评分。10 个句子中，一半是正向描述，一半是负向描述。每个句子使用 5 点量表供用户进行评分。并在此基础上在数据分析时，把 10 个评分合成一个总分（0 到 100 分）。通过最终分数我们可以看到用户对与产品的一个综合态度。

图 6-43 是系统可用性量表度量的案例。在该图中，每个量表的得分在 0～4 分之间。计算步骤与方法如下：第一步，计算每项得分。1、3、5、7、9 题目均为正向描述题目，其每项得分为所在位置值减 1。2、4、6、8、10 题目均为负向描述题目，其每项得分是 5 减去评分位置值。第二步，按照各项得分计算总得分，即按照每项得分求总和。第三步，计算系统可用性分数，在第二步的基础上乘以 2.5。

描述	强烈反对				非常同意	得分
1. 我认为我会愿意经常使用本系统	○	○	○	○	●	4
2. 我发现这个系统没必要这么复杂	○	○	○	●	○	1
3. 我认为该系统容易使用	○	●	○	○	○	1
4. 我认为我会需要技术人员的支持才能使用该系统	●	○	○	○	○	4
5. 我发现这个系统中的不同功能被较好地整合在一起	○	●	○	○	○	1
6. 我认为这个系统太不一致了	○	○	●	○	○	2
7. 我以为大部分人会很快学会使用这个系统	○	●	○	○	○	1
8. 我发现这个系统使用起来非常笨拙	○	●	○	○	○	1
9. 对于使用这个系统，我感到很自信	○	○	○	○	●	4
10. 在我可以使用该系统之前，我需要学习很多东西	○	●	○	○	○	3
	1	2	3	4	5	

总分=22分，系统可用性量表分数=22×2.5=55分。

图 6-43　由数字设备公司的 John Brooke 编制的表格，以及一个如何计分的例子

来源：来自 Brooke：(1996)

不难发现，在系统可用性量表的计算中，最终分数越高越好。

系统可用性量表是基于产品可用性进行开发的，其量表的精髓、数据分析的方法是我们进行态度度量的参考。

（3）多维度态度模型

在众多态度测量中，马丁·弗瑞宾的多属性态度测量模型影响最大。该模型着重研究用户与产品多种属性相关的信念，因此被称作多属性态度模型。理论的内涵是：用户关于某一产品的显著信念，引发并决定着用户对该产品的基本态度，而这些显著信念主要表现在与该产品相关的若干属性上。若分别把用户在这些属性上的信念量化并加以计算，就可以得出用户态度的测量值。

众所周知，人们趋向喜欢有"好的属性"的产品，趋向不喜欢有"差的属性"的产品。在多属性态度测量模型中，用户对某一产品的基本态度是由两个因素造成的：显著信念的强度和对显著信念的评价。其公式如下：

$$A_b = \sum_{i=1}^{n} w_i X_{ib}$$

其中，A_b 表示参加者对于某特定品牌 b 的态度；

X_{ib} 表示参加者对于品牌 b 的属性 I 的表现的信念；

n 表示所考虑的属性的数目；

w_i 表示用户赋予属性 I 的权重。

该模型的这一表达式在很多情况下都是颇有用处的。

但是，它假定了"越多（或越少）越好"。这的确是通常适用的假定，如"越多的卖家支持信用卡支付"明显比较少的"卖家支持信用卡"要好。然而对于某些属性，"越多（或越少）越好"在某一点之前是正确的，过了这一点，继续增加（或减少）就不再好了。例如，在宝贝详情页中，模特图、产品图、细节图等图片来展示商品会使用户感觉商品越来越具体，但是，图片一旦超过了某个限度，用户对图片所传递的信息就难以继续接受了。此时，我们需要在多属性态度模型中引入"理性点"：

$$A_b = \sum_{i=1}^{n} w_i \mid I_i - X_{ib} \mid$$

其中，I_i 表示用户认为的属性的理想表现水平。

多属性态度模型在传统的市场研究中得到了广泛的应用，而互联网产品的研究中也正在逐步尝试使用。

假设某个目标用户群认为，产品 A 在 4 个属性上的表现水平（用 X 表示）和用户期望的理想表现（用 I 表示）如图 6-44 所示。

商品价格低—	I	X	—	—	—	—	—商品价格高
页面速度慢—	—	X	—	I	—	—	—页面速度快
服务态度差—	—	—	X	—	I	—	—服务态度好
配送速度慢—	—	—	—	X	—	I	—配送速度快
	(1)	(2)	(3)	(4)	(5)	(6)	(7)

图 6-44　用户对产品 A 的期望与评价

这 4 个属性对用户来说重要性不一样，目标用户对产品 A 各属性赋予了不同的权重。衡量权重的一种通常方法是 100 点"常数和量表"（constant-sum scale）。图 6-45 显示的重要性权重反映了产品 A 4 个方面属性的相对重要程度。

属性	重要性	属性	重要性
商品价格	40	服务态度	20
页面速度	10	配送速度	30
总计	100		

图 6-45　用户眼中产品 A 各方面的重要性

在上面的例子中，价格被认为是产品 A 最重要的属性，配送速度其次，页面速度是最不重要的。根据多属性态度模型，我们可以算出产品 A 的态度指数：

$$产品 A = 40 \times (|\,2-3\,|) + 10 \times (|\,5-3\,|) + 20 \times (|\,6-4\,|) + 30 \times (|\,7-5\,|)$$
$$= 40 \times 1 + 10 \times 2 + 20 \times 2 + 30 \times 2 = 150$$

该方法先算出用户对于产品 A 各属性的理想值与评价值的绝对差值，各差值乘以该属性的权重，由此得到态度指数值。

此例中得到的态度指数值为 150，这个值是说明态度好还是不好呢？

态度指数是一种相对测度指标，要评价它，必须将该指数与对其他产品的态度指数进行比较。我们知道，任何一个产品如果被认为是一种理想的产品，那么用户对它的各属性的评价值就应该与理想值相等，从而使态度指数值等于 0。因此，态度指数越接近于 0，说明用户对其所持的态度越好，用户对该产品评价越高。

在运用此方法的过程中，我们一直在讨论多属性视角的认知成分，并且假定用户会明晰地、有意识地完成一系列精确的评价和汇总工作以形成对产品的总体认识。但是，这种精细的处理只是在高度介入的购买情境下才可能发生。这便是此方法的局限性。

6.6　产品数据度量

互联网产品数据包括用户来源、页面加载时间、用户去向、点击率、跳出率、转化率等。这些产品数据可反映的用户体验问题是非常丰富的。产品数据非常庞大且种类丰富，以购物网站为例，产品数据大到可以看到用户对与行业的消费行为与体验，如周期性监控的数据；小到可以发现页面设计的细节问题，如 ABtest 方法的运用。正是因为产品数据的庞大与丰富，不同数据有着不同的特点与性质，所以在产品数据度量的过程中，需要我们结合产品的实际情况来选择重点考察哪些方面的数据，对这些数据采用何种度量的思路。

6.6.1　产品数据记录的相关技术

通过先进的数据采集技术，大多数企业都可以看到海量的与产品相关的数据。而这些数据能够反映出的问题也是其他方法所不能获取的。在分析数据之前，我们需要了解互联网产品的数据是如何获取的，成熟的获取方法主要包括页面标签技术和页面日志文件技术。

互联网产品用户体验

页面标签技术是一种从访客到浏览器端收集数据的技术,通常是通过放置在网站中每个页面的 JavaScript 代码(所谓的标签)进行收集的。页面标签技术通过 Cookie 追踪访客,Cookie 的主要目的是辨别访客的身份。

日志文件技术指独立于访客浏览器,在网页服务器上收集数据的一种技术,是一种基于服务器端的数据收集技术。这种技术采集所有的发送到服务器上的请求,包括页面、图像等。

互联网信息是动态的、庞大的,用户使用互联网的行为也是前所未有的。因为种种原因,导致了互联网产品数据的复杂性。例如,Cookie 可以帮助我们追踪访客,同样也会给我们带来更多的数据处理,如家庭电脑往往是公用的,一台电脑有多个用户使用时,Cookie 也变成共享的了,而根据 Cookie 读取到的数据就难以区分到底是哪个用户的。

一般情况下,企业会有专门维护产品相关数据的部门。在大部分互联网企业,BI(Business Intelligence)部门负责产品数据的维护与分析。日常工作中我们需要结合度量目标,运用合适的方法来充分运用这些海量的、高价值的产品数据。

6.6.2　产品数据介绍

1. 产品数据介绍

在本章开头已经简单介绍了一些产品数据,如点击数据、跳出率、转化率等。这几个数据是互联网产品最为关注的数据,显著影响着用户体验。与产品相关的数据不止这些,还包括用户来源、页面加载时间、用户去向等数据。下面对各数据做简单介绍。

（1）用户来源

对于产品而言,用户从哪里来是最基本的数据。通过研究用户从哪里来,可以进一步了解用户来源于哪些渠道?不同渠道用户的占比如何?不同渠道的用户有哪些特征?检测实际用户是否与目标用户一致?等等。

用户来源相关的数据如图 6-46 所示。

通过图 6-46 不难发现,使用产品 A 的用户来源于多个渠道,而不同渠道的占比明显不同。不同渠道的用户在性别、年龄等方面,特点也各有不同。通过了解不同的渠道用户特征,我们可以结合目标用户的特点与需求对产品体验进行评估与优化。

（2）页面加载时间

用户来到产品页面后,需要一定的时间打开产品页面,并在页面上开始一系列的交互行为。页面加载时间是网站可用性的一个重要指标,指的是网站的页面从加载开始到加载完成所花费的时间。这个时间反映了网站的访问速度,加载时间越短,用户体验越顺畅。

对于页面加载时间,一方面可以度量不同页面的加载时间,另一方面也可以度量同一页面不同时间段内的加载时间。

例如,图 6-47 是产品 B 不同时间段的加载时间。产品 B 的新版本比旧版本进行了优化,页面大小、页面图片大小均进行了相关优化,我们需要通过具体数据来查看优化的结果。

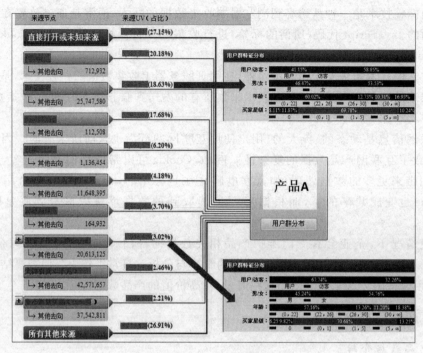

图 6-46　用户来源数据

产品B	页面大小	页面图片大小	首次访问加载时间
新版	1280.5K	1068.9K	8.804s
老版	1722.3K	1417.7K	11.514s

图 6-47　页面加载时间示例

从图 6-47 结果中不难发现一切的优化都产生了效果,产品 B 新版的加载时间缩短了近 3 秒钟,大幅度提升了页面性能,潜移默化中提升了网站用户体验。

然而,不是所有的产品都如同产品 B 一样进行着页面加载速度的优化,大部分电子商务网站页面内容越来越丰富,页面大小越来越大,如有些宝贝详情页若打印到 A4 纸上居然有七八米长,用户往往需要几分钟才能打开,严重影响用户体验。在诸多调研中发现,有部分用户就是因为网页打开速度太慢而离开了。

（3）跳出率

跳出率指仅仅访问了单个页面的用户占全部访问用户的百分比,或者指从首页离开网站的用户占所有访问用户的百分比。

导致用户跳出的原因有很多,其中之一便是上面刚刚介绍的页面加载速度。除此之外还包括页面个性,内容丰富性,导航、交互的便捷性,链接跳转等都会影响用户的跳出。链接跳转是影响用户跳出最常见的因素,具体情况详见下面的点击数据。

从用户体验角度来看,目标网页越有吸引力、目标内容越突出,就会有更多访问者在网站上停留,跳出率越低。

（4）点击数据

当用户打开网页开始一系列的交互行为，如拖动、点击等，对于产品而言，若干用户的交互行为在产品上形成的数据就是产品的点击情况。点击数据对网站的信息架构、导航、产品内容等方面均能起到指导作用。

产品的点击数据包括有效点击和无效点击，点到超链接、表单元素等视为有效点击。除有效点击外的所有点击均计为无效点击。从无效点击中可以发现用户体验方面的问题，而无效点击率在一定程度上反馈用户体验的好与坏。

图 6-48 是产品某区域的点击情况数据。此区域无效点击率高达 28%，通过无效点击可以发现，用户期待一级分类可以进行点击，用户尝试点击了文字，但没有按照期待进行页面跳转，有的用户可能会再点，但依然得不到其期待的结果。我们可以换位想象用户的感觉，这种情况下显然不会产生良好的用户体验。因此应对此进行优化，将一级类目设置了跳转链接，降低无效点击率的同时，满足用户的需求，以提升用户体验。

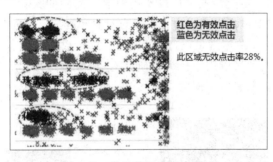

图 6-48　产品某区域点击图示

一般情况下，用户有效点击率越高越能表明用户体验的良好。不过对于部分产品也有例外，如注册、付款等产品页面，此类型页面更加期望用户尽快完成相关操作。

（5）转化率

转化率是从一个页面进入下一页面的人数比率。从用户体验角度来看，目标网页越能够满足用户需求，就会有更多访问者进行下一步操作甚至是成功购买商品。转化率是电子商务网站十分关注的一个数据。

（6）用户去向

随着用户与产品发生交互，用户会进入到不同的子页面中去，去了哪里，有多少人去了，这些都是可以通过产品数据获取的。了解用户去了哪里，可以更好地帮助我们检测产品。用户去向分析与用户来源分析类似，在此不做详述。

可见，与产品相关的数据十分丰富，在此介绍了常见的 6 种数据。6 个数据围绕产品展开，相互关系如图 6-49 所示。

2. 产品数据类型

上面介绍的 6 个产品数据中，用户来源与用户去向属于定性数据，其他数据均属于定量数据。与需求数据、行为数据、态度数据等一样，在进行产品数据分析时，定性数据与定量数据分析的方法均适用于产品数据的分析，在此不做详述。

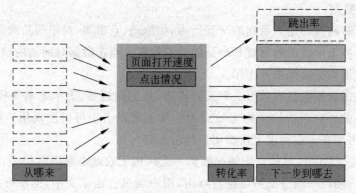

图 6-49　产品数据示意图

3. 产品数据与用户行为数据的差异

在解释产品数据时,不免涉及用户以及用户与产品间的交互。产品数据度量与用户行为度量是不同的,主要体现在两个方面:研究对象和数据反映的问题。

如图 6-50 所示,产品数据度量以产品为研究对象,数据是所有用户与产品发生交互的共同结果。用户行为度量以用户行为为研究对象,数据是用户与产品交互的过程。两种方法在研究对象方面是截然不同的。

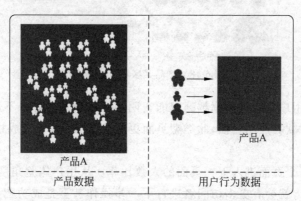

图 6-50　产品数据与用户行为数据的差异

由于研究对象的不同,产品数据体现的是产品整体数据,而用户行为数据体现的是用户具体使用产品的情况。

6.6.3　产品数据度量思路

产品数据依然由最基本的定性数据、定量数据组成。定性定量数据分析过程中,常见的百分比等数据依然是数据展示过程中常使用的。相关分析方法不再赘述。

而在产品数据度量中,值得我们进一步探讨的是度量的思路,其与互联网产品的特点紧密联系。互联网产品有着非常典型的特点,例如,产品更新速度快,要求我们及时了解数据的变化情况,幸运的是目前互联网技术足以支持我们获取最及时的数据;产品设计往往需要不断优化产品的版本,不同版本间的产品数据差异是需要关注的,而且是最终选择的重要参考数据;每个产品的目标用户都是不同的,在评估产品数据时,有必要区分用户群来查看。因为互联网产品具备这些特点,我们在研究产品数据时需要结合产品特征进行重点分析。下面结合实际情况介绍周期性数据度量、ABtest 数据度量思路。

1. 周期性监控数据

周期性监控数据(同一产品不同时间段的数据),主要了解数据周期性的变化。通过变化来度量体验问题。需要注意的是,目前在数据监控过程中,大部分企业可以实现实时数据的监控。由于数据量大,当需要看产品整体数据时,我们会以较常用的周期为时间间隔进行演示,不一一展示具体数据,如每一小时发生的数据变化等,后面的案例中遵循此原则。图 6-51 是某类商品页面正常情况下的点击数据。

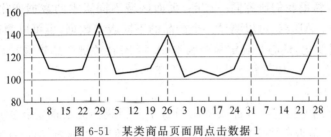

图 6-51 某类商品页面周点击数据 1

从图 6-51 中的数据我们可以看到用户访问页面的规律,每月底/月初,都会带来页面点击的高峰。不难推测,此类目商品为周期性消费品,且以月为周期。了解产品数据趋势之一是了解产品的基本情况,在此基础上可以进行此类商品与其他商品周期性点击情况的对比,通过与其他商品周期性点击情况的对比来获取提升点击的可行性方法。

除此之外,了解产品数据趋势的最重要运用是为监控数据变化提供参考基准。

产品数据变化包括正向变化、负向变化。在产品数据监控过程中,负向变化更为重要,一旦发生负向变化时,相关人员可通过数据的变化及时查找问题的原因、获取解决问题的方法。

如图 6-52 所示,我们不难发现 2010 年某类商品页面周点击数据较 2009 年有明显提升。然而图 6-52 中圈内所标注时间段上产品点击数据出现了不同于其他时间段的变化,此时间点上页面点击数据居然与 2009 年保持一致,不符合产品 2010 年发展的趋势。当发现数据负向变化时(非一周后发现,而是通过先进技术在问题出现当天及时发现了数据的变化),需要结合产品的实际情况进行及时追踪,寻找点击数据下降的原因,例如,页面是否能够正常访问、页面是否有新功能的发布、页面主要功能是否正常、页面是否设置/取消了某些活动等。

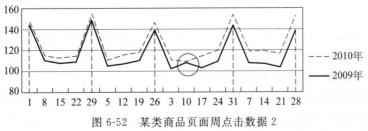

图 6-52 某类商品页面周点击数据 2

在上述案例中，通过追踪我们发现，页面上推出了一个"搭配减携手达人"推荐活动，导致很多用户通过活动直接下单，而没有经过分类等常规路径进行更多的点击。在一定程度上解答了我们对点击数据的质疑。与此同时我们对比了点击数据、用户客单价、总成交额等数据，从而就商品页面的整体数据进行全方位的监控。值得一提的是，产品在活动期间除点击数据外，其他数据均有提升，此次活动吸引了较多用户成功购买。

可见，产品数据的变化一方面可以提供产品的风险报警，另一方面我们也能够通过不同数据间的对比看到产品给用户带来的体验情况。

2. ABtest 数据度量（同一产品不同版本数据）

（1）ABtest 的定义

ABtest 可以帮助我们研究同一产品/页面区域不同版本的数据变化，即不同内容对用户产生的影响。ABtest 可以测试一个产品的不同版本数据，也可以测试页面某个区域不同版本的数据变化，核心是确定两个版本（A 和 B）在关键产品数据方面，哪个版本表现得更好。当然，用 A 和 B 形象地代表了两个不同的版本，但在实际的项目中，可以举一反三地对比更多的版本。

ABtest 测试通常应用在产品改版的项目中。当我们无法确定新版产品是否会实现我们的预设目标、是否会造成负面的用户反馈时，我们可以通过 ABtest 获取产品决策上所需的重要参考数据。通常情况下，ABtest 需要采集大量的数据，如果相关产品的流量太小，测试结果没有任何意义，有时候个体行为对结果干扰过大，所以在做 ABtest 的时候一定要保证样本数量，这源于抽样及样本量的要求，详细内容可参考样本方面的相关介绍。除此之外，在进行 ABtest 时非常重要的一个概念就是流量分配，因为测试中涉及 A、B 两个甚至更多的版本，我们需要让 A 和 B 两个版本随机显示给用户。ABtest 的流量分配示意图如图 6-53 所示。

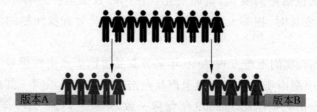

图 6-53　ABtest 流量分配示意图

（2）ABtest 的适用范围

根据以往的研究经验，ABtest 的测试时间最好能够经历产品变化的一整个周期，一般情况下为两周左右，在两周之内最好不要轻易定下结论。具体的测试时间需视产品的具体情况而定。

同时，ABtest 的使用是有一定条件限制的。在这里我们重点来看一下 ABtest 数据可以检测出的产品问题以及适合通过 ABtest 的产品类型。

① ABtest 数据可检测出的产品问题。

由于 A、B 指的是产品的不同版本，一般情况下不同版本的产品在产品定位、目标用户群等各方面均是一致的，不同点在于产品具体功能的实现方式上，因此更多地体现在设计、文案等方面：

- 文案（包括标题或产品说明等）；
- 功能展示形式的大小、颜色和位置，如按钮、进度条等；
- 表单的数量和字段类型；
- 产品页面上的图片、图片的形式等；
- 页面上文字的长度（少 VS 多）。

② 应该测试什么类型的产品。

除时间影响外，还有很多因素影响着我们对产品的选择。以下是一系列研究积累下来的经验。

- 测试具有较高点击量的产品

与点击量较低的产品相比，具有较高点击量的产品通常可以节省测试时间，一般情况下点击量较高的产品也能够更迅速地完成优化。

- 仅针对少数差异/差异组合内容进行测试

ABtest 允许同时测试大量的内容，测试内容越少，越能够确定影响产品体验的问题点。同时也能够减少所需的测试时间。

- 选择具有较高转换目标的产品

任务目标是我们关键数据之一，如我们想要测试某产品页面用户使用某功能的情况，如订阅、购买、加入购物车、收藏等，此时我们需要结合产品的实际情况进行评估，尽量选择用户较为常用的功能，如加入购物车等。如果测试的关键数据为发生频率不是很高的转换目标，ABtest 是无法发挥应有价值的。

（3）ABtest 度量实例

图 6-54 是某产品品牌区域优化时进行的一次 ABtest 数据度量。品牌区域优化主要体现在品牌的展示方式，如 A 版本是纵向两列展示，B 版本是横向一排展示。改版目标是希望新版本即 B 版本能够带来更多的有效点击，否则不做优化。

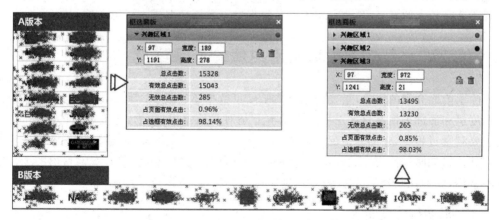

图 6-54　ABtest 品牌区域展示方式示例

测试中我们将产品流量平均切分至两个版本的页面中去，为了降低新形式带来的对用户习惯的影响，我们将测试时间设置为两周，提供足够的适应新产品的时间段，过程中实时监控数据。直至测试结束，我们看到无论是总体点击情况还是有效点击，抑或是有效点击占比，A 版本均好于 B 版本。

测试结果显示新的版本并没有带来预期效果，在经过测试后，品牌区域并没有在形式上做出任何调整，保持原有样式实现品牌区域的功能与价值。

此案例是点击数据的案例，在实际操作中，跳出率、转化率等也是常考察的数据。

3. 产品数据度量的其他思路

（1）不同用户群所对应的产品数据度量

不同用户群所对应的产品数据度量（同一产品不同用户群数据）更多体现的是用户群在产品表现上的差异，一方面可以帮助我们检验目标用户群定位是否准确，另一方面可以帮助我们进一步了解不同用户群的需求从而满足需求。从用户角度出发对产品数据进行度量的思路，与行为度量中区分不同用户的思路是一致的。在产品数据度量时，我们常区分的用户群包括：

- 不同来源的用户群；
- 登录用户与非登录用户；
- 会员与非会员。

用户群的选择有非常多的方式，依然需要结合具体的产品特点进行区分，需在实践过程中多运用。

（2）类似产品的数据对比分析

类似产品指的是不同产品，但不是所有不同的产品，要求产品的优势可以互相借鉴，产品的不足可以共同引以为戒。在互联网的研究中，适合进行产品数据对比的产品并不多。值得对比的典型数据是淘宝网与淘宝商城（现天猫）的产品数据。二者是兄弟公司，互相影响，共同进步。因此两个网站上很多相同的产品是值得对比的。事实上，淘宝商城（现天猫）的搜索在很长一段时间里都在参考淘宝网搜索的经验进行优化，取其精华、弃其糟粕。然而，随着网站的发展，二者定位越来越不同，在未来的时间里，二者间的数据对比是否还存在较大的意义，是值得相关人员根据网站发展情况进一步思考的问题。

6.7 其他用户体验度量维度

除了前面介绍的内容，重要的用户体验度量数据还有很多。其中眼动行为度量、言语行为度量和面部表情度量这三种方法基本上是对其他需求、行为、态度度量的补充，在三类主要测量过程中，在部分情况下需要这三种方式辅助进行分析，在本节中将做进一步介绍。其他诸如瞳孔反应、皮肤电反应和心率等是研究方法之一，但是在我们目前的工作中并不常用，因而在此处不会过多提及，如果读者感兴趣，可以进一步阅读相关书籍。

6.7.1 眼动行为度量

近年来，眼动仪的使用越来越频繁。对用户视线的跟踪是研究用户行为的方式之一。因此，通过眼动研究，我们可以在一定程度上对用户行为进行度量。

许多视线跟踪系统都使用红外摄像机和红外光源来追踪参加者的注视位置。红外线在参加者眼球表面反射,然后分析程序比较该反射位点和参加者的瞳孔位点。角膜反射相对瞳孔的位点随参加者眼睛的移动而改变。研究员必须首先要求参加者注视一系列已知点来校准系统,随后系统才能基于角膜反射位点对参加者的注视位置进行定位。早期的眼动仪往往是头盔式,而近年来的屏幕式眼动仪如同台式电脑的显示器,只要保持仪器与眼睛的距离(当然需要设置和校对),就可以获得准确的注视追踪。最新的眼动仪技术更进一步,可以即插即用,十分便捷,如图 6-55 所示。

屏幕式眼动仪　　　　　　　　　　便捷式眼动仪

图 6-55　眼动仪

视线跟踪系统提供的信息在可用性测试中很有用。研究人员可以通过考察用户注视的实时位置获取其他方法无法获取的信息,即便对视线跟踪数据不做任何进一步分析。例如,假设一名参加者正在某网站上操作一项任务,主页上有一个超链接,可以引导他直接进入完成这一任务所需要的页面。然而用户持续浏览这个网站,从开始到最后,都未能找到链接进入所需的页面。在这样的情况下很可能希望知道,参加者是曾经看到了主页上的正确链接,还是看到了链接却认为这不是他所想要的而放弃了。虽然可以随后询问参加者,但他们的记忆可能并不完全准确。通过视线跟踪系统,可以知道参加者是否在该链接上停留了足够长的时间来阅读它,从而判断用户到底遇到了什么问题而导致了上述情况的出现。

1. 眼动基础

眼睛对事物的观察并不是平稳的运动。眼睛的运动是并发的,在每个运动之间是有停顿的。当然,眼睛运动的速度非常快。眼动的基础数据有三种:眼跳注视、眼跳、追随运动。

眼睛停留在某个物体上时,称为注视。

眼睛从一个注视点快速移动到下一个注视点,称为眼跳。眼睛运动的速度非常快,每次眼跳只持续百分之一秒到十分之一秒的时间。在眼睛快速运动时,视网膜上的光学影像非常模糊,事实上在眼跳期间我们和盲人一样,这时我们根本无法确切地看到眼睛移动时所掠过的物体。所以眼跳可以实现对事物的快速搜索和对刺激信息的选择。

当被观察物体与眼睛存在相对运动时,为了保证眼睛总是注视这个物体,眼球会追随物体移动,即为追随运动。

以上三种眼动方式经常交错在一起,目的均在于选择信息,将要注意的刺激物置于像与中央窝区域,以形成清晰的像。

2. 眼动数据度量

眼动仪帮助我们记录人类眼动的基础数据,输出研究所需的眼动行为数据。从近年来的研究中发现,眼动轨迹图、眼动热点图、眼动时间、眼动方向和距离是眼动行为的重要数据。

眼动方向和距离即在二维或三维空间内考察眼动方向。这方面的信息与视景叠加可以揭示注意的对象及其转移过程,而且可以结合时间因素计算眼动速度。

与眼动方向和距离相比,研究中更为常用的是眼动轨迹图、眼动热点图与眼动时间方面的度量。而数据度量方式与可用性行为数据测量方式接近,特别是时间方面的度量。下面结合实例加以介绍。

(1) 眼动轨迹图

眼动轨迹图是将眼球运动信息叠加在视景图像上形成注视点及其移动的路线图,能具体、直观和全面地反映眼动的时空特征,由此判定各种不同刺激情境下、不同任务条件下、不同个体之间、同一个体不同状态下的眼动模式及其差异性。

在实际操作中,我们往往结合特定的区域或元素来使用眼动轨迹图。下面来看一些实际操作中的例子。

了解用户对特定元素或区域的注视情况,眼动轨迹图是最简单的分析之一。我们可以比较一个网页同一区域的不同处理方式下用户的注视情况。我们的目标是找出哪一种设计在该块状区域有更多的注视。同样我们也可以比较一个网页不同区域用户的关注情况。当然,不同区域中内容不同,我们的目标是找出哪一区域内容有更多的注视。以后者为例,我们来看单个用户在某页面上的眼动轨迹图,如图 6-56 所示。

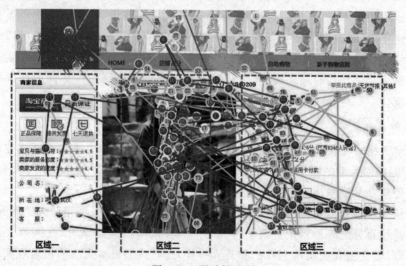

图 6-56　眼动轨迹图

通过眼动轨迹图不难发现,用户对区域一的关注最少,而对区域二和区域三的关注较多,同时,区域二的关注最为集中。

(2) 眼动热点图

眼动热点图是用户对产品注视程度的体现。如图 6-57 所示,越接近红色(图中热点处),表明用户对其关注度越高,注视越密集;图中热点颜色越接近绿色(图中显示为灰色),表明用户的关注度越低。

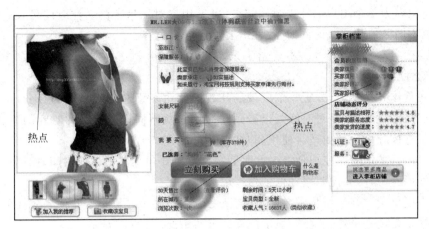

图 6-57　眼动热点图(2009 年用户对淘宝网宝贝详情页的眼动数据)

通过图 6-57 不难发现,用户对页面不同信息的关注程度有差异,部分内容基本不关注。这为页面的优化提供了非常重要的参考数据。需要注意的是,此案例为2009 年用户的表现,但在最近一次的研究中,用户对此页面的关注情况已经发生了非常大的改变。

(3) 眼动时间

将眼动信息与视景图像叠加后,利用分析软件提取多方面眼动时间数据,包括注视(或称注视停留)时间、眼跳时间、回视时间、眼跳潜伏期、追随运动时间,以及注视过程中的微动时间。同时,可以提取各种不同眼动的次数,主要是在不同视景位置或位置间的注视次数、眼跳次数、回视次数等。这些时间和位置信息可用于精细地分析各种不同的眼动模式,进而揭示各种不同的信息加工过程和加工模式。

① 用户注视特定区域的时间。

可用性研究中,使用视线跟踪的另一种度量方式是比较用户注视不同区域的时间。在图 6-56 的基础上,单个用户在查看某页面时,所对应的关注时间如图 6-58 所示。

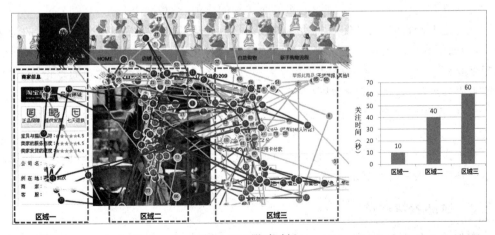

图 6-58　眼动时间

上述内容为单个用户的注视时间结果,可见用户对区域三的关注时间最长。然而在分析注视不同区域的注视时间时,往往需要注意以下内容。

- 明确定义每一个区域,不要留下未定义的区域。同一区域里的内容应该具有同质性。
- 在具体分析中,可分析一个区域的注视时间占页面总注视时间的百分比,而不仅仅是绝对时间,绝对时间可以看到同一用户在不同区域上关注时间的差异,但对于整体分析而言更适合使用相对时间占比。
- 只分析参加者在完成任务时的时间数据。不要包括其他任何时间,如用户讲述其使用经历,尽管此时眼动仪依然在记录数据。
- 当以不同注视区域呈现数据时,需要考虑用户在该区域里究竟注视了何处。因此建议提供一个热点地图,表示注视的分布情况。
- ② 注视特定元素的时间。

在一些项目中,我们需要考察用户注意到一个特定元素的具体时间。这里的特定元素一般是重要功能元素,如在电子商务网站中的"注册"、"购买"、"下一步"等按钮。眼动仪可以帮助我们实现这个研究目标。

分析这些数据的一种方法是计算特定元素初次被注视的平均时间。数据为以开始追踪眼动为起始点,到注视目标元素时所需要的时间。对于所有注意到特定元素的用户来说,平均值表示初次注意到该元素所需要的时间。在分析过程中,需要剔除一些异常值,如一些用户可能从任务开始到任务结束的整个过程中根本就没有注意到特定元素。

因此,以往的研究经验为我们提供了一个更好的方法来分析这些数据,即考虑在一定时间内注意到特定元素的用户比例,操作起来较为方便,在此不再详述。

6.7.2　言语行为度量

言语行为可以为理解用户使用产品时的情绪和心理状态提供很有价值的信息。研究过程中,用户往往会对产品做出许多评论,包括负面评论、正面评论和中性评论。在研究分析时,我们可以通过度量正面评论和负面评论的比值,获取重要信息。

进行这类分析时,首先需要将所有的言语行为记录下来。这需要我们有熟练的记录方式,例如研究开始前制定记录表格辅助记录员快速记录,另外就是采用录音、录像等设备帮助我们进行记录。然后按照文本分析的方法,将每一个行为编码为正面评论、负面评论或者中性评论,这个过程需要研究人员加入大量的分析,可能是分析用户提到的关键词,也可能需要结合用户提到关键词时的情境等。最后,计算正面评论和负面评论的比值。

对于言语行为的分析,如果能够运用到迭代性质的研究中去,其价值会更高。可以对比不同迭代中用户对产品的直接反馈。

6.7.3　面部表情度量

面部表情是非言语行为中的一种。非言语行为可以有效地揭示出用户使用产品的体验。面部表情包括皱眉、笑(微笑、大笑)、惊奇等。

我们可以通过观察来发掘用户面部表情的变化。不同的变化代表了用户发自内心的反馈，例如一旦用户在操作或者反馈过程中皱眉，那么用户应该是遇到了困难或者是聊到了用户不感兴趣的话题。作为研究人员，往往需要我们对用户面部表情变化十分敏感。

当然，为了能够更深入地识别和解析用户的面部表情，训练有素的研究人员会运用一套完善的方法，对视频录像中用户的面部表情进行详细的编码和解析。这是非常耗费人工时间的研究过程，在我们日常项目中基本不会进行此类型的分析。

本 章 小 结

本章中，我们介绍了用户体验度量的基本知识、不同维度的用户体验度量。我们对用户需求、用户行为、用户态度、产品数据的度量进行了一一介绍。值得注意的是，在实际项目中，四个方面不是独立存在的，我们往往需要将不同维度的度量进行组合，例如产品数据度量与用户需求度量的结合，也可以是用户需求与用户行为度量的结合，甚至针对一个产品进行四个方面的度量，无论选择哪种方法进行度量，最重要的是需要我们对产品有足够的了解、对方法有足够的理解，才能够选择更加合适的思路进行度量，从而发现更多、更重要的体验问题，为产品体验的优化提供更有参考价值的数据。

实 践 任 务

结合本章知识，了解某一互联网产品，尝试对所了解的产品进行用户体验度量，在这个过程中尝试确定度量目标、研究对象、度量方式等，完成用户体验度量计划书，尝试开展研究并撰写报告。

思 考 题

1. 用户体验度量的意义是什么？
2. 用户体验度量需要掌握哪些基本知识？
3. 用户体验度量过程中需要注意哪些基本事宜？
4. 我们可以通过哪些维度进行用户体验度量？
5. 不同维度的用户体验度量间是否可以结合？ 如何结合？

参 考 文 献

[1] Tom Tullis，Bill Albert 著，周荣刚等译，用户体验度量. 北京：机械工业出版社，2009 年 8 月.

[2] 迈克尔·R·所罗门著，卢泰宏 杨晓燕等译. 消费者行为学. 北京：中国人民大学出版社，2009 年 7 月.

[3] 戴维·S·穆尔著，邓惟厚译，统计学的世界. 北京：中信出版社，2003 年.

[4] 柯惠新，丁立宏著. 市场调查. 北京：高等教育出版社，2008 年 3 月.

[5] 黄向阳,谢邦昌著. 统计学方法与应用.北京：中国人民大学出版社,2009 年 1 月.

[6] http://www.chedong.com/blog/archives/001462.html.

[7] Mike Cohn 著,宋锐译,敏捷估计与规划.北京：清华大学出版社,2007 年 7 月.

[8] 诺曼著,梅琼译,设计心理学.北京：中信出版社,2010 年 3 月.

[9] 陈向明著,质的研究方法与社会科学研究.北京：教育科学出版社,2000 年 1 月.

[10] Brian Clifton 著,钟镭译,流量的秘密.北京：人民邮电出版社,2010 年 2 月.

[11] 许剑彬著,基于态度认知模型的用户研究.湖南大学硕士论文,2008 年 5 月.

[12] Jakob Nielsen 著,冉令华,张欣,刘太杰译.用眼动追踪提升万网站可用性.北京：电子工业出版社,2011 年 5 月.

[13] 邓铸.眼动心理学的理论、技术及应用研究.南京师范大学学报(社会科学版),2005,第 1 期：90～95.

第 7 章　Web 产品用户体验

 学习目标

1. 了解 Web 产品的设计原则；
2. 了解 Web 产品用户体验设计的内容和方法；
3. 了解针对社会性网络服务的用户体验设计。

开篇案例

Digg 失败启示录[①]

《华尔街日报》周四报道称，Digg 已经以 50 万美元的价格被出售给 Betaworks，价格之低令人震惊。这其中也透露出一些有趣的信息。与 Facebook 的 IPO（首次公开招股）和 Reddit 的分拆一样，Digg 被出售标志着第一代社交媒体的终结。

许多人可能已不记得 Digg 当年的辉煌。Digg 曾被认为是所有媒体的未来，而不仅仅是社交媒体。用户将控制互联网，并制作网上内容，而原有的"守门员"将被打倒。然而，Digg 的许多用户很快发现，新的"守门员"仍紧密控制着网站的内容流。出于社交和盈利动机，这些人操纵了 Digg 的系统。Digg 也一直未能找到一种方式，在其网络社区中整合重量级用户，同时避免给予他们太大权力。

这是 Digg 系统的大问题。对于提交的新闻，用户可以进行"顶"和"踩"的投票从而决定新闻排序。然而在实际情况下，即使新闻获得了较高的用户支持，也不会获得更多流量。只有 Digg 的算法选择这条新闻，并将其放置在网站首页上，这条新闻的流量才会上升。这意味着向 Digg 推荐新闻的结果具有很大的随机性，有时候你能得到 12 分，有时候只有 2 分，而有时甚至是 0 分。

如果希望让内容一直出现在 Digg 主页上，那么就需要将其当作一项工作。而一些人确实已经这样做。一部分人认为，这是新闻企业工作的重要一部分。而更多人则将这一工作外包给了第三方。在失去编辑的职业道德之后，Digg 的许多重量级用户开始推荐一些垃圾新闻，而不仅只是由合法作者和网站制作的优质新闻。

与此同时，日常用户开始意识到，他们推荐的内容将不可能有机会登上 Digg 首页。他们没有机会决定网民将会看到什么，而是被 Digg 和大批"社交媒体顾问"愚弄。

---

① 来源：华尔街日报，2012 年 7 月 12 日。

简而言之,Digg 的社区已被破坏。这一社区也是内容制作工具。如果失去这一社区,Digg 只是一堆计算机,等待人们增加更多价值。Digg 的网站仍可以获得大量流量,但类似 MySpace 和 Friendster 的死亡气息已弥漫在 Digg 网站中。

Digg 沦落到被收购的命运,给所有人上了一课:即便是曾经风靡一时的科技公司,最终的结局也可能是以区区 50 万美元收场。该网站仅存的一点价值还来自于那些仍在使用 Digg 的网民。尽管扩大规模并不容易,但任何一名开发者都可以开发出将人们联系在一起的网站。真正困难的是设计一种架构,让人们愿意在网站上建立自己的在线生活。社交网络公司并不一定是一家科技公司,但一定是一家强调社区互动的公司。

就目前来看,还没有哪家公司真正做到了这一点。现有的社交网络没有一家拥有绝对的竞争优势,市场已出现红海,而且网站无法依靠价格去取胜。需要记住,社交网络的功能在于:用户制作产品,但实际上用户就是产品。

Web 的全称是 World Wide Web,缩写为 WWW、它是由遍及全球的信息资源组成的系统,这些信息资源所包含的内容不仅可以是文本,还可以是图像、表格、音频与视频文件等。而基于 Web 的互联网产品一般即指网站,或者网站中的某一个功能。

在用户体验设计中,网站是一种较为特殊的产品,因为相对于其他产品,用户体验在网站中显得尤为重要。无论用户访问的是哪种类型的网站,都不会有相关的产品说明书,他在操作时只能依靠自己的经验摸索。而随着目前网站的功能变得越来越多,其复杂度也越来越高,用户会觉得使用难度越来越大。此时,提供良好的用户体验就成为网站吸引并留住用户的一个重要因素。

7.1 Web 产品解构与设计原则

目前,全球许多组织和个人都在开发网站,良好的设计是网站成功必不可少的条件,否则,用户只需选择浏览器上的后退键,就可以很容易地离开你的网站,并可能再也不回来。网站的用户体验就是指,由于网站的作用、品牌形象、操作的便利性、网速的流畅性以及细节设计等综合因素,最终影响到用户访问网站时的主观体验,包括用户是否能成功完成任务,是否喜欢网站,是否还想再来。随着互联网的迅猛发展,用户体验也成为影响网站竞争力的一个越来越重要的因素,也逐渐被越来越多的网站所重视。要有好的用户体验,不仅需要有更快的访问速度,更好的网站内容,还需要从细节入手,设身处地从用户的角度来思考问题,体现出网站对用户的尊重和贴心,避免给用户带来沮丧感。

7.1.1 Web 的特点

1. Web 是图形化的和易于导航的

Web 非常流行的一个很重要的原因就在于它可以在一页上同时显示色彩丰富的图形和文本的性能。在 Web 之前 Internet 上的信息只有文本形式。Web 可以提供将图形、音频、视频信息集合于一体的特性。同时,Web 是非常易于导航的,只需要从一个连接跳到另一个连接,就可以在各页各站点之间进行浏览了。

2. Web 与平台无关

无论系统平台是什么，都可以通过 Internet 访问 WWW，浏览 WWW 对系统平台没有什么限制。无论从 Windows 平台、UNIX 平台、Macintosh 平台还是别的什么平台都可以访问 WWW。对 WWW 的访问是通过一种叫做浏览器（browser）的软件实现的，如 Internet Explorer、Firefox、Google Chrome 等。

3. Web 是分布式的

大量的图形、音频和视频信息会占用相当大的磁盘空间，我们甚至无法预知信息的多少。对于 Web 没有必要把所有信息都放在一起，信息可以放在不同的站点上。只需要在浏览器中指明这个站点就可以了。使在物理上并不一定在一个站点的信息在逻辑上一体化，从用户来看这些信息是一体的。

4. Web 是动态的

最后，由于各 Web 站点的信息包含站点本身的信息，信息的提供者可以经常对站上的信息进行更新，如某个协议的发展状况，公司的广告等。一般各信息站点都尽量保证信息及时更新，所以 Web 站点上的信息是动态的，经常更新的。这一点是由信息的提供者保证的。

5. Web 是交互的

Web 的交互性首先表现在它的超链接上，用户的浏览顺序和所到站点完全由自己决定。另外通过表单的形式可以从服务器方获得动态的信息。用户通过填写表单可以向服务器提交请求，服务器可以根据用户的请求返回相应信息。

7.1.2   网站解构

一个网站往往包含了很多的元素，对于网站的解构，需要从整体入手，并逐渐细化到各个细节元素。从整体来看，网站最重要的就是信息架构、内容安排和视觉设计。信息架构作为网站最核心的骨架，代表了产品内容的组织形式，表现为产品功能信息分类、分层的关系，在设计上主要体现为界面布局和导航，视觉体现为网站的配色方案。

网站功能区是网站除了整体布局以外，组成页面的主要区域，通常按照其功能来进行划分。主要包括头部、页尾、导航区、搜索区、登录注册区、主要信息展示区、广告区等功能区域。一个可能的网站布局结构如下图 7-1 所示。

① 头部：又称之为网站的 Header，一般包括 Logo、Slogan、Banner 等相关的元素。

② 页尾：又称之为网站的 Tailer，一般包括公司信息、版权、举报等信息。

③ 导航区：一般包括树状导航、面包屑导航等，广义的导航还包括搜索区。

④ 搜索区：主要指的是网站的内置搜索引擎框。

⑤ 登录注册区：指的是注册登录的区域。

⑥ 信息展示区：指的是网页的主体部分，是用于呈现网站希望展示给用户信息的主要区域。

⑦ 广告区：用于放置广告的区域，分散于页面的不同位置。

以上 7 个区块组成了一个网站最主要的部分。

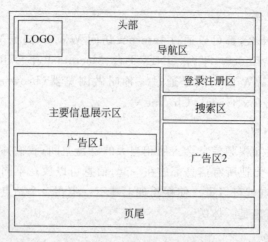

图 7-1　一个可能的网站布局结构

页面元素比功能区域更详细一些，它包括表单、标签、文本框、链接、翻页、按钮、反馈、验证码等。这些元素被放置在各个功能区域中，它们的细节设计是交互设计中非常重要的一部分。例如，表单可以用于用户注册、购物清单，我们通过优化表单，可以提升用户注册率或者商品的成交率。

除了这些页面元素以外，字体、网站文字的语气等细节也都对用户体验起着非常重要的作用，其中包括字型、字号、字体与背景的颜色对比等。

虽然所有网站都会包括以上所描述的各个模块和元素，但不同类型的网站，不同设计师设计的网站，所展现出的形式是不同的。在符合设计原则和满足用户体验需求的基础上，网站的形式可以是多种多样的。

7.1.3　网站设计的原则

基于 Web 的特点，结合用户体验的要求，Chauncey Wilson 提出了网站设计的"本垒打"（HOME-RUM）原则，它代表 High-quality content（高质量的内容）、Often updated（经常更新）、Minimal download time（最少下载时间）、Ease of use（容易使用）、Relevant to the user's needs（与用户的需求相关）、Unique to the online medium（独特的在线媒体）以及 Net-centric corporate culture（以网络为中心的企业文化）。

1. 高质量的内容

网站最为关键的是内容。如果不能为用户提供所需的信息和功能，那么这些用户可能不会再次访问你的网站。如果你的网站是一个销售网站，但网站上却连当前的价格、产品参数、可供选择的型号和送货时间这些关键的信息都没有，那么潜在消费者就很可能会对此失望，并转而寻找其他网站进行购买。

2. 经常更新

大部分网站都需要定时更新，更新的频率取决于网站的性质。例如，新闻类网站可能需要一天更新几次；销售类网站，一般只需要在有价格变动或有新产品加入的时候进行更新,每周更新一次就足够了;个人网站只需要在站主认为有必要的时候更新。

更新对于用户的重要性取决于网站的性质。例如,网上百科全书的内容就应该保持相对固定,因为更新并不是大多数用户访问这类网站的主要原因。相反,新闻类网站则是靠它的即时更新来吸引用户。

3. 最少的下载时间

我们大多数人都有过对下载速度缓慢的网站备感沮丧的体验,这些网站往往有大而无用的图片或者恼人的动画。用户很讨厌这类网站,特别是那些上网速度不够快的用户。

4. 容易使用

用户在访问网站时,需要能够快速、轻松地找到自己所需要的信息或者服务。如果在一个购物网站中,面对成千上万的商品,用户忽然发现,这里居然没有内置搜索引擎,这将是怎样一种灾难。

5. 与用户需求密切相关

除了有好的内容以外,网站还必须帮助用户完成他们想要的任务。例如,如果用户正在选一台电脑,那么我们应该让用户可以轻松地在同一个屏幕上比较不同电脑的特性。在设想用户希望使用网站信息的方式时要充满想象力。

6. 独特的在线媒体

为什么要使用网站?大多数公司都深谙公众传单的设计。如果这就是网站的全部用途,可能只需要传单即可。网站应该起着额外的作用。

7. 以网络为中心的企业文化

在网站背后的公司需要把网站置于多方面运营之首。口头上热衷于技术是不够的。在现在竞争激烈的国际环境下,网站的优秀与否决定着公司的成败。

除此以外,我们在网站设计中为了保证良好的用户体验,需要遵循以下常用原则。

1. 费茨定律

费茨定律是保罗·费茨在1954年发布的。该定律指的是:使用指点设备到达一个目标的时间同两个因素有关:

(1) 设备当前位置和目标位置的距离(D)越长,所用时间越长;

(2) 目标的大小(S)越大,所用时间越短。

该定律可用公式表示为:

$$t = a + b\log_2(D/S + 1)$$

其中 a 和 b 是经验参数,它们依赖于具体的指点设备的物理特性,以及操作人员和环境等因素。费茨定律的示意如图7-2所示。

费茨定律经常运用于鼠标从点A到点B的运动。例如,以一个更有效的途径使可接近性更大和提高点击率去放置内容,这个定律便显得重要。

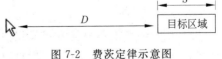

图7-2 费茨定律示意图

费茨定律其实是很容易理解的。显然,指点设备的当前位置和目标位置相距越远,我们就需要越多的时间来移动;而同时,目标的大小又会限制我们移动的速度,因为如果移动得太快,到达目标时就会停不住,因此我们不得不根据目标的大小提前减速,这就会减缓到达目标的速度,延长到达目标的时间。目标越小,就需要越早减速,从而花费的时间就越多。

2. 2秒原则

用户没有必要对某些系统响应等待 2 秒钟以上,例如应用程序转换和开始的响应时间。选择 2 秒可能有些武断,但的确是一个合理的数量级。可靠的原则就是:用户等待时间越少,用户体验越好。

3. 7±2原则

由于人类大脑处理信息的能力有限,它会将复杂信息划分成块和小的单元。根据 George A. Miller 的研究,人类短期记忆一般一次只能记住 5~9 个事物,因此需要用户记忆的内容项不应该超过 7 个。这一事实经常被用来作为限制导航菜单选项在 7 个以内的论据,但由于导航项主要通过辨识而非记忆,因此这个原则是否适用还有待进一步的研究和确认。

4. 3次点击原则

根据 3 次点击原则,如果用户在 3 次点击中无法找到信息和完成网站功能时,用户就会停止使用这个网站。也就是说,这个原则强调明确的导航、逻辑架构和后续站点的层次结构。在有些情况下,多增加一次点击操作就有可能流失一半用户,但大多数情况下,点击的次数是无关紧要的。如果用户总是能够知道他们现在在哪里,他们去过哪里,而且在网站上感觉有完全的掌控权,则用户应该是可以接受更多点击次数的。

5. 帕累托原则

帕累托原则又被称为 80/20 原则,即 80% 的结果是由 20% 的主要原因造成的。这是商业中的基本经验法则,即 80% 的销售额来自于 20% 的主要顾客,但是该原则也可应用于设计和可用性。例如,需要花 80% 的时间去优化最重要的 20% 的常用操作,最大限度利用有效的时间和人力以达到最优的效果。

6. 倒金字塔原则

倒金字塔原则指的是在文章开头表达总结文字的一种写作风格,该方法使用了新闻业中著名的"瀑布效应",新闻作者试图让他们的读者即时知道他们报道的主题。文章总是以总结开头,接着是关键点,最后是那些次要的细节,如背景资料等。由于网络用户需要即时的满足,这种倒金字塔的原则,对于网络写作和更好的用户体验是非常重要的。

7. "足够好"原则

网络用户不喜欢用最佳方式找到他们寻找的信息。他们对最合理和最健全的解决问题方案不感兴趣。相反,他们永远扫描他们认为"足够好"的快速解决方案。在网络中,这种方式准确地描述了用户的满意:用户使用一个"足够好"的方案解决问题——即时在长远看来一些替代方案能够更好地满足他们的要求。

8. Nielsen 可用性原则

（1）系统状态可见性

通过在合理时间内的合适反馈，系统应该让用户了解正在发生的事情。

（2）系统与真实世界的关联性

系统应该以用户熟悉的语言、文字、词汇及概念来呈现，而不是使用系统导向，遵行真实世界的转换，将信息以自然并具有逻辑的方式呈现。

（3）使用者的控制度及自由度

用户时常以尝试选择系统功能，当操作出错时，系统应该提供能自由离开的"出口"，支持返回与撤销等操作。

（4）一致性和标准

同一产品或同类产品中，对于相同的内容，操作等应采用一致的名称和交互方式，用户不应该猜测同一动作是否使用不同的词汇、状态或动作，保持一致性能够使用户利用已有的知识来执行新的操作任务，并可预期操作结果，增加用户学习和理解操作界面的速度。除此之外，还要考虑到浏览器的兼容性，使内容能够对全部或尽可能多的用户正确显示。

（5）预防错误

第一时间预防错误发生的谨慎设计比显示错误信息更好，可以消除式检查有错误倾向的状态，然后在用户提交动作前提供确认的选择。

（6）识别，而非回忆

尽量减少用户需要记忆的内容，在填写过程中，系统应该在适合的地方进行提示，或者直接提供选项，让用户可以直接识别进行选择，而不需要记忆太多信息和操作步骤。

（7）使用的灵活性与高效性

系统需要迎合有经验的和经验不足的用户，一些不被初级用户看到的加速器可以加快高级用户和系统之间的交流系统也应该允许用户调整其常用动作和操作。

（8）视觉美化与简化设计

视觉美化不仅可以给用户带来视觉的享受，也可以提高系统的可用性。对于不必要的或者优先级低的信息，操作应该尽量简化。

（9）帮助用户，诊断并从错误中恢复

错误信息应该以清晰易懂的叙述文字呈现，而不是错误代码，并且精确地指出问题以及提出建设性的解决方案，帮助用户从错误中恢复。

（10）帮助与说明文件

即使是最好的系统也不能没有说明文，系统也需要提供帮助与说明文件。这些信息应该很容易被找到，协助用户完成任务。

7.2 Web 用户体验设计

Web 用户体验是由网站的操作便利性、品牌形象、访问的流畅性以及细节设计等综合因素而最终影响用户访问网站时的主观体验，包括用户能否顺利完成任务、是否喜欢网站、是否还会再次访问等。随着互联网的迅速发展,用户体验也已经越来越成为影响网站竞争力的重要因素,受到越来越多网站的重视。

7.2.1　网站结构

网站通常都是超文本和应用程序的结合体,我们可以点击网站上的链接访问一个应用程序或者页面。这种方法使用起来很方便且灵活,但是可能会让用户难以理解。有一些网站由成千上万个网页组成,这些网站可能已经在混乱和欠缺规划的情况下开发了很长的时间。由于很难让用户在脑海中形成一个网站结构模型,所以用户很容易在这样的网站里迷失,不知道自己身处什么位置。因此,清晰的网站结构就显得非常重要。最常见的网站结构是按照层级形式建立的,以首页作为各个节点的根源。

一些公司的网站按照公司的组织结构来组织网站的结构,这对于公司的员工来说很有用,但这种方式仅仅适合内部网络,对于非企业员工的外部访问者来说却并不适用。

网站结构永远都是为了支持目标用户完成他们的任务,而要做到这点是很困难的,因为无论你把用户需求收集得多好,都很难预想到每个用户的需求。因此,我们要尽量让到达站内每个网页的通道变得更加灵活。这就是为什么很多网站既可以让你去搜索想找的内容,也提供链接让你可以一步步地寻找。

设计网站结构的时候,我们考虑的基本单位是节点。节点可以对应任意的信息片段或组合。这些节点可以用许多不同的方式来安排,比较常见的是层级结构,有时也称为树状结构或中心辐射结构,此外还有矩阵结构、线性结构等。图 7-3 是一个可能的网站结构。

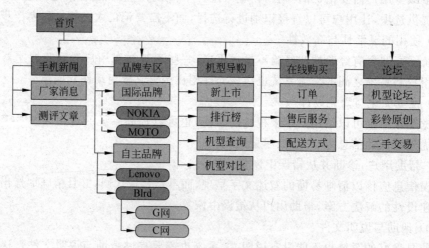

图 7-3　一个网站的层次结构

节点在网站结构中是按照组织原则来安置的,所谓组织原则就是我们决定哪些节点要编成一组,哪些节点要保持独立的标准。不同的组织原则将被应用于不同的区域和网站不同的层面。

例如,在某个公司的信息网站中,其层次结构也许有最上层的类别,如"消费者"、"企业集团"和"投资者"。在这里,组织原则是"不同内容所针对的观众"。其他公司的网站也许有另外的上层类别，如"亚洲"、"欧洲"、"非洲"，它使用地区作为另一种组织原则，来满足全球用户的需求。

网站的最高层级使用的组织原则应该紧密地与我们网站的目标和用户需求相关。而在结构中较低的层级，内容与功能需求的考虑将对我们所采用的组织原则产生很大影响。例如，一个新闻网站经常以时间顺序作为它最显著的组织原则。实时性对于用户来说是唯一重要的因素，用户总是希望在新闻网站看到最新的时事新闻，而对网站也同样重要，这些内容的实时性使得网站在竞争中得以生存。

结构的再下一个层级是其他与内容紧密相关的因素。以体育类新闻网站来说，内容也许会被划分为"篮球"、"足球"、"高尔夫"、"棒球"这样的类别，而更偏向于广泛兴趣的网站也许会将分类设置为"国际新闻"、"国内新闻"和"地方新闻"这样的形式。

任何一种信息收集都有一个固定的概念性结构。而且，这种概念结构往往不止一个。这也是我们在设计时要解决的问题之一。我们所面临的困难不是创建一个结构，而是创建一个能与网站的目标和用户的需求相匹配的、正确的结构。

例如，假设某个网站包含了大量的汽车信息，我们可能会有多种组织原则来安排这些信息。一种方法是按照汽车的重量来组织排列，这样，用户将会在网站上看到按照重量排序的汽车信息，从最重的一直到最轻的。这种组织原则是否正确呢？

如果这是针对普通消费者的信息网站，那按重量可能是一种错误的组织信息方式。对于大多数人而言，大部分时候都不会过于关注汽车的重量。人们购买汽车，一般都是根据汽车的外观、型号或者性能，因此按照这些类型来组织信息或许更合适。但在某些情况下，例如当网站的目标用户是那些每天买卖、运输汽车到海外的专业人士，这时候，重量就变成了一个非常重要的因素。因为对于这样的用户群体，汽车本身的外观、燃料经济性以及引擎类型就变得比较不重要甚至无关紧要，他们更关心的是运输的费用，而这和汽车的重量是密切相关的。

所以，如何组织信息，设计网站结构，并没有一个固定的标准，我们在创建网站结构时，要明确目标用户的需求是什么，哪些信息将满足他们的要求，从而识别出用户心目中最重要的那些信息，据此组织网站信息的结构。

7.2.2 功能布局

功能布局指的是网页的整体结构分布，合理的页面布局应该符合用户的浏览习惯，合理地引导用户的视线流。一个清晰有效的布局，可以让用户对网站的内容一目了然，快速了解内容的组织逻辑，从而大大提升网站的可阅读性和整体视觉效果。

如何为网站设计一个合理的功能布局，我们首先必须对人们使用的复杂环境有个基本认识，如果希望建立一个用户易于使用的界面就必须了解用户如何看待它，以及用户眼中的系统是个什么样子的，为了达到以上目的，我们就必须理解用户是如何处理技术的复杂性的。

当人们与现实世界中的事物进行交互时，他们将构思事物的运行方式并利用自己对事物运行方式的理解去完成任务。很多事物易于理解和使用，如锤子、剪刀，甚至从来没有使用过的人也很容易学会如何使用。它们的物理特性致使它们易于使用，如手柄适合被手握住。但是很多其他事物的性质比较复杂，不能被很容易地掌握。它们的外观并不能清晰地反映它们的使用方法，所以人们必须假想许多操作它们的方式。这个假想基于以往的经验，所以设计师采用尊重用户习惯和使用经验的网站设计结构，能更容易地被用户接受和理解。

在网站设计领域，不同的网站形态和布局结构代表了不同的网站类型，这些典型的布局模式，一方面是企业通过商业竞争的结果，也是互联网领域的达尔文进化过程的自然产物。

图 7-4 中是几个典型的布局结构。这些典型的网站结构是商业竞争的胜利者们在用户心目中建立的典型的网站结构预期。

图 7-4　搜索引擎、微博、团购网站的布局结构图

当你接受一个网站项目时第一件事就是确定它的定位，相关领域有没有典型的结构布局，如果有最好能遵守这种典型布局。否则用户需要花更多的时间了解你的网站是什么，能做什么。

不同类型的网站，不同类型的页面往往有固定的不同的布局，这些布局符合用户的认知，在页面内容和视觉美观间取得平衡效果。我们按照分栏方式的不同，把这些布局模式简单地分为三类：一栏式布局、两栏式布局和三栏式布局。

1. 一栏式布局

一栏式布局的页面结构简单、视觉流清晰，便于用户快速定位，但由于页面的排版方式的限制，只适用于信息量小，目的比较集中或者相对比较独立的网站，因此常用于小型网站首页以及注册表单页面等场合。

采用一栏式布局的首页，其信息展示集中，重点突出。通常都会通过大幅的精美图片或者动态 Flash 来实现强烈的视觉冲击效果，从而给用户留下深刻的印象，提升品牌效应，吸引用户进一步浏览。但是，这类首页的信息展限量相对有限，因此需要在首页中添加导航或者重要的入口链接等元素，起到入口和信息分流的作用。

常见的一栏式首页往往用于企业网站和小型商务网站的首页。例如，图 7-5 中的苹果公司网站的首页，是典型的一栏式首页，在其信息展示区，放置了极具吸引力的图片和精练的标语，以引起访客的共鸣和认同感，从而提升其品牌形象。

一栏式首页的展示图片选择是极为重要的因素，如图 7-6 中的联想公司的网站首页，将其最近和最热门的推广活动以图片的形式展现出来，同时也提供了常用入口功能，起到了分流和推广的两大作用。

图 7-5　一栏式布局

图 7-6　联相主页

一些目的单一的网站,如搜索引擎,首页通常也采用一栏式布局,如图 7-7 所示。

图 7-7　谷歌主页

除首页外,一栏式布局还经常被使用在目的性单一,较为独立的二级页面或者更深层次页面,如图 7-8 所示的用户注册页面。由于用户只聚集在表单填写上,因此除表单外只需提供返回首页及少数重要入口即可,否则,反而会引起用户的不适。

图 7-8　用户注册页面

2. 两栏式布局

两栏式布局是最常见的布局方式之一,根据电子商务咨询公司 Groove Commerce 的统计,采用两栏式布局的电子商务网站约占 79%。这种布局模式兼具一栏式和后面要讲解的三栏式布局各自的优点。相对一栏式布局,两栏式可以容纳更多内容,而相对三栏式布局来讲,两栏式的信息不至于过度拥挤和凌乱,但是两栏式不具备一栏式布局的视觉冲击力和三栏式布局的超大信息量的优点。

两栏式布局根据其所占面积比例的不同,将其分为左窄右宽、左宽右窄、左右均等三种类型。虽然从表面上看只是比例或者位置的不同,但实际上它影响到的是用户浏览的视线流以及页面的整体重点。

(1)左窄右宽式

左窄右宽式的布局通常采用左边是导航(以树状导航或者一系列文字链接的形式出现),右边是内容的设置,如图 7-9 所示。此时左边不适宜放次要信息或者广告,否则会过度干扰用户浏览主要内容。用户的浏览习惯通常是从左到右、从上到下,因此这类布局的页面更符合理性的操作流程,能够引导用户通过导航查找内容,使操作更具有可控性,适用于内容丰富、导航分类清晰的网站。

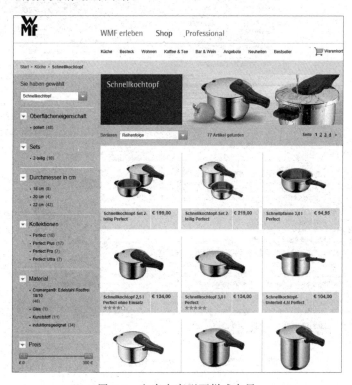

图 7-9　左窄右宽型两栏式布局

(2)左宽右窄型

和前面一种方式相对应的,左宽右窄型的页面通常内容在左,导航在右。

这种结构明显突出了内容的主导地位,引导用户将视觉焦点放在内容上。在用户阅读内容的同时或者之后,才引导其去关注更多相关信息。如百度无线的网站就采用了这种方式,突出当前内容,视线流非常清晰合理,如图 7-10 所示。

左宽右窄型布局的右侧也可以放置次要信息或者广告,体现出信息的主次。搜索引擎一般都采用这种模式,如图 7-11 所示。

(3)左右均等型

左右均等指的是左右侧的比例相差较小,甚至完全一致。这种类型采用得较少,适用于两边信息的重要程度相对比较均等的情况,不体现出内容的主次。同时也存在一些论

图 7-10　左宽右窄型两栏式布局

图 7-11　搜索引擎一般采用左宽右窄型

坛,左边为帖子列表,右边为内容。如猫扑网论坛采用的就是类似这种形式,如图 7-12 所示。其优点在于浏览内容时不需要页面跳转或者弹出新窗口;但缺点在于浏览内容时,列表仍然占据过多页面,从而导致用户注意力分散,并需要更多拖动操作。

对比这三种方式,我们可以看到每种方式的内容重点和视线流的方向都是不一样的,如图 7-13 所示。左窄右宽型的导航位置相对突出,引导用户从左至右地浏览网站,即从导航寻找信息内容;而左宽右窄型的左侧往往放置信息内容,可以让用户聚焦在当前内容上,浏览完之后才会通过导航引导用户浏览更多相关内容;对于左右均等型,如果两侧放置的均为内容,那么用户的视线流主要从上到下,两侧间存在一定的交叉性,如果左侧或者右侧放置了导航,那么左、右侧的视线会出现很多的交叉性,从一定程度上增加了用户的视觉负担。

图 7-12　左右均等型两栏式布局

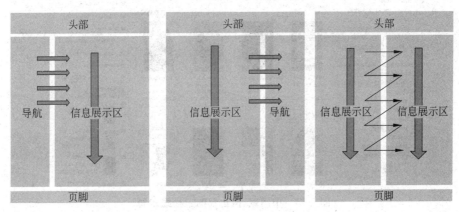

图 7-13　三种两栏式布局的对比

3. 三栏式布局

三栏式的布局方式对于内容的排版更加紧凑,可以更加充分地运用网站的空间,尽量多地显示信息内容,增加信息的密集性,常见于信息量非常丰富的网站,如门户类网站首页。

但是内容量过多会造成页面上信息的拥挤,用户很难找到所需要的信息,增加了用户查找到所需要内容的时间,降低了用户对网站内容的可控性。

由于屏幕的限制,三栏式布局都相对类似,区别主要是比例上的差异。常见的包括中间宽、两边窄或者两栏宽、一栏窄等。第一种方式将主要内容放在中间栏,边上的两栏放置导航链接或者次要内容;第二种方式将两栏放置重要内容,另一栏放置次要内容。

（1）中间宽、两边窄

很多门户网站采用中间宽、两边窄的方式，常见比例约为1：2：1。中间栏由于在视觉比例上相对显眼（相应地，字体也往往比旁边两栏稍大），因此用户默认将中间栏的信息处理成重点信息，两边的信息自动处理为次要信息和广告等，因此这类布局往往引导用户将视线流聚焦于中间部分，部分流向两边，重点较为突出，但却容易导致页面的整体利用率降低。图7-14中是一个中间宽、两边窄的三栏式布局实例。

图7-14　中间宽、两边窄的三栏式布局

（2）两栏宽、一栏窄

两栏宽、一栏窄布局方式也较为常见，最常见的比例为2：2：1。较宽的两栏常被用来展现重点信息，较窄的一栏常用来展现辅助信息。因此相对于前一种布局方式，它能够展现更多重点内容，提高了页面的利用率，但相对而言，重点不如第一种方式那么突出和集中。图7-15中是一个两栏宽、一栏窄的三栏式布局的实例。

4. 功能布局的要点

（1）选择合适的布局方式

在设计布局时，最重要的是根据信息量和页面类型等选择适合的分栏方式，并根据信息间的主次选择合适的比例，对重要信息赋予更多空间，体现出内容间的主次关系，引导用户的视线流。

针对门户类网站首页，由于其具有海量的信息，目前较多采用三栏式，同时需要根据

图 7-15 两栏宽、一栏窄的三栏式布局

信息的重要程度,选择适合的比例方案。

针对某个新闻等具体页面,新闻内容才是用户最为关注的内容,导航等只是辅助信息,因此适合采用一栏式或者新闻内容为主的两栏式布局。

如果用户需求较为个性化和多样化,以上几种布局方式都不能满足用户的需求,那么可以考虑采用个性化定制的布局方式。目前如 iGoogle 等已经实现了让用户自由拖动版块内容,定制个性化布局的功能,将页面布局的选择权和控制权交给了用户。

(2)通过明显的视觉区分,保持整个页面的通透性

有时候,网站版块间的设计缺少统一的规范,就很容易导致各版块间的比例不一致,从而在视觉上给用户一种凌乱的感觉,也容易打断用户较为连贯流畅的视觉流。而保持整个页面的通透性,可以增加用户阅读的流畅性和舒适性,只需要统一各版块间的比例,同时通过线条、颜色等视觉元素增加各栏间的区分度,就可以轻松做到。

(3)按照用户的浏览习惯及使用顺序分布摆放内容

根据眼动结果,用户的注意力往往呈现 F 形,最经典的就是研究 Google 搜索结果得到的"金三角"现象。这项关于用户对于搜索结果注意力的研究由搜索引擎营销公司 Enquiro、Did-it 以及专门研究人们眼睛运动行为的公司 Eyetools 联合完成,通过对用户观察 Google 搜索结果页面时眼睛的运动来确定对搜索结果内容的关注程度。调查结果发现,用户对于搜索结果页面的关注的范围呈现英文字母 F 的形状,也可以描述为"金三角"现象。因此在页面布局设计时,应尽量将重点内容放在左上角,右侧放置次要内容。

（4）统一规范，提升专业度

对于网站内的不同页面类型，应该选择适合的页面布局。对于同一类型或者同一层级的页面，应尽量使用相同的布局方式，避免分栏方式的不同，甚至是各栏比例上的细微变化，以保持网站的统一性和规范性，使网站显得更加专业。

7.2.3　色彩设计

颜色对人有着强烈的影响，是交互设计中一种有用的工具。一般而言，对于大多数人来讲，视觉感知器官有着特定的特征和局限性，而且会根据人的喜好产生不同的影响。颜色可以使人机交互更加高效和舒适，但是如果不能根据人们的感知能力对颜色进行有效的利用和巧妙的控制，颜色也会使人感到困惑和烦恼，甚至会引起重大的误解。

为了理解如何在设计中有效地使用颜色，我们必须理解人类是如何认知颜色的，知道人类对颜色的哪些认知特征可以对人机交互方式产生影响。在这里我们首先来探讨人类对颜色的认知过程，接下来讨论如何把颜色应用到交互设计中去，最后考虑以计算机为基础的色彩处理中所涉及的一些技术问题。

1. 色彩常识

最基本的颜色有三种（红、黄和蓝），其他色彩都可以由这三种色彩调和而成。我们称这三种色彩为"三原色"。黑白灰属于非彩色系列，其他的色彩都属于彩色。

任何一种色彩具备三个特征：明度、色相和彩度（饱和度），其中非彩色只有明度属性。任何一个颜色或色彩都可以从这三个方面进行判断分析。人眼看到的任一彩色光都是这三个特性的综合效果，这三个特性即是色彩的三要素，其中色调与光波的波长有直接关系，亮度和彩度与光波的幅度有关。

（1）明度

明度表示色所具有的亮度和暗度。计算明度的基准是灰度测试卡。黑色为0，白色为10，在0~10之间等间隔的排列为9个阶段。色彩可以分为有彩色和无彩色，但后者仍然存在着明度。作为有彩色，每种色各自的亮度、暗度在灰度测试卡上都具有相应的位置值。彩度高的色对明度有很大的影响，不太容易辨别。在明亮的地方鉴别色的明度比较容易的，在暗的地方就难以鉴别。

（2）色相

色彩是由于物体上的物理性的光反射到人眼视神经上所产生的感觉。色的不同是由光的波长的长短差别所决定的。作为色相，指的是这些不同波长的色的情况。波长最长的是红色，最短的是紫。把红、橙、黄、绿、蓝、紫和处在它们各自之间的红橙、黄橙、黄绿、蓝绿、蓝紫、红紫这6种中间色——共计12种色作为色相环。在色相环上排列的色是纯度高的色，被称为纯色。这些色在环上的位置是根据视觉和感觉的相等间隔来进行安排的。用类似这样的方法还可以再分出差别细微的多种色来。在色相环上，与环中心对称，并在180度的位置两端的色被称为互补色。

（3）彩度

用数值表示颜色的鲜艳或鲜明的程度称为彩度。有彩色的各种颜色都具有彩度值，无彩色的颜色的彩度值为0，对于有彩色的色的彩度（纯度）的高低，区别方法是根据这种色中含灰色的程度来计算的。彩度由于色相的不同而不同，而且即使是相同的色相，因为明度的不同，彩度也会随之变化的。

我们将色彩按红→黄→绿→蓝→红依次过渡渐变，就可以得到一个色环。色环上的色彩，若以温度感来区分的话，红、橙、黄色属于暖色系，暖色系的色彩比较容易使人有温暖的感觉；青绿、蓝、蓝紫色，则属于冷色系色彩，冷色系的色彩则比较容易使人有寒冷、凉爽的感觉。而介于暖色与冷色之间的紫色、绿色，则是中性色。

色环中相邻的三种颜色称为相近色。相近色的搭配给人的视觉效果很舒适，很自然。所以相近色在网站设计中极为常用。色环中相对的两种色彩。暖色跟黑色调和可以达到很好的效果。暖色一般应用于购物类网站、电子商务网站、儿童类网站等，用以体现商品的琳琅满目，儿童类网站的活泼、温馨等效果。冷色一般跟白色调和可以达到一种很好的效果。冷色一般应用于一些高科技、游戏类网站，主要表达严肃、稳重等效果。

通过色相、明度、彩度、冷暖以及形状等因素的调整，色彩还会形成一定的前进后退感，例如明度高的色有向前的感觉，明度低的色有后退的感觉；暖色有向前的感觉，冷色有后退的感觉；高彩度色有向前的感觉，低彩度色有后退的感觉；色彩整有向前的感觉，色彩不整，边缘虚有后退的感觉；色彩面积大有向前的感觉，色彩面积小有后退的感觉；规则形有向前的感觉，不规则形有后退的感觉等。

2. 色彩的表情

每种颜色都有自己的含义，带给用户不同的心理感受。下面列举一些常用颜色的含义以及让人产生的主观感受。

红色是一种激奋的色彩，代表了兴奋、激情、奔放和欢乐，能使人产生冲动、愤怒、热情、活力的感觉，对人眼刺激较大，容易造成视觉疲劳，使用时需要慎重考虑。因此不要采用大面积的红色，它常用于 Logo、导航等位置。

橙色也是一种激奋的色彩，通常代表着激情、欢乐、健康等，具有轻快、欢欣、热烈、温馨、时尚的效果。阿里系基本都采用橙色作为主色调，独特、识别度高，成为公司的一个象征。但和红色类似，也容易造成视觉疲劳。

黄色具有快乐、希望、智慧和轻快的个性，它的明度最高，有扩张的视觉效果，因此采用黄色作为主色调的网站也往往呈现出活力和快乐。通常黄色还容易让人联想到黄金、缎带，因此也往往代表着高贵和富有。不同的黄色往往会带来不同的效果，因此在设计时需要注意细节的差别。

绿色具有黄色和蓝色两种成分的色，介于冷暖两种色彩的中间，是一种中性的颜色。绿色显得和睦、宁静、健康、安全的感觉。它和金黄、淡白搭配，可以产生优雅、舒适的气氛，也常用于财经网站或者那些代表富饶、康复和生态学的网站。

蓝色的色感较冷，是最具凉爽、清新、专业的色彩，通常代表着冷静、沉思、智慧、自信和神秘，就如同天空和海洋一样，深不可测。它和白色混合，能体现柔顺、淡雅、浪漫的气氛，同时，蓝色也是现代科技的象征色，如 IBM 等科技公司都采用蓝色作为公司网站主色调。

紫色的明度较低，给人以高贵、优雅、浪漫和神秘的感觉，同时也表示公正和真相。但眼睛对紫色光的细微变化的分辨力很弱，容易引起疲劳。

黑色往往代表着严肃、恐怖、冷静,具有深沉、神秘、寂静、悲哀、压抑的感受。它本身是无光无色的,当作为背景色时,能够很好地衬托出其他颜色,尤其与白色对比时,对比非常分明,白底黑字或者黑底白字的可视度很高。

白色是全部可见光均匀混合而成的,称为全色光,具有洁白、明快、纯真、清洁与和平的感受。白色很少单独使用,通常都与其他颜色混合,纯粹的白色背景对于内容的干扰最小。

灰色具有中庸、平凡、温和、谦让、中立的感觉。它不容易产生视觉疲劳,但是也容易让人感到沉闷。当然也有漂亮的灰色会给人高雅、精致、含蓄的印象。

每种色彩在饱和度、透明度上略微变化就会产生不同的感觉。以绿色为例,黄绿色有青春、旺盛的视觉意境,而蓝绿色则显得幽宁、阴深。在红色中加入少量的黑,会使其风格变得沉稳,趋于厚重、朴实;加入少量的白,会使其风格变得温柔,趋于含蓄、羞涩、娇嫩。如果在橙色中黄的成分较多,其风格趋于甜美、亮丽、芳香;在橙色中混入少量的白,可使橙色的感觉趋于焦躁、无力。

3. 网站的配色

色彩的选择和搭配在 Web 网站设计中是相当重要的一部分,是设计者必须要考虑的问题。除了文字、图片等内容的合理排版,色彩选择合适,搭配合理(包括色彩的位置,每种色彩所占的比例、面积等),网站就会让人看上去舒适、协调。色彩的均衡,比如鲜艳明亮的色彩面积应小一点,会让人感觉舒适,不刺眼。这就是一种均衡的色彩搭配。

一个网站不可能单一地运用一种颜色,让人感觉单调、乏味;但是也不可能将所有的颜色都运用到网站中,让人感觉轻浮、花哨。一个网站必须有一种或两种主题色,不至于让用户迷失方向,也不至于单调乏味。

一般来说,一个页面尽量不要超过 4 种色彩,用太多的色彩让人没有方向,没有侧重。当主题色确定好以后,考虑其他配色时,一定要考虑其他配色与主题色的关系,要体现什么样的效果。另外哪种因素占主要地位,是明度、彩度还是色相。

在选用主题色时,要考虑用户群体、网站类型等多种因素。

不同用户群体对颜色的审美喜好以及理解都有所不同。在设计时需要考虑当地的文化因素。不同文化背景的用户,对于颜色的理解不一致。例如,红色在我国文化中象征着吉祥、喜庆,国旗等都采用了红色;但在墨西哥,红色花表示符咒,在其他一些西方国家,红色也往往象征着残暴、流血,应尽量避免使用。此外,不同的性别、年龄、教育背景等都会影响人们对于色彩的理解和偏好。例如,针对女性的网站往往采用较为饱和的红色、粉色、紫色,带来温暖、热情、浪漫的感觉。对于目标用户主要为男性的类别,往往采用冷色调,给人更加冷峻、沉稳的感觉。针对年轻人的网站应该更加轻快、活泼,年轻人比较能够接受色彩鲜艳或是较饱和的颜色。针对老人的网站应该宁静,不应过于花哨,一般老人对于灰色系的接受度较高。针对儿童的网站应该体现出童趣,更加偏好丰富绚丽的色彩。针对商务人士的网站应该庄重,有质感。

不同类型的网站以及网站的定位也会影响到颜色的选取。例如,门户类网站通常给人大众、专业、稳重的印象,因此主色调也往往在常用颜色中选取,适合大部分人的品位。如腾讯的浅蓝色、新浪网的黄色、雅虎的紫色和 MSN 的蓝色,在保持网站品牌形象和个性的同时,符合了大部分用户的审美。同时,由于门户网站主要以资讯内容为主,因此应尽量减少颜色等元素对于内容浏览的干扰。相对门户网站而言,电子商务网站的颜色非常丰富绚丽,给人激情、热闹、舒适的印象。如淘宝的橙色系、百度有啊的红色系(搭配部分绿色、橙色)、eBay 红蓝黄绿 4 色搭配,Amazon 的蓝色系(搭配部分橙色),较多使用暖色调,刺激用户的浏览和购买。其中,eBay 的主色调非常巧妙将 Logo 中的 4 种颜色搭配在一起,互相呼应,整个页面看上去非常清爽、和谐。淘宝主页从 Logo 到导航、按钮等一致地沿用了橙色系的元素。但到具体的垂直类别时,对不同分类都进行了个性化的设计。

垂直类网站由于范围较窄,因此与其领域的特色紧密相关,体现出相关性和专业性。如金融类网站需要体现出正式、庄重,因此往往采用稳重的颜色。中国工商银行网站就采用了银色和红色体现出金融以及稳重的感觉。汽车类网站则通过颜色、图片等共同体现出质感、稳重、速度等,给人造成强烈的视觉冲击。政府网站相对都比较严肃、庄重,因此适合使用颜色较深的沉稳基调。

品牌形象也是主题色选择的重要因素。每个公司由于其产品特色以及企业文化等的不同,都会形成自身独特的品牌形象。尤其对于知名网站/企业来讲,多年的品牌营销使品牌形象/品牌色深入人心,因此网站沿用品牌色将有助于提升网站/企业的整体形象。最常见的一种方式就是增加网站主色调与 Logo 之间的关联,因为 Logo 的设计本身就体现了其定位及品牌形象。如前面提到的 eBay,网站主色调采用了 Logo 的 4 种颜色的组合,增加了用户对于网站的认知度和识别度。对于科技类网站,通常选择蓝色、黑色等象征现代和科技的颜色,如 IBM 的深蓝色已经深入人心,因此网站的主色调也应该围绕着蓝色,使其更加符合品牌形象。

网站还需要搭配辅助色、点睛色、背景色,形成完整的配色方案。其中,辅色调是仅次于主色调的视觉面积的辅助色,用于烘托主色调,营造网站整体氛围。突出色是在小范围内用强烈的颜色对比来突出重点元素,使页面更加鲜明生动,主要用于占用范围较小的按钮、标签等。背景色是用作背景的颜色,协调、支配整体的作用。每一个颜色对于网站都至关重要,合理搭配才能使网站颜色更加赏心悦目,重点突出,因此设计时都需要仔细斟酌。同时网站的图片、文字、按钮等元素的颜色都需要互相搭配,达到网站的整体和谐,提升网站的整体氛围。

网页的标题是网站的指航标,浏览者要在网页间跳转,要了解网站的结构和内容,都必须通过导航或者页面中的一些小标题。所以我们可以使用稍微具有跳跃性的色彩,吸引浏览者的视线,让他们感觉网站清晰、明了,层次分明,想往哪里走都不会迷失方向。

网站的链接实现了网站内多个网页间的相互跳转,所以文字与图片的链接是网站中不可缺少的一部分。特别是文字的链接,因为链接区别于文字,所以链接的颜色不能跟文字的颜色一样。大多数浏览者不会花太多的时间用在寻找网站的链接上。设置了独特的链接颜色,让人感觉它的独特性,好奇心必然趋使他移动鼠标,点击鼠标。

网页文字和网站背景颜色的搭配,要求设计者考虑到背景颜色的用色,以及前景文字的选择等问题。一般的网站侧重的是文字,所以背景可以选择纯度或者明度较低的色彩,文字用较为突出的亮色,让人一目了然。

网页标志是宣传网站最重要的部分之一,所以这两个部分一定要在页面上突出。我们一般将 Logo 和 Banner 做得鲜亮一些，也就是色彩方面跟网页的主题色分离开来。有时候为了更突出，也可以使用与主题色相反的颜色。

为了能让网站设计得更靓丽、更舒适，为了增强页面的良好用户体验，我们必须合理、恰当地运用与搭配页面各要素间的色彩。

7.2.4　信息导航

我们现实生活中的出行都会依赖地图、公交站牌、路标、指南针、太阳的位置、周围熟悉的建筑物等来帮助我们了解自己在什么地方？去哪里？怎么去。我们时时刻刻都在努力识别自己所在的物理空间。如果有一天在一个陌生的地方醒来，周围是陌生的环境。我们会恐慌，第一反应就是弄清楚自己在哪里。当然这种情况在现实世界不多见，通常情况下我们在哪里睡的，还会在哪里醒来。

但是在互联网的虚拟空间里，这确实是再常见不过的事情，我们通过搜索引擎进入一个全新的网站，像《机器猫》里的任意门一样我们可以在任何地方穿越到任何我们想去的其他地方。在互联网的信息空间里穿梭的唯一限制是不知道目标页面的超文本链接地址。

虽然我们有了"任意门"，但我们不是在探险或旅游，通常我们都有特定的目标：在电子商务网站上买一款心仪的手机；找到糖醋里脊的做法；联系多年不见的老同学；等等。因此我们还是需要知道我们在哪，我们要去哪以及怎么去。导航系统就像商场中的指示牌和城市旅游地图一样，能够告诉用户"我在哪里"、"我该怎么去想要去的地方"，帮助用户建立位置感、方向感，以引导用户更好地浏览网站内容。

导航也是网站信息架构的一种反映，体现了网站内容的分类和组织方式。没有合理导航的内容就像一盘散沙，用户不容易找到所需要的内容，或者在浏览时因为多次跳转而偏离了目标主题，很容易在网站上"迷路"。这种现象就是我们平时所说的信息迷航。

我们的浏览器已经为我们提供了最基础的导航工具：前进、后退、收藏夹。这些工具是非常有用且必要的，但是如果在一个电子商务网站中，为了找一双喜欢的鞋子，对比了几十双鞋子，打开过上百个页面，这时候如果想通过前进、后退找到你最初的位置几乎是不可能的，因此，我们必须在网站内部为用户建立清晰的位置感和方向感，让用户可以快速前进和返回。

1. 全站导航系统

全站导航系统是指用户可以通过其浏览各个重要区域和功能的导航系统。在全站导航系统的设计中，一般并不要求网站内每个页面在导航系统中都有所体现，但是需要呈现比较主要的功能。通常在规划全站导航系统的时候，我们需要参考网站信息架构和战略需求，将对用户、对企业最重要的功能呈现在全站导航系统中。下面是一些在设计时可参考的导航思想。

（1）全局导航

全局导航提供从网站的最终页面到达其他页面的一组关键点，无论你想去哪里，都可以在全局导航中最终到达，如图 7-16 所示。

全局导航的设计除了保证用户可以快速到达常用页面之外，还有一个重要作用就是

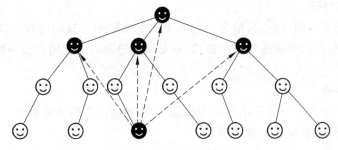

图 7-16　全局导航示意图

可以快速回到起始位置,例如首页、收藏夹等。因此它还起到了"逃生仓"的作用。就是当用户迷失时可以随时回到熟悉的信息空间,重新建立位置感和安全感。由于这种作用,因此要保证全局导航的设计具有一致性和稳定性:位置一致、形式一致、内容一致。经常变化全局导航会对网站的忠实用户产生非常消极的影响,他们找不到自己熟悉的内容会产生挫败感。

（2）局部导航

局部导航提供在网站信息空间中到附近地点的通路,是用户在网站的某个信息空间内的活动需要用到的重要入口,如图 7-17 所示。局部导航反映的是真实的内容结构,通常它支持返回父级目录、进入子级目录、在同级目录间跳转三种类型的行为。局部导航的设计好坏会直接影响整个导航系统的质量。

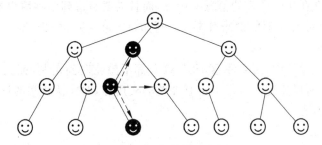

图 7-17　局部导航示意图

（3）辅助导航

辅助导航提供了全局导航和局部导航不能快速到达的相关内容的快捷途径。用户可以转移浏览方向,而不需要从头开始,如图 7-18 所示。

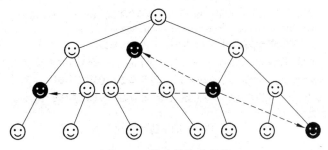

图 7-18　辅助导航示意图

（4）上下文导航

用户在阅读文本的时候,恰恰是他们需要上下文辅助信息的时候。准确地理解用户的需求,在他们阅读的时候提供一些链接(例如文字链接),要比用户使用搜索和全局导航更高效。

（5）友好导航

友好导航是一些用户通常不会使用的链接,但确实需要时又能快速有效地帮助用户,例如联系信息、反馈表单和法律声明等。

（6）远程导航

以独立方式存在的导航,如网站地图,以简明的、单页网站的整体结构展示。在用户被其他导航搞得晕头转向时,很多时候他会选择网站地图。

在全站导航系统设计中,我们需要注意几个原则:

① 清晰、明了的导航结构;

② 导航交互的一致性;

③ 用户在每个页面都能清楚地知道自己所处的当前位置;

④ 支持频繁的、通常的任务;

⑤ 有效的搜索设计。

2. 定制化导航

定制化导航就是针对用户行为、需求、偏好向不同用户提供定制导航的权利。定制化导航通常需要建立在比较严密的信息架构下,而且需要考虑到多种用户的需求,能够非常灵活地使用,通常对设计师的要求比较高,例如,Facebook、My Yahoo 都是比较典型的范例。

在定制化导航设计中,需要注意,大多数人都不想花时间定制,而且用户自己也很难预见未来的需求,所以要充分考虑可定制导航的实用性,对默认状态的设计也需要充分遵循大多数用户的意志。

3. 社会化导航

社会化导航是 Web 2.0 的非常重要的创新成果之一,它建立在大众使用的基础上,通过对大量用户相同行为的归纳而得到。由于社会化导航具备集群特征和动态性,社会化的导航结构更加灵活、具有更好的适应性,也更加符合用户需求,如图 7-19 所示。

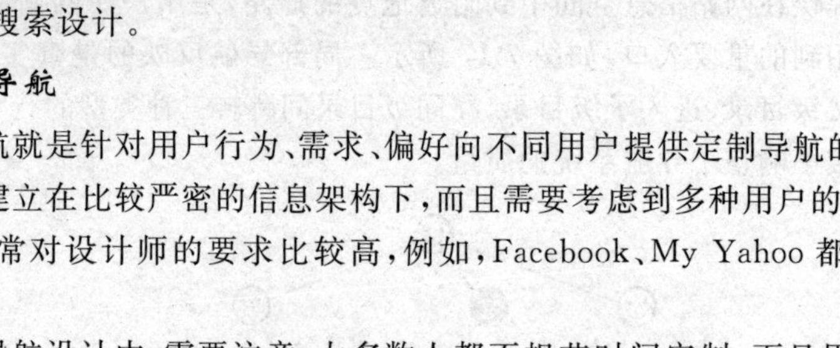

图 7-19　Flickr 的社会化导航

4. 搜索系统

当我们提出我们需要一个搜索引擎时，一定要非常小心谨慎。如果你的网站并没有那么多的内容，如果你的用户并不希望使用搜索的方式查找，那么建议你取消它。从本质上看，搜索系统的建立是由于用户希望得到与关键字相关的建议，而导航系统的建立则是由于用户希望从某个类别中得到建议，二者存在很强的互补性，同时也可能存在相互争夺资源的可能。我们通常会发现，如果一个产品的搜索系统做得比较好，那么导航系统则会做得较差，而这种主要行为并不应该由我们来定义，这是用户行为习惯的结果。图 7-20中是 eBay 的搜索系统。

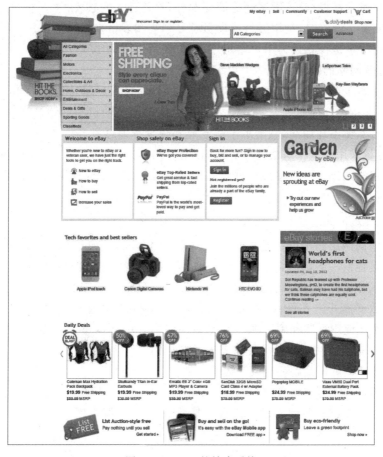

图 7-20　eBay 的搜索系统

7.2.5　内容优化

如果内容足够吸引人，尽管界面难看、导航很差，也会是一个很成功的网站。在看动作电影的时候，我们可能很享受其中的爆炸场面和特效，但如果没有情节，肯定很快就会厌倦。网站也是这样，即使它们的界面很美观，使用很人性化，但如果没有吸引用户的内容，用户就不会再回访了。

网站一般都包含许多文字，虽然不管在什么媒介上，好的内容就是好的内容，但当把文字搬到网页上后，却会带来一些明显的缺点。以下的准则可以帮助我们优化网页内容：

1. 使文字保持最少

大部分用户并不喜欢在屏幕上阅读大段的文字。很大一部分原因是因为屏幕的分辨率比纸张要低得多。随着显示器制造技术的发展，这种限制可能将不再存在，但目前，许多人在阅读屏幕上的多页文字时，更喜欢把它们打印出来。因此，在把信息放置到网页上时，应该尽量将其压缩减少为原来的 50%，可能的话，最好把篇幅控制在一屏。以下方法对此会有帮助：

（1）简介通常都很难写，尝试删除简介部分，看是否真的必要；

（2）删除文字的同时，利用编号或项目符号列表和表格来组织信息；

（3）检查文字是否真地为用户增加了价值，充斥广告和废话连篇的网站都特别不受欢迎，且会降低网站的信誉。

网站的访客也可能来自不同的国家和地区，所以，最好尽量让语言简单，避免过多使用行业术语，保持内容简明和真实。至少要保证网站内容的拼写和语法正确。没有很好检查的网站必然留不住用户，它暗示不够专业和缺少审慎思考。

此外，尽量采用倒金字塔的写作方法，以简短的结论开始，然后再添加细节。这样，即使用户只是粗略阅读也可以掌握最重要的信息。这种方法也同样满足那些不愿意使用滚动栏用户的需求。

2. 帮助用户浏览

大部分访问网站的用户在寻找他们感兴趣的内容时，倾向于浏览和跳着看。用户这样做的原因是他们一般都非常忙，而且可能还有其他网站可以满足他们的需求。所以，用户想尽快确认你的网站是否满足他的预期。如果在这个步骤需要耗费他太多的时间，用户一般就会放弃离开。下面的一些准则可以保证网站的文本被快速浏览。

（1）恰当地使用标题和副标题。这有助于使内容的解构更加清晰，而且对于需要使用屏幕朗读器来阅读网站的视觉残障人士很有帮助。

（2）标题要能够清楚解释这部分内容的意义。

（3）使用强调符号和编号，使内容解构清晰合理，便于阅读。

（4）突出和强调重要的问题和主题。链接在这里会很有用，因为链接的词很突出。同时避免在正常的文本下使用下划线，以免用户将其混淆为超链接，引起误解。

链接所使用的词汇很重要。类似"想了解更多信息，请点击这里"这样的链接标签在许多网站都很常见。但浏览这一页内容时，用户的眼镜可能只提取到了"点击这里"，因为它看上去不一样。如果用户只是浏览一下网页，这样的句子对于他来说就没有什么用，特别是一些视觉残障用户自己一个人使用屏幕朗读器且又不了解网页环境的时候。我们最好采用"链接类型：更多信息"这样的形式。这样在用户浏览网页时，可以提取短语"链接类型"。

3. 把大段文字分成小段

大段的文字阅读起来很困难，最好把它们分成小段。把这些小段文字组织在同一个页面上或者是用链接分开到不同的网页都可以。但分开的文本经常会以一些类似"下一页"的链接按钮连接起来,这样其实帮助并不大,用户想读完全部内容就必须一次次地点击,并有可能等待很长的时间。而且文字之间来回地阅读变得很困难。在这种情况下,较好的做法是在一个长页中把文字分成 n 组,每一组都与一个不同的主题相关。

7.3 社会性 Web 服务的用户体验

社会性网络服务(Social Networking Services,SNS)专指旨在帮助人们建立社会性网络的互联网应用服务。SNS 的另一种常用解释是 Social Network Site,即"社交网站"或"社交网"。

7.3.1 社会性网络服务的特征

社会性网络(Social Networking)是指个人之间的关系网络,这种基于社会网络关系系统思想的网站就是社交网站。SNS 是 Web 2.0 体系下的一个技术应用架构。建立 SNS 网站的依据是哈佛大学心理学家 Stanley Milgram 在 20 世纪 60 年代提出的"六度分隔理论",简单地说,"你和任何一个陌生人之间所间隔的人不会超过六个,也就是说,最多通过六个人你就能够认识任何一个陌生人"。按照六度分割理论,每个个体的社交圈都不断放大,最后成为一个大型网络。这是社会性网络的早期理解。

在这种理论的影响下,一些通过"熟人的熟人"来进行网络社交拓展、面向社会性网络的 Web 服务开始出现,例如 ArtComb、Friendster、Wallop 和 adoreme 等。但"熟人的熟人",只是社交拓展的一种方式,而并非社交拓展的全部。因此,现在一般所谓的 SNS,则其含义还远不止"熟人的熟人"这个层面。比如根据相同话题进行凝聚(如贴吧)、根据爱好进行凝聚(如 Fexion 网)、根据学习经历进行凝聚(如 Facebook,人人网)、根据周末出游的相同地点进行凝聚等,都被纳入 SNS 的范畴。

在国外,SNS 网站从 2003 年 3 月在美国悄然兴起,短短 5 个月内就风靡整个北美地区。在国外,首屈一指的 SNS 网络——Facebook 被人称赞为继 Google 之后的最伟大创意。电话和手机用了 15 年时间才积累到 1 亿用户,但 Facebook 做到这点只用了 9 个月。越来越多的人被在线社交网络连接起来,并且这个网络还在呈指数增长。

在国内,网民的绝对数量众多,即使在一个小众的细分市场,仍然有巨大的市场机会,SNS 背后的社会关系网络力量巨大,拥有众多尚未挖掘并可利用的资源和大量商机,人人网、开心网等大批中国本土的 SNS 网站不断涌现。

社会性网络服务之所以能够发展如此迅速,其根本原因在于 SNS 最能体现用户的核心作用,它具有以下一些特点。

1. 以用户为中心,通过人与人的关系传播信息

博客所提供的网络服务,主要是以内容为维度,通过展示内容进而展示用户。而 SNS 网络则是以用户为中心组织和传播内容,用户的意识及行为成为关注的焦点,满足用户多样化的需求是 SNS 网络的重心。

2. 基于用户需求的综合化服务平台

SNS网络融合了传统的博客、BBS、E-mail、即时聊天等形式,同时又添加了各种应用程序,既继承了传统网络的优势,又形成了具有自身特质的网络文化生态系统,建构基于用户需求的综合化服务平台。现代网络传播技术的发展推进多样化的传播形式和技术手段的融合,打造多元互动的沟通平台,从而更好地激发网络的能量增值。

3. 聚合内容RSS订阅和分享机制

RSS订阅机制通过订阅与好友的链接,在第一时间将好友的内容更新以及别人对"我"的任何回应显示在RSS阅读器上,建立及时高效的交流反馈模式。而分享机制则进一步实现了方便快捷的信息共享。

4. 通过人际关系获取信息

SNS网络利用人与人的关系改变人与信息的关系,反过来又用人与信息的关系影响人与人的关系。用户开始在社交网络系统中寻找和辨别信息流,这种获取信息的方式将关注的重心放在人们会从谁那里获取信息,又会与谁分享信息。

5. 真实的社会交往

真实社交的功能集中体现了SNS网络的优越性,实现网络社交由"虚拟性"向"日常性"的跨越。随着网络社会的发展,人们越来越深刻地感觉到网络的匿名性不能满足人们现实交往的需要,人与人之间的信任在匿名性的"拟态交往"中受到威胁。一方面,在匿名状态下,由于交往面具的存在,人们不需要为自己的言行负责,这时候人们的网络角色和社会角色常常存在着较大的冲突;另一方面,在当今信息爆炸的时代里,人们既需要信息,又陷入"信息超载"的窘境。信息支配了他们的注意力,并远远超过了他们的吸收能力,因此人们在选择信息的时候更加在乎信息的来源。SNS网络由于其相对真实的资料注册门槛,在很大程度上净化了注册用户的身份来源,给用户提供了一条相对纯净的交友空间,提高了网络人际传播的效率,优化了网络社会交往的效果。

6. 建构自我与群体身份认同

主体只有在社会交往系统中通过与他者的社会交往行动才能真正建构自我,同时在这个过程中还要通过不断地"寻找—定位"完成自身群体文化心理的塑造,建构个人关于群体身份的认同。由于用户在SNS网络上使用的是真实的信息,为了打造个人品牌,用户会有积极的"自我呈现"行为,有助于增加用户的交互性和活跃度。同时,SNS网络上的群组活动也将个人空间和公共空间结合在一起,不仅满足了小团体内部共通性的群体需求,而且有利于增加个人对自我群体身份的归属感和认同感。

7.3.2 社会性网络服务与人类关系

社会性网络服务目前已经成为互联网的重要内容,针对社会性网络的Web设计将变成每个设计师的重要技能之一。为了做好它,我们将需要理解一些基本的人类关系。理解各种人类关系之间的不同将有助于我们建立更好的在线社会化用户体验。

人与人之间的关系,从沟通互动的频率来看,可以划分为强连接、弱连接和临时连接三类。

强连接的沟通互动频率最高,发生此类关系的是我们深刻关注的人,最有可能的是你目前工作的搭档、事业的伙伴、合作的客户等,生活和工作上互动的机会很多。

弱连接的沟通互动频率较低,发生此类关系的范围更广,与我们松散连接的人,类似同学、亲友、朋友,甚至朋友的朋友等都有可能,就是沟通和互动的机会较少,更多的是由于个人的时间、经验和沟通机会造成的。

临时连接的沟通互动频率最低,发生此类连接的可能是你仅接触过一次的人,你并不真的知道他们是谁。一个商店店员,一个呼叫中心接线员,一个你在 eBay 上遇到的卖家,这些都是临时连接的例子。临时连接在线上比线下更常见。他们是以前跟你没关系,但是临时因为某个原因而互动的人。一旦任务结束,临时连接不大可能继续互动。

我们来具体看一下针对每种连接,在社会性网络的用户体验设计中,应该如何处理。

1. 强连接

强连接是我们最关注的人,人们经常提到的强连接是处于他们信任圈中的人,因此强连接对人们的决策往往具有最大影响力。

大部分人只有很少的强连接,通常少于 10 个。在美国,曾做过一项对随机选取 3000 人的研究,结果显示:每人平均只有 4 个亲密的社会联系人,也就是 4 个强连接。大多数人的强连接数在 2~6 个。人们的强连接来自各种地方。大约一半强连接是朋友,另一半包括配偶、同伴、父母、同胞兄弟、孩子、邻居等。因此,当我们为强连接做设计时,我们是在为小团体做设计。

虽然目前互联网正在让我们与更多人的关系变得密切起来,但根据研究结果,社交网络上的绝大部分使用依然发生在强联系之间。例如,有数据显示,人们在 Facebook 上通常与 4~6 个人互动,手机上是 4 个,Skype 上是 2 个。当人们和其他人玩在线电脑游戏时,经常与他们认识的人玩,经常与距离自己住所数英里以内的人玩。技术被用于强连接之间的交流,这种模式并不新鲜。当电话被发明时,它更多被用来扩展和强化强连接而不是削弱它们。

针对强连接进行社会性 Web 设计时要注意:

(1) 考虑用户已存在的交流方式,例如打电话、发短信、发邮件等。必须支持强连接已使用的互动方式,不要试图用我们的消息系统进行替换。

(2) 多显示 10 个最亲密的人的信息可能比单纯显示许多人的少量信息更有价值。

(3) 避免使用类似"朋友"的通用术语,这样做可能会导致过于庞大的群组并减少其相关性。

(4) 建议使用者联系他人,但是要告诉他增加一个新联系的后果。

2. 弱连接

弱连接是你知道但是并不关注的人,这些人和你存在松散联系。弱连接是那些你在电梯里遇到不会感到身体不自然,但是又不会有很强烈的亲近感的人。

在 20 世纪 70 年代,社会学家 Marc Granovetter 总结出弱连接相对强连接往往是更好的信息来源。因为我们的强连接是一个很小的圈子,弱连接可以作为一个更有力的信息和建议来源。研究表明现实生活中大多数人只能保持与 150 个弱连接的信息同步。这种模式在过去几千年一直是正确的。新石器时代的村庄一旦超过 150 个居民就会倾向于分成两个;罗马军队每队有 150 个人以便每个人都互相认识。直到今天这仍然是正确的——无论线上还是线下。我们被超过 150 个弱连接联系起来,但是不与他们发生接触。我们在 Facebook 可能有几百个联系人,但是让我们说出任意一个人的生活情况则是很困难的。

在社会化网络中,弱连接有时是很有用的。例如,SNS 网络上的联系人能帮你找到新工作,一个朋友的朋友能在特定领域给你建议。但有时,弱连接也能导致令人尴尬的社会情境。例如,从你并不是很熟悉的人那里得到不情愿的 Facebook 邀请。

针对弱连接进行社会性 Web 设计时要注意:

(1)考虑沟通和信任之间的平衡。弱连接可能了解更多我们感兴趣的东西,但是我们可能不太信任他们。此种情况下很重要的是展示我们共同的其他连接,或者暴露他们的知识来源,因为这有助于我们增进彼此信任。

(2)让人们能方便地将他们的网络暴露给他们信任的人。这将显示弱连接是如何构成的,而又不侵犯用户隐私。

(3)允许弱连接之间存在适当的沟通管道。一个可能比较好的做法是浏览或者突出显示共同的强连接。

3. 临时连接

临时连接在现实生活中一直都存在,但在互联网上得到了强化。随着在线用户产生内容的增多,临时连接正变得更加重要。

下面是 4 种常见的临时连接类型:

(1)人们有时会为了获取信息而与临时连接互动。需要信息的人寻找知道答案的人。一旦信息需求获得满足,在这些连接之间的互动往往会终止。你可能会在街上向人问路,或者在雅虎上向别人寻找信息。这种临时连接类型对将来的互联网搜索正变得越来越重要。人们正在通过寻找其他人而不是其他业务来回答特定问题。

(2)临时连接同样存在于人们需要临时互动以完成某项任务的情况下。一旦任务完成,互动即终止。例如,在商店与一个售货员互动,或者让水暖工进入你家修理管道。许多这样的任务现在都发生在线上。例如,与呼叫中心客户代表互动以便排布导线,或者从 eBay 上的某个临时连接那里买东西。

(3)临时连接能围绕一个正在发生的共同兴趣(例如一个体育队或者某项爱好)而形成。互动常常发生在社区网站,例如某个体育队的论坛上。这些连接的真正身份可能仍然未知。经常在网站上发帖的人会逐渐认识并了解彼此行为。尽管可能从未谋面,他们之间的关系可以从临时连接逐渐变成弱连接。临时连接在线上互动,在线下见面,这样的例子正在逐渐增多。

(4)人们经常与和自己拥有相同物理空间的人形成临时连接。这些连接可能简单到一分钟街头谈话,或者复杂到在某个音乐节上连续三天断断续续的交谈。尽管不在相同时间,技术现在能让我们与和我们共享相同物理空间的临时连接进行交流。我们可以使用自己的电话看到谁曾经去过我们想起的餐馆,他们点了什么,以及是否他们觉得还不错。

因为我们没有与临时连接建立联系的历史(不像强连接和弱连接),展示真实性和信誉对成功的互动就至关重要。我们需要知道 eBay 卖家是值得信任的。我们需要知道我们正在阅读的药物建议是来自一个真正的医生而不是假装医生的人。我们需要知道餐馆评论是来自懂得食物的人,亚马逊的评论不是某个公司雇员写的。

因此,针对临时连接进行社会性 Web 设计时要注意:

(1) 好的 SNS 系统应优先建立信誉,允许人们互相给予反馈。

(2) 鼓励人们暴露能增加他们真实性的内容。这包括真实姓名、真实照片而非头像,或者能证明他们资格的东西。

(3) 好的 SNS 系统应优先建立人与人之间的信任。这可能包括突出显示共同联系人、共同的群组或者共同的兴趣。

(4) 不要用金钱刺激人,要刺激他们建立自己的信誉。

7.3.3 社会网络服务用户体验设计

在社会性网络服务的开发设计中,我们需要明确社区的需求和愿望,以及我们的产品将如何满足社区的核心需求。它应当以一种社交性的方式运作,为社群关注和社会交互创建对象,为社会性交互开发具有良好用户体验的产品是非常重要的。下面是一些在设计中值得参考的建议。

1. 有情绪的设计

SNS 的交互相对门户网站的"人机"交互更像是"人人"之间的交互,人人之间的交互更具有情绪和情感。所以我们在设计中可以模拟人们的真实感受,提升网站设计中的人的情感因素,使得交互行为更加有趣、富有情感。同时发挥设计中人的情感体验作用,使得设计更加具有人性化,满足审美追求。

数字对于用户的刺激是很大的,常常会给人们以满足感,增加用户活跃度和互动尤其是优质 UGC(用户生成内容)用户。所以在设计中应突出最想表达的内容;让整个网站更有层次感;把操作区集中设计并且突出常用功能,让用户更易操作。

SNS 类网站相对其他类网站,它的特点是满足用户情感的需要(情绪的、愉悦的或美感的体验)。在 SNS 的帮助下,用户可以轻松认识"朋友的朋友",通过认识的人找到需要的人,扩展自己的人脉,还可以更科学地管理人际网络资源,为自己赢得更多的机会。正如从网的口号"加入她你可以找到老同学结识新朋友"一样,SNS 网站通过整合朋友圈,令用户减少了距离,增进感情,获得沟通交流,从而实现了关爱理解的情感表达体验。另外,SNS 网站新鲜、清新的用户体验也是使用者乐此不疲的心理动机之一。

同时 SNS 网站可以满足人们的娱乐和消遣的需求,同时也可以满足用户舒解压力的需要。面对各类社会竞争压力,用户可以在 SNS 网站获得休闲、娱乐的满足感。通过在线游戏及虚拟社区的聊天,释放压抑和郁闷情绪,带来愉悦感。在 SNS 网站,没有地位和身份的差别,大家全部是平等的。用户可以说自己想说的,做自己想做的,暂时逃避生活工作中的烦恼和挫折,实现舒解压力的需要。

2.用户对交互的"体验"过程

什么是好的体验？直白地说就是减少用户的操作,能一步完成的操作尽量不要两步。但是随着人们对网站的长期使用,很多用户已经形成了自己的使用习惯甚至是固定的心理模式。所以我们在创新的时候务必要考虑如何让用户易懂,用户是很难被教育的,设计中应该迎合用户的心里模式而不是试图改变他们。最后做到概念模型和网站原型基本一致,除了设计师对用户体验有深刻的了解之外,还需要在设计中和用户多沟通。在构建概念模型之初设计师就需要站在用户的角度去看待问题,不要把个人的习惯带入设计中(除非是有利于用户的使用习惯)。

其次不要让用户过多地思考和选择,这样用户很容易产生烦躁心理,试着替用户预先想好。在这里网站提供的信息和用户之间的关系可分为以下两种。

（1）半主动关系

对大多数网络用户来说,阅读网页上的信息是一种单方面的接受,就像是看一本书或一张报纸,只是将其中固定的信息通过眼睛接收到大脑中。这是一种半主动的接受,之所以称之为半主动,是因为这种阅读行为不是一种完全被动,完全被动包含一种强制,而对于网页阅读,用户对于不需要的信息完全可以忽略。

（2）主动关系

交互的前提下,网页能够根据不同用户的登录信息,为其显示不同的信息,这里的信息可以是用户自己预定的,也可以是网页信息管理人员根据用户需求分析帮助其制定的一些信息,这里就形成了一种主动关系。而另一方面,又不是完全主动,因为这里所看到信息,只是网页单方面传达给用户的。这里似乎需要一种巧合,那就是网页信息恰好是用户所需要的,于是这就产生了一种单方面的看似主动的关系。

无论主动或是半主动关系,都属于动态的关系,即两种关系不是固定不变的,而是融合在一起的,也时常发生相互变化。简言之,主动或半主动来自用户的使用目的,用户的目的变化了,人与机器之间的交互方式也就发生了变化,那么他们之间的关系也就产生相应变化。

3.利用人们的潜意识

（1）一个好的设计是"精于心,简于型"的

乔布斯在设计苹果界面中最小化、最大化和关闭窗口的时候就做到了这一点,当时的设计师拿出的方案让乔布斯在下意识里没看懂,而后设计师对方案作出了修改。当用户触发按键的时候,按键高亮显示出按键功能注释。但乔布斯感觉这样太烦琐,于是对设计师说,当你开车过马路时看到路灯的红黄绿色,就能得到停车、减速和通行的信息。网站设计亦如此,利用人们的潜意识能让用户更简单地知道你要表达的意思。同时也用最简单的符号和颜色表达信息。

设计师应该善于发现用户的需要,而不是盲目地创造需要。利用用户需求创造的产品才是最好的产品。对于设计而言创新是永恒的挑战。但是改良也是设计师永远的目标。

（2）合适的内容规模

Twitter 的每条消息可以显示 140 个字符以内的内容,由于这种原因,在 Twitter 上

人们变得非常健谈。它鼓励风格简练的语言。为什么微博的鼻祖 Twitter 当时在设计消息发布功能的时候认为将一条信息设置为这个长度最为合适呢，因为当时美国的手机短信每一条可以发送的文字就是 140 字，所以 Twitter 最初也沿用了这样的设定。考虑到用户的接受度与学习成本等因素，这样的设定在当时是完全可以理解的。但是当 Twitter 逐渐成为社会化媒体，这 140 字的限制反而有些令人纠结。难道不能取消这样的限制吗？答案是，不能。无论这 140 字的限制，最初是出于什么原因，也不管 Twitter 的创始人到底有没有考虑得如此长远，但是有一点可以肯定，如果没有了这 140 字的限制，Twitter 绝对不会是今天这个样子，包括国内很多的网站也沿用了这个规定。

4. 启动 API 和 RSS 资源

一个社会性 Web 网站应该提供自己的 API，这样用户就可以开发与你网站相适应的其他产品，允许他们提供可选的接口或附加的功能，而自己集中精力把重要的事情做好。目前，Facebook 已经开放平台 API，Google 也推出了 OpenSocial，国内的 SNS 网站，例如 Myspace（中国）、51.com、从网等都已经先后推出了自己的开放 API 服务。开放平台可以借助众多第三方（包括机构、个人）之手来丰富自身 SNS 网站的内容，以吸引人气，国内外几家市场地位较为领先的 SNS 厂商都推出了此项服务。随着 SNS 应用的发展，其 API 应用也将逐渐扩大发展。

RSS(Relly Simple Syndication，简易信息聚合)信息让人们能够轻松地移植他们的内容到别的地方和平台。人、标签、内容以及网站都能够生成 RSS。RSS 能够让信息变得更加有序，但要更好地利用这些有序的数据，还是需要其他基于 RSS 的应用。已经有不少应用可以通过技术手段过滤内容，更有越来越多的人在使用 Twitter、Facebook、FriendFeed 这样基于用户关系的社会化机制来过滤信息。但无论是哪种方式，它们都会使用 RSS 作为一种基础的技术实现方式。随着各种社会化媒体以及各类衍生工具和服务越来越受欢迎，会有越来越多的人可以不用去了解 RSS 的原理就可以享受快速、高质量的推送内容。

5. Web 不是唯一的接口

设计社会性网站的时候不要仅仅针对 Web。移动设备诸如 iPhone 以及应用程序接口，如即时消息和邮件都是能与网站交互的良好机制。过分地关注 Web 可能导致这些领域内使用我们服务的用户被忽视。旅游社区网络网站 Dopplr 的成功表明了 iCal 是一个极佳的用于显示那些正在浏览网站主页的用户的接口。一旦用户的身份被证实，SMS、IM 和电子邮件就能够完美地充当你的内容的一个控制接口。

7.4 拓 展 阅 读

社交媒体是用户体验的一部分

社交媒体应该是用户体验的重要部分，而很多网站将其作为附属物被随意添加到某一个网页中。如何在产品设计中更好地利用社交媒体，提高用户体验，从而赢取更高的商业价值呢？英国网页设计公司 Headscape 创始人 Paul Boag 针对该问题发表了一篇博文

Social Media Is a Part of The User Experience[①]，以下为全文：

　　一般，我们都把社交媒体归为市场人员的工作范围。确实，社交媒体并非我们的职责范围——我们构建网站，但不会参与市场活动。这个观点真的合理吗？社交媒体难道真的是其他某些人的职责吗？

　　依我看来，社交媒体也是我们应该关注的。因为社交媒体是用户体验的一部分，而我们是用户体验设计师。用户体验并不会仅仅发生于某一单一渠道（如某一个网站或某一个 Facebook 页面）。用户在多个渠道中切换，所有这些渠道都应具有统一的用户体验。

　　此时，在整合各种与用户交流的渠道时，我们做得很失败。虽然大部分社交媒体很好地带动了网站的流量，但很少有网站能从中得到同等水平的收益。

　　作为 Web 设计师，我们在考虑社交媒体时，仅停留在每个页面底部都加上一个"分享"按钮，而很少有超越。

　　1. 超越"分享"

　　最近，我为未来的旅行订阅了一些旅行保险。在线填写表单时，我发现了一个"分享该页面"按钮，如图 7-21 所示。用户为什么要分享这个旅行保险表单呢？即便他们分享了，他们的朋友会看到它吗？当然不能。

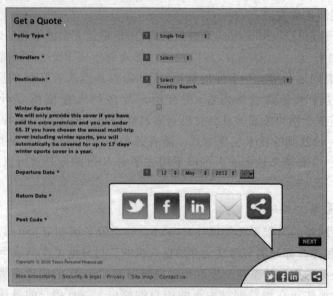

图 7-21　用户会分享这个旅行保险单吗

　　这里的问题在于这个"分享"选项被随意应用于整个网站中，而没有考虑它的真实目的。很明显，这可能是由于技术方面的限制。但如果在技术上更容易实现的话，就没有理由再在用户体验上进行折中了。

　　现在与我以前访问的一个关于环境的网站作个对比。在该环境网站中我读到一篇博文，我惊奇地发现了一个事实：

---

　　① 原文来自 Smashing Magazine，CSDN 对该文进行了编译。

"根据欧盟的指导方针,中国的 5.6 亿城市居民只有 1% 的人正在呼吸安全的空气。"

这是一条非常值得分享的信息,作者也意识到了这一点。作者将这条内容凸现出来,而不是被埋没在文字堆里。在这条引用下面直接加了一个选项,便于将它分享给我在 Facebook 上的朋友。

- 特殊性。它被标识为特殊的、值得分享的内容,而没有放置一个笼统的"分享该页"按钮。
- 易分享。与 Steve Krug 的 Don't Make Me Think 一书中的观点一致,该网站告诉用户分享什么,并使分享过程十分简单,只需点击一下按钮即可。

这是一种思想,我们应该把它应用到"分享"链接中。当然,我们不仅仅要关注这些链接,还要关注"关注我们"按钮。

我为什么要关注你?

此外,一般涉及"关注我们"按钮,很多设计优秀的网站好像都放弃了这些用户界面设计原则。

以一个电子商务网站为例。我想买一部数码单反照相机,但来到这个网站后,我首先看到的是"在 Facebook 上关注我们"按钮,如图 7-22 所示。这个按钮依据 Facebook 的品牌风格设计,而非该网站的设计风格,在这里显得格格不入。

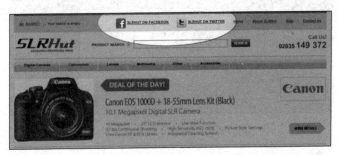

图 7-22　有时,"关注我们"图标可能会把用户的注意力从主要任务中引开

依我的看法,这个按钮在这里是一个干扰因素。我来这个网站是为了购买相机,而非在 Facebook 上关注销售商。这一"呼吁行动"分散了我完成任务的注意力,也打乱了网站赚钱的商业目的。

最后我完成了此次购买,并在最后的"谢谢购买"页面中看到了一个"继续购买"的选项。谁还会再单击这个链接? 我为什么要继续购买? 我刚刚完成了购买,我为什么要重新开始呢?

不应该出现这个多余的链接,现在是时候让用户"关注我们"了。我已经达到了我的目的,网站也实现了主要的商业目的。所以现在是第二次"呼吁行动"的绝佳机会。

如果给我一个合适的关注他们的理由,这一"请求"将会变得很强大。有很多名人、著名品牌等请我关注他们,我为什么要关注这个电子商务网站呢? 关注它,能给我带来什么?

不要简单地请用户"关注我们",应该稍加修饰,例如:

"获得更多关于新相机的使用建议,请关注我们。"

这样我可能会更倾向于关注它们。

其实除了"关注我们"和"分享"按钮外,并不缺少好的方法帮我们把网站与社交媒体联系起来。Facebook、Twitter 和 LinkedIn 都提供了强大的 API,它们也提供了一些很容易使用的小工具。

2. 超越"分享"与"关注"

在我们网站上完美使用社交媒体,并不存在技术上的挑战与高昂的花费。因此,主要的社交媒体都在竭力使这一切变得简单。

例如,Twitter 提供的@anywhere 服务,为我们的网站提供了一系列的功能,而这些对技术能力没有任何要求。其中包含以下几个功能选项:

- 将网站上 Twitter 的用户名自动转换成链接;
- 提供悬浮框,显示用户的信息;
- 直接来自你网站的 Tweet;
- 在你网站中插入 Tweet,与你将在 Youtube 视频中插入的 Tweet 相同。

Twitter 提供了一系列与你网站整合的方法。我最喜欢的是 Twitter 的悬浮卡片,如图 7-23 所示。

图 7-23　Twitter 的悬浮卡片

Facebook 提供了更容易实现的社交插件,包括:

- 由 Facebook 控制的评论系统;
- 活跃的 Feed,允许用户看到他的朋友在你网站上所做的事;
- 推荐插件,针对你网站上的页面,向用户提供他们可能会喜欢的个性化建议;
- Live Stream,在现场活动中,用户可以时时在你网站上分享评论;
- 注册插件,允许用户使用他们的 Facebook 账号轻松登录你的网站。

有这么多可用的工具帮助我们增加社交功能(如图 7-24 所示),我们没理由不用它们。而把这些基本的工具添加到我们网站上只是一个开始。我认为社交媒体真正的作用才刚刚开启。

3. 社会化设计

在 Facebook,他们有一种说法叫"社会化设计"。这表明了他们的工作责任:把社会化作为任何所做事情的核心。对他们来说,他们的网络服务不仅仅针对用户产生的内容,更注重用户间的交互。

我认为这个原则不仅仅应用于社交网站,也应该应用到其他类型网站中。我们都是社会动物。我们的很多行为和决定做出往往取决于其他人。这在市场领域很好理解,我

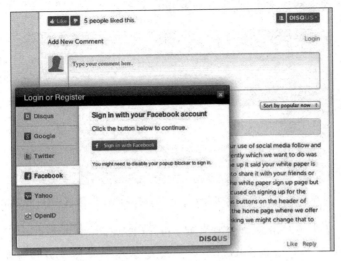

图 7-24　很多工具往往会整合多个社交媒体，而非某一个

们应该把这些着重应用于 Web 设计中。

　　当我们考虑是否买一辆车或买一辆什么车，出去到哪里吃饭，以及把我们的孩子送到哪个学校时，我们都喜欢先征求朋友的意见。

　　线上也是，我们是社会生物。当在 Amazon 上购买商品时，相比于产品的官方描述，我们更重视评论（如图 7-25 所示）。同样，当看到以前很多人都完成了"呼吁行动"，我们也会照着做。

图 7-25　当它开始售卖时，我们更注重用户的评论而非促销信

　　对人性中的社交部分加以利用的探索才刚刚开始。例如，虽然向用户提供其他购买者的评论很好，但如果把可信任朋友（比如，在 Facebook 上的朋友）的评论放在顶部，收到的效果可能会更好。来自陌生人的评论是一回事，来自朋友的评论又是另一回事。

　　还记得我上文提到的那个关于环境的网站吗？如果允许我把那条特殊的引用分享给我的朋友，这将太棒了。但如果下面的分享按钮提示我的一些朋友已经将这条引用分享到他们的社交网络中了，那我将更乐意分享这条链接，如图 7-26 所示。我相信我朋友的判断。如果他们分享了这条引用，它一定是值得分享的。

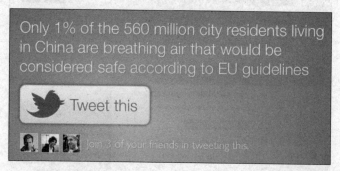

图 7-26　如果我看见我的某个朋友分享了某条 Twitter 信息，我更可能做相同的事

一些网站已经开始利用我们的朋友圈。比如 Etsy，它是一家出售手工制品的公司。通过它的网站，你可以登录到 Facebook。它会基于你朋友的爱好向他们推荐合适的商品。虽然推荐并不完美，但针对那种"适合他的礼物"、"适合她的礼物"宽泛的建议，它已经很强大了，如图 7-27 所示。

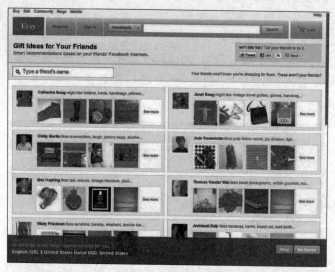

图 7-27　Etsy 利用 Facebook 来为你的朋友推荐礼物

联想片刻，如果 Etsy 并未停留在这里。如果利用 Facebook 的数据确定了他们所卖产品之间的差异。利用这些信息，不仅仅可以提高用户体验，还可以推荐未来的产品。社交化设计有潜力改变整个商业的方向。

这并不限于电子商务网站。像 Smashing Magazine 这样的网站也可以利用读者对文章的 Tweet 和评论来显示该文章的关注度。你甚至可以请用户直接向文章、产品或他们想要的新服务提出建议。传统上，这种读者研究和产品开发往往耗费巨大。但社交媒体所提供的获得此类反馈的能力却是免费的。

正如你开始看见的，社交化网站不仅仅允许我们利用我们的朋友圈，还有能力做更多的事情。但要想达到这一点，我们需要把社交化整合到整个网站架构中，而不是作为一个后来的添加项随意安置它。

4. 作为附属物的社交媒体所带来的问题

很多网站只是在随意地使用社交网络，而未进行统筹设计。每当一项新社交技术出现后，我们就会将它安置在我们的网站上，而不会进行全局谋划。

以我的网站为例。和很多其他网站一样，这个网站经过多年的改进，已增加了很多社交方面的功能。在该网站上你可以：

- 对某一篇博文进行评论；
- 发布论坛帖；
- 进入 Facebook 页面；
- 通过 Twitter 与我交流；
- 甚至可以对我发布的音频文章进行评论。

拥有这么多选项，任何人都没理由抱怨这不是一个社交网站。但该网站存在的问题是交流内容太零散——在 Twitter 发表博文的人无法看到其他人在 Facebook 上所发表的博文。同样，针对我博文进行评论的读者无法看到论坛中针对该文的更有深度的评论。

这是因为我仅仅用了该项技术，而没有将它整合到社区中，从而创造一个更为完备的社区。想象一下，从一开始，我并没有在网站设计中加入社交的思想。而是，在我每发布一篇新博文时，系统都能同时在论坛中创建了一个讨论帖。针对该博文的评论也将出现在论坛中，反之亦然。

同样，当发布一篇博文后，它同样也会被发布到 Twitter 和 Facebook 中。如果有人在这两个社交网站中的任何一个中进行了回复，回复内容都会被抓取并呈现在网站的评论中。虽然并不完美（例如，Twitter 用户仍无法看到未访问该网站的 Facebook 用户所发表的评论），但它已向前迈进了一大步。

5. 网站的角色

这是我希望告诉大家的主要观点。你的网站应该成为社交的中枢，而非局外人。它有潜力将来自多个社交媒体的交流内容整合在一起，让用户和他们的朋友进行交互，无论是买一相机还是分享一条特殊的引用。

本 章 小 结

Web 是由遍及全球的信息资源组成的系统，这些信息资源所包含的内容不仅可以是文本，还可以是图像、表格、音频与视频文件等。我们通常所说的 Web 产品一般就是指的网站。目前，全球许多组织和个人都在开发网站，良好的设计是网站成功必不可少的条件。

网站的用户体验就是指，由于网站的作用、品牌形象、操作的便利性、网速的流畅性以及细节设计等综合因素，最终影响到用户访问网站时的主观体验，包括用户是否能成功完成任务，是否喜欢网站，是否还想再来。

一个网站往往包含了很多的元素，从整体来看，网站最重要的就是信息架构、内容安排和视觉设计。信息架构作为网站最核心的骨架，代表了产品内容的组织形式，表现为产品功能信息分类、分层的关系,在设计上主要体现为界面布局和导航,视觉体现为网站的配色方案。Web 用户体验设计的内容涉及网站架构、功能布局、色彩设计、信息导航、内容优化等多个方面。

社会性网络服务(Social Networking Services,SNS)专指旨在帮助人们建立社会性网络的互联网应用服务。SNS 的另一种常用解释是 Social Network Site,即"社交网站"或"社交网"。

社会性网络基于人类之间的关系构建,最能体现用户的核心价值。人与人之间的关系,从沟通互动的频率来看,可以划分为强连接、弱连接和临时连接三类。针对不同的连接关系,SNS 网络有相应的设计原则。

实 践 任 务

浏览国内主要 SNS 网站,收集 SNS 网络发展的相关资料,了解 SNS 网络在国内的发展现状。选择一个你感兴趣的国内 SNS 网站,注册并进行使用体验。结合本章内容,对该网站进行用户体验分析,总结存在哪些不足,如何改进。

思 考 题

1. Web 产品的用户体验设计要考虑哪些因素?
2. 社会性 Web 服务有什么特点?
3. 为什么说社会媒体是用户体验的一部分?

参 考 文 献

[1] 李清编著,见微知著——Web 用户体验解构.北京:机械工业出版社,2010 年 4 月.
[2] Chauncey Wilson (美),刘吉昆,刘青等译. 重塑用户体验——卓越设计实践指南.北京:清华大学出版社,2010 年 7 月.
[3] Jesse James Garret(美)著,范晓燕译,用户体验的要素——以用户为中心的 Web 设计.北京:机械工业出版社,2010 年 2 月.
[4] 罗旭祥著,精益求精——卓越的互联网产品设计与管理.北京:机械工业出版社,2011 年 5 月.
[5] Gavin Bell 著,张卫星,李占波,徐静译.SNS 网站构建.北京:机械工业出版社,2011 年 2 月.
[6] http://www.smashingmagazine.com/2012/06/04/social-media-is-a-part-of-the-user-experience.
[7] http://boxesandarrows.com/view/designing-for-social.
[8] http://blog.renren.com/blog/264623571/842533936? from=264623571#id1949849398.

第 8 章 ICT 系统用户体验

学习目标

1. 了解 ICT 系统用户体验设计的发展趋势；
2. 掌握移动设备用户体验设计的三个层次；
3. 掌握移动设备网页版设计的限制、技巧和原则；
4. 了解虚拟现实与增强现实在用户体验设计中的应用。

用户体验的未来：第六感沉浸式体验

普拉纳夫(Pranav Mistry)的名字我们或许并不熟悉，但他也许是在未来数十年内改变世界的伟大的科学家之一。普拉纳夫是麻省理工学院媒体实验室流动界面研究组的博士候选人，他发明了可穿戴装置"第六感"，建立现实世界与虚拟世界之间的联系。此前，他曾在微软担任用户体验研究员，并在素负盛名的印度理工学院获得电脑工程硕士学位。兼具设计及科技的背景，普拉纳夫自认非常喜欢从设计的角度看科技，反之亦然；他称自己为设计工程师(desigineer)。

在 2009 年 11 月的 TED India，他演示了几项让实体世界和数字世界互动的工具，包括深入检视他的"第六感运算装置"，以及划时代的纸"计算机"。更难能可贵的是，他表示愿意开放"第六感运算"背后的软件程序代码，使得更多的平常人能从中获益，实现更多的可能性。克里斯·安德森(Chris Anderson)在演讲最后评价他为当今世界最伟大的两三个发明家之一。这不但是对他技术成就的肯定，也是对其所拥有的分享精神的高度评价。

我们的生活中有许多的乐趣来自于每天接触到的物体，而不是繁缛复杂的计算机软件。问及如何接触物体时，我们不得不提到姿势。我们用不同的姿势来与生活进行沟通。所以，普拉纳夫将有趣的行为姿势与枯燥的计算机软件联系在一起，提出了一个问题：为什么不能像在现实生活中沟通一样在计算机世界进行沟通？

我们通过鼠标和键盘与计算机进行沟通，所以，在 2001 年，普拉纳夫把他的鼠标拆开了，并拿出了滚轮，相继也向朋友借了些鼠标，共 4 个。他把滚轮从鼠标里拿出来，利用滑带和弹簧，做出了一个侦测姿势的接口装置。这个装置成本只要两美元，通过它，便可以将现实世界的动作在数字世界里反映出来。

此外，普拉纳夫还发明了可以将写在便利贴上的内容同步到计算机的数字便利贴、画3D效果的笔，以及只需通过动作识别而不必输入关键词的实体世界的Google地图。

以上都是普拉纳夫早期的实验，目的只有一个——通过把实体物品带入数字环境，紧密衔接实体与数字世界。但后来他发现，人们对信息，而不是计算机更感兴趣。所以，在去年，他开始反思："何不颠倒我的研究方向呢?!"即把数字世界的信息带入实体世界。如此一来，他可以打破电脑承载信息的限制，也不必学习新的程序语言了。

为了实现这个梦想，普拉纳夫做了一个投（头）影机，把投影机放在他的头上，让数字信息在真实世界环绕他，然后添加一个小摄影机，当作数字眼睛，之后进一步改进为使用者导向的颈挂式，这就是很多人所知道的第六感计算装置。

从此，你可以偕同数字世界在实体世界中遨游，只要做出动作，装置就了解你想要干什么，然后协助你完成。比如，你可以查找现实世界中的书，一旦找到数据，便可以调出其简介书评或纽约时报的有声介绍等。

普拉纳夫相信，这项技术除了上述的改变，也会改变现实世界中人与人的交流，因为这一切都变得摸得到看得着。当这种技术和实体生活混为一体时，想象力是唯一能限制我们的东西。

他已经将这项技术运用到其工作中。当很多人都在期待新一代平板计算机的时候，普拉纳夫干脆自己做了一个，利用麦克风和摄像机与一张一张的纸衔接，在纸上接触的声音会通知计算机，摄像机则会追踪其手指的移动。他可以用这张纸来看电影、玩赛车游戏，甚至可以用手捏住任意信息随意拖曳至任意计算机。这是一个有趣的循环，20年前我们想办法在纸上下工夫，然后这个媒介变成了计算机，而在不久的将来又会变成20年前那样——在纸上下工夫。然而，不同的是，我们拥有了现实世界与数字世界这个循环。

普拉纳夫认为，把信息和实体对象整合，不仅可以消灭数字鸿沟，还可以帮助我们保有人性，让我们与实体世界更连接，最终避免使人类成为坐在机器前面的另一台机器。

在接下来与克里斯·安德森（Chris Anderson）的交流中，普拉纳夫希望继续开发此技术，值得我关注的是，甚至可以延伸至残障人士，设置第五感，以求从技术上弥补其身体上的不足。当然，还有重要的一点，他计划公开此技术的源代码，让所有人分享到这份成果，以实现更多的可能性。

ICT是IT（信息技术）与CT（通信技术）相整合而形成的一个新的概念和新的技术领域，它不仅可提供基于宽带、高速通信网的多种业务，也不仅是信息的传递和共享，而且还是一种通用的智能工具。类似智能手机、平板电脑这样的新型ICT产品以及多点触控、重力感应、近场通信之类的先进技术，正在逐渐颠覆着传统互联网产品的交互方式。正是因为ICT不同于传统的互联网产品和技术，针对ICT系统的用户体验设计也面临着全新的挑战。

8.1 ICT系统用户体验

ICT（Information and Communication Technology）即信息和通信技术，是电信服务、信息服务、IT服务及应用的有机结合，这种表述更能全面准确地反映支撑信息社会发展的通信方式,同时也反映了电信在信息时代自身职能和使命的演进。用户体验持续驱动网络的发展,反过来,网络技术进步又将支撑用户体验的提升。适应这种用户体验发展和信息化建设的需求,信息网络正进入新一轮的变革。

ICT 是一个比较宽泛的概念,即综合信息服务提供,以计算机为核心的,包括互联网、多媒体、IT 专业服务等业务,近年来,ICT 凭借网络飞速发展,已经渗透到社会生活的各个领域。ICT 系统一般包括通信系统集成、视频监控(包括全球眼等)、VPN、数据灾备等应用系统。

8.1.1 ICT 设备用户体验发展趋势

触摸屏、多点触控、卫星定位、摄像头、重力感应,这些几乎都成为当前移动通信设备或网络终端的标准配置。这些标准配置极大地改变了移动终端的用户体验。

触摸拆掉了人与数字世界之间的障碍,操控行为从间接变成了直接,触摸屏是更为自然的与数字世界的互动方式,而且在不断演变。孩子从小就可能是通过父母的触摸式移动设备来体验数字世界的,这也将决定其未来的交互方式。

随着用户以触摸的方式来与数字服务互动,我们目前所熟悉的 UI(按钮、图标、菜单)将会退出舞台,内容本身(文件、图片还是视频)正成为新的用户交互方式,内容本身将逐渐占据移动设备屏幕,成为主流的审美观念,对用户的手指行为产生反应。

同时多用户界面 SMUI(simultaneous multi-person user interfaces)使真实社交计算成为可能。随着用户以触摸的方式与数字世界互动,那么必然会出现另一种趋势:同步的、多人的 UI。平板电脑的用户行为或许就是这样,一个屏幕会同时出现两个以上的用户,彼此互动,有着共有的亲昵关系。

SMUI 可能是 UX 从业者所要面临的重要的变革,它们会颠覆目前主要的交互设计惯例,因为传统的交互设计主要是针对单个用户与单个设备之间的交互。而与此产生对比的是,SMUI 则允许多个用户在同一时间和同一设备上产生交互,虽然目前在技术上触摸屏已经能够识别指纹,但是 SMUI 的设计仍旧很少。

SMUI 适合于群体活动,比如一群人的度假计划,孩子之间的多人游戏或者一家人制作家庭照合辑,SMUI 使真实社交计算成为可能,参与者通过 SMUI 共同分享经验。

卫星定位让随时随地告知系统用户身处何处成为可能,从而可以设计出各种借助于地理位置的信息推送或本地化社会交互,增强在特定时空的用户个性化服务体验。

移动互联网设备上的摄像头不仅可以随时随地地方便用户捕获影像信息,大大丰富了影像的信息源头,双向摄像头的大规模应用还广泛用于面对面的交流与交互,这大大改善了非现场的人们借助于通信设施进行情感沟通的体验,视频电话和视频会议相关的应用场景设计中,增强用户面对面的真实现场体验感一直是用户体验设计追求的最高目标。这方面有思科的远真视频会议系统,以 360 度的真人大小的大屏幕和双工声音传输技术,让与会者宛然处于同一会场。如何让视频通话的用户彼此能够直视对方的眼睛?苹果公司推出的屏幕背后内嵌摄像头的专利有助于解决这一问题。此外,如何减少影像与声音的不同步,减少因传输造成的延迟感等,都是致力于让用户使用 ICT 系统时感觉更自然、更没有技术的痕迹。

然而,移动设备也有其局限性,比如体积小,电能有限,无线网络不稳定,而且每个用户所能下载的数据量也有限制。这些局限的改变需要多年的技术和经济发展才能解决,因此,如今 UX 面临在用户体验和无线网络限制之间寻求一个平衡。这也确实是一个难题,用户在无线设备上的耐心是很低的,不过现实却也是这样,无线网络速度低,链接不稳定。

另一个发展趋势就是:单个设备控制多个屏幕,这个趋势有着两个发展方向。第一,屏幕耗电在减少,这样在单一设备会出现多个屏幕。NintendoDS 和 Toshiba Libretto 就是例子。第二,就是把内容从手机上转移至其他设备,例如无线连接到 PC/TV 等。AppleTV 和索尼的 Live View 就是很好的例子。这一趋势所带来的变化就是,1+1>2,多个数字接入点的结合大于各个数字设备的综合。

这些趋势对于目前的 UX 从业者都是挑战,所以用户体验设计师必须不停学习,从而为多屏幕多用户时代的设计做好准备。

8.1.2 移动用户体验的三个层次

如今,移动设备和无线网络正改变着当今世界的大部分数字体验,也正是这种无线设备在逐渐改变用户的行为,颠覆传统互联网的交互方式。

例如,现在经常有些小孩会尝试用手触摸各种屏幕,希望能有所反应;又或者 iPad 因其更加直观和易于分享等特点正被广泛用在各种商务会议上。

也许在不久的将来,新生代根本不会再使用鼠标键盘等任何有线设备了,在当今新兴国家中,大部分人都通过移动设备来接入互联网,甚至都不知道还有其他方式。确实,有段时间我们高估了移动技术在短期内所产生的影响,但是更为重要的是,我们也许低估了其长期影响。

移动用户体验的设计可以分三个层次:硬件的用户体验,操作系统的用户体验,移动应用程序或移动网站的用户体验。

在硬件层次上,移动用户体验包括互动,如电容式触摸屏支持的硬件与用户直接触摸屏的灵敏度,屏幕大小的设置,按键的存在与设计,设备的大小和形状,电池寿命的长短等。还包括快速的通信网络,数据共享功能;照片视频下载的速度有多快,以及在不同设备之间的连接,包括立体声和蓝牙。这两种设备的工业设计,以及智能手机内部硬件的发展水平,极大地影响硬件层次的移动用户体验。

在 Mobile 操作系统层次,移动用户体验包括移动设备的操作系统和用户与它之间的互动。这方面的体验包括是否支持并发进程、是否支持后台进程、是否支持特定的接口(如是否支持 USB-OTG 模式)、操作的稳定性与速度等,目前 Android 操作系统是并发的、可支持后台任务,而 IOS 和 Winphone 都不支持并发进程,对后台进程的支持也有严格的限制。另外,操作系统层次还包括基于该操作系统之上的应用的多少,是否多点触摸、是否支持 3D 界面等。

在移动应用和移动网站层次,移动用户体验包括本地移动应用和移动设备的 Web 上运行的应用程序。该层次需要注意的事项包括应用本身设计的用户体验。

下面根据移动用户体验的三个层次对相关的技术和产品进行分析。

1. 第一层：移动电话和网络技术

手机制造商包括诺基亚、RIM、苹果、HTC 和摩托罗拉等。这些手机制造商的产品考虑到具体的每个细分市场。通过广泛的市场调研，手机制造商知道手机什么特点能吸引一些细分市场用户。

手机硬件的最新研究表面，用户更喜欢更高分辨率的屏幕，一些游戏爱好者喜欢移动设备提供视频游戏和卓越的视觉体验。

通信网络的进步使用户能够更快地访问互联网和其他数据服务。

根据一名谷歌的 UX 设计师的分析，移动用户经常做以下三件事情：

（1）即时信息获取：移动用户常做的是获取即时信息更新，例如，要获取股票价格。

（2）打发时间：手机用户使用移动设备来打发时间，例如，在排队或公交车上。

（3）寻找信息：移动用户寻找一些急需的信息，例如，检查一个航班或某个酒店地址等。

2. 第二层：移动操作系统

操作系统在移动设备上运行大大促进了移动用户体验。

手机的操作系统包括 Palm Symbian、微软的 Windows Phone、苹果的 iOS、黑莓 OS 和 WebOS 等。

尽管大多数手机操作系统提供类似的功能，但各自的用户体验却完全不同。

这里无论是什么操作系统，都只是用户的一个平台，而用户真正需要的则是应用程序和移动网站所提供的内容，也就是移动用户体验的第三层。

3. 第三层：移动应用和移动网络应用服务

移动应用程序包括两个方面：自带应用程序和用户下载的应用程序。

通常情况下，移动应用开发平台包含了各种应用软件，用户需要付费从网上直接下载就能使用这些功能丰富的应用程序。如苹果的 iOS 应用程序商店，Android 应用程序商店，Symbian Ovi 商店，棕榈应用程序目录和 Windows、Get Jar 应用程序商店等。

而 Web 版移动应用程序提供了普通应用程序的所有功能。此外用户不必购买或下载一个应用程序软件，而只需要访问这些移动网站就能使用这些方便的功能。

Web 版移动应用程序网站通常采用视觉内容较少的设计架构，以确保它们的网站能在不同屏幕大小的手机设备上使用。

理想的情况下，Web 版移动应用程序网站几乎可以实现绝大多数手机应用程序功能。但与手机应用程序不同，Web 版应用程序可以在任何操作系统上使用。

一般来说，一个本地应用程序相比 Web 应用程序使用频率更高，本地应用可以更便利地使用本地设备与驱动的资源，如摄像头、GPS 和扩展内存等；另一方面，Web 应用程序更多被用于浏览和更新上。

在 eBay 网站中，本地应用程序提供的功能是让易趣会员登录并检查他们已经购买成功或正在拍卖的商品，而 Web 应用程序提供的功能则是让用户查找具体的商品。

8.1.3 移动设备的交互设计

移动设备一般屏幕受限、输入受限，且在移动场所中使用也会带来一些设计上的限

制,因此与基于 PC 的互联网产品在交互设计上有很大的区别。表 8-1 是移动设备与 PC
交互设计的区别。

表 8-1　移动设备与 Web 界面交互设计的区别

	PC	手　机
输出	取决于显示器	相对明显更小的屏幕
输入	鼠标/键盘操作	拇指/食指/触摸操作
风格	受到浏览器和网络性能限制	受到硬件和操作平台限制
使用场景	家中、办公室、咖啡店等室内场所	室内、户外、车中、单手、横竖屏

与普通 PC 相比,移动设备的交互设计有如下几种限制。

输出限制:每屏无法显示足够多的内容,没有足够空间放置全局导航条,没有足够空间利用空隙和各种辅助线来表达区块之间的关系。

输入限制:按键需要焦点和方向键、OK 键以及左右软键、删除键等硬件之间的配合;触摸机型尤其需要注意区分可否点击,并且可点击的部分需要能准确地释义,因为缺少 Web 界面中的悬停提示。

使用场景限制:界面需要能适应比 Web 更多的典型场景,例如光线的强弱与使用者走动等情况,所以设计者需要一定程度脱离自己的工位去尝试包括对比度和字号等能否满足使用需求。

手机的操作比 Web 页面复杂,需了解其所基于的机型的硬键情况才能确定如何控制;手机软件因空间所限需要与 Web 不同的导航形式。因屏幕空间所限,手机软件在操作步骤的缩减方面需要倾注更多的精力;因硬键和逻辑所限,手机软件需要在控件、组件释义方面倾注更多的精力。

然而移动设备携带更方便,可以在户外使用,更容易与外部环境包括其他信息系统进行交互和信息交换。此外,移动设备一般有特殊的硬件功能或通信功能,如支持 GPS 定位、支持摄像头、支持移动通信等。

手机产品设计与传统的桌面和 Web 产品设计相比,最显著的约束是设计空间的急剧缩小。打个比方,这就像从一个 100 平方米的房子搬到 5 平方米的单间,东西没少一样,可以施展的空间只有原先的 1/20。更重要的是,在这样一个小空间里,你不能把东西胡乱摆放,要依旧保持它们的清晰、合理、简洁、美观。借用用户体验的要素中的名词,这涉及"框架层"的设计问题,在手机产品的设计中,框架层的设计即布局问题尤其关键。

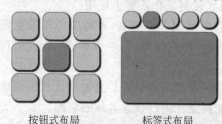

按钮式布局　　　　标签式布局

图 8-1　手机产品框架层设计的
两种基本布局方式

然而,众多手机产品看似纷杂的框架选择,归纳起来,最主要的方式有两种:按钮式布局和标签式布局,如图 8-1 所示。基于这两种布局类型及其多种变形,并综合两种类型的巧妙组合,可以解决绝大多数功能模块的组织问题。

当多个功能之间相对独立,用户根据需求选择其中一个功能时,按钮式布局是一个不错的选择,结构清晰,简单明了。支付宝、12580 客户端、PingCo 等手机产品的初始界面都采用了典型的按钮式布局。

以支付宝为例,当在多个按钮中选择某个功能按钮后,如"手机充值",则直接进入手机话费充值页面,然后进行相应的手机充值操作,如图 8-2 所示。这种设计结构清晰,手机支付宝有 8 个主要功能,分成 8 个按钮,布局有条不紊。

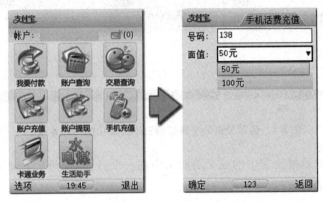

图 8-2　支付宝的手机充值功能

按钮式布局的缺点在于功能模块之间的切换需要较多步骤,功能之间相对离散。例如,从支付宝的手机充值页面切换到交易查询页面,需要首先选择右下角的"返回"按钮,回到主界面,然后点击"交易查询"按钮,才能进入相应界面。在支付宝中,这个问题似乎还不明显,还不是一个问题。如果每个功能界面都比较复杂,层次较深(如 12580 客户端),则不同功能之间的切换将变得非常烦琐,每次都要返回到按钮组合界面,才能访问其他功能。

标签式布局能够解决按钮式布局中功能离散的缺点。当功能之间联系密切,用户需要频繁在各功能之间进行切换时,标签式布局是首选的设计选择。UCWeb 浏览器(以及腾讯 QQ 浏览器)、手机 MSN、爱帮爱逛的公交频道等手机产品都采用了典型的标签式布局来组织一些功能界面,如图 8-3 所示。

图 8-3　典型的标签式布局

以爱帮爱逛的公交频道为例,和公交相关的换乘、路线、站点三个功能组织成标签,用户进入该频道后能够一目了然,根据自己的需求轻松切换(默认是用户经常使用的换乘功能），如图 8-4 所示。

图 8-4　爱帮爱逛公交频道的三个公交功能用标签组织

为什么没有把爱帮公交中的三个功能集中在一个页面，按照从上到下的方式排列呢？主要考虑两个因素。

第一，功能完全展示。如果三个功能集中在一个页面，由于每个功能的内容都可能比较长（在小屏幕手机中尤其如此），如"查询历史"就会占据一大部分空间。此时，换乘之外的路线、站点两个功能有可能无法在第一个屏幕展示出来，于是，用户有可能不知道屏幕下面还有这两个功能。

第二，快速切换标签。如果三个功能集中在一个页面，若用户想查公交站点，则必须"路过"排在前面的换乘、路线两个功能模块，至少需要按 6～9 个向下键才能到达公交站点的输入框。采用标签式布局，最少只需移动两次右键即可。

标签式布局也有它的潜在问题，最主要的就是标签切换。当标签页面比较复杂时，比如包括很多链接，文字内容很长，当前光标可能会停留在正文中。此时，如果把光标移动到标签上再进行切换，会非常烦琐，需要很多按键操作。对于这个问题，腾讯 QQ 浏览器、手机 MSN、UCWeb 浏览器、贝多等手机软件根据自身特点，有不同的解决方案。

按钮式布局和标签式布局是在不同场景下组织多个功能模块的不同方式，没有优劣之分，只看恰当与否。在合适的场景使用恰当的方式，就能让复杂的功能在狭小的手机界面上得到很好的展示。事实上，多数功能复杂的产品，都要采用这两种方式架构自己的产品。图 8-5 中显示的是两个混合使用两种布局方式的典型例子。

图 8-5　手机 QQ 和掌上宝混合使用了两种布局方式

在手机 QQ 中,初始的主菜单采用按钮式布局,默认情况下 QQ 是选中按钮,因为 QQ 是最常用的功能。除此之外,移动方向键,还可以选择"腾讯网"、"游戏"、"资讯"等功能按钮。无论选择哪个按钮,点击后都会进入标签式组织的操作页面中,通过切换标签,仍然可以实现各功能的快速切换(浏览网页、查看邮件、聊 QQ、群聊等)。

掌上宝的所有界面完全是两种布局的组合:一方面,通过左右键切换标签,实现各主要功能的循环切换;另一方面,在每个标签内部,各个子功能组织成竖排的按钮,通过上下键进行选择。左右键和上下键都得到了很好的利用,用户在使用过程中不会意识到是在切换标签还是在移动按钮,一切都通过设计自然达成。掌上宝共有 36 个子功能,通过这种组织方式,非常清晰地在手机上展现出来,操作极其方便。

8.1.4 手机产品的用户体验设计

在确定手机的交互设计之前,需要先对手机的用户使用习惯有一些基本的了解,需要对手机的用户体验信息做一些收集整理。收集用户体验信息首先需要确定两个问题:一是确定目标用户群体;二是确定信息收集的方法和途径。

在确定目标用户群体时,已有产品有过使用和交互经验,具备该产品或系统的交互体验的用户,相比较于那些没有体验的用户,可以为设计提供更多更有效的信息。因此在收集用户体验信息时,应该首先考虑所需设计的产品的用户或是有过类似产品使用经验的用户。在理想的情况下,当用户体验产品的交互时,设计师可以通过某种技术或是研究方法获得用户的全部感官印象,掌握他们的情感体验。然而这些主观的体验信息很难用实验室的方法收集或是客观的科学描述表达出来。因此我们只能寻求贴近实际的近距离接触用户体验的方法,就是深入访谈和现场观察。

需要调研的信息可分硬件部分、软件部分、积极的和消极的用户体验。

- 硬件部分:手机的持机模式(右手操作、左手操作、双手操作);手机的操作模式(手指触控、笔触、按键、滚轮、长按);两种操作模式下的输入方式(全键盘、九键、触屏键盘、手写);信息反馈形式(屏幕信息输出、声音、振动、灯光)对用户的影响。
- 软件部分:用户对屏幕信息结构的认识(空间位置、信息排列顺序、信息的分类);用户对信息导航的使用(菜单、文件夹管理、搜寻特定文件);用户对信息传达的理解(图形信息、文字信息);用户对交互反馈的获知(每个操作是否有明确的反馈)。
- 积极的用户体验:特殊交互模式带来的新奇感受——有趣;简洁的操作步骤和有效的信息提醒方式——信任感;软件运行速度,信息处理过程——操纵感和成就感;允许误操作,有效引导——安全感;交互过程中的完美感官体验(视觉、听觉);类似于电脑操作过程的交互(有电脑使用经验的用户)——熟悉感和成就感;品牌元素在交互上的延续性——熟悉感和优越感。
- 消极的用户体验:系统出错、没有提示信息——压力、紧张和茫然;缺少误操作的补救机制——挫败感、压力;交互步骤的繁复难记——挫败感;提示信息的不明确(不符合用户模型)——茫然;过程处理时间过长——焦虑。

根据调研的用户需求和体验信息可以把用户分为两类:

过程为主的用户(process oriented end user):过程为主的用户的典型例子是电玩

族,他们追求的终极目标就是视觉听觉的冲击和享受,最终游戏的结果反而变得不是那么重要了。此类设计对视觉和创意的要求是极为挑剔的,绝大多数设计师都有深厚的美术功底。

结果为主的用户(result oriented end user):结果为主的用户不在乎用什么样的方式完成任务,但是任务必须以最短的时间,以最简洁的方式,最精确的运算结果来完成。对于此类用户的交互设计人员来讲,更重要的是设计更合理的任务逻辑流程,以期最大幅度地符合人脑的思考方式和认知过程。

依据用户的使用经验可将用户分为新手用户、中级用户和专家用户。

新手用户指刚刚开始接触和使用智能手机的用户,对智能手机的操作系统没有使用经验,对计算机及应用程序的一般用法也没有太多的了解,但有一定的手机使用经验。

中级用户指使用智能手机有一定的时间,换过至少一个智能手机。对智能手机的部分操作相对熟悉,但经常使用的软件数量较少,并不完全熟悉智能手机系统的所有功能,对界面交互所必需的语法信息了解较少。

专家用户指有过相当长时间的智能手机使用历史,更换过几次智能手机,对手机的交互和电脑的操作都非常了解,经常主动寻找更简洁和快速的交互方式。

一般来说,中级用户和专家用户在长期使用某部分交互时遇到的问题更具有代表性,而新手用户提出的问题则更有利于设计人员认清用户与智能手机交互时的认知过程。

在对用户需求调研与分类基础上,手机交互设计须遵循以下规范与原则。

在硬件方面,根据人机工程学原理设计按键大小等硬件交互要素,尽可能提供多种输入方式,包括键盘输入和手写输入,键盘包括数字键盘和全键盘。合理设计键盘使其符合用户的使用习惯;考虑环境对用户操作的影响。例如嘈杂的环境下提供震动的提示方式,黑暗又需要保持安静的环境下选择指示灯闪烁发光的方式提示用户。同样需要考虑环境因素对用户的影响,利用机械结构多样化设计实现单手操作模式和双手操作模式的切换,需要设计切换的便捷方式、屏幕方向的变化和键盘的转换等硬件交互要素的变化。设计新奇的交互模式,将大大提升用户体验,例如,Sony 的滚轮导航模式和苹果的多点触控(旋转和点击)都获得了巨大的商业成功。

在信息交互设计方面,主要关注信息项目的排布密度合理,字体排列、图标排列的方式具有可调性,设计合适的方式来突出重点信息;使用用户的语言来传达信息,而非技术的语言。有效地使用"隐喻"。例如 Windows 里面的"记事本"就是一个很好的隐喻例子,因为它和人们熟悉的日常概念联系在一起,所以用户可以很容易地理解这是一个什么工具。好的隐喻可以起到快捷的说明作用;字体大小、颜色、图标设计等都决定可读性的好与坏。

需要保持一致性的不仅有每个功能软件或是服务的图标外观,更包括开机动画、细节元素和无形框架的一致,都需要贴合用户行为习惯进行设计;尽量避免同一个元素包含太多的信息,例如,颜色的使用不要包含太多信息暗示,因为用户不一定会注意到或是理解某种颜色所包含的暗示。

在软件方面,手机交互设计的关键在于导航和随时转移功能,要方便从一个应用场景跳转到另外一个应用,从一个功能跳到另外一个功能;要能够允许工作中断。例如,当用户编辑短信的时候,收到短信或电话,完成后回来仍能够找到刚才写的短信息;还要方便退出。例如,提供两种退出方式,按一个键完全退出,或是一层一层地退出。此外,还让用户知道自己当前的位置,使其做出下一步行动的决定;提供快速反馈,减少不必要的潜在等待时间。在任务交予系统处理或计算的时候,会有一段潜在的用户等待时间,一般我们会通过合适的等待提示让用户知道现在正处于系统潜在工作状态,而不至于让用户频繁地重复操作,使系统更慢;或者合理通过多任务切换处理避免这样的等待间隔。通过这些方法可以让用户回避这种无效时间,从而提高交互效率。应提供良好的防错机制,误操作后,系统提供有针对性的清晰提示。即使发生错误操作,也能帮助用户保存好之前的操作记录,避免用户重新再来;提供了解用户操作行为的途径,可以更好地帮助改善系统的操作;通过缩短操作距离和增加目标尺寸来加速目标交互操作。

在体验交互设计方面,让用户控制交互过程。"下一步"和"完成"面对不同层次提供多种选择,给不同层次的用户提供多种可能性。预设置的默认状态应该具有一定共通性和智能性,并对用户操作起到协助或提示的作用。此外,还应留给用户修改和设置默认状态的权限。图标、多媒体设计、细节设计和附加功能设计为体验增值,有效提升体验度。应考虑视觉设计,例如开关机动画、界面显示效果等;多方面考虑用户信息的私密性,提供有效的保护机制,例如指纹识别密码模式。

8.2　触屏手机与平板的交互设计

触屏界面的设计是伴随着触屏的发展而产生的视听设计新课题,是对传统界面设计的更加细化的一个分支,其设计必须是设计师以所处时代所能获取的技术和艺术经验为基础,依照设计目的和要求自觉地对触屏界面的构成元素进行艺术规划的创造性思维活动,并随着通信技术的发展而发展。表面上看,它不过是关于页面版式设计的技巧与方法,而实际上,它不仅是一种技能,更是艺术、技术和人机交互科学的高度统一。

8.2.1　触屏手机概述

触屏手机,顾名思义,就是可以通过触摸屏幕而实现控制的手机。它的历史并不长,1999 年 Motorola 公司推出了第一款触屏手机 A6188。然而在这短短的十多年间,触屏手机界面却产生了重大的变化,其间,大致可以划分为三个阶段。

1. 双色文字界面阶段

早期(1999～2002 年)的触屏手机由于技术上的限制,绝大多数采用黑白、蓝黑、绿黑等双色屏幕。在界面设计上,主要是以文字为主,辅以直线用于划分不同区域。在图形设计上,基本没有或是采取少量的线条勾勒出图形的轮廓。这一时期的手机界面设计十分简单,甚至可以说是原始,设计仅仅只是满足功能,在视觉表现方面和交互设计方面考虑并不多。

2. 彩色图形界面阶段

由于技术上的提高,这一时期(2003～2006 年)的触屏手机界面以基本上采用彩屏界面。界面设计内容上更加的丰富,图标设计更加精致,少量设计采用了动态效果表现。文字方面字体字号的选择更加自由,用户可以自行定义自己所需字体。同时,部分手机厂商提供多套页面主题可供更换,用户也可自行制作相关主题。这段时期,触屏手机页面在设计方面处于高速发展时期,视觉表现方面和之前相比有了很大的提高。

但在交互设计方面设计仍有限制,主要还是以点击为主。

3. 人机交互界面阶段

2007 年,iPhone 的发售使触屏手机界面设计产生了一次革命。其创新性的人机交互设计,使得手机界面设计从视觉效果设计方面向对用户体验方面发生了转移。人们慢慢意识到,触屏手机界面的设计不仅仅只是 GUI(用户图形界面)的设计,同时还包括了交互设计和用户测试/研究设计。这一时期的设计,更强调于用户体验,好的用户体验不仅仅只是包括视觉上的,同时还有触觉、听觉以及交互性方面等。

8.2.2 触屏手机界面设计的内容及原则

随着数字化识别技术日新月异的广泛应用,传统的按键式手机的使用手段和方法受到了极大的挑战,而触屏手机则凭借其良好的交互性和操作性无疑将是手机发展的重要方向之一。触屏手机的界面作为用户直接操作和应用的主体,也必将受到人们的关注。目前的触屏手机界面在视觉效果上已经达到了一个相当高的水平,如何让用户使用时感到舒适、方便已成为现在设计师在设计时所考虑的问题,一切必须以人的需求为前提,这也是人本主义设计关注的焦点之一。可以预见,未来一段时间触屏手机界面的设计在视觉效果更加突出的同时,人机交互性也会是设计师关注的重点,具有优秀的人性化的设计,才是用户真正想要得到的。

成功的触屏手机界面设计必须进行人机方面的可用性研究,了解人在感觉和认识方面的需求。在设计的同时,必须充分考虑各种视觉元素的样式和在不同操作状态下的视觉效果。

触屏手机界面设计涉及的具体内容很多,总的来说可以概括为视听元素设计和版式设计两个方面。

1. 视听元素设计

这里所说的视听元素,主要包括文本、图标、图像、表格、导航工具等界面构成元素。无论是文本、图标,还是图像、表格、导航工具,设计师要考虑的是如何把它们放进触屏这个小“画板”中才能达到很好的效果。

(1)图标设计原则

手机界面最大的特点就是屏幕尺寸小,传统的用户界面、窗口界面技术并不适用,因此,让手机视听元素一目了然是非常重要的。以图标设计为例,每一个图标都表示一个目标动作,它应该有强烈的表意性,帮助用户识别。同时,由于手机屏幕有尺寸限制,图标不易过大,否则会产生比例失调。当然,由于触屏手机上图标的可点击性,图标的设计也不能过小,否则让用户手操作时产生困难。在颜色的选择上,颜色不宜过多,过多的颜色出现在一个小的区域中会产生一种杂乱的感觉。

同时,颜色也要保证可识别性。例如,在暗色的背景上,图标颜色的设计就应该以白色、黄色、草绿等亮色为主色调。为了确保图像的清晰,可以适当采用颜色的渐变、阴影等效果。当然,图标的设计也可以遵循一定的规范,例如 Windows Vista 用户体验设计规范中就从概念、透视、光源、阴影等几个方面对图标的设计有着详细的说明。

（2）文本设计原则

和传统按键式手机不同,触屏手机界面上的文本大多是可以触摸操作的,要在用户操作的同时,保证文字的可识别性和减少用户误操作的几率,这就对文本图形的设计提出了更高的要求。一般而言,在手机界面设计中,字体的大小要与界面的大小比例协调,通常使用的字体中宋体 9～12 号较为美观,很少使用超过 12 号的字体。而对于触屏界面而言,由于操作时存在视线遮挡的情况,因此,在手指滑过的状态下,可以适当考虑将文字放大和偏移。

（3）图表设计原则

图像和表格所占的区域相对较大,如何保持如此大面积的元素和页面的整体协调是设计师在设计时必须考虑的问题。

此外,对于一些尺寸上超出界面范围的图像和表格必须保证在移动操作的过程中也保持相当好的可识别性和易操作性。

（4）导航设计原则

用户需要适当的反馈信号来评价操作结果,优秀的导航设计应该提示明确,让用户随时知道自己所处的位置,同时能够迅速跳转到自己想进的目标页面。操作步数也是衡量导航设计的一个重要标准,要尽可能地用最少的操作数使用户达到目标。当然,在导航简单明了的同时,也充分考虑到用户的习惯,减少用户学习的时间。

2. 版式设计

触屏手机界面的版式设计,同报刊杂志等平面媒体的版式设计有很多共同之处,它在界面设计中占据着重要的地位。即在有限的屏幕空间上将视听多媒体元素进行有机的排列组合,将理性思维个性化地表现出来,是一种具有个人风格和艺术特色的视听传达方式。它在传达信息的同时,也产生感官上的美感和精神上的享受。

（1）布局原则

合理布局对于触屏手机界面的版式设计尤为重要,一般来说,手机显示屏的尺寸有限,布局合理、流畅使视线"融会贯通",也可间接帮助用户找到自己关注的对象。根据视觉注意的分布可知,人的视觉对左上角比较敏感占 40%,明显高于其他区域。因此,设计师应考虑将重要信息或视觉流程的停留点安排在注目价值高的最佳视域,使得整个界面的设计主题一目了然。

（2）交互原则

设计要与人进行交流,操作的便捷性和多样性也是设计师在触屏手机界面版式设计中所要考虑的一个重要问题。

和普通手机不同,触屏手机最大的特点是可以用手触击屏幕而产生不同的操作,而非单纯地点击某些特定的按键。在此基础上,触屏手机界面的交互方式呈现出多样性,可以点击,可以滑动,可以拖曳,可以多点滑动,也可以将一系列动作组合起来形成一个个特殊的"手势",设计师必须通过一个特定的版式设计一些视觉元素排列,使之清晰明确地告诉用户有效的操作信息,即让用户明确知道该如何操作,而不是让用户一点点地尝试。当然,对于多种手势的复合运用,也可以采用帮助菜单的方法,但需要注意的是帮助菜单必须放在显眼的位置,以便用户能比较容易地发现,从而达到良好的用户体验。

（3）色彩原则

设计不仅是在造物,其实也是抒情的过程。色彩影响着人的情绪,一些餐厅或饭馆把自己的招牌设置成橙黄色,这是因为橙黄色比较容易激起人们的食欲。触屏手机界面版式的色彩设计也是如此,其总体色彩应该和自己相对应的页面主题相协调。例如,蓝底色的手机页面上配上白色的按键图标就会产生一种醒目的效果,可以提示用户该按键图标可点击,而如果配上大红色的按键图标就会产生一种不舒服的感觉,让用户想远离它,这就违背了设计的初衷。同时,在色彩设计中,也应注意主题的鲜明,操作区域和非操作区域一定要通过不同的颜色使之有效地区分开来,以达到吸引用户注意力的效果。

8.2.3 触屏手机客户端界面设计实例

下面以触屏手机 iPhone 的界面为例,示范上述触屏设计原则在手机界面设计中的运用。

1. 视听元素设计原则的运用

iPhone 的默认图标为圆角方形,全屏可放 20 个图标,大小适中,在清晰明确表现出图标内容的同时也利于手指点击操作。在色彩表现上颜色鲜明,玻璃效果的运用很好地表现出了光感。图标的动态效果也是吸引消费者的一个重要因素。

用户进行文本操作时,由于屏幕上面默认字体比较小,iPhone 采用一个放大境显示出放大的字体效果,而软键盘输入时由于手指会遮挡视线,所以 iPhone 将放大的字体在旁边显示。这样的设计极大地提高了用户识别文字的能力,尤其是对于老年人或者视力比较差的用户益处更大。

iPhone 的图像设置也别具一格,例如在音乐浏览器中,当前专辑的图像正面居中,占据了用户的视觉中心,其他专辑分居两侧且为立体式的斜放。这样的斜放设计,既在数量上能显示更多的专辑,又在视觉上符合用户的体验习惯。在界面的下方,iPhone 设置了电话、短信等 4 个最常用的功能按钮作为快捷导航,同时,当图标增多时界面上会出现亮点不同的小圆点来辅助导航。

2. 版式设计原则的运用

iPhone 的布局并没有采用常见的 3×3 的九宫格布局模式,而是把界面划分成上下两大区域;界面上区域显示一些较常用的功能图标,在界面下区域显示重要的 4 个功能。

两区域之间有明显的距离间隔,便于用户快速识别出下方重要的功能图标。所有图标采用大图形加文字的组合方式,据科学分析得知大量图形的使用有利于快速识别和便于记忆,因此如果图标设计得很优秀,则用户可以降低视线搜索的时间,操作效率也会得到相应提高。

iPhone 最大的创新在于它的交互设计,它打破了触屏手机传统的交互方式,充分模拟了正常人操作物体的固有习惯和思维方式,用操作日常中的物体时一般采用的推、拉、滚、扭、按压和拨动等基本动作,以令人赏心悦目的交互手法带给了用户非常棒的体验感。例如,在闹铃页面时钟的设计上 iPhone 采用一种滚筒造型,用户直接用手指向上或向下快速拨动即可,系统会自动根据手指拨动的方向显示对应的信息。实践表明,这种直接用手指在屏幕上滑动的方式就比较容易且操作效率也较高。

iPhone 默认的界面在色彩设计上以黑色为主色调,配合着白色透明的玻璃高光,一系列高对比色的运用凸显出高科技的色彩。在具体的页面设计上,iPhone 也有自身一些独到之处。例如,在初始菜单页面中,各个图标的颜色是变化且鲜艳的,这样有两点好处:

- 不断变化的事物能够引起人的注意力,从而提示用户点击;
- 界面设计的色彩个性化,可以协调用户的心理,让用户对软件产品时常保持一种新鲜度。

8.2.4 触屏版网页应用的设计

触屏版网页应用实现了移动场景用户需求,体现少即是多的设计精髓并表现主流的触屏界面气质,这样可算初步达标。在设计过程中需不断打磨细节,提升体验,令设计日臻完美。

1. 平台间平衡

触屏版设计,目前主要面向 iPhone 和 Android 平台。适配不同平台的网页应用设计,需要平衡软硬件差异带来的交互特性和系统习惯的差别。例如,iPhone 唯一的 home 硬键(导航必须通过软件界面实现)、无菜单风格、单页面单一任务的交互思想、弹出对话框的按钮倒置,等等。而 Android 平台则多数保留返回、菜单、主页(home)、搜索 4 个系统硬键;依赖上下文菜单和弹出式菜单处理复杂任务;建立用户长按的操作习惯。

触屏网页如需实现一些复杂的设计,Android-Chrome 对比 iPhone-Safari 的表现稍显逊色,例如,页面局部横向滑动一组内容;在限定高度内滚动列表等。Android 版本繁复,为保证设计一致性,往往会向下适配。另外,考虑成本,会尽可能平衡不同平台间差异,精简版本。若要追求体验极致化,可通过 UA(User Agent)标识匹配不同平台。

2. 不同分辨率及比例间移植

分辨率问题是手持终端永恒的话题。设计师无法回避不同机型屏幕分辨率的差异和横竖比例(Aspect Ratio)展示兼容性。

iPhone 3GS 和 iPad 屏幕分辨率密度相近(163ppi 与 132ppi),利用界面背景平铺能基本解决适配问题。

如直接将 iPhone 3GS 的图片资源复用到 iPhone 4 的虹膜屏(326ppi)上,界面元素的物理面积会缩小为原来的 1/4,画面质量和操作易用性均有损失。

要实现界面物理尺寸的无缝缩放(Resolution independence),目前常用预绘制(pre-rendered)方式。客户端产品需根据机型独立定制界面;网页产品需分化版本,通过识别用户代理(user agent)去指向不同 URL。为了保证较高灵活性和低成本重绘,在视觉设计时,建议用 Photoshop 的矢量路径工具(开启对齐像素模式),并应用图层样式绘制(快速复制图层样式）。注意像素虚化的细节。

为了提高页面适配能力，公共界面元素宜少用图片，多用 CSS3 支持的规则设计样式。

3. 浏览器框架

客户端产品设计有诸多优势，如自定义软键盘、自绘控件、丰富的隐喻图形界面、浮出式面板的绝对定位（始终置底的工具栏在网页端不好实现）、丰富的手势操作、支持较复杂的动画反馈、较大容量缓存、后台实时通信、调用手机硬件功能（声音或震动的提示、通过 GPS 或基站获取地理位置信息、通过摄像头麦克风传输多媒体文件）；这些在网页版应用设计时都很困难，设计师常感捉襟见肘。然而，网页版对全产品战略有着深远的意义。它的优势在于：更敏捷地弥补平台性空缺，并有效维持跨平台产品的体验一致性；更及时地响应日常运营和产品功能推广；更迅速地响应用户需求；节省手机流量；更无缝地实现不同产品间的业务拉动（客户端产品是相对独立的，不容易做整合）。

做好触屏手机网页应用设计，需要对"浏览器"框架有了解。iPhone 和 Android 浏览器都是 Webkit 内核。以 iPhone-Safari 浏览器为例：

- 不支持 Flash 和 Java（包括 Java Applet）；
- 不支持插件；
- 不支持基于浏览器的文件下载；
- 不支持插入本地文件，即不支持<input />；
- 节省缓存。iPhone 仅支持小于 25kb 的缓存；
- 支持 cookie；
- 界面的动态交互则可利用 JavaScript 来实现；
- 支持播放 html5 视频。

此外，Webkit 内核手机浏览器的一些特性会影响交互，例如支持表格、CSS3 高级样式表等。其中，最重要的特性是 Ajax 动态异步请求与局部刷新。

4. 确定界面气质

触屏版网页设计应充分表现触屏界面的气质。可触控界面要求关注链接及控件尺寸。以 iPhone 3GS 为例，适于手指点触的控件尺寸是 44×44 像素；随手势的轻重变化，iPhone 控件响应范围在 22×22 像素～55×55 像素之间。

触屏界面显著的气质表现为：

- 足够响应范围的控件和文字链接；
- 圆角；
- 纸张化的扁平风格与相对立体的按钮；
- 页面中常见图文混排。

5. 触屏网页的消息响应设计

费茨法则是一则人机交互法则。它阐述了：快速移动到目标的时间是离目标距离与目标大小的函数。目标距离愈远，目标面积愈小，则移动到目标的耗时愈久。费茨法则适用于手或手指进行实体触摸或显示器上用指针虚拟指向。

微软的 Office 2007 有一处改良设计很好地应用了费茨法则。选中文本的右上角会浮出相应最常用的富文本编辑工具面板,且工具面板透明度随鼠标离目标的距离的增大而增大。

在触屏版网页设计中,利用 Ajax 动态异步请求与局部刷新的特性,可实现费茨法则。依据情景分析,随"手"响应用户最迫切的需求。例如,手机 QQ 空间触屏版好友动态列表的设计。展示每条 feed 的好友评论并留出"评论"和"回复"的操作入口,以引导用户参与。便利的操作、明确的反馈会刺激好友间产生互动。对比 Wap 形态产品的交互,无须每个步骤逐页跳转,体验如行云流水般顺畅。

6. 触屏网页应用的翻页设计

翻页的本质是"控制"。有控制地展示一页的内容,避免单次对用户推送过多信息;控制页面流量,提升页面响应速度。事实上,用户在第一页里找到他期望的信息后,会非常"懒"于翻页。SoSo 的搜索结果,用户翻页行为在单次搜索的占比就印证了这个行为模式。一来,用户无法对未见信息产生兴趣的,他的期待程度也会锐减。二来,跳转页面的时间消耗及流量耗费都是用户非常敏感的。相应的设计策略有:

- 触屏网页一页展示更多的信息量(触摸方式决定连续滚屏代价很小);
- 根据信息类型选择翻页控件;
- 扩大控件响应区域,使操作尽可能轻巧;
- 触屏网页常用翻页控件,按内容区分交互方式。

客户端可通过在列表边缘超限手势滑动完成列表加载命令,这样的交互在网页版是无法实现的。

翻页控件的选取从内容量级、内容性质与组织方式等因素综合考虑。

翻页控件可选形式较多,在一个产品中采用相对集中的翻页控件类型,一般不要超过三种,这样可减少开发的逻辑复杂度,给用户更一致的操作体验。

7. 触屏网页设计的尺寸数字

触屏设计的有关尺寸数字要了然于胸,如 iPhone-Safari 竖屏的首屏高度为 416 像素,iPhone-Safari 竖屏软键盘呼出后剩余可显示高度 200,iPhone-Safari 横屏的首屏高度 268 像素,iPhone-Safari 横屏软键盘呼出后剩余可显示高度 94 像素,iPhone-Safari 地址栏高 60 像素,在页面加载完成后可由程序控制隐藏。

Android 平台机型众多,屏幕分辨率参差不齐,导致不同机型系统控件尺寸的差异很大。此外,Android-Chrome 浏览器在加载完成后,自动转至全屏浏览模式,页面可视区域没有额外遮挡。因此,仅需避免网页内控件被 Android-Chrome 浏览器浮出工具条遮挡的问题。

8. 触屏网页应用中的软键盘设计

客户端可根据输入框内容控制弹出软键盘类型,如数字键盘或全键盘。网页则无法判断。

在软键盘呼出时,当前激活输入框会自动上移,不受软键盘遮挡。从 iPhone-Safari 浏览器呼出的软键盘,带有一条高为 44 像素的半透明表单辅助栏。这条表单辅助栏是不能由程序控制隐藏的。

通过限定输入区高度或者支持页面滑动（系统弹框不能滑动）以确保输入内容可被完全展示。

长文本输入——手持终端文本输入因其效率和操作难度而成为 UGC（User Generated Content，用户生成内容）的瓶颈。改善写操作，就成了提升体验的突破口。触屏版网页比 Wap 网页（单行输入框）有更大的控件定制自由度和展示空间。适当扩大长文本的可编辑区域，方便用户审视全局和定位到局部进行编辑。输入框高度应设定为软键盘弹出后完整显示可编辑区域为宜。

Android 平台横屏状态的软键盘表现为独占式输入状态，即输入框以及键盘按钮会占满全屏，不存在页面遮挡问题。

注意，在大家的印象中，似乎只有视觉设计师才需要细抠像素。其实交互设计师同样需要很强的意识和设计积累，尤其在无线产品的设计中。

9. 横竖屏切换设计

基于客户端的产品设计，可由产品形态决定屏幕方向。可分三种设计策略，锁定横屏模式（如游戏、视频）或竖屏模式（长页面浏览类产品）策略；差异化横竖屏的展示内容策略，如 iPhone 的 iPod 应用横屏时展示 Cover Flow 模式，竖屏时则展示 List 或单曲播放模式；开放权限让用户自主设定横竖屏方向感应策略。

由于网页只能适应浏览器本身横竖屏切换。所以在设计页面时需兼顾横竖屏的展示问题。如注重首屏效应的页面，要注意避免横屏后的信息损失。大图预览需预设一个横竖屏通用的默认图片尺寸。

在产品调研过程中，发现有两种网页竖屏切至横屏的比较粗放的实现方式。一种是等比放大页面内容（包括文字和图片），以填充横屏页面；另一种是在竖屏页面制作就预留横屏的页面宽度，切换时自动折行。这两类前端实现方式都有损体验。

兼顾横竖屏页面展示的设计要点有：

- 快速地响应；
- 自然地过渡；
- 避免页面内容差异过大而导致重刷页面；
- 明确暗示交互的方向；
- 页面位置没有大幅跳跃等。

交互设计时，会优先以产品的最佳呈现模式来设计。例如，手机腾讯网、手机 QQ 空间的长页面适合容纳短标题信息，垂直方向有较高的滚屏效率，所以优先设计竖屏模式（用户一般会自主选择最佳状态）。页面的横屏，则由前端实现自适应适配。同时，前台开发控制页面视觉中心始终在屏幕内，确保用户可控。一些特殊页面需要额外设计横竖屏两种状态。

相册展示——以宫格方式展示，除计算缩略图尺寸均分画面外，还要检验边际尺寸是否能留出半行缩略图，以暗示用户滚屏的方向。

图片尺寸——兼顾横屏和竖屏的可视区域，定义大图预览的极限尺寸（避免转屏时，重新拉取尺寸不同的新图片）。最大化可视区域，除去额外视觉干扰，设计时应注意一个交互细节：用户点击缩略图进入大图预览页面，在完成页面刷新后，由前台控制自动隐藏页面头部（占篇幅的 logo 栏和导航栏），以提升浏览图片的体验。

10. 让界面更"可触摸"

多点触摸的体验颠覆传统按键操作的最大魅力在于直接操控。网页设计时，同样要留意发挥这种体验的魅力。

（1）登录验证码设计

登录页面的基本组件包括账号和密码的输入框。QQ 产品出于安全因素和防刷策略的考虑，在非常规情况下会出现验证码输入环节。PC 端网页的验证码通常必须通过点击链接来刷新。

思考：触屏版的验证码如何设计得更好？

这种设计好不好——将验证码直接设计成按钮，点击验证码本身就触发刷新？

（2）评分设计

设计大大的五颗星，如图 8-6 所示暗示用户直接触摸。评分的结果能清晰地反馈给用户，让评分操作和评价体系建立清晰关系。

图 8-6　可触摸的网页界面

（3）对话框设计

基于 iPhone-Safari 和 Android-Chrome 浏览器，系统对话框只配置了三种模式，如图 8-7 所示。

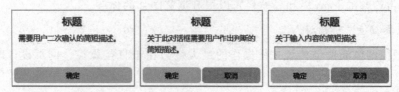

图 8-7　可触摸的网页系统对话框

除图 8-7 中的三种标准对话框以外的其他设计要求，需自绘实现。例如：

- 对话框里需要双输入框；
- 触发对话框内容实时刷新；
- 自定义按钮名称；
- 自动消失的提示（Toast）；
- 对话框宽度自适配横竖屏幕宽度等。

值得注意的是：出于提高性能的考虑，自绘对话框对视觉设计会有一定的限制。我们应谨慎使用不规则形，减少图片使用。

整个产品中，既有部分可直接调用系统标准对话框，又有部分必须自绘的对话框。通常，我们会遵照统一原则，让整个产品通用一套对话框视觉设计。

（4）链接下划线设计

触屏版界面应避免用下划线来表示链接，因为这会看上去比较拥挤。但是触屏界面没有鼠标悬停状态，因此要在界面中清楚区别链接和非链接。同时链接与非链接用色要保持高度统一，避免用户猜测和思考。

图 8-8　可触摸的网页链接

文本化信息中夹杂着链接的设计，要预留充足的可触范围（29 像素高度以上），例如 iPhone 版"我的问问"主页中的链接设计（如图 8-8 所示）。

现在搜索结果基本是纯文本的。一个搜索结果模块由标题、内容摘要和来源、时间、页面格式等信息组成。用户浏览结果页，其实对视觉信息做了两步处理：快速逐条分离模块，然后在极短的时间内通过模块内的标题和摘要筛选感兴趣的结果。这是为什么大篇幅纯文本的搜索结果页面，会采用反差很大的几种文字颜色，这样做是为了提高阅读效率。这种配色一定不是出于美学上的考虑。此时，标题链接加下划线，可以提高模块分离的效率。虽然下划线链接与 HIG（Human Interface Guidelines，人性化界面指南）对链接的设计要求相左，但这种情景下会使页面更加易读。

11. 网页版性能优化

对手持终端的网页应用设计，一定要注重带宽的节省。对流量保持审慎，节制地使用图片、样式。

（1）节省流量

手机端网页不能直接展示 PC 端网页的图片。可由前端 CSS 压缩分辨率或由后台服务器的重新配置一套小尺寸图片来实现图片压制。前端实现的方式会让用户看到适配手机屏幕的小图，但实际耗费的仍是原图流量。从用户的利益出发，我们在图片压制的实现方式上推荐后台配置，由服务器承担这个压力。

（2）敏捷响应

响应时间是影响用户体验的非常重要的因素。我们从手机浏览器用户的反馈中可以了解到用户对零点几秒的浏览提速都非常敏感，并且受用不已。浏览器自身的性能是一个方面。另一方面，在网页设计与实现时，要不断优化页面性能，尽力在每一处细节处理上节省时间。前端工程师做过实验分析：页面大小在一定量级内，响应时间并不与单次请求的页面流量成正比。一次 1KB 多的下载请求和一次 100 多 KB 的下载请求，耗费的响应时间几乎一样。时间基本耗费在发送请求和等待服务器响应上。由前台协调资源分配，可以提升页面效率。另外，从用户体验上分析，用户期望页面内容能跟随手势同步展示。因此类似于滑动方式翻页的设计，最好预读未展示的内容以提升响应速度。

一张会"呼吸"动画的用户界面，对比一张长时间没动静的白屏，体验孰优孰劣不言而喻。两张页面完成加载的耗时一样，但用户心理上对等待时间的感知差异很大。

12. 网页版设计原则

（1）不把网页设计成客户端

不把网页设计成客户端这个话题有两派对立声音。有一些产品经理或设计师会不知不觉地把针对手机浏览器的网页设计得客户端味十足。将来手机网页会朝着类似客户端体验的方向去发展。但是基于目前手机浏览器的诸多限制，把网页和客户端形态区分开更为合理。正如前文所述，网页表现能力、存储能力和调用硬件的能力有局限，很多地方无法与客户端媲美。其实较客户端而言，网页可以适当承载内容复杂度稍高的页面信息。网页宜遵循扁平化架构，流淌式的信息浏览方式。

（2）以应用场景为中心，考虑移动场景下的用户需求

移动场景下，用户主流需求是利用碎片时间阅读、搜索、下载、游戏和沟通。在设计前期需要思考：

- 用户是在什么状态下如何进行操作的（了解用户核心需求及使用方式）？
- 如何展示信息，才更容易引起用户兴趣（筛选适于手机端呈现的信息及信息布局）？
- 为什么选择手机浏览器访问网页（分析网页应用与客户端应用的定位差异）？

手机终端用户使用目的、操作行为以及潜在困难远比用户端坐在桌旁要复杂得多。手机应用有三大分类：高效型应用、实用工具型应用和沉浸式应用。不同的产品定位会产生差异化设计策略，从而影响用户的交互方式。设计启动前需与产品经理明确界定产品类型和大致的设计方向。

（3）少即是多的设计原则

易用的手机应用须遵循少即是多的设计原则，交互简便，提示或反馈清晰，请求少而

精当,从简单中展现优雅,准确地满足用户。

保持用户对页面专注力,让用户对如何使用你的内容一目了然。清晰定义适合手机使用场景的应用定义说明,筛检功能,降低信息的维度,满足用户专注地获取信息并完成当前任务的需求。

对于具体页面设计,分享一个心得:可尝试用简洁语句归纳所设计的每个页面的核心功能以及对用户的意义。如果难以准确简单地归纳出来,将意味着增加用户理解成本和记忆负担。因此,应遵循如下原则:

- 避免噪音、无用的留白和花里胡哨的背景;
- 避免用户被内容以外的视觉信息干扰;
- 尽可能减少用户的输入;
- 记忆用户信息,有策略地向用户提请求;
- 简洁表达必要信息;
- 简洁明确地提示引导性操作(如新手任务、操作指引、功能介绍)和中断性操作(如提示、询问);
- 避免不必要的交互。

8.3 沉浸系统的用户体验

沉浸系统指信息接受主体完全融入系统营造的虚拟环境中。与沉浸感不同,沉浸感类似心流体验,例如你看一部特别吸引人的电视剧,那么很有可能看着看着,你就融入那个剧情中,这时候你会忘记自己的存在,而随着电视剧的情节变化而变化自己的心情,这就是沉浸感。沉浸感需要专注,而沉浸系统通常是借助于感觉器官的截取和置换,如视觉和触觉、本体感觉的置换,让用户不需要专注即产生沉浸在虚拟系统中的感觉,如三维电影或四维电影中的用户体验,又如虚拟现实或放大的虚拟现实中用户在虚拟世界与虚拟对象之间的交互。

8.3.1 虚拟现实

所谓虚拟现实(virtual reality,VR),就是通过技术或设备模拟出一个可交互的、虚幻的三维空间场景。

自从虚拟现实之父 Sutherland 1965 年在一篇名为《终极的显示》的论文中首次提出虚拟现实系统的基本思想以来,已经过去了将近 50 年了,而直至十多年以前,虚拟现实的应用还仅限于一些高端行业,例如国防军事飞行模拟、军事演习、武器操控、宇航探测、太空训练等。长期以来虚拟现实一直以"几何建模"为主,3DMax、Maya 等 CG 软件的辉煌就印证了这一点。随着数字图像技术的发展,以三维全景逐步普及为突破口,"基于图像"的虚拟现实技术逐渐脱颖而出。三维全景以其真实感强、深沉全景方便快捷的特点受到日益广泛的关注。

数字三维全景,也就是通过对专业相机捕捉整个场景的图像信息,使用软件进行图片拼合,并用专门的播放器进行播放,即将平面照及计算机图变为用于虚拟现实浏览的 360

度全观(panaramic)风景。把二维的平面图模拟成真实的三维空间,呈现给观赏者。并给观赏者提供各种操纵图像的功能,可以放大缩小,各个方向移动观看场景,以达到模拟和再现场景的真实环境的效果。

数字三维全景和以往的建模、图片等表现形式相比,其优势主要体现在 5 个方面:

(1) 真实感强,基于对真实图片的制作生成,相比其他建模生成对象更真实可信。

(2) 能够比平面图片表达更多的图像信息,并可以任意控制,交互性能好。

(3) 通过对图像的透视处理模拟真实三维实景,沉浸感强烈,给观赏者带来身临其境的感觉。

(4) 生成方便,制作周期短,制作成本低。

(5) 文件小,传输方便,适合网络使用,发布格式多样,适合各种形式的应用。

随着全景市场的快速成长,三维全景技术提供商不断涌现。凭借三维全景日益扩大的市场需求和应用,通过深入研究虚拟现实可视化等技术,帮助人们在计算机和网络这个虚拟世界中更好地重建现实,体验现实和改造现实。

最近很多企业纷纷入驻 Secondlife 等虚拟世界,邀请用户参与虚拟体验,投放了不少的人力物力,由于虚拟世界还是个较新鲜的事物,用户的参与度也并未达到一个理想程度,因此这些企业会自然地提问疑问:现实世界的企业进入虚拟世界有用吗? 虚拟体验要如何做?

这两个问题实际上是一个问题,就是虚拟体验是如何提升价值的,如果能有效地证明这一点,实际上也就是证明了进驻虚拟世界的价值。

目前对在虚拟世界的活动普遍存在两个误区,一是认为路牌广告是最好的方式,二是认为人群扎堆的地方进行广告宣传就是最好的方式。抱有这些观点的人,都是简单地将现实世界中的广告宣传的方式带到了虚拟世界中。要知道,在虚拟世界中,这两个观点都是不正确的,或者说,对大部分用户不适用。对第一条,路牌广告并不是最好的方式,因为 Secondlife 等虚拟世界中道路的意义象征性大于实用性,每个人都可以飞行,可以瞬间转移,不需要在借助道路前行,设定在固定通道边的路牌广告不会有多少过客关注,这与现实世界中在商场、道路、机场旁边设置的路牌广告的效果不可同日而语,而实际上,目前在 Secondlife 中也罕见知名的路牌广告,尽管它们很早就已经入驻了 Secondlife。对于第二条,虚拟世界中人群扎堆的地方通常并不合适宣传,除非最新的产品诉求和这些人一致。

走出这两个误区后,还要对虚拟世界作如下思想上的准备:

(1) 入驻虚拟世界应是战略的一部分,而不是一个简单的广告宣传方案。如果希望产品或服务能与现在和未来的主流消费人群走得更近,保持互动,那么就必须将自己在 VR 中的形象娱乐化、大众化、简单化,而走向娱乐化、大众化、简单化的必经之路就是设计虚拟形象,入驻虚拟世界,让用户进行虚拟体验。

(2) 虚拟世界并不完善,Secondlife 还处在实验阶段,因此入驻后要适应那种静谧的气氛,要忍受相当长时间的寂寞。已经入驻 Secondlife 的一些跨国企业,其用户访问量也出奇的少,因为它的潜在用户有可能都还学会用搜索工具来寻找他们,或者根本没有意识到这个已经存在于 Secondlife 中了。

（3）要将在 Secondlife 中所做的努力以最精彩的方式展现给同事、员工、渠道商、利益关联方、媒体、用户。如果花费了大量人力物力再造了一个精美的形象展示基地，却雪藏起来，那才是对虚拟体验最大的侮辱。需要用最生动、最直观的方式介绍给大家，并让他们有一种立即想进入体验的冲动。如果能利用已经具备的媒体通路实现这一目标，将可以实现事半功倍的效果。

（4）天下没有免费的午餐，进入虚拟世界的每个人和每一家企业都会有投入。对拥有第二人生的个人来说，投入了自己的精力和注意力；而对于企业来说，将投入人力、物力，还有关系网络。

具备以上基础后，我们就可以正式分析虚拟体验是如何提升价值的了，按照 Web 2.0 理论基础，与用户的关系属于母体的主干，是他触点。我们知道，他触点是无法自主控制的触点，只能进行引导，也就是说，在虚拟世界中虚拟形象与用户互动的效果并不会完全按照预期的发生，因为最终效果取决于参与虚拟体验的用户。明白这一点，就不会作出一些强势的宣传策略，因为不合适的虚拟形象和活动甚至会招致用户的反弹，进而影响形象。

他触点的特点是可复制、可累加、可测量。可复制是指虚拟形象与用户的互动接触，或者直接称为虚拟体验可以重复性地发生。例如，如果你愿意，可以每天开一次同样的虚拟酒会来宴请你的客户。而我们发现，每次的接触方式都是类似的，因为是采用了简单的复制方式。可累加是指在计算他触点值时，对不同时间、不同地点发生的接触点值可以累加计算，简单地说，开两次虚拟酒会获得的接触点值会是一次虚拟酒会的两倍。可累加还表现在对同一用户来说，通过多次与同一品版的互动体验，加强了对品版的认知、好感，进而成为忠实用户，获得忠诚度，这也是一个渐进过程，一次次的虚拟体验可以一次次累加这种接触点值。可测量性相当重要，这为系统地分析研究虚拟世界对品版的影响提供了最直接的方法，现实体验很难测量，因为个体由于活动性太强，难于获得。而虚拟世界接触点较易测量，你可以通过预设一些调查代码来统计参与者的身份、参与时间、参与方式、最感兴趣的内容、参与时与其他个体的互相影响因素、到达的方式、离开的方式、离开的原因等，你甚至可以设计更多希望挖掘的用户需求信息，虚拟体验既是一个市场调查工具，又是一个市场利器，更是一个与用户情感交流的纽带。

美国亚马逊公司是世界上销售量最大的书店。它可以提供 310 万册图书目录，比全球任何一家书店的存书要多 15 倍以上。而实现这一切既不需要庞大的建筑，又不需要众多的工作人员，亚马逊书店的 1600 名员工人均每年销售额为 37.5 万美元，比全球最大的拥有 2.7 万名员工的 Bames&Noble 图书公司要高 3 倍以上。这一切的实现，电子商务在其中所起的作用十分关键。

Secondlife 里，Amazon 公司的简介没有一个字。这也是因为 Amazon 公司在“第二人生”中建立的时间并不长，一部分的工程没有完成。不过其建立在 Secondlife 里的在线购书系统非常不错。

建筑风格：露天式小型现代建筑，没有特定的风格，主要以休闲为主，主建筑分布在两个岛屿上，如图 8-9 所示。

图 8-9　Amazon 公司的会议中心

8.3.2　未来的移动用户体验——增强现实

增强现实(augmented reality,AR),也被称为混合现实,是在虚拟现实技术基础上发展起来的一种新兴计算机应用和人机交互技术。它借助计算机和可视化技术将虚拟的信息应用到真实世界,真实的环境和虚拟的物体实时地叠加到了同一个画面或空间,同时存在。简单的说就是虚实结合。

增强现实是近年来国外众多知名大学和研究机构的研究热点之一。AR 技术不仅在与 VR 技术相类似的应用领域,诸如尖端武器、飞行器的研制与开发、数据模型的可视化、虚拟训练、娱乐与艺术等领域具有广泛的应用,而且由于其具有能够对真实环境进行增强显示输出的特性,在医疗研究与解剖训练、精密仪器制造和维修、军用飞机导航、工程设计和远程机器人控制等领域,具有比 VR 技术更加明显的优势。

下面是增强现实在电子商务中的几个经典应用:

(1) Foursquare 的位置层:Foursquare 推出的"位置层"(Location-layers)功能,允许企业通过 Tips 向用户推送信息。该功能类似于"增强现实"原理,使现实世界中的信息以数字的形式反映出来。

(2) Layar 的开放平台:荷兰一家名叫 SPRXmobile 的公司推出的 Layar 的软件,推出的开放平台计划。随着第三方 API 的发布,互联网服务商们争相在 Layar 平台上构建自己的数据层,而 Layar 软件自身的功能也因此变得更加丰富。用户只需要将手机的摄像头对准周围的建筑物或者开放空间,就能在手机屏幕下方看到与之相关的现实数据,其中包括房屋出租、餐馆打折、招聘启事以及 ATM 位置等实用信息。

(3) Discover Anywhere Mobile:多伦多的旅行向导提供商 Discover Anywhere Mobile 完成一款 iPhone 应用程序的开发,该应用提供北美 33 个城市的地铁、轻轨、列车和机场信息的增强现实视图。在下一版 iPhone OS 推出之时,该应用将正式发布。

（4）Mobizily：奥地利创业公司 Mobizily 开发的 Wikitude 世界浏览器，前身是一款增强现实旅行指南软件。这款软件的初衷是为全世界背包客建立一个手机上的虚拟旅行手册，帮助用户自行标注、分享现实世界中的景点，并通过手机上的 Wikitude 软件查阅其他用户提供的相关景点描述。Wikitude 中所有景点信息主要由用户提供，并通过维基模式来维护。在 Wikitude.me 网站上，用户可以使用自己的 Google、Yahoo!、Twitter 或是 OpenID 账号登录并提交新的注释内容，降低了产生内容的门槛。

增强现实的应用场景包括：

（1）广告

用增强现实技术实现的虚拟广告投放，明显区别于报纸广告、电视广告、户外广告、搜索引擎广告。

（2）搜索

未来的搜索将不再局限，摄像头搜索将会有很大的想象空间，营造全新的位置搜索引擎时代。

（3）游戏

ARInvaders 将 AR 技术引入游戏，无论你身处何处，都是真实的战场。游戏利用设备自带的摄像头捕捉周围的实时画面，利用陀螺仪和重力感应来判断玩家的动作、方向和位置变化，玩家则需要在实境中搜索外星飞船并击毁他们，阻止外星人的入侵。ARInvaders 需要陀螺仪支持，所以仅适用于 iPhone 4 和 Touch 4。

（4）社交

现在我们还停留在纸质名片的阶段，未来每个人都可以有一个立体的社交主页，绑定自己的 SNS、微博，通过人脸识别技术，用户就能利用摄像头看到你的信息，动态添加你为社区好友。

（5）浏览

只要开启摄像头，就能获得周围一切想要的信息，通过在不同的图层中切换，找到感兴趣的垂直信息，这不是浏览器是什么？这是基于摄像头的浏览器。

（6）全新的生活方式

周边的餐馆、今天的天气、公车的路线、周围商场的打折信息、前方漂亮橱窗里商品的牌子等，我们将要迎来一个全新的移动互联网时代。如 Yelp 提供的餐馆服务，Yelp 是第一个采用 AR 技术的客户端，打开手机摄像头就可以查看周围商户的信息。Yelp 利用了定位和方向识别技术。盛大游玩网的客户端切客也采用了增强现实技术。

增强现实的开发人员的目标是将这三个组件集成到一个单元中，放置在用带子绑定的设备中，该设备能以无线方式将信息转播到类似于普通眼镜的显示器上。

AR 技术与手机发展的结合，将引领一个崭新的 Web 3.0 时代。虚实结合、高度交互性以及三维定位功能，将极大程度地调用用户参与的热情，还原互联网的真实感，让互联网跟真实世界的关系更紧密。AR 也为互动营销、移动广告发展带来了巨大的商机，它创造出全新的用户体验，在一种轻松活跃的环境中，使用户与品牌产生零距离的接触。

8.4 拓 展 阅 读

英特尔在用户体验领域的研究

2010旧金山英特尔信息技术峰会(Intel Developer Forum,IDF)将于旧金山时间9月13日至15日举行。在IDF开幕前一天的技术前瞻日上,英特尔展示了互动与体验研究院在未来用户体验领域的研究成果及愿景。

英特尔院士、互动与体验研究院总监Genevieve Bell在开场演讲中表示,英特尔的目标是创造人们所热爱的未来技术体验。区别于以往的以解决问题为主的工程师文化,研究院的工作从了解人们日常生活中的爱好开始,找到最佳的用户体验,从而使未来技术能够适应并改进我们的工作和生活方式。

英特尔体验技术实验室(XTL)总工程师兼总监Horst Haussecker介绍了英特尔互动与体验研究院下属的体验技术实验室的情况。体验技术实验室的宗旨是"开发下一代用户体验的核心技术"。Horst介绍了英特尔技术研究的理念,以及一系列的技术专长和运用体验技术改善英特尔平台的工作流程。

英特尔展示了可感知物体的处境交互系统(Object-Aware Situated Interactive System,OASIS),如图8-10所示。OASIS与曾经在TED上展出的"第六感装置"概念类似,在展示现场引起高度关注。该系统利用实时计算机视觉算法、3D摄像头和微型投影相结合,能快速识别并跟踪日常生活中的物体和手势。用户可以利用日常家居物体表面上的投影显示信息,不借助任何输入设备与应用之间实现实时互动。

图8-10　可感知物体的交互系统

1. 感知环境的汽车

过去10年来,车载设备和服务的数量迅速增长。现在,驾驶过程中打电话、激活巡航控制以及操作导航系统等都已成为可能。但这会引发安全问题,因为司机要花更多时间查看菜单、按按钮,需要占用双手和眼睛,并且注意力会从主要任务——驾驶上分散出去。使用车载环境感知系统对于保障司机和乘客的安全尤为重要。

车载环境感知系统(如图8-11所示)展现了英特尔研究院基于英特尔嵌入式设备的

面部识别算法,它们可访问车载基础设施,并通过嵌入式摄像头和传感器来辨识车内行为,以便为司机或乘客提供更好的安全和更方便的服务。

图 8-11　感知环境的汽车

2. 面部识别

通过机器学习、低功耗联网和云并行计算,基于英特尔处理器的移动设备可以实现诸如实时面部识别等技术的计算机视觉和认知算法。

英特尔演示了利用英特尔凌动处理器并智能地选择将计算机视觉计算的部分任务安排到云中,从而提高性能并降低了功耗。演示的主要技术是基于移动设备的面部识别技术和客户端/云处理技术,如图 8-12 所示。

3. 基于云的游戏光线追踪

基于云的游戏光线追踪演示介绍了如何通过基于英特尔架构的云服务器改进移动设备上的未来游戏体验,如图 8-13 所示。英特尔研究院的研究人员做了一个演示(名为 Wolfenstein),它利用实时光线跟踪进行渲染,从而增加新的游戏特效。该演示在服务器端的系列机器采用了英特尔为高性能计算应用而新开发的 Knight'sFerry 集成众核 (Intel ® MIC)架构软件开发平台。4 个 Knight'sFerry 服务器作为未来的计算资源云,向移动设备发送图片。在本演示中,这些服务器渲染图像并传输至游戏玩家所使用的瘦客户端(小型笔记本电脑)。

图 8-12　面部识别系统　　　　　图 8-13　基于云的游戏光线追踪

通过为英特尔平台开发实时光线跟踪引擎,支持游戏等逼真的交互式 3D 应用。

实时光线跟踪是在众核硬件上通过并行计算完成的。光线跟踪是一种渲染图形的方式,利用光的物理特性绘制一个场景,可自然地产生非常逼真的阴影、反射和其他灯光效果。光线跟踪早先已被用于静止图像,以及那些需要预先制作好图片的好莱坞电影中,但只在最近它才可以足够快速地处理图像,从而应用到游戏领域。

4. 课堂助理

出现在课堂上的一对一计算为教师打开了一扇门,使其能够为那些具有广泛兴趣和技能的学生创建个性化学习方案。课堂助理技术利用计算机视觉与图像投影,协助并引

导学生在一对一的环境中学习,帮助他们按照自己的步调独立完成任务,同时让教师能够随时了解学生的进度,如图 8-14 所示。

该项目展示了如何在课堂中利用增强现实技术。它还说明性能支持工具的辅助教学功用。此外,它还展示了如何在凌动处理器和上网本上实现增强现实。

这里用到的关键技术就是机器视觉。英特尔在类似上网本的教学用计算机上运行这种技术,利用一个摄像头,可瞄准用户和屏幕之间桌面。

图 8-14　课堂助理

5. 移动增强现实

移动增强现实项目在英特尔凌动平台上演示了移动增强现实世界浏览器(Mobile Augmented Reality World Browser)应用。这款英特尔浏览器丰富了用户在基于英特尔凌动处理器的设备上了解外界的方式。用户只需点击摄像头快门,就可即时访问庞大的网络信息库。英特尔的系统使用了计算密集型视觉搜索和高能效的传感器,充分利用独特的英特尔架构平台功能,从而可实现在飞行中识别地标,如图 8-15 所示。

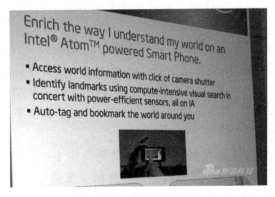

图 8-15　移动增强现实

该项目展示了利用物体识别来提供比 GPS 信息更高的精度,从而实现下一代增强现实技术。演示还展现了如何利用本地和云处理能力来提供最丰富的体验。

其主要技术是移动级设备上的物体识别和客户端/云处理。

6. 电视的多应用框架

电视多应用框架演示(如图 8-16 所示)展现了三个不同的英特尔多应用框架用户界面。每个用户界面都有在电视上组织、访问并浏览应用程序的不同方式,以及多种导航方式,易于使用且有丰富的二维和三维用户体验。

图 8-16　电视的多应用框架

通过支持一个核心技术的不同用户界面,该演示展示了如何在电视上同时执行多个应用程序,并成功解决同时运行多个应用程序而造成的资源管理和硬件冲突等问题。

该演示使用基于英特尔媒体处理器 CE4100 和与高清电视相连接的机顶盒。机顶盒采用了 OpenGL 技术。

本 章 小 结

从 2002 年到 2011 年,互联网产品发生了巨大的变革,尤其是 2005 年以来的 Web 2.0 变革,互联网产品的用户体验得到了极大的改善,互联网产品设计上的一些先进经验日益扩散到传统的非互联网信息系统和软硬件设计中去,产品经理改变了这个世界。

ICT 是基于通信的应用系统集成,自 2011 年起,随着移动互联网应用的日益广泛,智能手机、平板电脑、在各种应用场景下的智能终端设备如雨后春笋般涌现出来,传统功能简单、交互呆板的 ICT 产品面临着产业化的升级,纷纷支持各种新的人机交互技术,包括多点触控的触摸屏、摄像头、卫星定位装置、重力感应、近场通信等,这些新的人机交互技术大大改善了 ICT 设备和应用系统的用户体验。

本章从 ICT 设备用户体验发展趋势开始,分别介绍了移动场景下有别于传统基于 PC 的互联网产品的用户体验和交互设计,然后介绍了虚拟现实和增强虚拟现实——未来可极大改善用户与数字世界交互体验,甚至打通真实世界与数字世界鸿沟——在互联网用户体验设计中的应用。这些所谓的发展趋势也只是目前所能看得到的趋势,随着科学技术的日新月异,互联网产品未来的用户体验将会如何? 也许远远超越我们现今的想象。然而,仅就现有的技术,如何更好地应用到各类 ICT 设备和工具中去,更好地改善用户体验,就有大量的工作要做,现在不完美的应用场景、令人体验糟糕的各类 ICT 设备或设施还比比皆是,可以说,在未来移动互联网飞速发展的过程中,用户体验设计行业将面临空前的应用发展机遇,用户体验设计这门学科也将会在这一过程中建立起完整的学科体系,让我们一起拭目以待。

实 践 任 务

借助于 Axure 工具,下载一些常见移动设备终端的模板库,如 iPhone 模板库、iPad 模板库、Android 模板库,结合校园信息化系统中某种学生广泛使用的应用系统(例如选课系统、图书馆借阅系统、社团登记系统等),设计一款基于智能终端的应用客户端产品,要求在设计过程中遵照移动用户体验的三个层次和交互设计原则,改善该应用系统的用户体验。

思 考 题

1. 与传统互联网产品相比,ICT 系统哪些地方用户体验设计尤其需要注意?

2. 查阅二维码相关的资料,思考二维码在各类 ICT 中的应用,以及与 PC 上二维码的使用有何不同。

3. 增强的虚拟现实可以放大人体器官,让医生在人体器官内自由遨游、自由操作,请设想一种或几种增强的虚拟现实在电子商务教学与实践中的应用情景。

参 考 文 献

[1] 于果果.第六感:你可以穿戴的网络. http://article. yeeyan. org/view/92718/48177.
[2] 腾讯科技频道.移动产品用户体验的三个层次. http://tech. qq. com/a/20101208/000457. htm.
[3] 刘心雄.郑家元触屏手机界面设计.包装工程,2009 年 02 期.
[4] 腾讯 WSD 用户体验设计团队.触屏网页设计初探. http://wsd. tencent. com/2011/03/web_design_for _touch_screen. html.
[5] 千家网.美国亚马逊公司在 Second life 中虚拟体验评测. http://www. qianjia. com/html/2008-05/ 40493. html.
[6] 侯亮.手机产品框架层设计:两种主要布局方式. http://ucdchina. com/snap/5022.